藏譯中 菩提道次第廣論

抉擇空性見與止觀雙運篇

Modern Chinese Translation of Lamrim Chenmo

宗喀巴大師 Tsongkhapa——著

李勝海 Shenghai Li
陳智音 Sherab Chen——譯

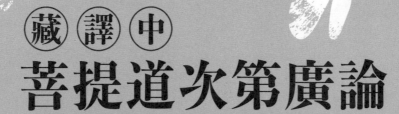

目錄

譯者序

宗喀巴大師著於一四〇二年的《菩提道次第廣論》是流傳最廣的西藏佛教經典之一。本書是計劃中譯自藏文《菩提道次第廣論》之三冊新譯本中的第三冊。第一冊將包含菩提道次第三士道中的下士道和中士道，分別講述獲得後世安樂之道及解脫生死之道；第二冊將包含上士道中修習六度和止的方法，總括大乘之行；而本冊講述空性見、觀的修法以及止觀雙運。其中「空性見」及「修觀」的部分在漢語語境中稱作「觀品」或「毘鉢舍那章」，在西藏中觀思想史中也佔據特殊的地位。**《道次第廣論》觀品**連同**《辨了不了義論》**與《入中論》的註釋**《入中論善解密意疏》**，與《中論》的廣釋**《正理海》**以及**《菩提道次第略論》觀品**構成了宗喀巴大師的五大中觀著作。這些著作爲西藏格魯派佛教思想的核心內容，對一個學派的崛起和後世西藏中觀的發展產生了巨大的影響。此後，其他西藏佛教教派對大師學說的回應，實際上促進了這些教派自身思想體系的建立。

1. 本冊的主要內容

《道次第廣論》觀品是五大著作裡最早完成的中觀著述，宗喀巴大師在其中初次展現出他成熟的中觀體系。在本書，宗喀巴大師用全章最大的篇幅來講述三個主題。首先「確認正理的所破」部分①，確定中觀思想所要否定的對象是什麼。於此，大師中觀思想的一個重要側重點得到充分展現，那就是捍衛世間上存在的事物，書中以「世俗有」②、「世俗成立」③、「名言中有」④、「假有」⑤等詞語稱之，與此相對立的是想像、臆造、分別、增益出來的原本不存在的實在的存在方式。

後者是基於錯誤認識的對實有的執著，被確認爲眾生輪迴的根本因由。宗喀巴大師用來表述這種實有的詞語，構成了一個具有相當規模的術語體系，包括「自性成立」⑥、「自體有」⑦、「從自體的角度而成立」⑧、「自相成立」⑨、「實物有」⑩、「諦實有」⑪、「諦實成立」⑫、「勝義有」⑬、「勝義成立」⑭、「眞實有」⑮、「眞實成立」⑯、「眞有」⑰、「體性有」⑱⑲。這是一套有關存在方式的哲學術語，每一個詞語以各自獨特的表達方式來幫助理解所講述之「本不存在卻被想像爲存在」的存在。其中，印度中觀師月稱論書的一些梵文本中，保留了與「自性成立」與「自體有」相對應的梵文原文⑳。用來描述被認爲是眞實（然而實際不存在）的存在方式的「自性」、「自相」、「自體」、「勝義」等詞——這些通常用作副詞，即從自性、自相、眞實或勝義的角度或以這些方式（存在）㉑——也在月稱、清辨或更早的龍樹中觀論典中出現㉒。「有」和「成立」除各自表達方式不同，其意義是一致的。後世的《土觀宗派論》對於各種「有」和「成立」又有進一步的闡述和整理㉓。

《道次第廣論》觀品的第二個重要課題是「破除所破應當使用應成還是自續」㉔。觀品的前文在講述印度中觀思想簡要歷史及派別分判時㉕，作者指出西藏佛教後宏期將中觀分作自續和應成兩派，並且自己將追隨以佛護和月稱爲代表的應成派。依照宗喀巴大師開啓的西藏佛教格魯派之中講述宗派的著作，佛教哲學宗派可以分爲以下的類別和支派。在《道次第廣論》觀品中這些派別的名字或教義都曾出現。

小乘宗派 theg dman gyi grub mtha’ smra ba	毘婆沙宗 bye brag smra ba/Vaibhāṣika		
	經部 mdo sde pa/Sautrāntika		
大乘宗派 theg chen gyi grub mtha’ smra ba	唯識宗 sems tsam pa/Cittamātra		
	中觀宗 dbu ma pa/ Madhyamaka	中觀自續派 dbu ma rang rgyud pa/ *Svātantrika	順瑜伽行中觀自續派 rnal ‘byor spyod pa’i dbu ma rang rgyud pa
			順經部行中觀自續派 mdo sde spyod pa’i dbu ma rang rgyud pa
		中觀應成派 dbu ma thal ’gyur ba/*Prāsaṅgika	

有關什麼是自續和應成的問題，古代西藏的佛教大家見仁見智。自續和應成顯然是用於理解和通達空性的兩種邏輯工具，此處自續是指自續比量（rang rgyud rjes dpag，Svatantra anumāna），即獨立的因明論式；應成（thal 'gyur, prasaṅga）是哲學中所說的歸謬論證（reductio ad absurdum），即從對手的立場推出不可接受的結論或矛盾。然而宗喀巴大師在解釋自續和應成差別的問題上有一個獨特之處，那就是認爲清辨和月稱分別採用自續和應成的因明論證方式，是基於兩位印度中觀師在本體論上的差別。在前面確認中觀所要破除的對象時，他已指出中觀自續和應城兩派在從勝義、眞實和諦實的角度否定諸法的存在方面是沒有差別的；在名言和世俗的層面上，自續派接受諸法有自體有或自性，然而應成派則否定事物有這樣的自體有或自性[26]。他在作這一區別時，實際上已將上述成立或存在（有）的方式分成兩類。一旦言及「諦實有」、「諦實成立」、「勝義有」、「勝義成立」、「眞實有」和「眞實成就」，就涉及到勝義諦[27]，在這個層面上中觀宗兩派否定任何存在。第二類包含「自性成立」、「自體有」、「從自體的角度而成立」和「自相成立」，對於應成派來說，這些存在等同於「諦實成立」、「勝義成立」和「眞實成立」，所以都不存在，然而對於自續派來說，第二類存在在世俗諦或名言的層面上是有的。在討論否定所破的對象該用應成還是自續時，大師明確指出自續和應成兩派採用自續和應成兩種不同的因明論證工具之根源，在於兩派在名言中分別承認與否認自體、自相與自性[28]。

在討論自續和應成的過程中，大師使用了佛教哲學中量論的概念；在富有創意的「依靠觀察（世俗法）是否由量所成立來作否定而無法破除」一節中㉙，他指出世俗諦中存在的法雖然被認識它們的凡夫混入不存在的自體有的自性，但是這些法卻有存在的一面，能被普通人的名言量所認知。這些觀點都是宗喀巴大師將量論融入中觀思想的實例。在破除有關自續和應成的錯誤觀點部分，大師在中觀哲學中維護了因明論證的適用性以及立宗的合理性㉚。這些內容展示了大師的中觀思想與講述佛教邏輯的因明理論及講述佛教知識論的量論學說相融合的特色㉛。

「確認自續和應成意思」一節的「破除別人的觀點」部分引述了四種意見，其中第一家爲印度學者賈雅阿難陀所作、現存於《丹珠爾》的藏文《入中論疏》，《道次第廣論》將第三和第四家分別描述爲賈雅阿難陀「門下的譯師們」及「古時追隨月稱論師的一些西藏的中觀智者」，《四家合註》和阿嘉擁增的《菩提道次第廣論名詞解釋要略》則舉出庫譯師朵德拔㉜和追隨巴擦㉝譯師的碼嘉巴菩提精進㉞作爲這兩家的代表人物㉟。這些是早期傳播月稱思想的印度班智達及西藏的譯師或著書立說者㊱。對於第三家和觀品別處所提到的一些觀點，宗喀巴大師又標爲與他同時代的西藏人所持的。無論是《道次第廣論》對這些觀點的描述，還是對它們所作出的回應，對於西藏中觀思想史的研究都有特別的意義。

在詳細討論否定的對象以及所用的方法之後，《道次第廣論》觀品的第三個重大話題是用正理來分別破除人我和法我以及成立兩種無我。大師認為無量法的種類的自性都可用正理加以分析而破除（按照《四家合註》此處的解釋，《中論》是廣述否定各種法的自性之正理者），然而諸事物總括起來不出人和法兩者㊲。於是，正破人法自性的正理是依照月稱《入中論》的相應內容而講述㊳。大師在講述破自性的正理時依據月稱之說，但是在這一部分的末尾他又推薦了《中論》第三、第四和第五觀處、蘊、界三品，作為進一步廣破自性的門徑㊴。

2. 經論的引證及出處的尋找

《道次第廣論》觀品廣引《中論》等龍樹諸論、聖天《四百論》以及佛護、清辨、月稱等印度古代中觀師諸大論典的大量關鍵段落，並作了解釋與抉擇。在「抉擇空性見的方式」部分所引的經文大多為月稱論釋中已引用者。觀品之初除了簡述印度中觀的歷史及分支之外，更有「確認了義和不了義經」一節從中觀宗的角度討論詮釋佛經的原則。這一主題成了構建大師後來所著的《辨了不了義論》一書的核心問題。在《辨了不了義論》中，宗喀巴大師對比抉擇唯識和中觀兩派不同的解經原則，除了系統講述應成見之外，對於唯識和中觀自續的討論也更加完備。

在詳述所否定的對象的確認、自續和應成的含義以及破自性的正理之後，《道次第廣論》觀品依據《解深密經》、蓮華戒的《修次第》三篇以及瑜伽行派的《聲聞地》、《般若波羅蜜多教授論》等教典論述了觀的分類、修法及成就的標準㊵。在觀品結束後，《道次第廣論》以止觀成就之後而獲得的止觀雙運來結束對顯教道次第的講述。

在尋找《道次第廣論》教典引文的出處方面，梵文和藏文原典的查詢工作主要獲益於康噶·次臣格桑的精校本及《廣論》英譯本所作的研究㊶。在原典漢譯的查找方面，譯者又依靠了中華電子佛典協會（CBETA）製作的漢文《大藏經》電子版，從而提高了檢索的效率。凡是本冊第一部（空性見與修觀法）中的引文有譯者於二〇一二年前獲得的梵典者，我們都對照梵文與藏文引文。在更多的場合裡，梵文是用來幫助確定與梵本更接近的藏文理解，也有一些時候譯者捨藏文而取梵文的讀法，遇到後一種情形我們會在註解中提及梵文。二〇一二年之後出版的相關梵典主要有《明句論》第一品㊷和《中論》㊸的新校本、《佛護釋》㊹和《正理六十頌》㊺的片段及《入中論》第六品㊻。在本冊的註解中標出了這些原典的出處㊼，但是在最終定稿階段沒有一一將藏譯與這些新出的梵本或新校本對照，偶爾須細審文字的情形除外。

3. 版本

本冊第一部的漢譯依據青海民族出版社一九八五年出版的藏文本㊽，第二部的漢譯依據印度出版的新校勘本㊾。在本冊的翻譯中因原文的歧義而需要修改青海版藏文者共二十六處㊿，均依康噶・次臣格桑的精校本[51]、下文所說的《四家合註》本、藏文《丹珠爾》、梵本、其他印度典籍藏譯的校勘本或權衡這些版本中的數種而修正原文。本書的譯者在即將提交本冊譯稿之時又獲得《宗喀巴師徒三尊文集：對堪本》[52]，其中第十三冊《至尊宗喀巴文集》pa函包含《無等宗喀巴大師所造菩提道次第廣論》，但是因爲獲得此書時間太晚，在本冊的翻譯中未能使用[53]。在翻譯過程中我們經常使用藏文《四家合註》來解除疑難問題。

4. 註釋與兩種科判

在翻譯過程中我們經常使用**《道次第廣論》的權威藏文註釋**《四家合註》[54]來疏解文義並應對疑問及難解之處，在原文翻譯中遇到藏文有難字或意思不明時，我們有時也參照了阿嘉雍增的《菩提道次第廣論名詞解釋要略》[55]。**本書利用《四家合註》的另一途徑是在書後增一附錄，**提供《道次第廣論》觀品部分《四家合註》的詳細科判，作爲幫助讀者理解此品內容的一個額外的資源。**科判是藏漢佛教書籍中常見的一種工具，比現代書籍中的目錄更爲完整具體地勾畫出書本的結構，如同藉此在書本中航行的地圖。列於這篇序文之後的《菩提道次第廣論》原文的科判完全是《廣論》原書中已經確立的，**內容較爲簡略。在本書附錄中所提供的《四家合註》的科判**是由嘉樣協巴所製，將原書劃分至細小的段落。**除了揭示原文詳細的結構之外，這個科判也是迅速回顧觀品內容的總結，並且爲讀者顯示各段論文的要旨，遇到疑難時有時還會幫助排除疑惑。

在本冊原文的翻譯中凡需添加補充說明、解釋或令漢文句更加完整時，取自《四家合註》的文字置於方括號「〔 〕」之中，以別於譯者自己添加的詞句，後者則添加於圓括弧「（ ）」之中。《四家合註》的科判將《道次第廣論》分作八九九小節，這一分節的序號被置於本冊的譯文之中，作爲觀品原文的段落號碼，以便於引用並與附錄中的科判對照。

5. 翻譯方法與術語

法尊法師完成的第一部漢譯《菩提道次第廣論》忠實於原著，文字典雅，上承玄奘古風。《（藏譯中）菩提道次第廣論》的本意是爲了幫助苦於法師文言文譯作艱澀難懂的讀者，故此本譯作主要採用現代漢語的語句結構，又輔以現代佛教研究的成果。在佛教術語上則在較大的程度上使用漢文佛教原有的術語，以維持與傳統的銜接。採用新的譯語有時是爲了更加簡捷明了，如主要用「分析」翻譯藏文（rnam par）dpyad pa 與梵文 vicāra，並且減少使用古譯中的「思擇」、「伺察」和「伺」的譯例。譯者創造新的譯語有時也是爲了更好地反映原文的術語的原貌。如「zung (du) 'brel (ba) / yuganaddha」和「zung (du 'brel bar) 'jug (pa) / yuganaddhavāhin」在法尊的術語體系中都對應「雙運」。在本冊的止觀雙運一節我們使用了更貼接近前者的「雙合」來翻譯 zung (du)，brel (ba)，並保持「雙運」與後者的對應。

本冊第一部空性見與修觀法與附錄的翻譯由李勝海（Shenghai Li）擔任，第二部止觀雙運與論的結尾的翻譯由陳智音（Sherab Chen）擔任。兩位譯者在討論術語的統一工作時，古譯經常成為二人達成共識的基礎。後代的譯者覺得前代的譯語有修改空間是從古以來就有的現象，然而即使以往最忠於原著的佛教翻譯家仍會沿襲一些可改良的術語㊻。我們所特別關注的玄奘和法尊兩位前代翻譯的核心術語體系，有精準地反映梵藏原文的特點，諸如「所知障」等詞雖非一望可知其義，卻與藏文的 shes bya'i sgrib pa 和梵文的 jñeyāvaraṇa 字字相扣；又如玄奘法師的「雙運」一詞對應義為「以軛（將牛）連在一起而運載」的梵文 yuganaddhavāhin，雖非直譯卻極為傳神。這樣的古譯譯例即使置於現代漢語的語境之中，都不需任何改動。我們修改舊譯術語時往往盡量維持其可保留的部分，這種既有保留又有更新的立場，可以用前面所說的表示各種有或成立的術語為例。法尊法師的「自性」、「自相」、「自體」、「諦實」等譯語基本都被保留，當藏文用表示「有」的 yod pa 與它們連用時，我們保留法尊法師的「諦實有」、「勝義有」、「眞實有」㊼等。由於「有」與「成立」在此意義相當，法尊法師為了令意思更為明了，將「自性成立」、「自相成立」、「諦實成立」、「勝義成立」翻作「自性有」、「自相有」、「諦實有」，而我們則採用更能表達原文的前者㊽。

這個翻譯項目的性質不允許我們投入更多的時間來系統地解釋書中所用的或舊或新的佛教術語㊾。在更多的時候譯者在註解中提供了所出現的術語的原文，由此標誌本書的譯語和藏文術語體系之間的銜接。讀者可以從佛教和藏文詞典、其他典籍或專家的解釋中獲得更多信息。本書中還經常在註解中提供更多可取的舊譯譯例，作爲讀者進一部理解或自行選擇的資源。凡所用的譯語是新創造的，註解一般都提供常用的舊譯。在尋找對應的古譯譯例時，除了漢譯文本之外，我們尤其得力於日本學者出版的各種佛教文本的梵藏漢索引㊿。

6. 致謝

本書的兩位譯者感謝維護大乘法脈基金會（FPMT）的資助，幫助我們完成了本冊的翻譯和大部分的校對工作。喇嘛梭巴仁波切對這個翻譯項目一貫予以支持。兩位譯者在上世紀九〇年代末一個夏季強化課程中，在威斯康辛大學麥迪遜分校的已故榮休教授格西倫珠梭巴（Geshe Lhundup Sopa）座下，完整地聽聞了藏文《道次第廣論》本冊部分的講解。FPMT 教育部的主任 Merry Colony 監督我們的工作有十多年之久，並且花費了許多心血。由 FPMT 任命的台灣居士賴奉助做了大量的義務工作，對讀《道次第廣論》的藏文與本書的翻譯，並提出了許多修改意見。旅居新加坡的華昕自願將觀品的譯文對照藏文和英譯，他所提出的修改建議很多涉及到一些重要的段落。他們兩位的意見爲本冊的譯文增色不少。本翻譯的最終階段受到中國國家重大課題的支持[61]，兩位譯者分別感謝俄亥俄州立大學和復旦大學的支持。復旦大學中華古籍保護研究院的馬疏窈、梁旭瑩和裴震三位同學幫助核對了橡樹林編輯排版修改後的文稿。我們感謝智慧出版社（Wisdom Publications）的出版人 Daniel Aitken 親赴台灣，協助我們物色理想的出版社。最終我們感謝橡樹林文化接納這部翻譯。張嘉芳總編指導了最後成書的過程，並提出了改進的意見。游璧如編輯在排版和修改上花費了很多精力，使得譯文更加完善。

李勝海、陳智音

註釋：

① 本冊82至427節。
② 藏：kun rdzob tu yod pa。
③ 藏：kun rdzob tu grub pa。
④ 藏：tha snyad du yod pa。
⑤ 藏：btags yod。《四家合註》中還出現過 rdzun grub「虛妄地成立」。
⑥ 藏：rang bzhin gyis grub pa 或 ngo bo nyid kyis grub pa。
⑦ 藏：rang gi ngo bos grub pa。
⑧ 藏：rang gi ngo bo'i sgo nas grub pa。
⑨ 藏：rang gi mtshan nyid kyis grub pa。
⑩ 藏：rdzas yod。

⑪藏：bden par yod pa。

⑫藏：bden par grub pa。

⑬藏：don dam par yod pa。

⑭藏：don dam par grub pa。

⑮藏：de kho nar yod pa。

⑯藏：de kho na nyid du grub（pa）或 de kho nar grub pa。

⑰藏：yang dag par grub pa。

⑱藏：ngo bos grub pa 或 ngo bos yod pa。

⑲另一個術語「從自己一邊而成立」（藏：rang ngos nas grub pa）至少出現於《四家合註》。

⑳月稱論書（至少某些寫本）中出現過與「自性成立」（藏：rang bzhin gyis grub pa 或 ngo bo nyid kyis grub pa）相對應的 svabhāvikī siddhi 以及與「自體有」（藏文 rang gi ngo bos grub pa 更準確的漢譯是「自體成立」）對應的 svarūpasiddhi。月稱《明句論》中與前者相關的段落在本冊237節中被引用，出處及梵本原文是否有包含 svabhāvikī siddhi 語句的問題見本冊237節中的註。月稱《四百論釋》中使用後者的段落在本冊199節中被引用，出處見本譯中的註。

㉑本書中有時順應以往漢譯的習慣使用處格，如用「在勝義中」，至少在藏文中這種讀法是成立的。有時也翻作比較簡略的「自性成立」、「自體有」等，不明確「自性」、「自體」等詞的具體作用。然而譯者所注意到的印度論書中的用法都偏向於將這些詞讀作副詞。見本冊412至426及340節。

㉒這些修飾性的副詞的梵文形式為 svabhāvena、svabhāvataḥ、svabhāva 作為一個複合詞的前一部分、svarūpataḥ、tattvataḥ 及 paramārthataḥ。「自相」作為副詞出現在月稱本人對《入中論》第六品36頌所作註釋的藏譯中，用來形容「生」：rang gi mtshan nyid kyis skye ba。上述這些用法在本冊中各處出現，除了標出出處外一些註解還作了特別說明。本冊405至409節列出了經論中使用這些修飾詞的一些實例。

㉓見法尊法師（1995）的譯文與講記19－54頁。

㉔本冊428至584節。

㉕本冊34至52節。

㉖見本冊244至249、413及424至427節，參見492節。

㉗世俗和勝義二諦的話題在宗喀巴大師所有的中觀著述中都出現。《菩提道次第略論》的觀品除了簡要地敘述《廣論》

的內容外，還有一節特別討論二諦。

㉘ 見本冊524至530節。

㉙ 本冊219至295節。

㉚ 尤其見引述四種觀點後「破除第一種觀點」及「破除第三種觀點」兩部分，在本冊437至439節及443至480節。

㉛ 有關宗喀巴中觀思想中的量論理論，見 Ruegg（2000）第三部分233－304頁。

㉜ 藏：khu lo mdo sde 'bar。

㉝ 藏：pa tshab。

㉞ 藏：rma bya pa byang chub brtson 'grus。

㉟ Yoshimizu（1993）的論文討論了《道次第廣論》及嘉樣協巴的《宗派廣論》所舉出的格魯派認作是錯誤的觀點。

㊱ 有關在印度佛教晚期及西藏佛教後宏期興起的以月稱的著述為核心的應成派熱潮，見 Vose（2009）的專著。

㊲ 見本冊61節。

㊳ 見本冊585至736節。

㊴ 見本冊754節。

㊵ 本書依照漢文舊例，將印度論師 Kamalaśīla 譯作「蓮華戒」。這一譯例不僅在現代被廣為使用，並且上溯至宋代施護所譯的《廣釋菩提心論》（漢文古譯《修次第初篇》，大正藏32冊 1664 號）。然而依照藏譯 Padma'i ngang tshul 的理解，應當譯為「蓮華性」。

㊶ Khangkar（2001）及 Tsong-kha-pa Blo-bzang-grags-pa（2000–2004）。譯者感謝 Jeremy Manheim 贈送洛賽林格西土丹貝桑所著的《道次第廣論科判別飾援引契經而立正道》（Thub bstan dpal bzang, 2005），然而在本冊的翻譯中未能使用。

㊷ MacDonald（2015）。

㊸ 葉少勇（2011）。

㊹ 葉少勇（2011b）。

㊺ 李學竹與葉少勇（2014）。

㊻ Li（2014）。

㊼ 譯者所獲的《入中論》第六品梵文的 PDF 文件無頁碼，故不引頁數。

㊽ Tsong kha pa（1985）。

㊾ Mar me mdzad ye shes 與 Tsong kha pa Blo bzang grags pa（2012）。

㊿ 以下是本譯本修改與本冊第一部對應的青海版藏文《道次第廣論》的記錄。其中英文句號前後分別為青海版藏文的頁與行，方括號中的是本冊的段落號：576.15 [65]; 578.2 [73]; 585.8 [106]; 586.13 [107]; 592.13 [126]; 602.5 [167]; 603.18 [174]; 604.5 [177]; 622.13 [253]; 671.13 [424]; 683.18 [449]; 707.11 [532]; 709.7 [538]; 713.15 [555]; 714.15 [561]; 723.4 [600]; 739.16–17 [662]; 755.4 [720]; 765.1 [759]; 769.14 [772]; 773.19 [785]; 785.4 [830]; 799.17 [893]; 800.7 [894]。本冊第二部修改所用的印度出版的藏文版兩處，與之對應的青海版藏文805頁17–18行及806頁第2行有同樣的錯誤。

51 Khangkar（2001）。

52 更登（2019）。譯者感謝中國人民大學國際佛學研究中心贈送師徒三尊文集的對堪本。

53 有關《道次第廣論》早期的版本，見 Kuijp（2015）文中的討論。有關最早的《道次第廣論》印本甘丹舊版，參見 Jackson（1983）與（1989）。

54 Tsong kha pa Blo bzang grags pa（1972）。

55 A kya yongs 'dzin Dbyangs can dga' ba'i blo gros（1971）。有關《道次第廣論》的藏文註釋，見 Kuijp（2015）。Napper（1989，12–13頁）還提及另外三種她所參考的《道次第廣論》或觀品的註釋。

56 見 Harrison（2010）對《金剛經》六個漢譯本之間內容借用的討論（尤其見242–244頁）。

57 即從諦實、勝義和真實的角度而存在。

58 法尊法師直譯 grub pa 時，他使用的譯語是「成就」。我們的翻譯也有兩個例子是因循法尊的舊譯，將原義為「（從）自體（的角度）成立」和「真正地成立」的 rang gi ngo bos grub pa 和 yang dag par grub pa 分別翻作更為明了的「自體有」和「真有」。這是我們的翻譯中全盤接受傳統的例子。

59 註解中對術語作解釋的情形是很少數的。即使要系統解釋術語，我們還需要面對選擇什麼樣的資料來源的問題。

60 如 Yokoyama 與 Takayuki（1996）的《漢梵藏對照瑜伽師地論總索引》與平川彰（Hirakawa，1973–1978）的《阿毘達磨俱舍論索引》。

61 批准號：17ZDA235。

《菩提道次第廣論》原文的科判（第三冊部分）

寅二、如何修觀　分四個部分

卯一、修習觀的資糧　分三個部分

辰一、確認了義和不了義經

辰二、解釋龍樹旨趣的模式是如何出現的

辰三、抉擇空性見的方式　分兩個部分

巳一、進入眞實的次第

巳二、抉擇眞實的正義　分三個部分

午一、確認正理的所破　分三個部分

未一、必須善爲認識所破的原因

未二、批駁別人尚未確認所破就加以破除的主張　分兩個部分

申一、破除「認識所破範圍太廣」　分兩個部分

酉一、敘述〔別人〕的主張

酉二、顯示〔上述觀點〕不合道理　分兩個部分

戌一、顯示這個觀點破壞了中觀宗與眾不同的特點　分三個部分

亥一、確認中觀宗的特法

亥二、（上述）觀點如何破壞這（一特法）

亥三、中觀師如何予以答復

戌二、顯示所提出的責難無法破除　分四個部分

亥一、依靠觀察（世俗法）能否經得起正理分析來作否定而無法破除

亥二、依靠觀察（世俗法）是否由量所成立來作否定而無法破除

亥三、顯示依靠觀察（世俗法）是否屬於四句生來作否定而無法破除

亥四、顯示破除有事、無事等四句不能成為責難

申二、破除「認識所破範圍太為狹窄」

未三、自宗確認所破的方式　分三個部分

申一、確認所破的正義

申二、對於其他的所破加不加這個（簡別）的情形

申三、說明對於所破是否要加「勝義」的簡別

午二、破除所破應當使用應成還是自續　分兩個部分

未一、確認應成和自續的意思（或安立應成與自續的方式）　分兩個部分

申一、破除別人的觀點　分兩個部分

酉一、陳述主張

酉二、對這些（主張）加以破除　分四個部分

戌一、破除第一種觀點
戌二、破除第二種觀點
戌三、破除第三種觀點
戌四、破除第四種觀點
申二、安立自己的觀點　分兩個部分
酉一、破除自續的正義　分兩個部分
戌一、顯示宗的過失：依托——有法——是不成立的　分兩個部分
亥一、敘述主張
亥二、對它加以破除　分兩個部分
金一、意思不合道理
金二、與所舉的譬喻不相似
戌二、由這個過失而顯示因也不成立
酉二、自己不相同的情形
未二、應當追隨兩者之中的哪一種在相續中產生（正）見
午三、依靠（破除所破）而在相續中產生正見的方式　分三個部分
未一、抉擇人無我　分三個部分
申一、抉擇我沒有自性的正義　分兩個部分
酉一、安置譬喻　分四個部分

戌一、顯示車子是沒有自性的假有

戌二、消除爭論

戌三、從名字的差別的角度是成立的

戌四、依靠它而迅速獲得（空性）見的利益

酉二、配合正義　分兩個部分

戌一、將無自性的道理配合正義　分四個部分

亥一、否定我和蘊相同的可能性

亥二、否定（我和蘊）不同的可能性

亥三、由此也能否定其餘的可能性

亥四、依靠這種（否定）後人顯現爲如幻的情形

戌二、將名字差別的方面能夠成立的道理配合正義

申二、顯示由此也能破除我所

申三、如何將這些正理用於其他（事例）

未二、抉擇法無我

未三、由串習這些正見而斷除障礙的方式

卯二、觀的分類

卯三、修觀的方式　分兩個部分

辰一、破除別人的觀點　分四個部分

巳一、破除別人的觀點之一
巳二、破除別人的觀點之二
巳三、破除別人的觀點之三
巳四、破除別人的觀點之四
辰二、安立自宗　分三個部分
巳一、需要安住修和觀察修二者的原因
巳二、消除爭論
巳三、略說修持方法的要點
卯四、經過修習而成就觀的標準
寅三、止觀二者雙合之法
道總義
辛二、特別學習金剛乘之法（從菩提道次第廣論第二冊「庚三、正式解釋修學學處的步驟」一科①分出）
結尾的頌文
後跋

註釋：

①見青海民族出版社出版的藏文《菩提道次第廣論》（Tsong kha pa，1985）356頁第二行。

閱讀之前

- 《四家合註》的科判將《道次第廣論》分作八九九小節，此一分節的序號置於本冊的譯文之中，作為觀品原文的段落號碼，以便於引用並與附錄中的科判對照。
- 取自《四家合註》的文字置於方括號「〔〕」之中；譯者添加的詞句，則添加於圓括弧「（）」之中。

【第一部】

空性見與修觀法

【第一章】

總　　述

【第一節】引子

[1]依照如上的解釋，心在一個所緣境上能夠隨意地安住而（得到了）止①，具備(1)無論（專注）在何處都無分別、(2)遠離沉沒的明了以及(3)喜和樂的特殊利益，（這時）不應當僅僅以此而滿足，必須發起正確地決定眞實義的智慧而修習毘鉢舍那②。這是因爲：如果不這麼做，由於三摩地即使與外道都是共通的，所以僅僅對此串習，就和他們的道一樣不能斷除煩惱的種子，因而不能解脫（三）有。

[2]《修次第初篇》也這樣說③：

這樣在所緣境上令心變得堅固後，應當用智慧去分辨④，這樣產生了智慧的光明，就能徹底斷除愚痴的種子，否則就像諸外道，僅依靠定而不能滅除煩惱。[3]如經中說⑤：

諸世間人雖然修定，
他們卻不能消除我想⑥，
以後他們（的⑦）煩惱仍會擾亂，
就像增上行⑧在此〔世間〕修定。

[4] 其中「雖然修定」就是前面所說的具備無分別和明了等特點的三摩地。他們雖然修定卻無法斷除我執，所以說「他們卻不能消除我想」。[5] 由於沒有消除我執，所以煩惱仍然會產生，故說「以後煩惱仍會擾亂」。

[6]【疑問】那麼，修怎樣（的道）才能獲得解脫？

【回答】如前文所引，緊接著上面的經文又說⑨：「如果對法觀察⑩無我……」（第一句的意思是：）如果觀察無我法後能產生理解無我義的慧。[7]（第二句）「觀察它們⑪之後如果加以修習」是說獲得了無我見以後修持⑫、修習此見。（第三句）「這是獲得涅槃果的因」是說獲得涅槃或解脫之果的因就是這個〔觀〕眞實的毘鉢舍那〕。

[8]【疑問】雖然修這個〔觀〕能得到解脫，但是沒有它，修別的是否也能得到解脫？

【回答】（第四句：）「任何其他的因都不能趨向寂靜」。這是說即使修習除此之外的道，如果沒有它，則苦和煩惱不能趨向寂靜。這〔段經文〕非常明了地顯示只有無我慧才能截斷生死根本，在中觀《修次第》中也是引它來駁斥和尚⑬，所以應該對此獲得決定，這是因爲外道諸仙人⑭雖然也有定和神通等眾多功德，卻因爲沒有無我見，而絲毫不能超越生死。

[9]同樣道理，前面所引的《菩薩藏經》也說：不知道經中所講的眞實⑮，僅對三摩地知足而產生增上慢⑯，以爲這是修甚深義的道，這樣不能解脫輪迴。出於這個想法⑰，我說「從別人那裡聽聞能夠解脫老死」⑱。在此大師自己揭示密意而明顯地作了解釋。「從別人那裡聽聞」是指從別人那裡聽聞無我的解釋。[10]因此，〔佛〕說「從別人那裡聽聞」無疑是爲了破除這樣的執著，即認爲不需要向外在良師那裡聽聞無我義而作聞、思，就能由內生起〔甚深的證悟〕。

[11]總的說來，勝者的一切聖言⑲有些是直接開示眞實，不直接開示的也唯獨是間接地朝向並落入眞實。在尚未發起悟解眞實的光明之前，愚痴⑳的黑暗不會止息，〔光明〕生起便能止息，所以僅用專注一境的止不能〔獲得〕清淨智，愚痴的黑暗也不會止息。因此，應當想：「〔我〕要尋求能夠確定眞實無我義的智慧。」必須這樣決心尋求智慧。《修次第中篇》說：

接著，在成就止之後應當修觀。應當這樣思惟：「世尊的一切言教都是善說，唯獨是現前㉑或間接地顯示眞實或朝向眞實。就像光明生起就能驅除黑暗，如果悟解眞實，就會遠離一切〔惡〕見之網。僅憑藉止不能〔獲得〕清淨智，並且也無法驅除障礙的黑暗。然而，如果用慧來善修眞實，則能〔獲得〕清淨智並證得眞實，只有用慧才能眞正消除障礙。由此緣故，我要安住於止，並用慧來遍求眞實。不應當僅僅對止感到滿足。怎樣才是眞實？〔它〕是勝義㉒中一切事物㉓（空去）人法二我的空性㉔。

[12] 此外，在諸波羅蜜多之中眞實是由慧度所通達，不是禪定等所能證悟，所以應當避免將純粹的禪定與慧度混淆，必須產生智慧。如《解深密經》說：

【觀自在菩薩問】「世尊，菩薩是以哪一種波羅蜜多來把握㉕諸法的無自性性？」

【佛陀回答】「觀自在，是以慧度來把握㉖。」

[13] 出於這個想法，前面所引的《於大乘修信經》說㉗：

倘若不安住於慧，諸菩薩對大乘的信心㉘在大乘中無論怎麼做，我都不說能夠出生㉙。

註釋：

①藏：zhi gnas，梵：śamatha。音譯為「奢摩他」（玄奘和法尊法師譯語）。除了「止」（也是奘譯和尊譯語）外，本書中還譯作「寂止」。

②藏：lhag mthong，梵：vipaśyanā。漢文音譯為「毘鉢舍那」（玄奘和法尊法師譯語，舊譯也作毗鉢舍那），意譯為「妙觀」（奘譯）或「觀」。本書中偶爾採用奘譯「勝觀」。

③To. 3915。藏文見德格版《丹珠爾》中觀部 ki 函 32 頁下 7 至 33 頁上 2，梵文見 Tucci（1958）校勘本 209–210 頁，藏文與梵文見 Gyaltsen Namdrol（1997）校勘本 46 及 215 頁，相應的漢譯見《大正藏》32 冊 1664 號 567 頁下欄 16–22 行。《修次第》三篇的藏譯和現代漢譯本對照見周拉（2010）189–393。

④梵：vivecayet。

⑤To.127，《三摩地王經》。梵文見 Vaidya（1961）校勘本 49 頁，藏文見德格版《甘珠爾》契經部 da 函 27 頁上 7，相應的漢譯見《大正藏》15 冊 639 經 558 頁中欄 7–8 行，《大正藏》640 及 641 經是此經的異譯本。

⑥藏：bdag tu 'du shes。《四家合註》（Tsong kha pa Blo bzang grags pa, 1972）說「我想」是執著我的想。

⑦梵：tasya。

⑧藏：lhag spyod，梵：Udraka，人名。「增上行」是依據藏譯，漢譯《月燈三昧經》採用音譯「優陁迦」。阿嘉雍增的《菩提道次第廣論名詞解釋要略》（見 A kya yongs 'dzin dbyangs can dga' ba'i blo gros, 1971）文集 ka 函 39 頁上 4 至下 3）提供了兩種解釋，其中之一是：根據雍增．耶希堅參等所得到的口傳解釋，名為「增上行」的外道出

於與佛競爭的心理，蓄髮屏氣修定十二年而獲得了四靜慮和四無色定。出定時，他見到老鼠咬斷了自己的髮縷並用頭髮築巢，由此產生了很強的瞋心。他當即退失了禪定，並且口吐鮮血，死後墮於地獄。第二個解釋出自阿闍黎妙吉祥稱所造的《三摩地王經》的解釋，根據此書增上行是入佛教學習淩空飛行的神通的裸形外道。《菩提道次第廣論》的英譯本推測 Udraka 是在悉達多太子出家之後、成佛之前教授太子禪定的 Udraka Rāmaputra，藏文為 rangs byed kyi bu lhag spyod（《翻譯名義大集》3516），漢譯有鬱頭藍、阿羅邏迦藍（Ālāra Kālāma 或 Ārāḍa Kālāma）等。

⑨ 以上《修次第初篇》所引的頌及下面所說的這個頌分別為《三摩地王經》第九品36及37頌，這二頌曾出現在本論奢摩他品的開頭，見青海民族出版社出版的藏文《菩提道次第廣論》（Tsong kha pa, 1985）第479頁第17行至第480頁第1行，這個版本以下簡稱為「青海版」。《三摩地王經》的梵文見 Vaidya（1961）校勘本49頁，藏文（To. 127）見德格版《甘珠爾》契經部 da 函27頁上7至下1，相應的漢譯見《大正藏》15冊639經558頁中（欄）7－10（行）。兩頌中的第二頌曾被《修次第後篇》引用，藏文及梵文見 Gyaltsen Namdrol（1997）校勘本170及265頁，梵文也見 Tucci（1971）校勘本18頁。

⑩ 藏：so sor rtog（pa）。本書中一般譯作「觀察」、「思擇」，在一些專業性的段落中（如後文講述修觀方法部分）也循古譯採用「伺察」，有時也翻作「分析」。奘譯有「觀察」、「伺察」、「思擇」、「觀」、「觀照」和「簡擇」，尊譯也採用「觀察」和「觀」。

⑪ 梵：tān，藏：de。

⑫ 藏：skyong。

⑬ 藏：hwa shang。

⑭ 藏：drang srong。

⑮ 藏：de kho na nyid，簡稱 de nyid，也作 de kho na。梵：tattva。奘譯有「真實」（尊譯亦用）、「真性」、「真」。本書中有時也翻作「真性」。

⑯ 藏：mngon pa'i nga rgyal。

⑰ 藏：de las dgongs nas。舊譯為「於此密義」。

⑱ 本論的奢摩他部分曾經引過這段經文，見青海版480頁1－9，這裡是宗喀巴大師所作的復述。藏文（'phags pa

byang chub sems dpa'i sde snod ces bya ba theg pa chen po'i mdo, To. 56）見德格版寶積部 ga 函 161 頁下。相應的漢譯經文見《大正藏》11 冊 311 經（《大寶積經》第 12《菩薩藏會》）297 頁中 6–14，《大正藏》316 經為異譯本。《修次第中篇》（To. 3916）對這段經文的引述見德格版《丹珠爾》中觀部 ki 函 44 頁下 5–7。

⑲ 藏：gsung rab，梵：pravacana，本書中翻作「至言」、「佛經」、「佛語」、「經」。奘譯有「聖教」、「至言」、「契經」，尊譯還有「經」。

⑳ 藏：rmongs pa。

㉑ 藏：mngon sum du。尊譯為「現前」。

㉒ 藏：don dam pa。

㉓ 藏：dngos po，本書中有時也譯作「事」。相應的梵文 bhāva 源自動詞詞根 bhū，這個動詞有「有」、「是」等意思。有時也與梵文 vastu 對應。奘譯和尊譯作「有事」，奘譯也作「有」、「有性」、「事」、「事物」等。在很多場所「事物」一詞（如此處「一切事物」中的「事物」）與「法」（如「諸法無我」中的「法」）是同義詞。在有些（尤其是因明學）藏文書籍中 dngos po 一詞的範疇與有為法相等，其定義是 don byed nus pa「能起作用」。

㉔ To. 3916。藏文見德格版《丹珠爾》中觀部 ki 函 48 頁上 4–7。

㉕ 藏：'dzin pa。此處奘譯和尊譯均作「取」。

㉖ To. 106，'phags pa dgongs pa nges par 'grel pa zhes bya ba theg pa chen po'i mdo。藏文見德格版契經部 ca 函 47 頁上 4–5，玄奘法師的漢譯見《大正藏》16 冊 676 號 707 頁中 18–21，《大正藏》675、677、678 及 679 經為異譯本，《修次第中篇》（To. 3916）對此段經文的引述見德格版《丹珠爾》中觀部 ki 函 48 頁下 1–2。

㉗ 這是復述本論前面所引的《於大乘修信經》，見青海版 480 頁 14–17。《修次第中篇》（To. 3916）中的引文見德格版《丹珠爾》中觀部 ki 函 45 頁上 2–3。此經僅有藏譯，全名為 'phags pa theg pa chen po la dad pa rab tu bsgom pa zhes bya ba theg pa chen po'i mdo（To. 144），相關的經文見德格版契經部 ba 函 21 頁下 6。

㉘ 藏：dad pa。本書中也譯作「信」。

㉙ 藏：nges par 'byung ba。這個詞一般譯作「出離」，如《四家合註》也將這個詞理解為解脫（grol ba）。此處譯文採用的是本書前面及《修次第中篇》的引文：'byung ba（r nga mi smra'o）。經文的藏譯也讀作 skye。

【第二節】確認了義和不了義

〔寅二〕如何修觀

分四個部分：

卯一、修習①觀的資糧

卯二、觀的分類

卯三、修觀的方式

卯四、經過修習而成就觀的標準

〔卯二〕修習觀的資糧

[14] 親近②正確通曉聖言要點的智者、聽聞無垢的教典③、並用聞慧和思慧來產生通達眞實的見，是毘鉢舍那必不可少的先決條件④。這是因爲：倘若不具備決斷眞理⑤之義的見，則不可能產生通達如所有性⑥的毘鉢舍那的證悟。

[15] 另外，必須依靠了義⑦，不依不了義⑧來尋求這樣的見，因此，應當認識了義和不了義的差別並領悟了義經的意思。此外，如果不依靠某一成量⑨的開宗大師⑩所造之解釋〔經的〕密意⑪的論⑫，就如天生的盲人沒有引路人而走向險境，所以應當依靠不顚倒的釋論⑬。[16] 至於應當依靠的解釋密意者，則是名揚三地⑭的「聖者龍樹」，世尊本人在眾多經續中都作過極爲明顯的授記，說他能夠解釋遠離有、無一切邊際的聖教的心要——甚深義。⑮因此應當依靠他的教典來尋求通達空性的見。

（修習觀的資糧）分三個部分：

辰一、確認了義和不了義經

辰二、解釋龍樹旨趣的模式是如何出現的

辰三、抉擇空性見的方式

[17]【疑問】求證眞實的人必須依靠佛經，經又是順應種種化機的意念而門類眾多，所以應該依靠怎樣的經來尋求甚深義？

【回答】應當依靠了義經而通達眞實。

[18]【疑問】那麼，怎樣才是了義？怎樣是不了義？

【回答】這是從所詮⑯的角度來安立的。應當確認開示勝義的是了義經，開示世俗⑰的是不了義經。[19]如《無盡慧所說經》也說：

若問「什麼是了義經？什麼是不了義經？」那些開示世俗成立的經稱作「不了義」。那些開示勝義成立⑱的經稱作「了義」。[20]那些以種種文句⑲而作開示的經稱作「不了義」，那些開示甚深難見難證的經稱作「了義」⑳。

[21]【疑問】那麼，因爲開示世俗而成爲不了義時，什麼是開示世俗的方式？因爲開示勝義

而成爲了義時，什麼又是開示勝義的方式？

【回答】這部經對此講得很明了：

那些以種種言詞講說我、有情、命者、養者、士夫、數取趣、摩奴所生㉑、摩納婆㉒、作者、受者，雖然沒有主宰卻顯示似乎有主宰的經稱作「不了義」。那些開示空性、無相㉓、無願㉔、無造作㉕、無生、不生、無有情、無命者、無數取趣、無主宰的解脫門的經稱作「了義」㉖。

[22] 這是說以斷除戲論㉗的方式而開示無我及無生等〔的經〕是了義，開示「我」等的〔經〕是不了義，因此，應當知道無我和無生等是勝義，生等是世俗。

[23]《三摩地王經》也說：

如善逝講說空，

〔菩薩〕㉘知道㉙是了義諸經的事例㉚，

何〔經〕之中開示有情、數取趣㉛及士夫㉜，

（菩薩）知道所有這些法是不了義[33]。

[24]《中觀光明論》也說[34]：

由此緣故，應當領悟只有講述勝義者才是了義，反之則是不了義。[25]《聖[35]入一切佛境界智慧光明莊嚴經》[36]說「凡是了義就是勝義」。並且無生等《聖無盡慧所說經》中也說是「了義」。由此緣故，應當確認「只有無生等才是勝義」。

[26]所以，應當把中觀理聚論[37]及其釋論看作是如實顯示了義（的論典），這是因爲（它們）對於遠離生滅等一切諸戲論的勝義作了詳細的抉擇。

[27]【疑問】作這種開示（的）兩種（經）[38]爲什麼稱爲了義和不了義？

【回答】因爲其意思不能被引向別處，所以稱爲了義，或者說是意思確定[39]。由於此義是眞實義，所以在所抉擇的對象[40]中最爲究竟；因此，出此之外不能再作引伸，並且別人也不可由此而引向別處，這是因爲（它）具備充當證明[41]的量[42]。

[28]《中觀光明論》也說：

【問題】了義指什麼？

【回答】（那便是）具備量及依照勝義而講述者，這是因爲他人無法從此而將它引向別的任何處所㊸。

[29] 從這個說法能夠推知（什麼是）不了義：由於其意思(1)不可以照所說的來理解，必須闡述密意而引向別的意思；或是(2)雖然可以如言取義，但是僅僅如此不是究竟的眞實，仍然需要向別處尋求其眞實，所以稱爲不了義，或者說意思應當加以引伸㊹。

[30]【反方】由於了義諸經是可以如言取義的，所以，如果這些經裡出現無生和無數取趣等，則應當理解成生和數取趣絕不存在，否則就成了不能如言取義，因而便成了不了義。

【自方】這恐怕不合理。這樣講說（無生等）的大師在破除生等的時候加「勝義」簡別㊺的了義經顯然很多，如果有一次加了簡別，未（加簡別）時也因爲是共有的特徵㊻，所以必須加上。另外，由於（勝義無生等）是（生等）法的眞實，所以作這種開示者如何不是了義？

[31] 否則，由於破了生這個總，必然也破除了別的言辭，所以作這種開示的了義經本身都無法

得以安立㊼。

[32]因此，不以經論總的體系配合前後所說者，僅僅因爲照著片言隻字的表面說法無法如言取義，並不能否定（它們）是了義經。[33]應當知道即便言辭所說的量度可以如言取義，也不因此而不成爲不了義。

註釋：

①藏：bsten pa。

②藏：bsten。

③藏：gzhung lugs，對應的梵文或為 samaya。尊譯為「經論」，奘譯有「宗」、「宗教」、「宗旨」。

④藏：rgyu tshogs。

⑤藏：yin lugs。尊譯為「實義」。在本書中「真理」一詞也被用來翻譯 gnas lugs（後者又翻作「存在（的）方式」）。

⑥藏：ji lta ba。

⑦藏：nges don。

⑧藏：drang don。

⑨藏：tshad mar gyur pa。尊譯為「定量」。《四家合註》：無論何時都決定不欺誑為「成量」。

⑩藏文 shing rta'i srol 'byed 的直譯為「開闢車道者」。根據倫珠梭巴格西的解釋，古時馬車行駛的道路不被人使用，時間久了以後被樹葉、塵埃所覆蓋便不為人知，後世重新發現這種軌轍的人稱為「開闢車道者」。同樣，開啓佛教

見行道軌的祖師也被稱為 shing rta'i srol 'byed，本書中譯為「開宗大師」或「開派大師」，有時藏文又稱之為 shing rta chen po，義為「大車」，本書中譯為「宗師」。

⑪ 藏：dgongs pa。奘譯有「密意」、「意趣」，除了「密意」之外本書中也譯作「旨趣」、「意趣」。

⑫ 藏：bstan bcos。

⑬ 藏：dgongs 'grel。

⑭ 藏：sa gsum，即地下、地上、天上。

⑮《四家合註》引了《文殊根本續》、《楞伽經》、《大雲經》以及《大鼓經》中佛對龍樹的授記。《楞伽經》授記龍樹的情形見《大正藏》第16冊671經569頁上24–27及同冊672經627頁下19–22（《大正藏》670經為異譯本）。

⑯ 藏：brjod bya。「所詮」（即「所說」）是指內容。

⑰ 藏：kun rdzob。

⑱《菩提道次第廣論名詞解釋要略》：「開示『世俗成立』與『勝義成立』指的是⑴開示世俗體性的成立方式及勝義體性的成立方式；⑵開示世俗的證明及勝義的證明；或⑶世俗成立即世俗諦，勝義成立即勝義諦。」見阿嘉雍增文集（A kya yongs 'dzin dbyangs can dga' ba'i blo gros（1971））ka函44頁上2–4。

⑲ 藏：tshig dang yi ge，直譯為「句和文」。在《阿毘達磨俱舍論頌》第二品第四十七頌（梵文）前兩句處的《自釋》對於「名」、「句」、「文」三個詞作了解釋。「名」（梵：nāma，藏：ming）即名字，《俱舍論自釋》：「『名』是（產生）想的因，如『色』、『聲』等之類。」梵文 pada 及藏文 tshig 的意思是詞，漢文古譯為「句」，《俱舍論》自釋說它的意思是「句子」（梵：vākya，藏：ngag），奘譯為「章」。《俱舍論》自釋：「直至意思完整為止，如『嗚呼，諸行無常！』等類，由此能了解作用、品質、時間、關係的差別。」《俱舍論》自釋又說：「『文』（梵：vyañjana，藏：yi ge）便是『字』（或作『文字』，梵：akṣara，藏：yi ge），如『a』（短阿）、『ā』（長阿）等之類。」此處玄奘法師的譯本還有「壹」、「伊」二字，顯然是代表梵文「i」（短壹）和「ī」（長伊）。梵文 vyañjana 和 akṣara（藏文均譯作 yi ge）都有字母和音節（syllable）的意思，但是《俱舍論》自釋所給的例子都是字母。《俱舍論》自釋中相關解釋的梵文見 Śāstrī（1998）校勘本第一冊213–214頁，藏譯（To. 4090）見德格版《丹珠爾》阿毘達磨部 ku函84頁上7至下2，玄奘法師的漢譯見《大正藏》29冊 1558號29頁上10–15。

⑳ 此經藏譯全名為 'phags pa blo gros mi zad pas bstan pa zhes bya ba theg pa chen po'i mdo（To. 175），經文的藏

譯見德格版《甘珠爾》契經部 ma 函 150 頁上 2－7，相應的漢譯見《大正藏》13 冊 397（12）經 205 頁中 10－16 及同冊 403 經 604 頁中 3－14。有時《廣論》藏文也將此經稱作 Blo gros mi zad pas zhus pa，遇到這種情況則譯作《無盡慧請問經》。

㉑藏：shed las skyes pa。梵：manuja「從摩奴而生」，即人。尊譯為「意生」。

㉒藏：shed bu，梵：mānava「源自摩奴」，即人。

㉓藏：mtshan ma med pa。

㉔藏：smon pa med pa。

㉕藏：mngon par 'du byed pa med pa。

㉖To. 175，相應的經文藏譯見德格版《甘珠爾》契經部 ma 函 150 頁下 1－3，相應的漢譯見《大正藏》13 冊 397（12）經 205 頁中 18－23 及同冊 403 經 604 頁中 16－21。月稱《明句論》也引用了與這兩段《無盡慧所說經》經文對應的原文，其梵文見 La Vallée Poussin（1903–1913）校勘本 43 頁，藏譯（To. 3860）見德格版《丹珠爾》中觀部 'a 函 13 頁下 5 至 14 頁上 2。見 MacDonald（2015）第一冊梵文第一品新校本 207－208 頁。

㉗藏：spros pa。

㉘見此頌之前的經文。

㉙此處的藏譯可以讀作「應當知道」，但是原文（jānati，此頌是混合梵文，相當於梵文的現在式 jānāti）不是祈使語態。

㉚藏：bye brag，梵：viśeṣa。

㉛藏：gang zag，梵：pudgala，奘譯有「補特伽羅」（音譯）「數取趣」及「人」，這三種譯法本書中都採用。

㉜藏：skyes bu，梵：puruṣa。

㉝梵文見 Vaidya（1961）校勘本 36 頁，藏譯（To.127）見德格版《甘珠爾》契經部 da 函 20 頁下 3，相應的漢譯見《大正藏》15 冊 639 經 556 頁上 19－20。《大正藏》640 及 641 經是此經的異譯本。月稱《明句論》中的梵文引文見 La Vallée Poussin（1903–1913）校勘本 44 頁及 276 頁（最後一句有所不同），藏譯分別見德格版《丹珠爾》中觀部 'a 函 14 頁上 2－3 及 93 頁上 7 至下 1。見 MacDonald（2015）第一冊梵文第一品新校本 209 頁。

㉞To. 3887，dbu ma snang ba，蓮華戒論師著。藏文見德格版《丹珠爾》中觀部 sa 函 149 頁下 4－6。

㉟ 經名之前冠以「聖」字（梵：Ārya）是印度佛教中的傳統。

㊱ 經名 'phags pa sangs rgyas thams cad kyi yul la 'jug pa（'i）ye shes snang ba'i rgyan zhes bya ba theg pa chen po'i mdo（To. 100）。藏文見德格版《甘珠爾》契經部 ga 函 297 頁下 2，相應的漢譯見《大正藏》12 冊 357 經（元魏曇摩流支所譯《如來莊智慧光明入一切佛境界經》）247 頁上 10 及同冊 359 經 261 頁下 2，《大正藏》358 經為異譯本。

㊲ 即龍樹所造的中觀理聚六論，漢譯本分別為：《中論》（姚秦鳩摩羅什法師譯，《大正藏》39 冊 1564 號）、《迴諍論》（後魏毗目仙智與瞿曇流支合譯，《大正藏》32 冊 1631 號）、《空性七十頌》（有法尊法師譯本，詳見後，法師譯作《七十空性論》）、《正理六十頌》（即宋施護法師所譯《六十頌如理論》，《大正藏》30 冊 1575 號）、《精研經論》（法尊法師譯）及《寶鬘論》（近代有從藏文翻成漢文的譯本，古譯本為陳真諦三藏所譯的《寶行王正論》，《大正藏》32 冊 1656 號）。有關六論的內容可參看收入《法尊法師佛學論文集》的《龍樹菩薩的六部論》一文（釋法尊 1990，240 至 246 頁）。

㊳《四家合註》說「作這種開示」是指開示勝義諦及開示世俗諦。

㊴ 了義的藏文是 nges don，don 是「意思」或「義」，nges 是「決定」、「確定」。

㊵ 藏：gtan la dbab bya。

㊶ 藏：sgrub byed。

㊷ 藏：tshad ma。

㊸ To. 3887。藏文見德格版《丹珠爾》中觀部 sa 函 148 頁下 7。

㊹「不了義」的藏文是 drang don，其中 don 是「意思」或「義」，drang 有「引」、「領」的意思。梵文 neyārtha「不了義」和 nītārtha「了義」都是源自具有「引」、「領」的意思的動詞詞根 nī。neyārtha「不了義」是應當加以引伸之義，nītārtha「了義」是所引向的（究竟）之義。

㊺ 藏：khyed par。此處《四家合註》舉出「勝義中無生等」（藏：don dam par skye ba med pa sogs）作為加簡別的例子，其中「勝義中」（藏：don dam par，如果依照梵文 paramārthataḥ 則應當譯作「從勝義的角度」）一詞便是講述「無生」等時所加的簡別或修飾詞。類似的簡別還有「自性成立」（藏：rang bzhin gyis grub pa'i，尊譯為「自性有」）、「自相成立」（藏：rang gi mtshan nyid kyis grub pa'i，尊譯為「自相有」）之中的「自性」「自相」等多種詞。

㊻藏：thun mong gi chos。尊譯為「共法」。

㊼生與言辭之間有「總」（藏：spyi）和「別」（藏：khyad par，《四家合註》：bye brag）的關係——言辭被生所涵蓋。所以，如果破了生，就能破掉言辭，這樣也就能破除以言辭為體的了義經。有關總與別的解釋見雍增普布覺強巴楚辰嘉措（yongs 'dzin phur bu lcog byams pa tsul khrims rgya mtso）所著的《開量論義攝類建立理路幻鑰論》（Phur lcog pa、無出版日期：tsad ma'i gzhung don 'byed pa'i bsdus grwa dang blo rtags kyi rnam gzhag rigs lam 'phrul gyi lde mig ces bya ba）小理路部分的「總與別的建立」一節。此書漢譯為楊化群（1990）《藏傳因明學》一書中的《因明啓蒙學》（83－259頁）。

【第三節】解釋龍樹旨趣的各種體系是如何出現的

〔辰二〕

解釋龍樹旨趣的模式是如何出現的

[34]【疑問】這樣，《般若波羅蜜多經》等聖言開示一切法沒有任何自性生滅等，龍樹對此作了不顛倒的解釋，解釋龍樹旨趣的前後次序是如何產生的？

[35]【回答】在這裡由於佛護①、清辨②、月稱③和寂護④阿闍黎等大中觀師⑤也都將聖天⑥奉為量⑦，如〔龍樹〕阿闍黎一般。所以，由於二父子是其他諸中觀師的依據，〔西藏的〕古德⑧們對此二人標以「根本論中觀師」⑨的名字，其餘諸人則標以「執持門派的中觀師」⑩的名字。

[36]此處，前代某些善知識說：依照安立名言的方式而標立名字的中觀師有兩種：(1)主張名言中有外境的經部行中觀師⑪及(2)主張名言中沒有外境的瑜伽行中觀師⑫。[37]依照確認勝

義的方式而標立名字也分兩種：(1)主張顯現與空二者的聚合⑬是勝義諦⑭的理成幻化師⑮及(2)主張僅對顯現斷除戲論便是勝義諦的極無所住師⑯。（他們）認為（有關確認勝義的方式的）兩種（中觀師）中的前者為寂護及蓮花戒阿闍黎等人。有些印度的阿闍黎也承認「如幻」和「極無所住」的名字。

[38]總的來說，雖然確實有一些自認是中觀師的印藏阿闍黎採取這種主張，[39]然而所要抉擇的是追隨龍樹阿闍黎的諸大中觀師的體系是怎樣的情形，（至於）枝末細節誰能（完整地）講述？

[40]此外，洛丹喜饒⑰大譯師所言極善：「從確認勝義的方式的角度（將中觀師）分成兩類是令愚昧者感到希奇的建立⑱。」這是因為他們的觀點顯然只是把理智⑲比量⑳所測度的境界認當作勝義諦，然而《中觀莊嚴論》㉑和《中觀光明論》㉒二論都說理智的所量㉓因為與勝義相符順，所以是假立㉔為「勝義」。[41]由於其他諸大中觀師也不把僅用正理斷除戲論的意思當作勝義諦，所以（古德從確認勝義方式的角度而標立之中觀師的這種名字）是不妥的。

[42]智軍㉕阿闍黎說：聖者父子㉖在所造的中觀論典中對於是否有外境的情形並沒有作明確的說明。[43]此後清辨阿闍黎破唯識宗而建立名言㉗中有外境的體系；[44]後來寂護阿闍黎依靠瑜伽行㉘的教典而創立了不同的中觀軌式，顯示名言中是沒有外境，而在勝義中則心沒有

自性，由此而出現兩種中觀師：前者立名為「經部行中觀師」，後者為「瑜伽行中觀師」㉙。〔開派造論的阿闍黎〕出現的先後次序顯然與此說相符。

[45] 然而，月稱阿闍黎在名言中雖然承認有外境，但是他與別宗論師門徑相異，所以不能稱之為「經部行」；[46] 同樣道理，認為他與毘婆沙㉚宗相符也是極不合理的。[47] 雪域之中後宏期的諸智者對中觀師標以應成師㉛和自續師㉜兩個名字，由於這和《明句論》㉝相符，所以不應該認為這是〔西藏智者〕自己的杜撰。[48] 因此，名言中承不承認外境不出兩類，[49] 如果按照決定勝義空性的正見在相續中產生的方式來立名，則也不出應成和自續兩派。

[50]【疑問】那麼，應該跟從這些阿闍黎中的哪一位來尋求聖者父子的旨趣？

【回答】大尊者㉞〔阿底峽〕似乎是以月稱阿闍黎的體系為主㉟，〔菩提道次第〕教授的前代諸大師長也隨〔大尊者〕而以這個體系為主。[51] 月稱阿闍黎見到在為《根本慧論》㊱造疏的人之中，佛護阿闍黎能圓滿地解釋聖者〔龍樹〕的意趣，於是將這個體系作為基礎，對於清辨阿闍黎的許多善說也予以採納，對於〔清辨釋中解釋方式〕略顯得不合理的地方則予以破除，由此而對聖者的意趣作了解釋。

[52] 由於看到這兩位阿闍黎所造的註疏在解釋聖者父子的教典方面極為超勝，所以此處將跟隨佛護阿闍黎和吉祥月稱來抉擇聖者的旨趣。

註釋：

①藏：sangs rgyas bskyangs，梵：Buddhapālita。

②藏：legs ldan 'byed，梵：Bhāviveka，與玄奘法師的音譯「婆毘吠伽」相應。漢文意譯為「清辯」（奘譯和尊譯）及「分別明」（唐波羅頗蜜多羅）。清辯論師的故事見玄奘法師所著的《大唐西域記》中的記載，在《大正藏》51冊2087號930頁下25至931頁中3。

③藏：zla ba grags pa，梵：Candrakīrti。

④藏：zhi ba 'tsho，漢文有時也按藏文譯作「靜命」，但是梵文為 Śāntarakṣika「為寂靜所保護」。

⑤藏：dbu ma pa。

⑥藏：'phags pa lha，梵：Āryadeva。奘譯和尊譯為「聖天」，鳩摩羅什譯為「提婆」。

⑦藏：tshad ma，《四家合註》：「可信之處」。

⑧藏：snga rabs pa，直譯為「前代人」。

⑨藏：gzhung phyi mo'i dbu ma pa。

⑩藏：phyogs 'dzin pa'i dbu ma pa。

⑪藏：mdo sde spyod pa'i dbu ma pa。

⑫藏：rnal 'bor spyod pa'i dbu ma pa。

⑬《四家合註》：在顯現之上用正理破除諦實有的顯現和空二者聚合的如幻義。

⑭藏：don dam bden pa。

⑮藏：sgyu ma rigs grub pa。

⑯藏：rab tu mi gnas par smra ba。

⑰藏：blo ldan shes rab「具覺．慧」。根據《四家合註》，此說出自俄譯師（rngog lo）洛丹喜饒的書信 bdud rtsi'i thigs pa「甘露滴」。參見克主傑格列貝桑所著的 stong thun chen mo《千劑論》，英譯見 Cabezón（1992）89頁。

⑱藏：rnam gzhag，梵：vyavasthāna。奘譯有「建立」、「安置」、「安立」。

⑲藏：rigs shes。

⑳ 藏：rjes dpag。

㉑ 論名藏譯為 dbu ma rgyan，作者是寂護論師。相關論文的藏譯（To. 3884）見德格版《丹珠爾》中觀部 sa 函 55 頁下 2。

㉒ 相關論文的藏譯（To. 3887）見德格版《丹珠爾》中觀部 sa 函 149 頁上 5。

㉓ 藏：gzhal bya，梵：prameya，義為「測度的對象」，尊譯為「所量」。梵文量（pramāṇa）與所量（prameya）都來自以 pra 為前綴的詞根 mā「測度」、「度量」。量是測度或認知的工具，陳那、法稱論師的佛教邏輯認識學中承認現量和比量兩種量。所量是所測度或認知的對象，與「所知」（藏：shes bya，梵：jñeya）、「有」、「法」等是同義詞。

㉔ 藏：btags pa。

㉕ 藏：ye shes sde。

㉖ 藏：'phags pa yab sras，指龍樹及聖天論師。

㉗ 藏：tha snyad。

㉘ 藏：rnal 'byor spyod pa。

㉙ 這一說法的出處為收入《丹珠爾》的 lta ba'i khyad par「正見差別」（To. 4360），相關段落見德格版雜部 jo 函 213 頁下 2–4。德格版雜部中收有 dpal brtsegs「貝栽」等譯師的著述，所以此書的作者智軍應當是前宏期中翻譯眾多經論的著名譯師 ye shes sde。

㉚ 藏：bye brag（tu）smra ba。依照西藏佛教的解釋，毘婆沙宗是追隨《大毘婆沙論》的宗派。「毘婆沙」是音譯（梵：Vaibhāṣika），義為分別而說。根據《大唐西域記》的記載，經的釋論稱作「優婆提舍」，律和論的解釋稱為「毘婆沙」。此處法尊法師譯作「婆沙師」，有時也作「有部」，然而「有部」是「（說）一切有部」的簡稱，後者與藏文 thams cad yod par smra ba 和梵文 sarvāstivāda 對應。

㉛ 藏：thal 'gyur ba。

㉜ 藏：rang rgyud pa。

㉝ 藏：tshig gsal，此論全名為 dbu ma rtsa ba'i 'grel pa tshig gsal ba（To. 3860），這是月稱論師對龍樹《中論》所作的解釋。

㉞藏：jo bo chen po。

㉟阿底峽尊者所著的《入二諦論》中的有關頌文見本論青海版797頁12－14及本冊883節的引文。

㊱藏：rtsa she = rtsa ba shes rab，即《中論》。此論藏譯全名為 dbu ma rtsa ba'i tshig le'ur byas pa shes rab ces bya ba《名為般若的中觀根本頌》（To. 3824）。

【第四節】進入空性的次第

〔辰三〕抉擇空性見的方式

分兩個部分：

巳一、進入眞實的次第

巳二、抉擇眞實的正義

〔巳一〕進入真實的次第

[53]【疑問】在此，所要證得的眞實涅槃①是什麼？進入眞實、即證得〔涅槃〕的方法，又

是由何門徑而進入？

[54]【回答】內外的種種法雖然不是眞實卻顯現爲眞實，這一切以及習氣息滅後我執和我所執②的徹底③滅盡，就是此處所要獲得的眞實法身④。

[55]至於進入眞實的次第，首先思惟輪迴的過失後心生厭倦，對它必須產生捨棄的願望。[56]然後，見到如果因不消退則不會止息，於是思惟「什麼是輪迴的根本」而尋找它的根本，由此便對薩迦耶見⑤或無明⑥是輪迴根本的情形獲得發自心底的決定，隨後必須產生不假造作⑦的斷除它的願望。

[57]其次，又見到薩迦耶見的止息依賴於通達它所執著之「我」不存在的慧的產生，於是看到必須破除我。若是尋求解脫，〔必須〕依靠能破除這個我的存在並證明它不存在的教典和正理，由此而獲得決定，除此別無他途。[58]這樣，獲得決定我和我所沒有任何自性的見之後，由反覆修習這個道理便會獲得法身。

[59]此外，《明句論》說⑧：

【疑問】如果諸煩惱、諸業及身體、諸作者及果報所有這些都不是眞實，然而就像健達縛城⑨等一樣，雖然不是眞實卻對凡愚之輩顯現爲眞實的行相⑩，那麼，此處眞實是什麼？眞實又是如何進入？

【回答】（我們）這樣說：由不見內外事物，於內於外我執和我所執的徹底滅盡，這就是此處的眞實。[60] 進入眞實則應當依照這個頌等從《入中論》中尋求⑪：

用慧見到諸煩惱及過失
無一例外是從薩迦耶見產生，
在通達我是它的境之後，
瑜伽師便破除我。

（《明句論》）又說⑫：

此處，希求進入眞實、希求斷除一切煩惱及過失的瑜伽師這樣來觀察：「此輪迴是以何爲本？」這樣觀察時他看到輪迴是以薩迦耶見爲本，（他）見到我是這個薩迦耶見的所緣境，（又）看到由不見我就會斷除薩迦耶見，而斷除它之後一切煩惱和過失就會止息，於是最初只對我觀察：「作爲我執的對象的這個『我』究竟是什麼？」

[61] 對於無量的各個有法⑬，〔《根本慧論》等〕雖然講述了許多破除自性⑭的正理，然而瑜伽師在進入〔修持〕時是〔將無量的有法〕總括起來，對我和我所抉擇無自性後加以修習。佛護阿闍黎說這是《根本慧論》第十八品的意思，月稱阿闍黎依照此說而作了〔這種抉擇〕，《入中論》對人無我⑮的開示也是對〔《根本慧論》〕第十八品的廣釋。

[62] 【疑問】這裡難道不是開示大乘進入眞實的方法？所以僅把滅盡我執和我所執〔安立〕爲所要獲得的眞實是不合理的。並且，僅僅抉擇我和我所無自性不包括法無我的抉擇，因此不能〔安立〕爲進入眞實的道。

[63] 【回答】這沒有過失，這是因爲徹底滅盡我和我所執有兩種，其中⑴小乘中雖然也有永斷煩惱，使之不再產生，⑵然而，由完全不見內外之法的一切戲論之相⑯而斷除則是法身。

[64] 並且，如果通達我是無自性，則認爲它的組成部分⑰諸蘊是有自性的執著也會止息，就如焚燒車子時，其組成部分車輪等也會被焚毀。

[65] 此外，《明句論》說⑱：

對於依靠〔五蘊而〕假立、具有無明顛倒者執著我的處所[19]，求解脫者加以分析：「這五種蘊[20]顯現爲〔取者〕的[21]所取[22]，那個〔取者「我」〕是什麼？它是具備蘊的相[23]還是不具備蘊的相？」[66]從所有的方面分析時諸求解脫者都不能見到，所以，對它們來說，

當我不存在時，
如何會有我所[24]？

由於見不到我，所以更無法見到「我」的假立之處[25]我所。就如燒毀車子時，它的各組成部分也被焚毀，因此無法見到。同樣，諸瑜伽師通達（我[26]）無我時也能通達蘊事我所無我。

這是說在通達我是無自性時也能通達我所——蘊——是無我或無自性。

《入中論釋》也說[27]：

由於見到色㉘等的自體㉙而變得顛倒，因此人無我也不能通達，這是因爲見到我的假立之處——蘊。[67]如〔《寶鬘論》〕說㉚：

只要對蘊有執著，
那時此人就有我執……

也就是說，如果不通達蘊是無自性，就不能通達人無我。

[68]【疑問】如果通達人沒有自性的心㉛本身能夠通達蘊沒有自性，則會有通達二無我的兩個心變成一個的過失。由於法和人不同，所以通達這兩者沒有自性的兩個心也不同，就如通達瓶子和柱子是無常的心〔是不同的〕。[69]如果通達人沒有自性的心本身不能通達蘊沒有自性，那麼，在通達人無我時怎能安立「通達蘊無自性」？

[70]【回答】由於（我們）不承認第一個疑問㉜，所以下面要解釋後一個疑問。

[71]通達人沒有自性的心本身雖然不會認知㉝「蘊是無自性」，然而此心不需要依賴㉞別的〔證悟方式〕便能引發確定「蘊沒有自性」的定解，所以能夠斷除虛構蘊的自性的增益㉟。

[72]因此，通達人沒有自性時，即被稱作通達蘊也沒有自性。

[73] 這個〔意思〕應當按照《佛護釋》來理解㊱：

這樣，如果凡是屬於「我」者㊲稱作「我所」，那個我尚且不存在，如果它不存在，那麼「這個〔我所〕屬它所有」怎會合理？

其原因是：就如斷定石女之子㊳不可能存在時，此心雖然不執「他的耳朵等不存在」，卻能斷除執著「他的耳朵存在」的增益；同樣，如果確定我是眞實無㊴，就能去除認爲它的眼睛等是眞實有㊵的執著。

[74]【反方】這樣的話，自部㊶主張人是假有㊷的諸實事師㊸也都不承認人是勝義成立㊹，所以，他們也都應當能夠通達眼等沒有自性。

[75]【自方】如果是這樣，由於他們承認眼和苗等粗顯物是假有，這樣，〔那些實事師〕應當能通達〔眼和苗等〕是沒有自性。

[76]【反方】的確如此。

[77]【自方】如果採取這個觀點則與自己的主張都相違背，並且沒有必要成立苗等不是實有。此外，善與不善的圓滿業道被安立爲相續，如果承認相續也沒有自性㊺，那麼在《明義

釋》中，對於中觀師「這些〔法〕如夢不實」的說法，〔實事師〕就沒有必要爭辨說⑯：

如果只是如夢，那麼由於十不善和布施等不存在，在覺醒的階段豈不也成了與睡眠的階段相仿？

[78] 因此，實事師自宗的勝義及世俗成立和不成立與中觀宗世俗及勝義成立和不成立⑰是極不相符的，所以他們認為是世俗者在中觀師看來則是勝義成立⑱，而他們認為是勝義成立者，若是依照中觀師則成了世俗成立⑲，由於其中沒有任何矛盾，所以對於這些〔差別〕必須加以分辨。

[79] 另外，他們的假有補特伽羅與這位阿闍黎的假有補特伽羅二者名字雖然相似，但是意思卻不同。這是因為這位阿闍黎認為他們不具備通達人無我的見，因為他認為如果不通達法無我就不能通達人無我。[80] 因此，由於這位阿闍黎認為只要尚未拋棄蘊是實物有⑳的宗派㉑便會把補特伽羅也執著為實物有，因此 [81] 他們並沒有通達補特伽羅是勝義無㉒。

註釋：

①藏：mya ngan las 'das pa。

②藏：bdag gir 'dzin pa。藏文也作 bdag gi bar 'dzin pa，其中 bdag gi ba 為「我所」，詞義為「屬於我的」。

③藏：rnam pa thams cad du，「在所有的方面」。奘譯和尊譯為「（於）於一切種」。

④藏：chos（kyi）sku。

⑤藏：'jig lta，全稱為 'jig tshogs la lta ba，梵：satkāyadṛṣṭi。漢譯「薩迦耶見」（奘譯和尊譯）中的前三字是音譯，玄奘和真諦等法師也用義譯「身見」，梵文 satkāya 義為實有之身。依照藏文的漢譯也作「壞聚見」，梵文 kāya「身」也有聚集的意思。

⑥藏：ma rig pa。

⑦藏：bcos ma ma yin pa。奘譯有「無有虛偽」、「非假偽」。

⑧這段文字出現在《明句論》第十八《觀我品》的開端，上承第十七《觀業果品》。梵文見 La Vallée Poussin（1903–1913）校勘本340頁，藏譯（To. 3860）見德格版《丹珠爾》中觀部 'a 函110頁下1–4。

⑨藏：dri za'i grong khyer。其中 dri za 一詞此處採用玄奘的梵文（gandharva）音譯「健達縛」，隋達磨笈多法師等也譯作「乾闥婆」，尊譯「尋香」與藏文相符。

⑩藏：rnam pa，即樣子、形式。這段話是《明句論》觀我品第十八的引子，觀業果品第十七最後的三十三頌說：「諸煩惱、業、身、作者和果具有健達縛城的樣子，並且與蜃景與夢相仿」。

⑪《入中論》第六品120頌。藏譯（To. 3861）見德格版《丹珠爾》中觀部 'a 函210頁上4，漢文見法尊法師（1997）譯本122頁。梵文見李學竹的第六品校勘：Li（2014）。

⑫梵文見 La Vallée Poussin（1903–1913）校勘本340頁，此梵本中缺漏的文字（引文之初）見 de Jong（1978）的校補（224頁），藏譯（To. 3860）見德格版《丹珠爾》中觀部 'a 函110頁下5–7。

⑬藏：chos can，「具備特徵（法）者」。例如在這段文字中無自性是「特徵」或「法」，具備無自性特徵的各種事物是「有法」。奘譯有「有法」及「法」。

⑭藏：rang bzhin，梵：svabhāva。

⑮藏：gang zag gi bdag med。尊譯為「補特伽羅無我」。

⑯ 藏：mtshan ma。

⑰ 藏：yan lag。奘譯為「支」、「分」，尊譯為「支分」。

⑱ 梵文見 La Vallée Poussin（1903–1913）校勘本 345–346 頁，藏譯（To. 3860）見德格版《丹珠爾》中觀部 'a 函 112 頁上 4–7。

⑲ 梵：āspada。

⑳ 藏：phung po。

㉑ 青海版 576 頁第 15 行的 gang gis 應當依《四家合註》本及梵本（yasy（a））改作 gang gi。

㉒ 藏：nye bar len pa，梵：upādāna，奘譯有「取」等。梵文 upādāna 一詞意思非常多，此處五蘊是 upādāna「所取」（作為「所取」時藏文有時也譯作 nye bar blang ba），我則是取者（藏：nye bar len po，梵：upādātṛ）。（在別的場合 upādāna 也可作「取」的動作等。）關於五蘊和我之間的所取和取者的關係見《明句論》對《中論》第十品第十五頌的解釋，梵文見 La Vallée Poussin（1903–1913）校勘本 212–213 頁。鳩摩羅什法師（譯作「受」和「受者」）譯本中的頌文和解釋見《大正藏》30 冊 1564 號 15 頁下 18–23。

㉓ 藏：mtshan nyid，梵：lakṣaṇa。「相」是奘譯，即特徵。

㉔ 這是《中論》第十八品第 2 頌的前兩句。鳩摩羅什漢譯本中相應的頌文見《大正藏》30 冊 23 頁下 22。梵、藏、漢新校勘本見葉少勇（2011）300–301 頁。

㉕ 藏：gdags pa'i gzhi，尊譯為「施設處」。此處的梵文為 prajñaptyupādāna，《明句論》藏譯的原文為 gdags pa'i rgyu「假立之因」或「施設之因」。其中 gdags pa / prajñapti 一詞的奘譯有「假立」、「施設」。

㉖ 梵：ātma-。

㉗ 出自《入中論釋》第一品。這部註釋是月稱論師本人所著，所以本書註解中有時稱之為《入中論自釋》，它有別於後面本論所引的《入中論疏》。引文藏譯（To. 3862）見德格版《丹珠爾》中觀部 'a 函 226 頁下 7 至 227 頁上 1 及 La Vallée Poussin（1907–1912）藏文校勘本 20 頁。漢文見法尊法師（1997）《入中論（釋）》譯本第 10 頁。

㉘ 藏：gzugs。

㉙ 藏：rang gi ngo bo。此處尊譯為「自性」。

㉚《寶鬘論》第一品第 35 頌的前兩句。梵文與藏文見 Hahn（1982）校勘本 14 及 15 頁，藏文（To. 4158）也見德格版

《丹珠爾》書翰部 ge 函 108 頁上 5–6，漢文古譯（真諦三藏所譯的《寶行王正論》）見《大正藏》32 冊 1656 號 494 頁上 15。

㉛ 藏：blo。更確切的漢譯是「覺」或「覺慧」，但是考慮到這個詞在藏文中的常見性，此處譯作「心」（尊譯偶而也採用）。與藏文 blo 對應的梵文主要有 mati 和 buddhi 兩詞，mati 是「慧」、「智慧」，藏文全稱為 blo gros。buddhi 是「覺」、「覺慧」、或「思覺」（均為奘譯）。法尊法師在《法稱因明學中「心明」差別略說》一文中採用「覺」，並指出它的定義是「了別」。在心和了別（blo rig）的主題中 blo「覺」、rig pa「了別」和 shes pa「知」三詞同義，它們涵蓋一切心理活動。

㉜《四家合註》說這是指不承認「通達人沒有自性的心本身能夠通達蘊沒有自性」。

㉝ 藏：'dzin pa。這個詞的奘譯有「執」、「取」、「計」、「了知」等。

㉞ 藏：ltos pa。奘譯有「觀待」、「待」和「相待」。

㉟ 藏：sgro 'dogs。

㊱ 藏：buddha pA li ta。此論藏文全名為 dbu ma rtsa ba'i 'grel pa buddha pA li ta（To. 3842），梵文名為 Buddhapālita mūlamadhyamakavṛtti，漢名《中論佛護釋》。此處所引的論文見德格版《丹珠爾》中觀部 tsa 函 240 頁下 2。有關《佛護釋》的情況及現存的梵文片段，見葉少勇（2011b）的專著。

㊲ 青海版：bdag ces ba gang yin pa de，應依照德格版《丹珠爾》改作 bdag ces bya ba'i gang yin pa de。《四家合註》本讀作 bdag ces ba de'i gang yin pa de，與《丹珠爾》相近。

㊳ 藏：mo gsham gyi bu，不育婦女的兒子。古譯有「石女兒」、「石女子」、「石女之子」等。

㊴ 藏：de kho nar med pa。

㊵ 藏：de kho nar yod pa。

㊶ 藏：rang sde，梵：svayūthya。即同屬佛教。

㊷ 藏：btags yod。

㊸ 藏：dngos por smra ba，或作 dngos smra ba。

㊹ 藏：don dam par grub pa。「勝義成立」與「勝義有」（don dam par yod pa）意思相同。

㊺《四家合註》：相續（藏：rgyun）是由（前後）剎那接續而成，它與極微合集而成的粗顯物是相似的。

⑯此論全名為 shes rab kyi pha rol tu phyin pa man ngag gi bstan bcos mngon par rtogs pa'i rgyan zhes bya ba'i 'grel pa, To. 3793，是獅子賢論師所造的《現觀莊嚴論》的解釋，別名 'grel pa don gsal（《明義釋》），又稱 'grel chung（《小疏》）。引文出自第四品第60頌的解釋，藏譯見德格版《丹珠爾》般若波羅蜜多部 ja函119頁下2–3，藏文及甲操傑《心要疏》（rnam bshad snying po rgyan）中的解釋見 Don grub（2006）校勘本下冊194–195頁，梵文見 Amano（1986）校勘本 84 頁，漢譯見能海法師（2003）譯本與講記243頁及滇津顙摩（2008）譯本519頁。

⑰世俗成立（藏：kun rdzob tu grub pa）與世俗有（藏：kun rdzob tu yod pa）意思相同。

⑱《四家合註》：「例如，經部承認總相（藏：spyi mtshan）是世俗，然而，因為他們承認它是從自己一邊而有（藏：rang ngos nas grub pa），所以在中觀師看來（經部所講的）總相則成了實有。」

⑲《四家合註》：「例如，經部雖然主張自相（藏：rang mtshan）是實有，但是依照中觀師的看法，自相不是實有。」

⑳藏：rdzas yod，奘譯有「實有」及「實物有」。

㉑藏：grub mtha'，本書中譯為「宗派」及「宗義」，奘譯有「宗趣」。

㉒藏：don dam par med pa。don dam pa 後的格助詞 r 在藏文中有多種意思，可以讀作「在勝義中無或不存在」，此處譯者將它讀作副詞，與梵文 paramārthatas（從格第五囀聲）相對應，意思是「從勝義的角度而言不存在」，簡稱「勝義無」。見《明句論》所引的《般若燈論》，梵文在 La Vallée Poussin（1903–1913）校勘本25–26頁，參見 de Jong（1978）校補30–31頁。這種讀法也受到後文「說明對於所破是否要加『勝義』的簡別」一節中所引的《中觀心論》、《思度熾燃論》、《中觀光明論》和《中觀莊嚴論釋難》等論文的支持。參見青海版669頁10至671頁6及本冊415至423節。「勝義有」（don dam par yod pa）、「勝義成立」（don dam par grub pa，尊譯為「勝義有」）、「自性成立」（rang bzhin gyis grub pa，尊譯為「自性有」）及 ngo bo nyid kyis grub pa（尊譯為「有自性」、「自體有」等）、「真實有」（de kho nar yod pa）、「真實成立」（de kho na nyid du grub pa，尊譯為「真實有」）、「實物有」（rdzas su grub pa）、「自體有」（rang gi ngo bos grub pa）、「從自己一邊而有」（rang ngos nas grub pa，尊譯為「有自體」、「自體成就」）、「真有」（yang dag par grub pa）、「自相成立」（rang gi mtshan nyid kyis grub pa，尊譯也作「自相有」）、「諦實成立」（bden par grub pa，尊譯為「諦有」）等詞中「勝義」、「自性」、「真實」等也起副詞的作用，即「從勝義的角度……」、「從自性的角度……」、「從真實的角度……」等。後面的譯文中有時還保留「名言中」之類的譯文，但是這些也可以讀作「從名言的角度」等。

【第二章】

認識正理所破除的對象

【第一節】別人的觀點之一：所確定的所破範圍太廣

〔巳二〕抉擇真實的正義

分三個部分：

午一、確認正理的所破①

午二、破除（所破）應當使用應成還是自續

午三、依靠（破除所破）而在相續中產生正見的方式

〔午一〕確認正理的所破

分三個部分：

未一、必須善爲認識所破的原因
未二、批駁別人尙未確認所破就加以破除的主張
未三、自宗確認所破的方式

〔未一〕必須善為認識所破的原因

[82] 例如，爲了確定「此人不在」，必須了解那個不存在的人；同樣道理，爲了確定「無我和無自性」的意思，必須善爲確認那個不存在的我和自性，這是因爲所要破除的總〔義〕②如果沒有很好地顯現，則對於破除它〔之後的無遮③無我等〕也無法正確地加以確定。如《入行論》說：

尚未觸及所分別的事④，

則不能夠認識⑤它的無事⑥。

[83]所破的不同差別雖然沒有邊際，然而，如果把所破歸併起來，從其根本加以破除⑦，則能破去一切所破。[84]此外，如果沒有從所破最爲關鍵的微細之處加以破除，只要〔所破〕尚有遺留就會落在有邊⑧，並且會對事物產生執著，由此而不能獲得解脫（三）有；[85]如果不能把握所破的限度而破得太爲過分，則會毀壞因果緣起的次第，所以會落在斷邊⑨，並被此見引入惡趣。[86]因此，善爲認識所破是非常重要的。如果沒有確認它，則不是產生常見⑩就是斷見⑪，這是毫無疑問的。

〔未二〕

批駁別人尚未確認所破就加以破除的主張

分兩個部分：

申一、破除「認識所破範圍太廣」
申二、破除「認識所破範圍太爲狹窄」

〔申一〕破除「認識所破範圍太廣」

分兩個部分：
酉一、敘述〔別人〕的主張
酉二、顯示那個〔主張〕不合道理

〔酉一〕敘述〔別人〕的主張

[87]【現在自稱宣揚中觀之義的人大都這樣說】分析⑫生等是否是眞實成立⑬的正理能夠破

除從色直至一切相智⑭的一切法，這是因爲：⑴不管承認怎樣（的法），如果用正理加以分析，則能經得起觀察的即便小如微塵都不存在，⑵由於有、無等四句⑮全被破除，不被它們所包括的法是不存在的。

[88] 此外，由於見到眞實的聖者之智看到生滅及繫縛⑯、解脫等全都不存在，因爲（（諸）法的安住方式）必定與（聖者之定）所測度的情形相符，所以生等不存在。

[89] 如果承認生等，那麼它們能不能經受分析眞實的正理所作的分析？如果能夠經受，那麼，因爲有經得起正理分析的事，（此事）就會成爲實有之事；如果經不住分析，被正理破除的境怎麼會存在？

[90] 同樣，如果主張有生等，那麼（它們）是否由量所成立？如果是第一種情況，由於見到眞實的智慧看到生不存在，所以由它來成立是不合理的；如果認爲是由名言中的眼識等所成立，那麼，由於它們被否定可成爲量，所以它們不適合充當成立（色等）的量。

如《三摩地王經》說⑰：

眼、耳、鼻都不是量，

舌、身和意也都不是量，

假如這些根是量，
聖道對誰會有用處？

《入中論》中也說：

在所有方面世間都不是量⑱……

由於〔你〕自己也不承認即便不被量所成立仍然存在，並且與理也不符，所以是不合理的。

[91] 如果承認生，那麼，由於在勝義中不予承認，所以勢必在世俗中加以承認。然而這是不合理的，因爲《入中論》說勝義中破生的正理在世俗中也能破除：

在眞實的時候由何正理
從自與從他而生不合理，
由此正理在名言中也不合理，

你的生是由什麼來成立⑲⑳？

[92] 此外，即使不從自、他等四者中的任何一種情形而生，如果仍然認爲〔事物〕能夠產生，那麼，由於它們〔四者〕之外尚且有生，因此對於勝義中破生而言，觀察四句而破便不能破除。

[93] 如果是從四句中的某一情形而生，那麼，由於不承認其他三種，所以必然要承認從他而生，然而這是不合理的，因爲《入中論》說：

從他而生即便從世間的角度而言也不存在㉑。

[94] 因此，對於破生也不加勝義簡別，這是因爲《明句論》對於加勝義簡別作了否定㉒。

[95] 在這個〔體系〕中，有的人聲稱即使在名言中都不承認生等，有的人則主張名言中有〔生等〕，[96] 然而，（他們）全都清喉而說：「用正理破除諸法自體有㉓的自性是這位阿闍黎的觀點，由於（他）在二諦中雙破自性成立㉔，所以這一點是不可否認的。[97] 這樣，如果沒有自性，則還會有什麼？所以，對所破加勝義的簡別唯獨是中觀自續派的觀點。」

註釋：

①藏：dgag bya。即所要破除的對象，又分為正理的所破與道的所破，這裡所講的所破是正理的所破。對於應成派來說，前註所列的「勝義有」等詞意思相同，它們都是正理的所破。西藏宗派論中對於這些名詞的解釋見《土官宗派論》（*Grub mtha' thams cad kyi khungs dang 'dod tshul ston pa legs bshad shel gyi me long*）印度宗派部分中「四宗派論各自的體系中有關所破的主張」（grub mtha' smra ba bzhi'i so so'i lugs kyi dgag bya'i 'dod tshul）一節及其後的「諸宗粗細的無我」部分，法尊法師的漢譯和講解見（1995）《四宗要義講記》部分19–54頁。各種「有」或「成立」是不同的存在方式。有關印度四部宗派對這些如何認可或否認，見Hopkins（1983）第39頁中依照西藏宗派論所作的簡要總結。

②藏：[don]spyi。

③藏：med dgag。

④藏：btags pa'i dngos po，梵：kalpita bhāva。

⑤藏：'dzin。

⑥第九品第140頌的前兩句。梵文和藏文見Bhattacharya（1960）校勘本221頁，藏文也見德格版《丹珠爾》中觀部la函36頁上6，對應的漢文古譯見《大正藏》32冊1662號560頁上8。

⑦此處「破（除）」一詞（藏文過去時：bkag，現在時：'gog，將來時：dgag）系沿用法尊法師舊譯，意思是否定。破除正理所破是否定分別想像出來的不存在的東西，如前面所引的《入行論》頌文所說，見青海版579頁17–18及本冊82節。

⑧藏：yod pa'i mtha'。《四家合註》：即常邊（rtag mtha'）。

⑨藏：chad pa'i mtha'。

⑩藏：rtag lta。

⑪藏：chad lta。

⑫藏：本書中將「分析」作為藏文dpyad pa的主要譯語，然而有時也採納「思擇」或「伺察」。

⑬藏：de kho na nyid du grub（pa）。

⑭也譯作「一切種智」。從色至一切相智共一百零八個名詞是《般若經》解釋空性的基礎，參見《法尊法師佛學論文集》（1990）中《大般若經中「一百零八句法」簡介》一文（208－211頁）。

⑮藏：mu bzhi。《四家合註》說此處的四句為：⑴有、⑵無、⑶有無都是及⑷有無都不是。本書中也譯作「四種組合」。

⑯藏：bcings（ba）。即束縛。

⑰第九品23頌。藏譯見德格版《甘珠爾》契經部da函（To. 127）26頁下5－6，梵文見Vaidya（1961）校勘本47頁，相應的漢譯見《大正藏》15冊639經558頁上18－19。參見《入中論》第六品30及31頌，漢譯見法尊法師（1997）譯本60頁

⑱《入中論》第六品31頌第一句。藏文見La Vallée Poussin（1907–1912）校勘本112頁及德格版《丹珠爾》中觀部'a函205頁下4，漢譯見法尊法師（1997）譯本60頁，梵文見李學竹的第六品校勘：Li（2014）。

⑲藏文自釋：（gang gis）'grub par 'gyur。

⑳《入中論》第六品36頌。藏文見La Vallée Poussin（1907–1912）校勘本122頁及德格版《丹珠爾》中觀部'a函205頁下7至206頁上1，漢譯見法尊法師（1997）譯本64頁，梵文見李學竹的第六品校勘：Li（2014）。

㉑《入中論》第六品32頌第四句。藏文見德格版《丹珠爾》中觀部'a函205頁下5及La Vallée Poussin（1907–1912）校勘本114頁，漢譯見法尊法師（1997）譯本61頁，梵文見李學竹的第六品校勘：Li（2014）。

㉒反方所指的可能是《明句論》中對於清辨論師破自生時所加的勝義簡別的批駁，梵文見La Vallée Poussin（1903–1913）校勘本25－28頁及MacDonald（2015）第一冊梵文第一品新校本167－173頁。參見《法尊法師佛學論文集》（1990）中《中觀宗不許「自續」的問題》一文（147－155頁）。

㉓藏：rang gi ngo bos grub pa。

㉔藏：rang bzhin gyis grub pa，梵：svābhāvikī siddhi（出自《明句論》）。漢譯有時也作「自性有」，但是此處「成立」和「有」意思相同。

【第二節】「世俗法不存在」的主張破壞了中觀宗的特法

〔酉二〕顯示〔上述觀點〕不合道理

分兩個部分：

戌一、顯示這個觀點破壞了中觀宗與眾不同的特法①

戌二、顯示所提出的責難無法破除

〔戊二〕顯示這個觀點破壞了中觀宗與眾不同的特法

分三個部分：

亥一、確認中觀宗的特法

亥二、〔上述〕觀點如何破壞這〔一特法〕

亥三、中觀師如何予以答覆

〔亥一〕確認中觀宗的特法

[98] 就如《正理六十頌》所說②：

憑藉此善願一切眾生，

積聚福德與智慧資糧，
並獲得從福德及智慧
所出生的二種殊勝。

就像前文所說，依靠最上乘修行的諸化機在果位獲得殊勝法身與殊勝色身，依賴於在道的階段積聚方便智慧不相分離的無量福德與智慧資糧，而這又必定依賴於：⑴對盡所有③獲得決定：即對於世俗諸因果中「從此因而產生這樣的利弊果報」的因果關係發自內心地獲得決定；⑵對如所有④得到決定：即對一切法都不具有小如微塵的自體有的自性獲得深刻的決定。因爲沒有這二者，就不會至誠地修學方便和智慧兩方面的圓滿之道。[99]對於獲得果位二身之因的道的津若要不發生錯誤，依賴於基位⑤抉擇見地的方式，至於抉擇見地的方式便是接下來所要講的對於二諦獲得決定（的方式）。

[100]除了中觀師以外，在其他任何人面前這一點都被看作是自相矛盾，並且（他們）不知道如何解釋（二諦）互不矛盾。精細、聰睿、具有廣大觀慧的智者中觀師精於通達二諦的方便，所以乃至矛盾的氣息都不沾染，這樣作了抉擇之後獲得了勝者的究竟意趣。在這個基礎上（他們）對自己的大師與聖教產生了希有的大恭敬心，由此引發了清淨的言語，以清亮的聲音

反覆宣說道：「有智慧的人啊，自性空的意思是緣起的意思，而不是空去能起作用之後的無事⑥。」

[101] 自部實事師中即便是熟習多種明處的諸智者都不承認中觀見，（他們）與中觀師爭辯只是出於這樣的想法：「如果一切法沒有任何自體有的自性，如果是這樣的空，那麼繫縛、解脫等輪迴與涅槃的一切建立就沒有安立之處。」如《根本慧論》說⑦：

如果這些都是空，
那麼沒有生和滅，
四聖諦對你來說
應當不存在。

這是說如果是自性空，則生滅和四諦都成了不合理。《迴諍論》說⑧：

如果一切事物的自性
在一切處所都不存在，

那麼你的言辭也沒有自性，
（它）不能破除自性。

這裡（反方）認爲一旦沒有自性，所生、能生以及否定與成立的作用的發生⑨便不合理，因此爭辯道：「如果言辭沒有自性，就沒有能力破除自性或成立無自性。」這是本著「破除自性的正理能夠破除一切作用的發生」的理解而提出的爭論。

[102]因此，由於實事師與中觀師雙方在辯論特有的宗義時，不外乎是爭論自性空之中適不適合安立輪迴涅槃的一切建立，所以在沒有小如微塵的自體有的自性之上，可以承認所生和能生以及否定和成立等輪迴涅槃的一切建立，便是中觀宗的特法。《根本慧論》第二十四品說⑩：

〔你實事師所舉出的〕應當會出現的過失
對於空不適用，
所以你對空性所作的毀謗
對我（們⑪）是不適用的。

對於誰而言空性是合理的，
則對他來說一切都是合理的，
對於誰而言空性不合理，
則對他來說一切都不合理。

[103] 這裡是說宣說無自性者不但沒有「如果這些都是空⑫」等過失，而且生滅等對於自性空這一方是合理的，並且它們對於自性不空的一方反而不合理。《明句論》也這樣說⑬：

對於我們這一方來說，不僅所述說的應當會出現的過失不適用，而且（四）諦等一切建立都是極為合理的。為了這樣開示，〔《中論》〕說道：

對於誰而言空性是合理的……

於是引述論文並作了解釋。

[104] 在《中論》之中，第二十六品開示了十二緣起順次第⑭的生起次序和逆次第⑮的息滅次序，第二十五品主要是破除自性。[105] 由於第二十四「觀聖諦品」廣為抉擇自性不空則生滅等輪迴涅槃的一切建立都不合理的道理，以及自性空則所有這些全都合理的道理，所以，應當知道必須將這一品運用於所有其他諸品。

[106] 因此，現在自稱為弘揚中觀義的人宣稱沒有自性則所生、能生等因果必然不合道理，這（其實）是實事師的見解，龍樹依怙⑯的主張是必須依靠因果的建立本身，即依靠這些因和緣、那些果產生及止息，來尋求自性空與中道⑰。〔《根本慧論》〕第二十四品說⑱：

何者是緣起
（我們⑲）便說是空性，
它是依仗之後而假立，
它本身就是中道。
由於沒有任何
不是緣起的法，

所以沒有任何
不空的法。

對於這裡「若是緣起則必然是自性空」的說法，切莫倒過來說：「若是依靠因緣而生，則必然是自性有。」

[107] 同樣，《迴諍論》也說⑳：

對於誰而言這個空性可行，
則對他而言一切諸事都可行，
對於誰而言空性不可行，
則對於他任何（事）都不可行。

（我㉑）禮敬
宣說空、緣起與中道
爲同一個意思的

無與倫比的佛陀！

《空性七十頌》也說㉒：

由於一切事物
都是自性空，
所以爲了諸事的緣起
無與倫比的如來作了開示。

《正理六十頌》也說㉓：

嗚呼！那些執著我和世間
爲不依待的人
被常與無常
等見所俘獲。

對於那些主張依仗（因緣）後
諸事是眞實成立㉔的人，
那些常等過失
何嘗不會出現？

那些主張依仗（因緣）後
諸事猶如水中之月
既非眞實也非顛倒的人
不會被見所俘獲。

《超世間讚》也說㉕：

思度者㉖主張苦是自所作、
他所作、二者所作
或是無因，

〔世尊〕你則說是緣起。

你承認凡是緣起者

便是空，

「自在㉗的事物不存在」

是你無等〔大師〕的獅子吼。

這裡只是說因爲是緣起的緣故所以才是自性空，因此緣起的意思顯現㉘爲無自性的空性的意思就是龍樹依怙與眾不同的觀點。

[108] 由此緣故，從中觀師的角度成立了無自性的空性，而緣起因果的建立在自宗卻覺得不妥，必須借助於別人的角度，這與緣起的意思大相逕庭，因爲㉙：

對於誰而言空性是合理的，

則對他來說……

是說無自性是哪一宗的觀點，則對於此宗而言輪迴涅槃的一切緣起便是合理的。

[109]【疑問】那麼，對於承認空性的一方，輪迴涅槃一切都合理的方式究竟如何？

【回答】宣說一切事物唯獨是自性空（的中觀師）是根據「依仗因緣而生」的理由而提出這種說法，對此（下文）將會作出解釋。因此，對於他們來說緣起是合理的。如果（緣起的建立）是合理的，則苦也可以成立，因爲苦必須在依靠因緣而生的條件下才能安立，如果不是依靠因緣而生，苦便不妥當。既然有苦諦，它的根源集、止息苦的滅以及趣向滅的道便是合理的，於是就有了四諦。一旦有了四諦，對於它們的知、斷、證及修道便是合理的。有了這些，則三寶等一切都是合理的。

[110]《明句論》也這樣說㉚：

> 對於誰來說這個一切事物自性的空性是合理的，則對他來說這一切所說的都是合理的。
>
> 【問題】如何（是合理的）？
>
> 【回答】由於我們把緣起稱作「空性」，所以，對於誰來說這個空性是合理的，則對他來說緣起就是合理的。對於誰來說緣起是合理的，則對他來說四聖

諦就是合理的。

[111]【問題】如何〔是合理的〕？

【回答】因爲唯獨緣起才是苦，不是緣起則不然。由於沒有自性，它又是空。有了苦，苦集、苦滅以及趣向苦滅的道就是合理的，因此知苦、斷集、證滅和修道也是合理的。[112]對於苦諦等一旦有遍知等，諸果就是合理的；一旦有諸果，諸住果者㉛便是合理的；一旦有諸住果者，諸向㉜便是合理的。[113]一旦有諸住果者與諸向，僧伽就是合理的；一旦諸聖諦存在，正法也是合理的；一旦有正法與僧伽，佛也是合理的，因此三寶也是合理的。[114]世間與出世間一切事物、一切殊勝的證悟都是合理的，法與非法㉝和它們的果報以及一切世間的名言也都是合理的。因此，這樣的話，

對於誰而言空性是合理的，
則對他來說一切都是合理的㉞，

……對於誰來說空性不合理，則由於對他來說沒有緣起，所以一切都不合理。

[115] 因此，應當將「合理」及「不合理」理解成它們存在及不存在。

[116] 作爲對前面所引的《迴諍論》中的爭論㉟的答覆，〔龍樹〕阿闍黎也明確地作出了「無自性中作用的發生合乎道理」的回答。《迴諍論》說㊱：

諸事的依仗〔因緣〕而有㊲

稱作「空性」，

凡是依仗而有，

便稱之爲無自性性㊳。

此〔頌〕的自釋也說㊴：

你不領會諸事空性的意思而尋找過失，說道：「你的言辭沒有自性，所以破除諸事的自性是不合理的。」

[117] 此處什麼是諸事的依仗而有，它便是空性。

【問】爲什麼？

【答】因爲是沒有自性。緣起的事物都不具有自性，這是因爲沒有自性。

【問】爲什麼？

【答】因爲有賴於因和緣。

[118] 如果諸事是自性有，則即使沒有因和緣仍然會存在，然而並非如此，所以是無自性，被稱作「空」。同樣，我的言辭也是緣起，所以是無自性，因爲是無自性，所以稱作「空」是合理的。例如，瓶子、衣服㊵等因爲是緣起，所以是自性空，然而卻能盛取蜂蜜、水和奶粥，或是遮擋風寒日晒。同樣，我的言辭因爲是緣起，所以是無自性，然而卻能夠成立諸事是無自性。因此，此處以下的說法是不正確的：「因爲你的言辭是無自性，所以〔用它㊶〕破除一切事物的自性是不合理的。」

這裡極爲明確地講述了：⑴如果是自性成立則不依靠因緣以及如果依靠因緣則必定沒有自性的正反二遍㊷；⑵沒有自性的言辭能起破除與成立的作用。

[119] 雜染㊸與清淨法依靠因緣而生滅的緣起與無自性二者，在同一事上能夠共存且不待言，這種緣起能成爲通達無自性的無上的理由，應當知道這是中觀智者獨有的特法。然而，如果認

爲凡是依仗而生、依仗而滅則必然是自體有，進而以破除自性的正理來否定生滅的緣起，則如天神變成魔鬼，會成爲如實獲得中觀義的重大障礙。

[120] 因此，如果(1)對於諸法連小如微塵的自體有的自性也不具備引發決定時，對於因果的關係無法引發自宗的決定，必須借助別人的觀點等，(2)對於因果善爲引發自宗的決定時，對於無自性自宗無法引發決定，於是聲稱必須〔另〕求無自性的密意，則應當知道尚未獲得中觀正見，並且必須勤修（以下這些）獲得正見的因：(1)以清淨地守護自己所承諾的戒爲基礎；(2)努力修習積聚資糧和淨除障礙的眾多門徑；(3)親近智者而聽聞思惟。

[121] 由於對顯現與空引發決定的兩種〔方式〕的融合是絕無僅有的，所以中觀見極爲難得。出於這個想法，《根本慧論》第二十四品說㊹：

因此，了知低劣者
難以洞達此法後，
對於說法
牟尼㊺之心產生退卻。

《寶鬘論》也說㊻：

當這個身體的不淨性，
粗顯而且是現識㊼的境界，
雖然恆常顯現，
姑且不能安住於心。

那時這個無處、極細、不可現見、
甚深的正法，
怎會容易進入心中？

此法極爲甚深，
故此衆生難以理解，
由於了達這一情形，
牟尼成佛後對說法產生退卻。

諸經論中都說極難通達。

[122] 如果不是這樣，（見到）某些可信㊽教典用分析瓶等與自己的組成部分是一是異的正理㊾來抉擇無自性，對於其中所講的道理發生誤解後，在分析瓶子等（法）究竟是瓶嘴與瓶頸等自己的組成部分中的哪一件時，在這些（組成部分）中都不能找到，這時便肯定「瓶子不存在」；然後，對分析者（自己）也這樣分析時，便斷定「分析者也不存在」；這時又想道：「如果不能找到分析者，誰會知道『瓶子等不存在』？」於是依靠一種「既不是有，又不是無」之類的似是而非㊿的正理以顚倒的方式而引發決定，如果將它安立爲獲得正見，那麼這顯然是最爲容易的。

[123] 因此，有智慧的人對於以下這些必須引發不可動搖的決定：⑴了義經及解釋其意趣的清淨中觀論典中空性的意思，就是緣起意思的說法——即中觀智者的特法；⑵特別（必須引發決定的）是佛護阿闍黎與吉祥月稱完整地解釋聖者父子意趣的微細之處——即依靠緣起而對無自性產生決定的方式，以及自性空的事顯現爲因果的方式。

〔亥二〕

〔上述〕觀點如何破壞這〔一特法〕

[124] 龍樹依怙的觀點是：諸法連小如微塵的自體有的自性也不具備，若是自性成立，則輪迴涅槃的一切建立都無從設立；然而這種建立是不可或缺的，所以，由於繫縛解脫等一切建立都得到安立，因此必須承認無自性。然而，你們卻說：「如果諸事沒有自體有的自性，那麼別的還有什麼？所以對於破除繫縛、解脫和生滅等來說，不需要加『勝義』等簡別就可用破自性的正理來破除。」試想這時怎會不破壞「無自性中繫縛、解脫及生滅等都可安立」〔的主張〕？

[125]【反方】阿闍黎的觀點是繫縛解脫等輪迴和涅槃的諸建立是（設立）在名言之中，我在名言中也承認這些，所以沒有過失。

【自方】這是不合理的，因為月（稱）阿闍黎的觀點是諸法在名言中不具有自體有的自性，這你也承認，這樣一來，由於(1)破除自性的正理在名言中也應當破除這種自性，(2)並且〔你〕又承認破除自性的正理連繫縛與解脫等 ⑤① 也能破除，所以很明顯，即使在名言中繫縛與解脫等也遭到了破除。

[126] 總之，如果認爲無自性與繫縛、解脫及生滅等相互矛盾㊼，則無論在二諦的哪一諦中、自性空的空之中輪迴涅槃的一切建立不能成爲合理，所以你破壞了這個中觀師㊽的唯一特法。

[127] 如果不認爲它們不矛盾，那麼主張破自性的正理對於所破不需要加任何簡別就能破除生滅及繫縛解脫等，就沒有任何正確的理由。

[128] 因此，如果破自性的正理能破除因果，便是承認無自性中生滅等不合理，這樣一來，這和〔《根本慧論》〕第二十四品和《迴諍論》所述說的實事師的（以下）爭論顯然沒有任何差別。（《中論》）第二十四品說㊾：

> 如果這些都是空，
> 那麼沒有生和滅，
> 四聖諦對你來說，
> 應當不存在……

《迴諍論》說[55]：

如果一切事物的自性
在一切處都不存在，
那麼你的言辭也沒有自性，
（它）不能破除自性。

[129]【反方】在自性空與不空兩種情形中，生滅等都不合理，我們無論對自性空還是不空都不加承認，所以沒有過失。

【自方】這絕不應當是教典的意思，因為(1)《（中論）釋・明句論》成立了：「我們不僅沒有生滅等不合理的過失，而且四諦等反而是合理的[56]。」；(2)《（中）論》根本文也善為區分這些（建立）對於自性空的一方合理以及對於不空的一方不合理的差別而作了闡述；(3)《入中論》也說[57]：

依仗聚合的影子等諸空事
並非不廣爲人知58，
就如此處從影子等空者，
生起具有其行相的識59，
同樣，雖然一切事都是空，
卻會從空性中生起。

[130] 此外，如果用正理破除繫縛解脫等，由於在勝義中破不適當，所以必須在世俗中加以破除。這時，即使在名言中都對於輪迴涅槃的一切建立加以破除，這樣的中觀師前所未有。

〔亥三〕

中觀師如何予以答覆

[131] 對於「如果事物是自性空，則輪迴涅槃的因果不可安立」的爭論，龍樹依怙認爲這是

中觀師向對方舉出的過失，既然被施加己身，所以應該反過來把過失退回去。《根本慧論》第二十四品說⑳：

你把自己的諸過失，
轉移成我的過失，
就如騎在馬上，
而遺忘馬本身。

如果從自性的角度，
而觀諸事的㉑存在，
既然如此你便是觀
諸事沒有因緣。

又說㉒：

如果這一切都不空，
那麼沒有生和滅，
四聖諦對你來說，
應當不存在……

[132] 所以毫無疑問，「如果沒有自體有的自性，別的還有什麼」的說法，顯然未能區分苗沒有自性和苗不存在之間的差別，因此，也無法區分苗存在與苗是自體有兩者之間的差別，所以很顯然，如果是有就認爲是自體有，如果不是自體有就認爲是不存在。如果不是這樣，爲什麼會說破除自體有的正理能夠否定單是存在⑥③及單是生滅等？

[133] 這樣，如果(1)一旦認爲苗等存在，便說是自體有的存在，(2)如果自體有完全不存在，便說是完全不存在，則無疑會墮入二邊⑥④，因此便和實事師的理解方式沒有差別，因爲《四百論釋》說得很明了⑥⑤：

依照實事師⑥⑥，此事一旦具有存在性⑥⑦，則自體也唯獨（具有）⑥⑧（存在）；何時離開了自體，那時對於此人來說那些事物徹底不存在，所以如同驢角。因此，由於不能超越兩邊的言論，此人的一切主張都變得難以成立。

[134] 只要尚未通達吉祥月稱對於自性有無與有、無這四者的區分，無疑會墮入二邊，所以便不能通達遠離（二）邊的中觀義。這是因爲：一旦自體有絕不存在，此法便成了絕不存在，這樣一來，在自性空的空之中完全沒有安立因果的餘地，所以便墮入斷邊；再者，只要認爲此法存在，就必須承認它是自體有，這樣一來便不可能成立因果雖沒有自性卻顯現爲〔自性有〕的如幻（道理），由此而墮入常邊⑥⑨。

[135] 因此，由通達一切法本來不具有小如微塵的自體有，則不墮入有邊；雖然如此，苗等諸事卻不會成爲空去起作用的能力的無事，一旦獲得斷定〔苗等〕有能力起各自的作用的定解，便斷除無邊⑦⓪。

[136] 《明句論》也論及明確區分沒有自性和不存在二者〔之間的差別〕。〔此論〕說道⑦①：

【反方】如果你這樣安立諸事的無自性，那麼，薄伽梵說：「自己所造的業的異熟將由自己本人來領受。」那一切都被這一道理否定。所以，由於誹謗了業果，你是無見者⑦②之首。

[137]【自方】（我）要加以說明。我們不是無見者，我們是破除有無二（邊）的言論而彰顯通往涅槃城的無二之道。[138]我們並不是說「業、作者和果報等不存在」。

【問題】那麼（是說）什麼？

【自方】是安立「這些都沒有自性」。

[139]【如果認爲】對於無自性者作用的發生⑬是不合理的，所以過失仍然存在。

【自方】這（種過失）不存在，因爲⑴只有在有自性（的事）之上才看不到作用，⑵只有在無自性（的事）之上才能見到作用。

[140]在此，實事師說：「如果沒有自性，憑藉破除自性就能否定從業而出生異熟（的道理）。」這個說法和「破除自性的正理能夠破除因果」的主張在觀點上便成了沒有差別。[141]中觀師和實事師雙方都主張「如果破除因果便成爲斷見者⑭之首」，在這一點上是相似的。然而，中觀師不主張破除因果，實事師卻認爲「如果破除自性，肯定也必然否定因果」，於是稱中觀師爲「無見者」或「斷見者」。[142]藏地自詡爲中觀師的多數人認爲如果破除自性，那麼那

種正理必然也會破除因果，這一點看來是和實事師相符的。然而，（他們）似乎是把正理破除因果認作中觀的觀點，並對此產生勝解⑮。

[143] 對於這個爭論的回答是：我們不是無見者，而是消除有無二（邊）的言論而彰顯解脫道。餘下的文字則是開示如何消除有無之論。[144] 其中，「我們並不是說『業果等不存在』」是消除無（邊）的言論，也就是說：如果認爲業果等不存在，則會成爲無見者，然而這我們不承認。[145] 對於「那麼是什麼」的問題，回答是：是安立或主張這些業果等沒有自性，由此而消除有（邊）的言論。

[146] 「對於無自性作用的發生不合理，所以過失仍然存在」是實事師的爭論，也就是說：「你雖然是說『我不說不存在，而是說沒有自性』，但是仍然不能斷除前面所舉出的過失——即如果沒有自性，因果便不合理。」在他（實事師）的體系中「無自性」與「不存在」二者沒有差別，所以才會這樣爭辯。[147] 對此的答覆是：因生果等作用的發生在有自性中都不合理，只有在無自性中這些才是合理的。

[148]《四百論釋》也說⑯：

【中觀師】我不是說事物不存在，因爲（我）說是緣起。

【實事師】你是實事師⑦嗎？

【中觀師】不是，因爲我是說緣起者。

[149]【實事師】你持哪一說？

【中觀師】是說緣起者。

【實事師】緣起的意思是什麼？

【回答】是無自性的意思，即自性不生的意思，自性如同幻化⑱、蜃景⑲、影子、健達縛城、變化⑳及夢的果的生起之義，以及空性和無我的意思。

這是顯示由承認緣起而消除事物有無的二邊之論的情形，也就是說，由解釋緣起的意思爲自性不生而消除有事之論㉛，由顯示如同幻化等的果的生起爲緣起的意思則消除了無事之論㉜。

[150]因此，事㉝有兩種：或指自性，或指能發生作用㉞，有事之論中的「事」僅指自性成立，無事之論中的「事」是指發生作用㉟的事，這是因爲在消除這二者時既破除自性又顯示如幻因果的存在。

[151]此外，《四百論釋》說㊱：

再者，【問】具有過去之境的念⑰不存在嗎？

【回答】誰說它「不存在」？我們不否定緣起。它如何存在便如此加以確定，阿闍黎本人這樣安立⑱：

> 所謂「念」是對於顛倒的境而產生的純粹的顛倒。

因此念的所緣境是過去的事。[152] 假如〔境〕是自體有，那麼因爲〔回憶〕它的那個念是觀察⑲存在的境，所以是自體有；然而，當過去的事沒有自性時，觀察它的念也沒有自性，因此便成立「是顛倒」。

[153]「顛倒」與「無自性」及「緣起」意思並非不同，無事則不是顛倒的意思。[154] 過去的事不是完全不存在，因爲（它）是憶念的對象，並且能見到它的果；〔過去的事〕也不是自體有，因爲〔如果那樣存在〕勢必是常性，並且勢必能直接地認知。

[155]也就是說，這些過去等〔事〕既不是決不存在，也不是自體有；顛倒或虛妄是緣起的意思，而不是無事的意思。[156]因此，如果承認這些法是自體有，則是實事之論⑩，或是墮入有邊；如果說這些僅僅是有，則不是實事之論或有〔邊〕之論。同樣，如果主張內外諸法是空去起作用的能力的無事，則是無事之論，或是墮入無邊；稱它們爲無自性則不墮入無邊。

[157]這樣，在未能分辨「絕不存在」與「沒有自性」以及「自體有」與「單是有」之間的差別便去驅除墮於有無之邊（的極端）時，（有些人）只把希望寄託於這樣的言說：「我們不說『不存在』，而是說『並非存在』；我們不說『存在』，而是說『並非不存在』。」這完全是自相矛盾的言論，並且絲毫不能表達中觀的意思，這是因爲（他們）在駁斥對手時是由觀察「自性有無」兩種情況等而加以破除，因而自己已經承認可能性不出這兩種，然而同時又接受兩者之外的事。[158]這樣，對於任何一個事作「自性是有還是無」之觀察的人，必須承認可能性局限於這兩者，如果在此之外還有第三類，那麼觀察「是有自性和無自性兩者之中的哪一種」便不合道理，因爲這就如同詢問：「如果屬於顏色，那麼它屬於藍還是屬於黃？」

[159]這樣，確定可能性不出自性有無兩種情形依賴於限定所知境⑨，總的來說不出有和無兩種情形，就如凡是諦實（成立）⑫者不出諦實（成立）的「一」和「眾多」的可能性，（這）依賴於（凡是存在者）總的來說不出「一」與「眾多」兩種可能性（的道理）⑬。[160]如果這樣

限定可能性，則必須排除第三類，所以承認兩者之外的法是胡言亂語。《迴諍論》說[94]：

將無自性性[95]倒過來時，
自性性[96]勢必會成立。

[161] 此外，持這種觀點的人對於任何法都沒有辦法排除第三類而確定（可能性）有幾種，所以只是滋生疑慮而已，這是因爲對於「有」和「無」等，排除[97]（兩個方面中的）一個卻不能斷定[98]另一個。[162] 如果對於「是」與「不是」等某些情形承認第三類不存在，那麼，對於「有」和「無」也是完全相等的。

[163] 這種（觀點）看來只是對中觀教典中「非有非無」的言辭發生誤解。因此，如果持這種主張，就如說「有」或「無」不適當，說「非有非無」也不合理，因爲（中觀教典）對於四句都是這樣說的[99]。

[164]《根本慧論》說[100]：

「有」是常執，

「無」是斷見，
因此對於有無二者，
智者都不安住。

所以此處所說的也不是純粹的有和無，而是明確地說明承認諸事爲自性成立會導致常斷之見。《明句論》將前面論中的執取有和無解釋成有事和無事之見後說道[101]：

【問題】再者，出現有事和無事之見時爲什麼會導致常斷之見？

【回答】這時因爲：

凡是自性有者
不會不存在，所以是常；
先前曾有而現在不存在，
所以便成爲斷[102]。

由於自性不會退滅，所以被稱爲自性有者任何時候都不會不存在，這樣，承認自性存在就會導致常見；在先前安住的時候承認事物的自性，然後承認「現在它隨後已壞滅，所以不存在」，因此勢必成爲斷見。

這裡把承認自性有稱作常見，又把「先前的自性本身隨後壞滅」的主張稱作無見，對於單是有和單是壞滅則沒有說（是常斷之見）。《佛護釋》⑩³也明確地說明（對於）〔《根本慧論》（第十五品第十頌）中〕「有」和「無」是常斷之見的這些說法，（下一頌）「凡是自性有者」等開示了成爲常與斷的方式。

[165] 簡而言之，如果稱「無自性的空性不是善妙的空性」而加以否定，則會因爲背棄般若波羅蜜多的謗法而墮入惡趣。即便對於無自性具有勝解，如果心想「倘若沒有自性，（別的）還有什麼？」隨之認爲一切法完全都不存在，同樣會墮入斷見的深淵。《明句論》對「空性如被錯觀，會毀壞智慧低劣的人⑩⁴。」一處也這樣說⑩⁵：

且說如果這樣分別⑩⁶：「一切都是空，一切都不存在」，這時此人則落入邪見。如〔《寶鬘論》〕說⑩⁷：

此法如果被錯誤地執取，
會損毀⑱無智之人，
這樣（他⑲）便沉入，
無見的不淨〔泥沼〕。

再者，如果不願意毀謗一切，那時便說：「這些事能被看到，怎麼會變成空性？所以無自性的意思不是空性的意思。」此人必定會背棄空性。這樣背棄後，因為導致正法匱乏的業必定便會走入惡趣。如《寶鬘論》說⑪：

再者，由於對此的錯執，
別的⑪自矜為智者的愚夫——
背棄（此法⑫）而以暴戾⑬為性——
頭朝下而前往無間⑭〔地獄〕。

[166] 【反方】如果我們先承認諸事，然後（把它們）看作不存在，則成為無見者，然而我們

不認爲它們本來是有，所以斷了什麼才成爲斷見者？〔《根本慧論》〕稱以下這種爲斷見者[115]：

> 先前曾有而現在不存在，
> 所以便成爲斷。

《明句論》也說：[116]

> 了達僅由無知所生的世俗諦是無自性之後，通達它的以勝義爲相[117]的空性的瑜伽師不會墮入二邊。「凡是現在不存在者，那時（過去）還會有[118]什麼？」這樣，因爲先前見不到事物的自性，因此後來也不通達爲不存在性[119]。

[167]【自方】這是不合理的。如果斷見者必須先承認所斷的事，那麼即便順世派[120]也並非先承認前後世與業果等，後來才說是不存在，而是不認爲它們原先是有，因此〔按照你們的觀點順世派〕應當不是斷見者。

[168] 所以，

先前曾有而現在不存在，所以便成爲斷。

這樣說的含義是：對於主張事物具有自體有的自性的實事師來說，常斷之見無疑會出現，這時因爲一旦認爲這個自性永遠不變則成爲常，如果認爲它早先時有，後來壞滅則成爲斷見。所以，〔中觀師〕在顯示〔自己〕沒有執著「以前存在的自性後來壞滅」的斷見時，不承認諸事具有小如微塵的自體有的自性成了理由，然而這個〔理由〕不能消除一切斷見⑫。

[169]《明句論》詳細講述了〔中觀師〕與主張業果不存在的斷見者的另一個不同之處，那就是：斷見者認爲業果與後世都不存在，而中觀師則認爲它們是無自性，所以在宗⑫的方面是有差別的。[170] 中觀師說因果等沒有自性是以「它們是緣起」爲理由⑫；無見者說因果不存在，由於〔他們〕不承認這些是緣起，所以不是以此爲理由，而是用這樣的理由：現在的這個有情從過去世來到現〔世〕以及從現〔世〕前往後〔世〕是無法看到的。因此在理由上差別是很大的。[171]《明句論》說⑫：

【此處有人爭辯道】中觀師與無見者沒有差別。由於〔中觀師〕說善不善業、作者、果報與一切世間都是自性空，諸無見者也說「這些都不存在」，所以中觀師與無見者沒有差別。

[172]【答覆】並非如此。諸中觀師是說緣起者，因爲緣起的緣故，所以說現世和他世等一切都是無自性。無見者則不是這樣因爲緣起〔的理由〕、由自性空性的門徑而將後世等理解爲無事。

【問題】那麼是什麼？

【回答】〔他們〕從自性的角度觀看現世的事物種類⑫⑤後，看不到它從他世來到現世以及從現世前往後世，於是毀謗與現世中所見之事相類似的〔其他生中的〕其他事。

[173]【反方】雖然中觀師與斷見者二人理由不相等，但是在領會業果和前後世不具有自體有的自性方面是相似的，所以這個無自性的見是相等的。

[174]【自方】這個〔領會無自性的見〕也不相似。他⑫⑥〔斷見者〕將無自性認作根本不存在，所以無論在二諦的哪一諦中都不予以承認，而中觀師在世俗中則承認業果等是存在的。

[175] 如《明句論》說(127)：

【反方】雖然如此，他們〔斷見者〕將事物自體(128)不存在本身理解爲不存在性，所以從這個見解的角度姑且有相似性。

[176] 【自方】沒有！因爲在世俗中諸中觀師承認是有，而他們則不承認，所以不相等。

[177] 這是顯示如果自稱是「在世俗中都不承認業果等的中觀師」，則與順世派(129)見解相仿。

[178] 此處阿闍黎也不曾用以下的說法作爲〔中觀師〕與斷見者不相似的理由：「因爲他有主張，而我則沒有。」〔阿闍黎也〕沒有說：「他們主張是『無』，我們不這樣說成是『無』，而是主張爲『非有』。」而是說是無自性，並舉出緣起作爲它的理由，又表示在世俗中承認這些建立都是存在的。

[179] 【反方】因果等不具有自體有的自性是合乎道理的，斷見者主張它們不存在時也承認它們是無自性，所以在無自性這一點上與中觀師是相等的。

[180] 【自方】這〔一點〕也極不相同。例如，對於一個盜竊財物的人，有一個人不知道他偷

盜而謊稱「此人行竊」，另一個人見到那個盜賊盜竊財物後才說「此人行竊」，這時正如這二人都說「財物被此人偷竊」，那個盜賊確實也行了竊，但是一個人是說謊，另一個人則是如實而言，所以不相等。

[181] 再者，《明句論》說⑬⓪：

【反方】事是相等的。

[182]【自方】雖然就事物不成立而言是相等的⑬①，但是由於領會者不同，所以仍然不相等。

[183] 比如對於一個行竊者，有一個人沒有眞實地了解，便出於對他的怨恨而妄稱：「此人行竊。」另一個人親身見到後才加以指責。其中雖然事沒有差異，然而因爲領會者不同，所以一個稱作「說妄語者⑬②」，另一個則稱作「說實語者⑬③」。[184] 如實作觀察時，（前）一個人得到惡名譽及罪，另一個人則不會。同樣，此處諸如實了知事物自體者在領悟和講述時，與不如實了知事物自體的無見者在領會與講述方面也不相等。

[185]對於聽到無自性時便理解爲用正理能夠破除業果等，於是在自己的體系中不安立因果（的觀點），有些人說這在顯現品的世俗（法）方面雖然誤入歧途，但是卻能獲得空品的無誤正見，這段〔釋論的文字〕對這種說法也善爲加以破除。

[186]因此空不應該成爲空去起作用的能力的空，雖然沒有自性，必須留有餘地，來安立因果的緣起。如《四百論釋》說⑭：

這樣，任何事

生者沒有來，

滅者同樣沒有去⑮。

它⑯必定沒有自性。

【問題】如果它沒有自性，那麼〔別的〕還有什麼？

【回答】（我們）說：緣起——以雜染與清淨爲因〔而產生〕的體性——是存在的。

對於「如果沒有自性，那麼還有什麼？」（的問題），這段〔解釋的文字〕明確地作了答覆。[187]佛護阿闍黎也是由明確地區分「有」和「體性有[137]」之間的差別而作出答覆，如第二十品的《〔中論〕〔佛護〕釋》說[138]：

【反方】如果既沒有時間也沒有因果與聚合[139]，那麼別的還有什麼？因此，這正是無見者之論。

[188]【回答】不對。像你這樣把時間等分別[140]爲自性有[141]是完全不合理的；它們〔相互〕依仗之後而假立是成立的。

也就是說：「實事師所主張的那種自體有是不合理的。」這樣予以否定；但是，「依仗之後而假立是成立的」，這是說緣起是存在的。

[189]所以，如果對自性有、〔自性〕無和有、無四者之間的差別加以分辨，則無量的邪分別[142]都會止息，並且對於破除自性有的諸正理也不會產生誤解，錯以爲〔它們〕能破除純粹的有。因此，由於中觀師對實事宗智者的主要答覆是以〔分辨〕這四者爲途徑，所以〔此處〕略爲作了解釋。

註釋：

① 藏：khyad chos，即 khyad par gyi chos，特殊的品質或特點。

② 藏譯全名為 rigs pa drug cu pa'i tshig le'ur byas pa（《正理六十頌》，法尊法師譯作《六十正理論》）：To. 3825。所引為第60頌，藏文見德格版《丹珠爾》中觀部 tsa 函22頁下4、Lindtner（1982）160頁及李學竹與葉少勇（2014）新校本122－123頁，此論漢文古譯為《大正藏》30冊1575號。

③ 藏：ji snyed pa。

④ 藏：ji lta ba。

⑤ 藏：gzhi。

⑥ 藏：dngos po med pa。「能起作用」（don byed nus pa）是「事」（dngos po）的定義。

⑦《中論》二十四品第1頌，藏譯見德格版《丹珠爾》中觀部 tsa 函（To. 3824）14頁下4，梵文見 De Jong（1977）校勘本34頁，相應的漢譯見《大正藏》30冊1564號第32頁中13－14。見葉少勇（2011）梵、藏、漢新校勘本416－417頁。《四家合註》說此頌與以下所引的出自《迴諍論》的頌文都是陳述實事師對中觀師所提出的責難。

⑧ 此論藏譯全名為 rtsod pa bzlog pa'i tshig le'ur byas pa; To. 3828。引文為第1頌，藏譯見德格版《丹珠爾》中觀部 tsa 函27頁上2，梵文見 Bhattacharya、Johnston 及 Kunst（1998）校勘本第42頁，相應的漢譯見《大正藏》32冊1631號13頁中28－29。

⑨ 藏：bya byed。這個詞也可讀作動作和作者，此處的漢譯是根據後文所引的《明句論》（青海版595.20至596.3及梵文）和《菩提道次第廣論》本文中的解釋（青海版597.5）。

⑩《中論》第二十四品13與14頌，藏譯（To. 3824）見德格版《丹珠爾》中觀部 tsa 函15頁上3－4，梵文見 De Jong（1977）校勘本35頁，相應的漢譯見《大正藏》30冊1564號33頁上18－19及22－23。見葉少勇（2011）梵、藏、漢新校勘本422－425頁。

⑪ 梵：（a）smākaṃ。

⑫ 這是上文所引的《中論》第二十四品第一頌的第一句。

⑬《明句論》的藏譯（To. 3860）見德格版《丹珠爾》中觀部 'a 函166頁上2－3，梵文見 La Vallée Poussin

（1903–1913）校勘本500頁。其中的頌文為上面所引的《中論》第二十四品14頌的第一句。

⑭藏：lugs 'byung。奘譯有「順」、「順次」、「順次第」。

⑮藏：lugs ldog。奘譯有「逆」、「逆次」、「逆次第」。

⑯青海版 mgo na po 應改作 mgon po。

⑰藏：dbu ma'i lam。

⑱《中論》第二十四品18與19頌，藏譯（To. 3824）見德格版《丹珠爾》中觀部 tsa 函15頁上6–7，梵文見 De Jong（1977）校勘本35頁，相應的漢譯見《大正藏》30冊1564號33頁中11–14。見葉少勇（2011）梵、藏、漢新校勘本426–427頁。

⑲梵：pracakṣmahe（第一人稱複數）。

⑳《迴諍論》第70頌與末尾的歸敬頌。藏譯（To. 3828）見德格版《丹珠爾》中觀部 tsa 函29頁上5–6，梵文見 Bhattacharya、Johnston 及 Kunst（1998）校勘本第84–85頁，相應的漢譯見《大正藏》32冊1631號15頁上24–27。藏文後一頌中 mchog 一字梵文中無。

㉑梵：praṇamāmi。

㉒此論藏譯全名為 stong pa nyid bdun cu pa'i tshig le'ur byas pa（《空性七十頌》）；To. 3827。此頌為第68頌。藏譯見德格版《丹珠爾》中觀部 tsa 函26頁下4–5，漢文見《法尊法師全集》（2017）第一冊114頁（另有法尊法師（1940）的先前印本）。此處所引的頌文與龍樹《空性七十頌》自釋藏譯本〔見德格版《丹珠爾》中觀部 tsa 函（To. 3831）120頁下3及3–4行中的解釋〕中的此頌在藏文的詞序上更為接近。參見 Napper（1989）756–757頁注354及《菩提道次第廣論》英譯本（Tsong-kha-pa Blo-bzang-grags-pa, 2002）第三冊405頁注278。然而《丹珠爾》中上述兩個藏譯的頌文中都沒有「為了」一詞。

㉓43、44及45頌。藏譯見德格版《丹珠爾》中觀部（To. 3825）tsa 函22頁上2–3，對應的漢譯參見《大正藏》30冊1575號255頁中22–27。各種藏漢譯本及後兩頌的梵文見李學竹與葉少勇（2014）新校本88–93頁。

㉔藏：de nyid du … grub，此處梵文為：tattvataḥ siddhi。

㉕藏名 'Jig rten las 'das par bstod pa（To. 1120），梵：Lokātītastava，作者為龍樹阿闍黎。所引的是此讚第21與22頌。藏譯見德格版《丹珠爾》禮讚部 ka 函69頁上7至下1，梵文與藏文見 Lindtner（1982）134、136頁。月稱論師的

《明句論》第一品引用了此讚的第21頌，梵文見 La Vallée Poussin（1903–1913）校勘本55頁。

㉖藏譯 rtog ge pa／ba 的梵文為 tārkika，這個詞源自梵文 tarka（藏：rtog ge），此處譯作「思度」，漢文古譯有「尋思」、「思度」、「度量」（均為奘譯）、「分別」（隋達磨笈多與尊譯）、「測量」（後魏佛陀扇多）等，是注重因明之學。「rtog ge pa／ba」或「tārkika」（此處譯作「思度者」）的舊譯有「尋思者」、「度量者」（均為奘譯）和「分別師」（尊譯）。佛教和其他印度宗派中都有思度者，月稱論師在《明句論》中將清辨和陳那論師視為思度者。在佛教之外，正理派（Nyāya）等印度哲學流派也強調思度。

㉗藏：rang dbang，梵：svatantra，奘譯為「自在」。有時梵文 svatantra 的藏譯也作 rang rgyud，現在的漢文習慣譯作「自續」。

㉘青海版此處為 'chad pa「將（緣起的意思）解釋為」，此處的漢譯依照《四家合註》本及 Khangkar（2001）校勘本讀作 'char ba（第二冊，下同）。

㉙上文所引的《中論》第二十四品14頌的前一句半。

㉚梵文見 La Vallée Poussin（1903–1913）校勘本500–501頁，藏譯見德格版《丹珠爾》中觀部 'a 函166頁上3至下3。

㉛藏：'bras bu la gnas pa。奘譯和尊譯作「住果」，奘譯也作「住果者」。

㉜藏：zhugs pa。諸果指預流、一來、不來及阿羅漢四沙門果，住果者是安住於這些果位的聖者，諸向指預流向、一來向、不來向及阿羅漢向。

㉝藏：chos ma yin pa。

㉞前文所引的《中論》第二十四品14頌的前兩句，這段《明句論》是對此頌的解釋。

㉟如《四家合註》所說，這裡所說的爭論是指上面所引的《迴諍論》第1頌（「如果一切事物的自性……」）中反方所提出的責難，見青海版583頁19–20及本冊101節。

㊱第22頌。藏譯見德格版《丹珠爾》中觀部 tsa 函（To. 3828）27頁下5，梵文見 Bhattacharya、Johnston 及 Kunst（1998）校勘本第55頁，相應的漢譯見《大正藏》32冊1631號14頁上15–16。

㊲梵：pratītyabhāva。藏譯 brten nas 'byung ba 也可讀作「依仗而生」。下同。

㊳藏：rang bzhin med（pa）nyid，梵：（a）svabhāvatva。

㊴《迴諍論自釋》藏譯全名為 rtsod pa bzlog pa'i 'grel pa; To. 3832。引文見德格版《丹珠爾》中觀部 tsa 函126頁下3至

127頁上1，梵文見 Bhattacharya、Johnston 及 Kunst（1998）校勘本第56頁，相應的漢譯見《大正藏》32冊 1631號18頁上3–20。

㊵ 梵：paṭa。藏譯 snam bu 是指較厚的毛衣等。梵文中瓶子和衣服兩詞經常用在一起，因為它們語音相近，分別為 ghaṭa 和 paṭa，藏文中也沿襲這個習慣（例如青海版 721.4），然而兩詞在藏文語音中不相近。

㊶《四家合註》：des；梵：tena。

㊷ 藏：rjes su 'gro ldog，梵：anvayavyatireka。直譯為「隨行（及）反」，法尊法師譯為「順行逆反」。其中隨行（藏：rjes su 'gro，梵：anvaya）是指正遍（藏：rjes khyab），反（藏：ldog，梵：vyatireka）是指反遍（藏：ldog khyab）。詳見這個詞第一次出現時的註解。

㊸ 藏：kun nas nyon mongs。

㊹ 第12頌。藏譯見德格版《丹珠爾》中觀部 tsa 函15頁上3，梵文見 De Jong（1977）校勘本35頁，相應的漢譯見《大正藏》30冊 1564號33頁上14–15。見葉少勇（2011）梵、藏、漢新校勘本422–423頁。

㊺ 藏：thub pa。梵：muni，音譯為「牟尼」，也作「能仁」。此處是指釋迦牟尼佛。

㊻ 第二品16至18頌。藏文與梵文見 Hahn（1982）校勘本47及46頁，藏文（To. 4158）也見德格版《丹珠爾》書翰部 ge 函111頁上5–7，相應的漢譯見《大正藏》32冊 1656號495頁下29至496頁上5。

㊼ 藏：mngon sum。舊譯有「現」（奘譯和尊譯）、「現見」（奘譯）。奘譯也用「現量」，法尊法師在《法稱因明學中「心明」的差別略說》一文中採用「現識」一詞，由此便不至于和 mngon sum tshad ma（梵：pratyakṣapramāṇa）「現量」相混淆。然而在《明句論》中月稱論師說 mngon sum 或 pratyakṣa 主要是指境，所以在那種場合「現識」一詞不適用，所以在牽涉到月稱及中觀應成派的認識論時本書中也譯作「現」，有時（如下一頌）也譯作「現見」。

㊽ 藏：tshad ldan，本書中也直譯為「具量」。

㊾ 這個正理叫做「離一多」（藏：gcig du bral，法尊法師譯為「離一異」），它是最為主要的破除自性的正理之一。智藏論師的《二諦分別論》和寂護論師的《中觀莊嚴論》等書使用離一多的正理。

㊿ 藏：ltar snang。

(51)《四家合註》：對方認為正理破除自性後任何法都不能安立，所以會承認這個正理能夠破除繫縛解脫等法。

(52) 藏：'gal ba，奘譯和尊譯為「相違」。

⑬ 青海版：dbu ma ba'i，《四家合註》與 Khangkar（2001）校勘本：dbu ma pa。

⑭ 第一頌。以下兩頌本論前面已引用，見青海版 583 頁 16–20 及本冊 101 節。

⑮ To. 3828，《迴諍論》第 1 頌，藏譯見德格版《丹珠爾》中觀部 tsa 函 27 頁下 2，梵文見 Bhattacharya、Johnston 及 Kunst（1978）校勘本第 10 頁，漢譯見《大正藏》32 冊 1631 號 13 頁中 28–29。

⑯ 成立這個觀點的《明句論》原文上面已引用（見青海版 587.7–588.8），與此相關的《中論》二十四品第 14 頌（即下一句所說的「根本文」的「闡述」）及《明句論》的解釋的梵文見 La Vallée Poussin（1903–1913）校勘本 500 頁。

⑰ 《入中論》第六品的 37 頌與 38 頌的前兩句。藏文見 La Vallée Poussin（1907–1912）校勘本 123 頁及德格版《丹珠爾》中觀部 'a 函 206 頁上 1–2，梵文見李學竹的第六品校勘：Li（2014），相應的《入中論》及《自釋》的漢譯見法尊法師（1997）譯本 65 頁。

⑱ 藏：grags pa。

⑲ 藏：shes pa。除「識」之外，法尊法師也譯為「知」。它的範疇涵蓋所有心王和心所。

⑳ 《中論》第二十四品 15 及 16 二頌。藏文見德格版《丹珠爾》中觀部 tsa 函 15 頁上 4–5，梵文見 De Jong（1977）校勘本 35 頁，相應的漢譯見《大正藏》30 冊 1564 號 33 頁上 26–27 及中 1–2。見葉少勇（2011）梵、藏、漢新校勘本 424–425 頁。

㉑ 梵：bhāvānāṃ。

㉒ 《中論》第二十四品 20 頌。藏文見德格版《丹珠爾》中觀部 tsa 函 15 頁上 7，梵文見 De Jong（1977）校勘本 35 頁，相應的漢譯見《大正藏》30 冊 1564 號 33 頁中 23–24。見葉少勇（2011）梵、藏、漢新校勘本 426–427 頁。

㉓ 藏：yod tsam。即「唯有」。以下的「單是生滅」即「唯生滅」。

㉔ 藏：mtha' gnyis。

㉕ 此釋論的藏譯全名為 byang chub sems dpa'i rnal 'byor spyod pa bzhi brgya pa'i rgya cher 'grel pa; To. 3865，作者為月稱論師。藏譯原文見德格版《丹珠爾》中觀部 ya 函 175 頁下 2–3，梵文見 Suzuki（1994）現存部分的校勘本第 230 頁。

㉖ 藏：dngos po yod par smra ba，梵文原文為 vastusatpadārthavādin，「說實物有之事者」。dngos smra ba 應當是其簡稱。

⑥⑦藏：yod pa nyid，梵：astitva。直譯為「有性」或「存在性」。

⑥⑧梵：svarūpasy（a）（藏：rang gi ngo bo）。

⑥⑨藏：rtag pa'i mtha'。

⑦⓪藏：med pa'i mtha'。

⑦①《明句論》藏譯原文見德格版《丹珠爾》中觀部'a函109頁上5至下2，梵文見La Vallée Poussin（1903-1913）校勘本329頁。

⑦②藏：med pa ba，梵：nāstika。

⑦③藏：bya ba byed pa，梵：vyāpāra-karaṇa。

⑦④藏：chad lta ba。

⑦⑤藏：mos pa。最常見的漢譯為「勝解」（這是梵文 adhimuc 的直譯），奘譯還有「信解」、「信樂」、「好樂」等。

⑦⑥To. 3865。藏譯見德格版《丹珠爾》中觀部ya函220頁下4-6。

⑦⑦藏：dngos por smra ba。

⑦⑧藏：sgyu ma，梵：māyā。即魔術師所製造的幻覺，奘譯有「幻事」、「幻」、「幻化」及「幻化事」。

⑦⑨藏：smig rgyu。奘譯為「陽焰」。

⑧⓪藏：sprul pa。除「變化」（玄奘及隋達磨笈多）外，漢譯還有「化」（玄奘、隋達磨笈多、法尊）、「化現」（法尊）、「化身」（玄奘、真諦）等。

⑧①藏：dngos po yod par smra ba。很顯然，這個詞的另外一個意思是「實事師」，略稱為dngos（por）smra ba，因此在下一段中法尊法師將這個詞譯作「實事師」。

⑧②藏：dngos po med par smra ba。

⑧③藏：dngos po，此處的《四家合註》說這個詞的梵文為bhāva。本書中也譯作「事物」。

⑧④藏：don byed nus pa，梵：arthakriyāśakti。

⑧⑤藏：don byed pa，梵：arthakriyā。

⑧⑥To. 3865。藏譯原文見德格版《丹珠爾》中觀部ya函182頁下7至183頁上4。

⑧⑦藏：dran pa。

(88)《四百論》第十一品（相當與漢譯《廣百論本》第三品）25頌的後兩句。漢文古譯見《大正藏》三十冊1570號184頁上3。藏文和英譯見Lang（1986）108及109頁。

(89) 藏：dmigs pa，舊譯為「緣」，下一句亦同。

(90) 藏：dngos por smra ba。

(91) 藏：shes bya。

(92) 藏：bden [par grub] pa。

(93) 有關對於「一」和「多」兩種情形的分析見後文人無我部分（青海版730頁17行至731頁第5行及本冊626至629節）。獅子賢論師在《現觀莊嚴論明義釋》（To. 3793）中所提到的對於「一」和「多」的分析以及相關的甲操傑大師的《解釋心要疏》（Rnam bshad snying po'i rgyan）中對於諦實的「一」和「多」的分析見Don grub（2006）藏文校勘本上冊24及27–29頁。寂護論師對於「離一異」的正理的綜合闡述見藏譯《中觀莊嚴論》（To. 3884，To. 3885與3886為自釋與蓮華戒論師的釋難）。

(94) 第26頌後兩句。藏譯見德格版《丹珠爾》中觀部tsa函（To. 3828）27頁下7，梵文見Bhattacharya、Johnston及Kunst（1998）校勘本第59頁。

(95) 藏：rang bzhin med pa nyid，梵：naiḥsvabhāvya。

(96) 藏：rang bzhin nyid，梵：svābhāvya。

(97) 藏：rnam par bcad pa，梵：viccheda。

(98) 藏：yongs su gcod pa，梵：pariccheda。

(99)《四家合註》說中觀教典的說法是「既不是『有』，也不是『無』，不是『兩者』，也不是『兩者都不是』。」「非有非無」顯然屬於第四種，所以也被否定。

(100)《中論》十五品第10頌。藏譯見德格版《丹珠爾》中觀部tsa函（To. 3824）9頁上2–3，梵文見De Jong（1977）校勘本20頁，相應的漢譯見《大正藏》30冊1564號20頁中17–18。見葉少勇（2011）梵、藏、漢新校勘本240–241頁。

(101)《明句論》的藏文見德格版《丹珠爾》中觀部'a函92頁下2–4，梵文見La Vallée Poussin（1903–1913）校勘本273頁。

(102)《中論》第十五品11頌。相應的漢文古譯見《大正藏》三十冊1564號20頁中26–27。

(103)見德格版《丹珠爾》中觀部tsa函（To. 3842）226頁上5至下3。

(104)《中論》二十四品11頌前兩句。藏譯見德格版《丹珠爾》中觀部tsa函（To. 3824）15頁上2，梵文見De Jong（1977）校勘本35頁，相應的漢譯見《大正藏》30冊1564號33頁上8。見葉少勇（2011）梵、藏、漢新校勘本422–423頁。

(105)《明句論》藏譯原文見德格版《丹珠爾》中觀部'a函164頁下4–6，梵文見La Vallée Poussin（1903–1913）校勘本495–496頁。

(106)藏：rtog pa。梵：parikalpayet，相應的奘譯也作「周遍計度」。

(107)《寶鬘論》第二品19頌。藏文見德格版《丹珠爾》書翰部ge函111頁上7，藏文與梵文見Hahn（1982）校勘本47與46頁，漢文古譯見《大正藏》32冊1656號496頁上6–7。

(108)梵：vinaśayati。

(109)藏文上一句是複數，但是梵文中「無智之人」（vipaścitam）和「沉入」（nimijjati）都是單數。

(110)第二品20頌。藏文見德格版《丹珠爾》書翰部ge函111頁下7至上1，藏文與梵文也見Hahn（1982）校勘本47與46頁，漢文古譯見《大正藏》32冊1656號496頁上8–9。

(111)與藏文gzhan yang對應的梵文原文為aparo 'pi，Mi pham bshes gnyen《寶鬘論廣釋》（*Rin po che'i phreng ba'i rgya cher bshad pa*; To. 4159）對此處的解釋見德格版《丹珠爾》書翰部ge函150頁上6。

(112)Mi pham bshes gnyen《寶鬘論廣釋》（To. 4159）：chos 'di，見德格版《丹珠爾》書翰部150頁上7。

(113)藏：ma rungs。對應的梵文vinaṣṭa義為「毀壞」。Mi pham bshes gnyen《寶鬘論廣釋》（To. 4159）的解釋（德格版《丹珠爾》書翰部150頁下1）為：「福德或自利圓滿均不現見，故名毀壞；或是遠離自利和他利的能力，所以如同死亡，即是死亡。」

(114)藏：mnar med，梵：avīci。漢文音譯有「阿鼻」、「阿毗至」、「河鼻旨」等。

(115)《中論》第十五品11頌後兩句。前文已作引述，見青海版600頁10–11及本冊164節。

(116)藏譯原文見德格版《丹珠爾》中觀部'a函164頁上6–7，梵文見La Vallée Poussin（1903–1913）校勘本495頁。

(117)藏：mtshan nyid，梵：lakṣaṇa。即特徵或定義——世俗諦的空性是以勝義為相或特徵。

⑱「有」字的藏文 yod 沒有時態變化，但是梵文 asī（t）是過去式。

⑲藏：med pa nyid，梵：nāstitā。此處不採用「無性」一詞是為了避免與無自性的「無性」相混淆。

⑳'jig rten rgyang 'phen pa 是《藏漢大辭典》中的標準拼法，略為 rgyang 'phen pa。青海版中 rgyang pan pa 中的 pan 字至少應依《四家合註》本及 Khangkar（2001）校勘本讀作 phan。此宗派梵名為 lokāyata，持此見之人稱為 lokāyatika，漢文音譯分別為「路伽耶（陀）」和「路迦耶底迦」等。意譯為「（隨）順世間」（奘譯）及「順世」。漢文「順」與藏文 rgyang 'phen 是梵文 āyata 一詞的兩個不同的意思。這是一種主張沒有前後世與業果的印度宗派。此宗之名也隨其創始人稱作 Cārvāka。

㉑此處《四家合註》舉出「前後世不存在的見」作為例子。

㉒藏：dam bca'。奘譯還有「所立」、「許」。在因明論式中「宗」是所持的論點。

㉓藏：rgyu mtshan，梵：nimitta。奘譯有「因」、「相」、「因相」。

㉔藏譯原文見德格版《丹珠爾》中觀部 'a 函 117 頁下 4 至 118 頁上 1，梵文見 La Vallée Poussin（1903–1913）校勘本 368 頁。

㉕藏：rnam pa，梵：jāta。

㉖青海版與《四家合註》本均作 yi，Khangkar（2001）校勘本讀作 yis，似乎略佳。

㉗藏譯原文見德格版《丹珠爾》中觀部 'a 函 118 頁上 1–2，梵文見 La Vallée Poussin（1903–1913）校勘本 368 頁。

㉘藏：rang gi ngo bo，梵：svarūpa。

㉙青海版中的 pan 改作 phan，同上。

㉚藏譯原文見德格版《丹珠爾》中觀部 'a 函 118 頁上 2–6，梵文見 La Vallée Poussin（1903–1913）校勘本 368–369 頁。

㉛此處依照梵文應當翻作「就事而言（vastut（as））不成立是相等的」，上一句梵文也作「就事而言（vastutas）是相等的」。

㉜梵：mṛṣāvādī。

㉝梵：satyavādī。

㉞To. 3865。藏譯原文見德格版《丹珠爾》中觀部 ya 函 224 頁下 2–3。

㉟藏譯《四百論》十五品第 10 頌的前兩句，對應的奘譯見《大正藏》30 冊 1570 號 186 頁上 2。藏文和英譯見 Lang

（1986）138及139頁。

⑬⑥青海版：de la。《丹珠爾》中的原文為 de las：「由此」。

⑬⑦藏：ngo bos grub pa。

⑬⑧To. 3842。見德格版《丹珠爾》中觀部 tsa 函255頁下3－4。

⑬⑨《中論》第十九和二十品分別為觀察時間和觀察聚合。

⑭⓪藏：yongs su rtog pa（r byed pa）。除「分別」外，奘譯還有「周遍尋思」、「遍計」、「執」、「計」等。

⑭①藏：ngo bo nyid las yod pa。

⑭②藏：log rtog。

【第三節】世俗法是無法破除的

〔戌二〕顯示所提出的責難①無法破除②

分四個部分：

亥一、依靠觀察（世俗法）能否經得起正理分析來作否定而無法破除

亥二、依靠觀察（世俗法）是否由量所成立來作否定而無法破除

亥三、依靠觀察（世俗法）是否屬於四句生來作否定而無法破除

亥四、顯示破除有事、無事等四句不能成為責難③

〔亥一〕

依靠觀察（世俗法）能否經得起正理分析來作否定而無法破除

[190] 從「這些色等法在事實眞理中是有還是沒有？是生還是不生？」等角度合理地④作分析者，叫做分析眞實的正理或分析究竟的正理。我們不認爲色等的產生能經得起這種正理所作的分析，所以〔生等〕變成實事的過失是不存在的。

[191]【反方】如果這些不能經受正理所作的分析，那麼，正理所破除的事如果存在，怎麼會合理？

【自方】這是把經不起正理所作分析和被正理損害二者混爲一談。這一類人很多都說：「雖然被分析眞實的正理破除，然而生等卻是存在的。」這是胡言亂語，因此我們不承認。

[192] 經得起和經不起正理所作分析的意思是能否被那個分析眞實的正理找到。[193] 再者，如《四百論釋》說：

我們的分析只是爲了致力尋找自性⑤。

所探究的是色等有沒有生滅等的自性。所以，是探究色等有沒有自體有的生滅，而不是用這個正理來尋找純粹的生滅。

[194] 因此，這個正理被稱爲「分析眞實〔的正理〕」，因爲它是分析從眞實的角度生滅等是否成立。[195] 用這樣的正理來分析或尋找時生等絲毫都找不到，則稱作「經不起分析」。並非單是用正理不能找到就是破除；如果〔所尋找的事〕一旦存在就必須由這個正理來成立，但是卻不能用這個〔正理〕來成立，這時才被破除。[196] 然而，色等的生滅是由名言識⑥所成立，它們雖然存在卻不是由理智所成立，所以它們怎會因爲〔理智〕不能找到而被破除？例如眼識雖然不能聽到聲音，它卻不能破除〔聲音〕。

[197] 因此，由於這個正理對於色等有沒有自體有的生滅作合理的分析，所以，生滅等如果是自體有或眞實成立⑦，則必然會被這個正理找到。[198] 用這樣的〔正理〕找不到生等，便是破除自體有或眞實成立的生滅等，因爲如果是自體有，則必然會被它找到，然而卻找不到。例如，假如只要東方有瓶子，探尋者必然能找到，那麼，如果他在東方搜尋瓶子時無法找到，就可以否定東方有瓶，但是，怎能以此而否定僅僅瓶子存在？同樣，假如有自體有的生，中觀正理必定能找到，如果用它來尋找時不能找到生，自性或自體有的生就被破除，然而（由此）怎麼能破除單是生？

[199]《四百論釋》也這樣明確地作了說明⑧：

因此，這樣用正理作分析時，諸根、境、識⑨都沒有存在的體性，所以，自體有⑩不存在。如果它們具備⑪自體有，那時用道理⑫作分析時就會極爲明顯地看到是如實安住的自體有⑬，然而卻見不到，所以便成立了「自性空」。

[200]這些色聲等世俗（法）⑭雖然是有，但是絕對不是由分析眞實或分析自性是否存在的正理所成立，所以這位阿闍黎反覆說：「正理的觀察對它們不適用。」對於（那些主張）「作了正理的分析後，當正理找不到時，這些世俗（法）就被滅除」（的人），也多次稱之爲「對於安立世俗不善巧」。

[201]如果分析自性是否存在的正理能夠破除它們，那麼對於這些色、受⑮等世俗（法）就非常有必要作正理的觀察，然而這位論師的論典對此完全作了否定，所以，主張「以分析自性是否存在的正理無法找到的意思，即是被正理損害的意思」，則是太爲偏離中觀的道理。

[202]同樣，聖者的根本定⑯見不到色等的生滅，但是何嘗見到生滅爲不存在？分析自性是否存在的正理也是找不到生等，而不是把生滅等確定⑰爲不存在。

[203] 所以，對於⑴經不起正理的分析和被正理損害二者；⑵聖者的根本智見不到生滅和見到〔生滅〕不存在二者；⑶分析自性是否存在的理智找不到生滅和發現生滅不存在二者，不能分辨而混淆爲一，何況是現在的人，連往昔的某些智者看來也發生了錯誤，所以有智慧的人應當仔細地分析並對它們加以辨別。

[204] 所以，我並不主張諸名言識的力量大於勝義心的量，或是名言識能夠損害勝義心的量。[205] 然而，用分析眞實的正理來分析名言的色、受等而無法找到（它們）時，如果認爲這些正理破了〔名言的色、受等〕，那麼這個〔正理〕非但不能破，破者反而被世間所熟知⑱的量損害。

《入中論》說⑲：

如果世間對你沒有損害，
則應當依賴⑳世間本身來破除這〔世俗（法）〕，
你不妨在此與世間爭辯，
隨後我將依從有力者。

這個（頌）的解釋也說：㉑

我們爲了消除世間的世俗而安住於極大的艱辛，你盡管破除世間的世俗，如果世間對你沒有損害，我也將做你的助伴，然而世間卻能損害……

[206]其中，「我們爲了消除世間的世俗而安住於極大的艱辛」是說爲了淨除眼識等錯亂㉒心以及色等境的錯亂顯現而努力修道，所以不承認這些是正理的所破，而是作爲修道的所破。[207]「你盡管破除世間的世俗」等話（的意思）是：（唯識師對中觀師的正理）加以類推㉓：「如果中觀師破除實物有㉔的依他起㉕，那麼我也用正理來破除你的世俗。」對此（中觀師）說：「就如我能夠破除依他起的自性，如果你也能夠用正理破除世俗，那麼我也爲你做此（事）的助伴。」這是表示：「如果用正理能破，那麼我就不必爲了消除它而作修道的難行，因此正是所願。」所以正是顯示用正理不能破諸世俗（法）。

[208]不僅不能破，而且一旦去破（教典中）說「會被世間所熟知損害」，所以名言識會損害這種相似㉖正理，因此（我們）認爲比這些（正理）力量更大。[209]由此緣故，諸實事師進入正理的分析來破除外境等諸世俗（法）時，用這個正理的確沒有找到，但是卻沒有破掉㉗。

[210]【反方】在名言中不破色等的意思是指從牧童等普通世間人的角度不破，然而分析眞實的正理卻能破除。

【自方】這極不合理，因爲：(1)具備觀察（慧）的人對於分析眞實的正理能不能破除（色等）會有疑慮，然而對於心沒有被宗派轉變的人來說則不去破除，在此沒有疑問；並且(2)用分析眞實的正理來破時必須要在名言中破。

[211]月稱阿闍黎也明確地說過分析眞實的正理不能破一切生——《四百論釋》說得很清楚㉘：

> 如果用這個分析從一切方面來破除生，由此而意欲顯示有爲法㉙沒有生，那時就不是如幻性，而是以石女之子等爲譬喻。然而，由於（我中觀師）懼怕沒有緣起的過失，所以與這些（石女之子等）不相隨順，而是與不違背它㉚的幻化等相（隨順）。

[212]「這個分析」是指分析眞實的正理，「從一切方面來破生」是說對於所破不加簡別，凡是生一概加以破除。「石女」等（話）的意思是：如果破除一切生，就像石女之子和兔角等一樣，成了空去一切作用的無事。這樣，由於懼怕沒有緣起的過失，所以和沒有任何起作用的能

力的石女之子之類的無生不相類似，而是和幻化等相似，所以說是破諦實或自性生。

[213]《四百論釋》又說㉛：

【反方】如果眼等不可能存在，這樣一來，這些眼等諸根如何被立爲業的異熟的體性？

【自方】我們破過它們異熟的自性嗎？

【反方】如果成立破除眼等，則怎麼會不破它？

【自方】我們的分析只是爲了致力尋找自性㉜。在此我們是破除諸事的自體有，而不是破除眼等〔因緣〕所作及緣起的業異熟性。因此，由於這㉝是存在的，所以被描述爲異熟的眼等唯獨是存在的。

這裡清楚地說明「用正理破到這個程度，不破到那個程度」，所以，這樣區分一旦在某個時候講了，沒有說〔時〕也全都類似，因此，無論如何都應該沿用。

[214]所以，從自己那一邊去尋找時，正理能破除境上所有的自體有，單是有卻不破除，〔釋論中〕稱之爲諸正理致力尋求自性，所以正理是探究有沒有自性，因此以它來破也就是「破自

性」的意思，所以對這兩者應當加以區分。

[215] 這種業果不僅不能破，而且（教典中）說中觀師應當承認它。此段論文㉞的後文又說㉟：

因此，智者對於世間的事不作上述那種與見眞實相隨順的分析，而是接受諸業的異熟爲不可思議㊱性；應該以從化現生出（另一個）化現的形式來承認一切世間（的事）。

[216] 這樣，在自己所構造的二諦建立中，如果抉擇勝義的正理能夠損害世俗的建立，那麼在設立二諦的建立中就出現了內部矛盾，所以，怎堪成爲在安立二諦上超勝的智者？如果這兩種建立沒有任何內部矛盾，那麼抉擇勝義的正理破壞世俗的建立就有矛盾。

[217]《明句論》中也說㊲：

你因爲對勝義和世俗諦不善巧，所以對某些（世間品）採用道理㊳，以不合理的方式破壞它們。我因爲善巧於世俗諦的建立，所以安住在唯世間品之後，用別的（正確的）道理來摧伏（你）爲了破除世俗的一部分而提出的（似是而非的〕其他道理，就像世間的長輩那樣，只是摧伏違背世間法則的你，而不是世俗。

也就是說只破違背世俗的持宗派論者㊴，而不破除世俗。至於採用觀察眞實的正理分析來破壞諸世間（法）者，則稱作「對二諦的建立不善巧」，因此用正理破除世俗的色等絕不是這位阿闍黎的意趣。

[218] 總之，不單是中觀師，在〔佛教〕自部建立二諦的印度㊵諸持宗派論的體系中，雖然別人會羅列㊶此〔宗〕二諦建立中的矛盾，但是我們敢斷言沒有一個人會承認他自己所建立的二諦之中，勝義一方的正理能夠破除世俗諸事。

〔亥二〕

依靠觀察（世俗法）是否由量所成立來作否定而無法破除

[219] 至於承認色等，並非認爲（它們）不是由量所成立，而是由量所成立㊷。

[220]【反方】如果是這樣，「在所有方面世間都不是量㊸……」的說法怎麼會合理？

【自方】這是否定世間的眼等諸識對於眞實能充當量，而不是對所有的境都否定是量，因爲《入中論釋》也這樣說㊹：

這樣，對於思惟眞實唯獨諸聖者才是量，不是聖者則不然。[221]如果想述說世間的妨害，因而承認對於分析眞實即便世間的見也是量，這樣的話㊺，

假如世間是量，
那麼，由於世間見到眞實，
何必需要另外的聖者？聖道有何用處？
〔此外〕愚者成爲量也不合理。

[222]並且後面的解釋說道㊻：

由於只靠眼等就能確定眞實，所以爲了證得聖道而勤修戒及聞、思、修等

就成了徒勞無功，然而並非如此，所以，

在所有方面世間都不是量，因此，

在眞實的時後世間沒有違害。

[223]《正理六十頌釋》也說⑰：

「見到它們的存在性⑱不是見眞實」能夠成立⑲，由於這個緣故，薄伽梵說：

眼、耳和鼻都不是量⑳……

於是引述了（經文），因此，很顯然是否定對於特別的境——眞實——可以作量，而不是對其他的境。

[224]如果不是這樣，就成了沒有關聯。如果說：「這些眼等諸識對於色、聲等名言境如果可以充當量，那麼就沒有必要爲了見到眞實而尋求聖道。」這就好比是說：「如果眼識能夠認

知色，就沒有必要用耳來聽聲音。」如果說：「為了觀色、聲等而尋求聖道應當成為沒有意義。」這正是（我）所承認的，它怎麼能迫使（我）無法接受？

[225]【問題】那麼，《四百論釋》說㊿：

這個〔思度者〕將這個根識[52]增益為「現」[53]後又另外分別[54]為量，這是極無關聯的。不欺誑[55]的識在世間被看作是量。然而，因為識是有為法，薄伽梵說它具有虛妄[56]和欺誑的特徵，並且是如幻。凡是具備虛妄、欺誑的特徵及如幻者都不是不欺誑，因為以一種形式安住的事卻以另一種形式顯現，既然是這樣，（把它）分別為量是不合理的，因為一切識勢必都會成為量。

這裡總地否定眼等諸識是量，對此又如何另作解釋？

【回答】這和「眼、耳和鼻都不是量」等〔說法〕有所不同，由於這是一個極大的疑點，所以（下面）將要仔細加以說明。

[226] 用這種方式來否定眼等諸識是現及量是否定思度者的見解，所以，如果首先敘述他們的主張，《四百論釋》中說道[57]：

由於這個思度者對於世間的事完全不熟悉，所以就如愚蒙的稚童，爲了使他從最初逐漸熟練的緣故，爲了開導他，【自方】責難、試探道：你的現是什麼？

【對方回答】是現識58。

【自方】是怎樣的識？

【對方】凡是遠離分別59者。

【自方】什麼是分別？

【對方】是進入對於事過度地增益名字和種類的散動之想6061。由於離開了它，五個根識能夠進入不可言說62的境的自相63，所以應當以現的名字相稱64。

就如此處所說，〔思度者〕主張遠離分別及不錯亂的識是現65。[227]其中「不錯亂」是指境的自相如何安住便那樣去認知66，因此，由於五個根現識67是測度68自相，色、聲等的自相是這五個現識的所量69，所以，〔他們〕主張這些〔現識〕成爲量，其對象也正是這五個境的自相。

[228]就如〔下面〕將要述說，這位〔月（稱）〕阿闍黎在名言中都不承認自體有或自相成

立⑳，所以怎麼會承認這些根識對於自相是量？因此，此處否定它們是量，是破除它們對於五個境的自相能充當量的主張，[229]至於破除的方式，薄伽梵說諸識是虛妄、欺誑㉑，由此而破除。[230]此外，由於（教典）說是欺誑，所以破除不欺誑後便否定了（它們）是量——這是因爲「不欺誑」是量的定義。

[231]【問題】那麼，欺誑的方式是什麼？

【回答】那就是（《四百論釋》）所說的「以一種形式安住的事卻以另一種形式顯現㉒」，也就是說：這些色、聲等五個境雖然不是自相成立，卻對諸根識顯現爲自相，所以它們對於自相不是量。總之其中的意趣是：這些根識對於五個境的自相不能作爲量，因爲相對於五個境的自相顯現來說（它們）是欺誑的，其原因是五個境雖然空無自相卻顯現爲自相，就像（視覺不清晰時）顯現兩個月亮的識。

[232]對此，實事師認爲如果色、聲等沒有自相成立的自性㉓，它們就成了空去一切起作用的能力的無事，所以，如果對於五個境的自相不能充當現量㉔，那麼對於五個境就沒有成爲量的餘地；（實事師）認爲如果對於五個境成爲量，也就是對它們的自相成爲量。

[233]對於這位阿闍黎來說，如果是自相成立或體性有㉕，就成了諦實，因而，雖然對於安立諦實成立㉖之境的量來說，必須對自相充當量，但是境是虛妄的，所以對於安立它的量來說，

對自相不需要成爲量。《四百論釋》說[77]：

用世間的見來破除眞實見是不合理的，因爲它唯獨在世間中才是量，並且它所觀察的境具有虛妄、欺誑的特徵也是能夠成立的。

[234]所以，由於否定對於自相能作爲量，所以對於僅僅（是）量則不需要破，因此，並不是總地否定諸名言識（是）量。[235]否則，(1)「不欺誑的識在世間被看作是量[78]」的說法就不合道理，因爲凡是名言識都被否定（可以充當）量；(2)[236]並且《明句論》中也說[79]：

（如果否定名言識是量，則）與安立現量、比[80]量、聖教[81]量和譬喻[82]量[83]勢必會有矛盾。

所以，這樣憑藉四個量世間意思的通曉能得到安立。

[237]雖然破除自性成立[84]的量和所量，但是相對地安立量和所量的緣起則不能夠破，前面這部論說[85]：

並且它們是互相依賴地成立，當諸量存在時，則有所量的諸境；當所量的諸境存在時，則有諸量。量和所量兩者不是自性成立⑧⑥。

[238]因此，如果沒有視覺障礙⑧⑦等受內外錯亂之因的沾染所導致的損害，憑著受無明沾染的力量，（境）雖然沒有自性，根識卻顯現爲執著自性有的境，這種顯現的錯亂對於名言中的不顛倒沒有妨礙。《入中論》也說⑧⑧：

（我們）主張虛妄的見也有兩種：
具備明了的根和具備有過失的根者。
（我們）主張根有過失者的識
相對於根完好者的識而言是顛倒的。
沒有損害的六個根所執取（的境）
爲世間所通達，
（它們）只是從世間的角度來說是諦實，
其余僅從世間的角度被安立爲顛倒。

也就是說，名言識和境只是相對於⑧⑨名言識而分別被安立爲顛倒和不顛倒兩種。

[239] 內在的損害根的因就如《入中論釋》所說⑨⓪：

其中，視覺障礙和黃疸病⑨①等以及服食達都葸⑨②等，是內在的損害根的緣。

至於外在的〔損害根的因〕，這部論說⑨③：

麻油、水、鏡子和洞窟等之中所說的話聲等以及日光、特別的處所和時間、臨近等都是外在的損害根的緣，這是因爲當內在的損害根（的因素）不存在時，這些是將影子、回聲和蜃景當作〔臉、真的聲音和〕水等的因⑨④。同樣也應該知道魔術師等所配制的咒和藥物等也是〔錯亂的因〕。[240] 對於意的損害是〔上述〕這些、顛倒造作⑨⑤的諸宗派等以及似是而非的比量⑨⑥。

這裡說不良的宗派和相似因⑨⑦是沾染意識的因，能沾染夢中等時候的意的因（緣）還有睡眠等。

[241]所以，就如後文所說，無明的執取境⑱即便在名言中都不存在，但是，不應該把由受無明沾染的損害當作此處的損害之因。

[242]【反方】如果不受其他錯亂之因損害的這五個根識在名言中沒有錯亂，那麼，對它們顯現的自相勢必在名言中存在，然而這不是這位〔月稱〕阿闍黎的主張。[243]所以，必須承認〔這些根識〕是錯亂的；這樣，這些識成爲在名言中安立色、聲等的量就不合理，因爲在名言中〔它們〕對色等發生了錯亂。

[244]【自方】〔我〕需要加以說明。對此清辨阿闍黎承認色等在名言中具有自相成立的體性，〔其原因是〕在否定唯識師⑲認爲遍計所執⑳——因爲沒有自相成立的體性——是相無自性㉑的主張時，〔清辨阿闍黎〕對於遍計所執的施設者和所施設（的對象）㉒兩者都作觀察後，〔認爲〕如果㉓主張施設體性和特徵㉔的聲和心㉕在名言中沒有自相的自性，就成了損減依他起㉖的事。因爲〔他〕這樣破除（唯識宗的主張），所以〔清辨論師〕顯然承認依他起在名言之中的自相有的體性。

[245]〔解釋《根本慧論》〕第二十五品的《般若燈論》也這樣說㉗：

此處，如果說：「在意中表述⑩及用言辭表述⑩『色』的遍計所執性不存在。」那麼，由於損減了意中表述和言辭表述，所以便是損減事物。

在此論的注疏中觀音禁行說⑩：

〔《般若燈論》的〕這〔段文字〕開示道：瑜伽行派諸師說「遍計所執自性⑪是相無自性，所以沒有自性」，如果說：「有關『色』的自性和特徵的意中表述——即分別——以及言辭表述——即假立名言——（兩者）的自性是相無自性，所以是無自性。」那麼就是損減世俗中的依他起之事，所以是不合理的。

這裡是說：如果主張屬於聲和心的依他起在名言中是相無自性，便是損減。

[246] 此處，相無自性的相就是自相或自性，唯識師在遍計所執之上主張這個〔相或自性〕不存在；依他起有這個相，所以有自性，但是，由於〔依他起性〕是從其他〔因緣〕而生，因此不具有從自己而生的自性，所以被稱作「無自性⑫」。[247]《解深密經》中⑬也是在這樣解釋之後才說〔《般若經》中〕「一切法都沒有自性」〔的說法〕是另有密意⑭，對此蓮花戒阿闍黎

說這部經[115]：

由開示三種無自性的密義而顯示了遠離二邊的中道，所以唯獨是建立了義的體系。

也就是說在勝義中對於依他起增益自性是遍計所執，所以它不存在；在名言中依他起具有自相，由此而消除損減；由此主張（《解深密經》）顯示了中觀義。這位阿闍黎在名言中承認自相是存在的。

[248]《入中論釋》說：例如，蛇對於繩子來說是遍計所執，而對於眞的蛇則成了圓成實[116]，與此類似，自性對於緣起、有造作的依他起是遍計所執，然而在佛的境界中則被安立爲圓成實，這樣了解三自性的建立後應當解釋經的密義[117]。這是在以下（論的文句）的解釋中所說：

知道不以眞實爲講述內容者
都是不了義的說法後，應當另作解釋[118]……

所以，顯然〔月稱阿闍黎〕認爲《解深密經》中三自性的建立是不了義。〔月稱阿闍黎〕自宗的遍計所執是指依他起有自性，所以〔這位阿闍黎〕對於依他起在名言中不承認自相有的自性。

[249] 除了遍計所執以外，諸唯識師不承認依他起和圓成實二者是相無自性，因此，〔他們〕對這兩者承認自體有的相或自性看來主要是依據《解深密經》，所以〔他們〕主張這兩者是勝義成立。如果〔某一個法〕有自相有的體性，佛護阿闍黎和月稱阿闍黎則認爲〔它〕是諦實成立[119]。清辨阿闍黎等則認爲僅僅如此不會成爲勝義有。

[250] 此外，唯識師說：單個極微[120]不是根識的境，因爲〔它們〕不顯現[121]，許多〔極微〕的聚合也不是它的境，因爲〔合集〕不是實有[122]，就如顯現兩個月亮[123]。

《分別熾燃論》對此的答覆是：〔按照第一種情況，〕如果是成立沒有合集的單獨的極微是根的境，〔這是我所承認的，〕則是證明已經成立的事[124]。

這樣解說之後，對於後一種情形的答覆是：如果〔你唯識師〕從同一類極微聚合的角度述說如下的因：「這不是因，因爲不是實有。」則〔這個〕因對別人唯獨不成立。這是因爲這樣同一類極微的體性彼此〔結合〕而具備了能助益它[125]的結合，因此這〔些極微中的每一個〕充當境的體性的一部分而產生了以〔許多〕極微聚合的顯現爲相狀[126]的心。我們承認同一類極微合集而成的瓶子等也是實物[127]，就像極微一樣。

[251] 就如極微也是八事[128]聚合的自性，並且〔你〕承認它唯獨是實物，同樣道理，以聚合爲自性的瓶子等也唯獨是實物，單獨是不成立的[129]。

這是認爲極微的合集中的每一個都是根識的因，並且都是實物有。並且，〔清辨論師〕顯然認爲〔每一個（極微）〕也都是細小微塵[130]的終極，所以（他）承認不可分的微塵[131]是〔產生根識的〕所緣緣[132]。[252] 因此，〔清辨阿闍黎〕認爲沒有被前面所說的內外錯亂因緣沾染的根識是不錯亂的，並且在名言中承認與經部[133]相符的所緣緣。

[253]《入中論釋》說[134]：

【反方甲】諸經部師從勝義的角度所說的觀點諸中觀師從世俗的角度予以承認。

【自方】應當知道這完全是不了解中觀論典眞實的言論。

【反方乙】諸毘婆沙師從勝義的角度而說的，諸中觀師[135]則是從世俗的角度〔而說〕。

【自方】這些人也是沒有完全領會論典的眞實。

諸出世間法和世間法這樣相等同是不合理的，智者們應當確認此宗是與眾不同的。

所以，這些部派所特有的宗義所假立的不可分的所取和能取等⑬⑥〔月稱阿闍黎〕即使在名言中都不加承認。

[254]《四百論釋》也說不承認不可分的微塵⑬⑦：

自部諸師像〔外道〕勝論師⑬⑧那樣承認實物的極微是不合理的。

[255]〔毘婆沙和經部〕二派從勝義的角度所承認的，中觀師從世俗的角度都不加承認，所指的是不可分〔的所取和能取〕等事，而不是表示凡是這兩〔派〕認為是諦實的中觀師從世俗的角度都不加承認——例如，他們雖然認為色、聲等是諦實，但是中觀師從世俗的角度卻予以承認。

[256]《四百論釋》否定了根中的極微在聚合時每一個都能充當根識之因的主張，諸根和極微無論是相同還是不同都不能成立，因此，依仗這些〔微塵〕而假立者是識的所依。同樣，至於

諸境也說依仗（別的因素）而假立的假有才是根識的境，並且認爲諸識是假立的現，境才是眞正的現[139]。因此，這位（月稱）阿闍黎和清辨阿闍黎兩人在承認外境上雖然相似，但是在建立根和境的方式上顯然是不同的。

[257] 前文在否定根識對於自相可以充當量時說：「因爲以一種形式安住的事卻以另一種形式顯現[140]。」所以，色和聲等對於根識顯現爲自相成立，而所顯現的那種自相即使在名言中都不存在，因此，這位阿闍黎認爲即使在名言中這些（根識）都是錯亂的。

[258] 雖然如此，諸根識在名言中充當安立色、聲等諸境的量並非不合理，將它們立爲錯亂的理由是：所顯現的那種自相成立的事不存在，是由分析自性是否存在的理智所成立，絕不是由名言量所成立，因此，相對於名言識來說並不是錯亂的。

[259] 至於顯現兩個月亮以及顯現影子等的識，由於不需要依靠理智，名言量本身就能成立所顯現的兩個月亮和臉等事不存在，所以，這些和前者（對於色等能充當量的根識）被分爲正（世俗）[141]和倒世俗[142]也是合理的。

[260] 【反方】雖然（測度色等的根識）依靠理智（來覺察錯亂）與（執取影子等的根識）依靠名言量來覺察錯亂的差別是存在的，但是，就像（影子等）顯現爲臉等的事不存在，顯現爲自相的事也不存在；又如空去自相的色等（法）是存在的，空去臉等的影子等也是存在的。因

此，相對於普通的名言心來說，它們沒有顛倒和不顛倒的差別。

【自方】這樣的話，自相有的體性和顯現爲臉的事二者在名言中同樣不存在，色等和影子等二者在名言中同樣存在。然而，《入中論釋》說⑭：

某些依仗（因緣）而生的影子和回聲等雖然是虛妄，卻對具有無明者顯現，藍色等某些色、心和受等則顯現爲諦實，至於自性則是不以任何方式對於具有無明者顯現，所以它和諸凡在世俗中尚且是虛妄的〔影子等〕不是世俗諦。

如果（有人）說：「此處〔所說的〕將藍色等安立爲世俗諦及不將影子等安立爲世俗諦的差別是不合理的。」（對此你）有什麼答覆？

[261]【對方】這兩者對名言識的顯現雖然是相似的，但是世間識本身就能覺察影子等是虛妄，所以〔影子等〕不被立爲世間的世俗諦；而藍色等雖然是虛妄的，但是世間識卻不能覺察它們是虛妄，所以被安立爲世間的世俗諦。

【自方】就如這兩個境這樣相對於名言識而（分）眞假是合理的，兩個心相對於名言識而

〔分成〕顛倒和不顛倒同樣也是合理的。

[262]【反方】如果〔執取藍色等的根識〕相對於名言識來說是不顛倒的，那麼這和從名言的角度〔將它立爲〕錯亂就會發生矛盾。

【自方】如果以下二者是相同，確實會有矛盾：⑴「在名言中錯亂」的錯亂之處的〔那個〕名言；⑵相對於哪一個識而（把它）安立爲不顛倒的（那個）名言識。但是這兩種名言是不同的，所以何嘗有矛盾？

[263]這樣，用正理破除色等自體有的自性不適合在勝義之中（破），所以必須在名言中破，在這種名言識的面前諸根識是錯亂的；然而除此之外，在普通名言識的面前卻不是錯亂的，所以並沒有矛盾。就像世間的名言中「有些人在，有些人不在」這句話，「有些」一詞雖然相同，但是，不能把在場的「有些」和不在場的「有些」算作同一個意思。

[264]此外，不錯亂是依照普通世間識而安立，中觀師卻不承認是不錯亂，如（《入中論》）說：

只是從世間來說是諦實⑭……

[265]因此，中觀師把這些〔根識〕安立爲錯亂。雖然如此，〔這些根識〕安立虛妄的境並不

矛盾——如果是安立眞實的境，則認爲由錯亂的心而〔能夠〕安立才是矛盾的。

[266] 由於在名言中承認一切法如幻，所以〔色等〕在名言中是虛妄的，然而，這和將〔色等〕安立爲世俗諦並不矛盾。

無明障蔽自性，所以是世俗⑭……

在此處所說的無明世俗的面前〔色等〕是諦實的，而從破除諸法自體有的角度安立世俗時，從那個角度來說則是虛妄的，這兩者並不矛盾。〔《入中論釋》〕說⑭：

在世俗中尚且是虛妄的〔影子等〕不是世俗諦。

這是指由名言量通達爲虛妄，而不是指〔總的來說〕單純地在名言中是虛妄。

[267] 這樣，中觀師在名言中安立了自宗之中生死和涅槃的許多建立，對於實事師以自己所獨有的主張而假立的事則否定了它們在名言中存在。由於這些道理很難，所以不顚倒地領悟二諦的建立似乎絕無僅有。

[268]這樣，〔許多人認爲〕在否定實事師的主張是世俗中有時需要使用正理的分析而破，而自己在世俗中承認有生滅時，具備觀察（慧）的人是否接受〔取決於〕有沒有證明，而這又依賴於隨順正理。

這樣想後再用正理去分析時，對自己所承認的諸世俗（法）和實事師所妄分別者，如果正理能夠損害二者，則能損害是相等的，如果不能損害，則不損害也是相等的。然後，如果認爲自在（天）⑭⑦和勝性⑭⑧在名言中不存在，那麼也必須承認色等不存在；如果〔色等〕這些在名言中存在，那麼也必須承認自在等存在，（這樣）把兩者看作是相等的。

（他們）又認爲自宗對於任何法都不可以作「是這、不是那」的任何確認或認可，以此而自詡爲獲得中觀眞實；此外，與這種見相隨順，又將不執任何（境）而安住認作是修習清淨見之義，這顯然是極爲常見的。

[269]〔持這種見解和言論的人〕沒有認識前面所說的正理所破，就用破自性的正理來毀壞一切名言的建立，所以這是一種認爲「正見和邪見錯則同錯、不錯則不錯也是相等」的大顚倒見，因此，諸如此類都不是使智者歡喜的言論。[270]由於這個緣故，即使長久地串習這種〔見〕，非但不能略微接近正見，反而會相去更遠，這是因爲它和能令一切生死涅槃的緣起建立在自宗能妥善成立的緣起道是極爲矛盾的。

[271] 所以，《入中論》說⑭：

被無知睡眠擾亂的諸外道
隨自己⑮而作的假立
以及對幻化、蜃景等所作的那些假立
即使在世間中也唯獨不存在。

這是說外道以及前面所引述的自部的諸實事師二者，憑藉獨有的觀點而作的那些假立即使在自〔宗〕的世俗中都不存在。對於這個說法的意思需要加以解釋。

[272]【問題】此處主張在名言中存在及不存在是從什麼角度來安立？

【回答】（我們）主張〔具備三種特點的事〕在名言中是存在的：(1)爲名言識所熟知⑮；(2)所熟知的事不被其他的名言量所妨害⑮；(3)不被合理分析眞實——或自性是否存在——的正理所妨害⑮。與這些相反則主張是不存在。

[273] 其中，名言識是不加觀察而運作的那些識，它們對於任何法只是跟隨顯現而已，不去分析「所顯現的事究竟是僅僅對於心如此顯現而已，還是在事情的本性中這樣成立」。

[274]〔這個識〕被稱作「不分析眞實的識」，卻不是完全不作分析。在世間或名言識前如何顯現以及它們如何知曉，它便相應地運作，對於「眞理究竟如何」則不加以分析而運作，因此也叫做「世間所熟知」⑭。所以，由於無論心被宗派轉變與否，對於所有的人這種識都會出現，因此不管在誰的相續之中都被稱作「世間所熟知⑮」或「不分析的識」，不應當認爲只有在心沒有被宗派轉變的世間人的相續中才有。

[275]即使對於內心被宗派轉變的人來說，雖然有許多心都在分析「究竟是像名言中所熟知的那樣，還是在眞實中如此安住？」但是，他們所有的心怎會都成爲分析「眞理究竟如何」的識？因此，至於世間所熟知究竟是什麼，不必單去詢問遠離宗派的世間老人，只要觀察立論者和破論者相續之中不分析的心如何運作就足夠了。

[276]「爲此識所熟知者」是安立顯現或體驗⑯之名言的基礎。至於普通人所不熟知的業果、地道⑰等，借助聽聞和體驗等方式而加注意時，也能在不分析「眞理究竟任何」的普通識前顯現，所以，不爲世間所熟知的過失是不存在的⑱。

[277]至於被其他名言量妨害，比如把繩子當作蛇或者把蜃景當作水的時候，執取的心雖然不分析「眞理究竟如何」，但是它所執的事會被名言量妨害，所以它們即使在名言中都不存在。

[278] 至於不被合理地分析「自性是否存在」的正理所妨害，在名言中安立的事雖然必須由名言量來成立，但是合理地分析「自性是否存在」的理智絕對不應當在任何的方面（對它）有所妨害。如果用這個理智來成立（某事）存在，則是成立自體有，因此這與（它）是名言中的事（這一點）相互矛盾。

[279] 因此，就不會將不被理智違害和能用理智成立混為一談，乃至產生邪妄的分別，認為在名言中從善惡感生苦樂以及從自在（天）和勝性產生苦樂兩者之間沒有是非的差別。這是因為合理地分析「自性是否存在」的正理在不能成立自在（天）和勝性產生苦樂以及善、不善產生苦樂二者之上雖然相等，然而在正理對於兩者有沒有違害上卻完全不同。

[280] 此處至於（佛教）自部和他部的諸實事師以獨有的主張所分別的不可分的所取和能取、我、勝性以及自在（天）等，他們在安立的時候認為用正理分析這些是否是自體有之後，作這種分析的正理能夠找到這些事，由此才加以安立。因此，由於（自部和他部）認為這些事能經受正理所作的分析，所以必須承認別人對這些作了「自性是否存在」的正理分析。然而，（我們）自己作這種分析時卻沒有能承受無垢正理觀察之擔者，所以，用正理找不到時就破了它們——因為它們如果存在，必然能被這些正理找到。

[281] 色、聲等如何為不受內外錯亂之因損害的名言識所熟知，便如此得到安立，而不是對

它們先分析「它們僅僅是名言而已」，還是在事情的眞理中確實這樣成立」，用這種分析找到了自體有的自性後才加以承認。因此，對它們不作「自性是否存在」的正理分析，這是因爲（我們）不承認這些事經得起正理所作的分析。例如，（別人）說「這是羊」的時候，不應當去分析：「那麼，到底是馬還是象？」

[282]在世間中即使是無始以來所熟知的事，一旦爲正理所違害，則即使在名言中都不存在，（例如）無明對諸事增益自體、薩迦耶見執著自體有的我和我所以及執昨天的山是今天的山等的諸境。因此，並不是凡是世間所熟知者中觀師在世俗中一概加以承認。

[283]【反方】色、聲等和外道所假立者在名言中是否存在不相等的原因是：前者是一切世間所熟知，而後者只是持宗派論者所熟知。

【自方】這種說法是未能加以分辨，不然，在名言中色等如幻勢必不存在，並且自體有勢必存在……會有很多（諸如此類）（的問題）。

《正理六十頌釋》也說⑮⑨：

此外顚倒是執取樂等，因爲即使在世俗中事物都不安住在那個自性之中。不顚倒是執取苦等，因爲此事在世俗中存在於那個自性之中。

常等四者⑯雖然在世間中廣爲人知，但是這種執取在世俗中被解釋爲顚倒，無常等四者雖然不爲一切世間所熟知，但是這種執取被稱作不顚倒。

[284] 這樣，把蘊執爲無常等的分別對於顯現境⑯雖然錯亂，但是對於所確定的執取⑯（境）來說是沒有量能違害的，所以被稱作「不顚倒」或「不錯亂」。諸根識對於顯現境來說是錯亂，並且〔它本身〕更沒有其他不錯亂的成分，所以不被稱作「不錯亂」。

[285] 諸根識對於顯現都是錯亂，就此而言雖然相似，但是從世間的立場，從與顯現相應的事是否存在的角度，顯現影子等的諸根識是倒世俗，除此之外，不受損害的諸根識是正世俗。

[286] 將蘊執爲常等的分別的執取境在名言中是不存在的，所以能夠破除。但是，將〔蘊〕執爲無常等的境在名言中是有的，所以無法用正理破除。[287] 就如勝義成立或自體有的常等四者不可能存在，在〔勝義和自體〕這兩者中成立的無常等四者也不可能存在，所以相對於眞實而言，執這八者存在〔的分別〕沒有顚倒和不顚倒的差別。出於這個意趣，〔《般若經》〕說：對於色作常、無常、苦、樂、有我、無我的任何〔觀〕行都是行於相。

[288] 【反方】用正理破除能增益諸事自性的無明的執取（境）和不破名言諸事二者是相互矛盾的，因爲《入中論》說色、聲等是由無明之力而被安立爲世俗諦⑯：

無明障蔽自性，所以是世俗，

因爲它而顯現爲諦實的虛假造作⑯者，

牟尼稱之爲「世俗諦」。

【自方】沒有過失。將色、聲等安立爲世俗諦時，其中的諦指的〔不是從事物的角度來說是諦實，而〕是從心的角度來說是諦實，並且這個心指的是諦實的執著，因此是在增益自性的無明面前才是諦實。所以說對於已經斷除了染污⑯無明的〔聲聞、獨覺〕兩種阿羅漢以及八地以上的諸菩薩來說，這些顯現：

都是虛假造作的自性，而不是諦實，因爲諦實的增上慢⑯已不存在⑯。

所謂對於沒有諦實執的人來說只是世俗而已⑯，其原因就是如此。

[289] 由於這個緣故，色、聲等在無明的面前雖然是諦實，但是色、聲等並不是由這個無明所安立。譬如，在將繩子誤執爲蛇的邪識⑯面前，繩子雖然是蛇，但是繩子並不是由這個邪識所安立的。[290] 安立色、聲等的心是未受損害的眼等六個識，由於這些〔根識〕所成立的事在

名言中是存在的，所以不能用正理來破除。無明所執著者在世俗中都不存在，這是因爲它對諸事增益自體有的自性，而這種自性即使在名言中都不存在。[291] 因此，正理必須在名言中破，因爲如果不用正理破它，在名言中就不能成立諸事如幻。

[292] 對於這個愚痴所增益的自性增益美醜等諸特點後就會產生貪、瞋等，因此它們的執取（境）也能用正理來破除。《四百論釋》也說⑰：

> 貪等唯獨是對愚痴所分別的事物的自性增益美、醜等特點而運作，因此是與愚痴不相異而運作，並且也依賴於愚痴，因爲愚痴是首要的。

[293] 這樣，雖然這些是從無始以來運作的俱生⑰煩惱，但是正理能夠破除（這些煩惱的）執取（境），所以它們的所著境⑰即使在名言中都不存在。[294] 因此，俱生心的境有正理破與不能破兩種，安立那些色、聲等的諸俱生名言量的境在名言中是存在的，所以正理不（能）破除。[295] 這樣，在佛護阿闍黎和月稱阿闍黎的體系中，即使在名言中也（能）破除自體有的自性，所以安立名言諸事顯得非常困難。並且，如果不知道如何避免妨害而巧妙地安立它們，則對於（六度等）行品就不會很好地獲得決定，因此，多數人看來（墮入了）損減之見。因此，

有智慧的人應當巧妙地掌握此宗安立世俗的方法。此處恐怕文字繁蕪，所以不再多述。

〔亥三〕

顯示依靠觀察（世俗法）是否屬於四句生來作否定而無法破除

[296]【反方】(1)如果由否定從自生、從他生、從二者生以及無因而生（四者）能夠破除生，那麼，在此（中觀）宗中四句生即使在名言中都不存在，所以對於破生不需要加簡別；(2)如果不能破除生，那麼由破四句生也不能破除勝義的生。

【自方】（我們）不承認前一種（情況），所以對於後者需要作出答覆。如果承認勝義的生，就必須承認（它）能經受分析眞實的正理所作的分析，這時就需要用正理來分析究竟是從自、他等四者中是哪種情形而生，因此，由於承認勝義的生，所以必然接受四句中的某種分析。

[297]如果只是承認依靠這個因緣而出現這個（果）的生，就不會承認眞實的生，既然不承認這（種生），如何能用分析眞實的正理來分析：「究竟是從自、他等之中的哪一種（情形）

而生」？因爲沒有必要承認（這種生）能經受正理所作的分析。

[298]此外，用依靠而生（的理由）能夠破除四句生，因爲《入中論》說⑰：

由於事物是依仗（因緣）而生，
所以這些分別無法加以觀察，
因此這個緣起的正理，
能夠截斷一切惡見之網。

[299]所以，月稱論師認爲依仗而生能夠破除四句生，而你卻主張如果不從四句中的任何一種情形而生，則連純粹的生都不存在，可見是將月稱論師的觀點倒過來說。

[300]上面這部論又說⑭：

因爲諸事不是無因而生，
不是從自在（天）等因及
從自、他、二者而生，

因此是依仗而生。

這個說法依照你的觀點便成爲自相矛盾的言論。[301] 因此，依仗而生的緣起遠離四種邊際⑰，所以不應該問：「這個遠離邊際者屬於四個邊際中的哪一個？」[302] 這些也是因爲不能分辨自性不生和不生兩者之間的差別才發生錯誤。

[303]【反方】這樣的話，以下的說法怎麼講⑯？

在眞實的時候憑藉哪一個正理
從自與從他而生不合理，
依照這個正理，即使在名言中都不合理……

【自方】這是顯示如果承認實物有或自相有的生，那麼即使在名言中都可以用這些正理加以破除，而絕不是破除單是生，因爲這段教典的過渡性文字⑰說⑱：

【反方】雜染和清淨之因實物的自性應當能夠生起。

【自方】即使如此，這樣說只是空言而已。爲什麼？因爲——

在眞實的時候……

這樣引了〔前面這些〔頌〕文〕之後，在這個〔頌〕〔文〕的解釋中又說⑰：

因此，即使不樂意也應當接受「自相的⑱生在二諦中都不存在」。

[304] 所以，自體有的生就是勝義的生，如果〔有人〕承認它，就算是在名言中承認，也應該像破勝義的生那樣加以破除，這一點是這位〔月稱〕阿闍黎的殊勝主張，所以即使在名言中都不應該接受自體有的生。《入中論》說⑱：

石女之子的自性生⑱

在眞實中不存在，在世間中也不存在；

同樣道理，所有這些事

在世間和眞實中都是自性不生。

[305]（有人）執著自性不生或是生的自性不存在則必然沒有生，從而認爲依仗而生和自性不生兩者相互矛盾，對於這種爭論，（月稱阿闍黎）稱之爲「無耳、無心」。（他們）聽不見「自性不生」話中的「自性」，而當作是不生，出於這個意趣而稱之爲「無耳」，（他們）對於「自性」一詞的意思沒有獲得理解，出於這個意趣而稱之爲「無心」。這樣，《正理六十頌》說⑱：

了知眞實者之中⑱的最上者
說依仗而生就是不生。

此處的解釋說⑱：

見到了緣起時則不會觀諸事爲自性，因爲依仗而生者就像影子一樣是自性不生。

【反方】依仗而生者難道不正是生？怎麼能以「無生」的名字相稱？如果說是「不生」，則不應當稱作「依仗而生」。所以，因為是相互矛盾，因此這是不合理的。

【自方】嗚呼可嘆！無耳無心者也來爭辨，這使我們很難應付。當我們說「依仗而生者就像影子一樣是自性不生」時，哪裡會有爭辯的機會？

所以，對於這些差別的區分應當珍視。

[306]《無熱惱請問經》說⑱⑥：

由緣而生者是不生，
它沒有生的自性⑱⑦，
依仗緣者被稱作空，
知道空性者不會放逸⑱⑧。

第一句說了「由緣而生者是不生」之後，顯示不生方式的是第二句：「它沒有生的自性」，其中對所破加了簡別，即不是以自性的方式而生。

[307] 有些人不了解這一情形，聽了這些後便說：「唯獨生才是不生，唯獨依仗才是不依仗。」這樣講出純屬自相矛盾的話，似乎說話膽量越大見地就越高。《明句論》所引的《入楞伽經》也說得很明確[189]：

> 大慧！出於自性不生的意趣我說「一切法不生」。

[308] 雖然對於破除生等需不需要加勝義簡別的答覆實際上已經給出，但是下文將開示對此的特別答覆。

[309] 〔上述〕這些顯示了所有這些能破[190]都不能破除在無自性中安立因果等的道理。總的來說，最究竟的似能破[191]指的是自己破對手時所作的那些分析〔中的過失如果被用來反擊，則〕無一例外能被用到〔自己的〕能破之上。所以，你們所舉出的是究竟的似能破，因為就如〔你們〕作「正理能不能違害」等觀察來破除對方，〔對手〕以其人之道反治其身後，這種能破的理由也成了應破除的對象。

[310] 【反方】你承認色等存在，所以這些分析才會對此適用；我們沒有自己的宗，所以這些

分析是不適用的。

【自方】這〔種說法〕無法避免那些過失，這在〔後文顯示〕應當用應成還是自續來加以抉擇時將會作出開示。

〔亥四〕顯示破除有事、無事等四句不能成為責難

[311]【反方】中觀諸教典中破除事物或自性的⑴有、⑵無、⑶〔有、無〕二者以及⑷二者都不是全部四句，這〔四句〕所不包括的法是不存在的，所以正理能夠破除一切。

【自方】這指的是：如前所說事物有兩種，自體有的事物不管在二諦的哪一諦中被認為是有，都應該加以破除，而能發生作用的事物在名言中則不能破。[312]如果認爲諸無事或無爲〔法〕是自體有的無事，那麼這樣的無事應當破除。同樣，這樣的有事和無事二者也被破除，並且，自體有的「二〔有事和無事〕都不是」也被破除。所以，應當知道破除全部四句的方法便是這樣。

[313] 如果不加這種簡別而破四句，那麼在破除有事和無事時先說：「這兩種都不是」而加以否定，繼而又破道：「也不是『兩者都不是』」，這樣則和（自己的）主張直接相違。倘若即使如此仍然說是「沒有過失」而作抵賴，那麼我們不和瘋子一同辯論。

[314] 此外，破除了蘊的自體有的自性或我時，就會發起認識「自性或我不存在」的智慧，如果對這個慧的境——無自性——也加以破除，那麼，由於否定了證悟諸法無自性的智慧的境，所以就破壞了中觀見。

[315]【自方】〔你們〕主張對自性有和自性無兩者都加以破除，對此（我）要問：「對於確定蘊是無自性的慧，怎麼才能破除它的境——無自性？〔你〕不妨一述。」

[316]【反方】《根本慧論》說⑲：

如果有任何不空者，
則也會有稍許空，
任何不空者都不存在，
空如何會存在？

因此，由於沒有任何不空者，所以無自性的空也不存在。

[317]【自方】這裡的空和不空是指自性空和不空，〔這〕是貫穿全論首尾的。這樣一來，自性不空就是自性成立，〔你們〕說：「自性成立一點都不存在，所以自性成立不存在的空也不存在。」哪有比這更大的笑話？

[318]此外，執取「苗芽等不具備自體有的自性」的決定，對於苗芽只是執取「自性不存在」，至於無自性是「有」還是「沒有」，則對於兩者中的哪一個都不執取，對此應當閉目內省而加以領會，這是很容易了解的。

[319]這樣，〔依照你們的觀點〕由於不可以將無自性執爲存在，所以爲了去除認爲無自性是存在的執著，要用正理來破除空性的存在〔，這是不合理的〕。即使這樣破是合理的，也應該承認所破的是另一個認爲「無自性存在」的心的境，破除通達苗無自性的智慧的境是極不合理的。

[320]我們〔不像你這樣認爲〕，對於苗芽破除了自體有的自性時，會出現「自性不存在」的決定。然後，即使另外一個心執取「這個無自性是存在的」，它的境不需要用正理來破；如果認爲這個空性是自體有，才應當破除。

[321]【問題】那麼，認爲「這個無自性有自性」的執著是怎麼產生的？

【回答】觀苗芽的無自性後，雖然苗芽的自性不成立，卻產生苗無自性是自性有的執著。

例如，對於瓶子不存在雖然不會產生「瓶子存在是眞實」的想法，卻會產生「瓶子不存在是眞實」的想法。

[322] 這樣，如果說：「任何自性不空者都不存在，所以『苗無自性』的空也不具有自體有。」則成了正確的理由。《四百論釋》也論及破除自體有的空性⑲³：

如果「空性」稍有自體有，那麼諸事就會具備自性。爲了顯示〔一點都〕不存在，（《四百論》）說道：

沒有不空者，
則空從何而生？
當另一方⑲⁴不存在時，
怎麼會有對治？

[323] 不然，如果否定無自性的空性的存在，那麼無自性就會變成不存在，這樣就會有自體有的自性，這樣一來勢必在任何方面都不可以破除自性。《迴諍論》也這樣說⑲⁵：

假如用無自性性
能否定無自性，
那麼將無自性性反過來時，
自性性勢必會成立。

此處的《自釋》說得非常清楚[196]：

就如用「不要出聲」之類的（話）聲能夠阻止〔別人出〕聲，如果用無自性性的言詞同樣能否定無自性的諸事，那麼由此緣故，這個譬喻也成為合理。然而[197]，這個[198]無自性性的言詞能破除諸事的自性。如果無自性性的言詞能夠破除諸事的無自性性，那麼正因為破了無自性性，諸事就成了有自性，由於具有自性，所以就成了不空。

[324] 因此，緊接著前面《根本慧論》中「空如何會存在」[199]的論文，（龍樹阿闍黎）又說[200]：

諸佛說空性
是一切見的救治[201]，
那些持空性見者
則被稱作無可救藥。

其中「空性見」不是說起「自性空」的見，而是說將自性空的空執著爲諦實，或者說是事物見[202]。《佛護釋》說[203]：

對於那些執著「諸事是自性有」的人講說空性：「因爲這個緣起的緣故，由因和緣的力量假立事物，諸事不是自性有。」這樣開示諸事的自性空性時，能夠去除這個執著。對於那些把空性執著爲事物的人來說，用其他任何〔方法〕都不能去除這個執著。比如，〔對乞討者〕說「什麼都沒有」時，〔乞討者〕說：「請布施那個『什麼都沒有』！」對於這樣的人如何能使他了解〔財物〕不存在？

這裡借助譬喻說得很明白。

[325] 如果不是這樣，譬喻也不相符：當一個〔乞討者〕向某人說要乞求財物時，〔行乞的對象〕說：「沒有財物。」這時執取「這個人沒有財物」並沒有過失，如果〔乞討者〕把「沒有財物」當作財物，那時對於「沒有財物」就沒有產生決定的可能。同樣，對於「諸事有沒有自性」的問題，回答說「無有自性」時，如果〔提問者〕認識到是「沒有自性」，這正是說話者要引發的，所以這怎麼會成為過失？但是，如果把事物的無自性本身當作自性，則成為過失。

[326] 照你的看法，在說「沒有財物」時，即使執取「沒有財物」也說必須避免。所以，還是依我們的說法為妙。

[327]《明句論》中也是說將空性執著為事，[204] 所以也不是破除空性，並且僅僅觀空性也沒有過失。因此，《〈般若波羅蜜多〉攝頌》說[205]：

即使分別「這個蘊是空」，

菩薩是行於相，並且對於無生處沒有信心。

《寶鬘論》說[206]：

因此大牟尼制止

我和無我兩種見。

此外，經綸之中「觀空和無我不合道理」的那些說法也都應當按照前面所說的去了解，不然的話，以下這類說法非常之多，勢必會與它們相矛盾。舍利子問觀自在想要修行甚深般若波羅蜜多的人應該怎樣修學，〔觀自在〕對此的回答是[207]：

應當善觀這些五蘊爲自性空。

《〔般若波羅蜜多〕攝頌》也說[208]：

徹底了解諸法自性無——

這是最上的般若波羅蜜多之行。

《入中論》也說[209]：

因此觀我和我所空，
　這個瑜伽師將會解脱。

[328]所以，一切衰落的根本是增益自性的無明，既然只有通達無自性或無我的慧才能以執取方式與此直接相反的途徑來根除它，如果破除這個〔慧〕的執取〔境〕，就是破除眞實見，這一點即使不樂意也必須接受。《四百論釋》在解釋「無二寂靜門」⑩時說⑪：

徹底斷盡貪著是獲得涅槃的因，除了觀無自性之外沒有任何法是這種徹底斷盡貪著的因。由於這個緣故，以無自性爲特徵的這個無我是無二寂靜門，這是因爲對於進入涅槃城來說這是獨一無二之門。

[329]雖然有「空、無相、無願」三解脱門，但是唯獨無我見是最主要的，這是因爲對於了知諸法無一例外都是無我並對一切事斷盡所有貪著的人來說，對於何處會有任何希求或觀察相⑫？因此，這個無我唯獨是無二寂靜門。由於這個緣故，《菩提資糧論》說⑬：

沒有自性所以是空，
既然是空，相有什麼用處？
由於一切相全都止息，
所以智者會發何願？

（這段釋論）擺脫了三解脫門的說法和觀自性空的見是唯一解脫門的說法之間的矛盾後，用教典和正理成立了這個（通達自性無的見）才是解脫之門。

[330] 由於只是排除自性而已，所以何必要破除這個境？這種證悟是（人和法）二我相執的對治，它連相執[214]的氣息都沒有。[331] 如果把這種分別都看成是過失，並且不論善分別還是惡分別一概加以破除，則顯然是想建立支那堪布和尚的體系。

註釋：

① 反方的責難在前文「酉一、敘述（別人）的主張」一科中敘說，見青海版580頁10行起及本冊87-97節。

② 在這一科文第一次出現時《四家合註》說所破除的對象是「對手」(phyogs snga ma)，但是如果依照上面「酉一、敘述（別人）的主張」一節，所破除的對象也可以理解為反方所要破除的世俗法。破除世俗法的意思是否定世俗法。

③藏：gnod byed。也作「能破」、「違害」。

④藏：tshul bzhin。奘譯和尊譯為「如理」。

⑤To. 3865。出自對《四百論》十三品11頌的解釋，藏譯原文見德格版《丹珠爾》中觀部ya函201頁上2－3。

⑥藏：tha snyad pa'i shes pa。

⑦藏：de kho nar grub pa。前文中「真實成立」也用來翻譯另一個形式：de kho na nyid du grub（pa）。

⑧To. 3865。出自對《四百論》十三品21頌後兩句的解釋，藏譯原文見德格版《丹珠爾》中觀部ya函205頁下1－2，梵文見Suzuki（1994）校勘本第290頁。

⑨藏：rnam par shes pa。

⑩藏：rang gi ngo bos grub pa，這個詞是常見的中觀術語，此處梵文為svarūpasiddhi。梵藏文的直譯為「從自體的角度成立」。

⑪梵：eṣām ...... syāt。

⑫藏：'thad pa。

⑬藏：rang gi ngo bos yod pa nyid du。現存的梵本為svarū[p]eṇa，沒有「有」字。

⑭藏：kun rdzob pa。

⑮藏：tshor ba。

⑯藏：'phags pa'i mnyam gzhag。

⑰藏：'jal ba。直譯為「測度」、「衡量」。

⑱藏：'jig rten（la）grags pa，梵：lokaprasiddha。其中grags pa一詞的尊譯為「共許」，奘譯（prasiddha）有「同許」、「（世所）共成」、「共所知」、「他所聞」、「聲譽」、「推許」等。

⑲《入中論》第六品83頌。藏文（To. 3861）見德格版《丹珠爾》中觀部'a函208頁上4－5及La Vallée Poussin（1907–1912）校勘本180頁，漢譯見法尊法師（1997）譯本95頁，梵文見李學竹的第六品校勘：Li（2014）。參見宗喀巴大師《入中論善解密意疏》中的解釋，藏文見Don grub（2005）校勘本377－378頁，漢文有法尊法師的（1989）譯本。

⑳藏：ltos。奘譯為「觀待」。

㉑《入中論自釋》。藏文（To. 3862）見德格版《丹珠爾》中觀部 'a 函 276 頁上 6－7 及 La Vallée Poussin（1907–1912）校勘本 180－181 頁，漢譯見法尊法師（1997）譯本 95 頁。

㉒藏：'khrul ba。

㉓藏：mgo bsgre byas pa。《四家合註》：mgo mtshungs「等同」，指使用與對手相似的理由來否定對方的觀點或證明所要證明的觀點。

㉔藏：rdzas yod。

㉕藏：gzhan dbang。

㉖藏：ltar snang。

㉗以上的解釋源自《入中論》83 頌及自釋（藏漢文出處見前注）。此處唯識師和中觀師的對話只是論中唯識中觀之爭的一小部分，其上下文參見《入中論自釋》的原文及宗喀巴大師《入中論善解密意疏》中的解釋。

㉘To. 3865。出自對《四百論》十五品第 10 頌的解釋，藏譯原文見德格版《丹珠爾》中觀部 ya 函 225 頁上 1－3。

㉙藏：'dus byas。

㉚《四家合註》：「緣起」。

㉛To. 3865。出自對《四百論》十三品第 11 頌的解釋，藏譯原文見德格版《丹珠爾》中觀部 ya 函 201 頁下 1－4。

㉜此句前文曾引用，見青海版 607 頁 4－5 及本冊 193 節。

㉝《四家合註》：「這種異熟。」

㉞藏：lung，梵：āgama，「阿笈摩」。

㉟To. 3865。藏譯原文見德格版《丹珠爾》中觀部 ya 函 201 頁下 6－7。

㊱藏：bsam gyis mi khyab pa。

㊲To. 3860，《明句論》的藏譯見德格版《丹珠爾》中觀部 'a 函 23 頁下 1－3，梵文見 La Vallée Poussin（1903–1913）校勘本 69 頁。見 MacDonald（2015）第一冊梵文第一品新校本 264 頁。

㊳《四家合註》：「即用分析勝義的正理作分析」。

㊴藏：grub mtha' smra ba。

㊵藏：'phags（pa'i）yul，直譯為「聖域」。

㊶青海版：sgrig pa；Khangkar（2001）校勘本及《四家合註》本：bsgrigs pa（過去式）。

㊷藏：tshad mas grub pa。

㊸《入中論》第六品31頌第一句。藏文見 La Vallée Poussin（1907–1912）校勘本112頁及德格版《丹珠爾》中觀部 'a 函205頁下4，漢譯見法尊法師（1997）譯本60頁，梵文見李學竹的第六品校勘：Li（2014）。本書前文曾引用，見青海版581頁6行及本冊90節。

㊹藏文見 La Vallée Poussin（1907–1912）校勘本111–112頁及德格版《丹珠爾》中觀部 'a 函（To. 3862）256頁上6–7，漢譯見法尊法師（1997）譯本60頁。後面的頌文為《入中論》第六品30頌。

㊺藏：de lta yin dang，《四家合註》解作 de ltar yin na。

㊻藏文見 La Vallée Poussin（1907–1912）校勘本112頁及德格版《丹珠爾》中觀部 'a 函（To. 3862）256頁下2–3，漢譯見法尊法師（1997）譯本60頁。後面的頌文為《入中論》第六品31頌的前兩句，前文對其中第一句的引用見青海版581頁6行及本冊90節。

㊼藏譯論名為 rigs pa drug cu pa'i 'grel pa; To. 3864。藏文見德格版《丹珠爾》中觀部 ya 函第5頁上7及 Scherrer-Schaub（1991）校勘本29–30頁。此釋論的校勘本及英譯見 Loizzo 等人（2007）的著作（基於 Loizzo（2001）的博士論文），本書中不一一引用。

㊽廣論藏文：yod pa nyid「有性」或「存在性」，《丹珠爾》原文：yod pa，此處的譯語依照前者。

㊾廣論與《丹珠爾》的原文有所差異，此處的譯文依照前者。

㊿《三摩地王經》第九品23頌。前文對此頌的引述見青海版581.4。此頌的藏譯見德格版《甘珠爾》契經部 da 函（To. 127）26頁下5–6，梵文見 Vaidya（1961）校勘本47頁，相應的漢譯見《大正藏》15冊639經558頁上18–19。

(51) To. 3865。出自對《四百論》十三品第1頌的解釋，藏譯原文見德格版《丹珠爾》中觀部 ya 函197頁下5–7。

(52) 藏：dbang po'i rnam par shes pa。指眼、耳、鼻、舌、身五種識。

(53) 藏：mngon sum。詳見本冊前文121節的註解，在其他場合可譯作「現識」，但是在牽涉到月稱論師時本書中譯作「現」，因為依照月稱論師的認識論境是真的「現」，現識只是假立為「現」。

(54) 藏：rtog pa。也作「計度」。

(55) 藏：mi slu ba。「欺誑」（本書中也譯作「欺騙」）是玄奘和法尊法師的譯語，奘譯還有「欺」、「欺罔」、「誑」、

「誑惑」、「虛誑」等，鳩摩羅什法師譯作「妄取」。

56 藏：brdzun pa。即虛假，奘譯有「虛妄」、「妄」、「誑」等，鳩摩羅什法師譯作「虛誑」。此處的解釋以及「欺誑」、「虛妄」一詞的用法是依據《中論》十三品第1頌。

57 To. 3865。出自對《四百論》十三品第1頌的解釋，藏譯原文見德格版《丹珠爾》中觀部 ya 函196頁下2–4。

58 藏：shes pa mngon sum。藏文中還有 blo mngon sum pa 一詞，直譯為「現覺」或「現心」。

59 藏：rtog pa dang bral ba。

60 藏：'du shes。

61 有關陳那《集量論》第一品第三頌末句對於分別的解釋，見 Hattori（1968）英譯25頁及註解。

62 藏：brjod du med pa，梵：anirdeśya。除「不可言說」外，奘譯還有「不可說」、「離言說」、「不可宣說」等。有關陳那《集量論》第一品第五頌根的境不可言說之說，見 Hattori（1968）英譯27頁及91頁註143。

63 藏：rang gi mtshan nyid，略稱 rang mtshan。

64 《集量論》第一品第3頌後兩句：mngon sum rtog dang bral ba'o ming dang rigs sogs su sbyor ba'o「現量離分別，名種等合者」（尊譯）。此處自釋的兩種藏譯見 Hattori（1968）176–181頁，相應的現存梵文見同書附錄，Steinkellner（2005）在網上發布了未公開出版的《集量論》第一品梵文新構擬本。漢文解釋參見法尊法師的《集量論略解》。月稱《明句論》對於陳那學派現量和比量分別對應於自相和總相之境的說法的批判見 La Vallée Poussin（1903–1913）梵文校勘本59–68頁〔MacDonald（2015）第一冊246–263頁〕，其中對於自相的分析始於60頁（MacDonald（2015）第一冊247頁）。月稱論師對於現的分析見同書69–75頁〔MacDonald（2015）第一冊266–275頁〕，其中73–75頁〔MacDonald（2015）第一冊271–275頁〕否定「現」的定義為 kalpanāpoḍha / rtog pa dang bral ba（德格版《丹珠爾》中觀部 'a 函25頁上2）「遠離分別（的識）」。

65 《正理滴論》第一品第4：tatra pratyakṣaṃ kalpanāpoḍham abhrāntam，藏文（rigs pa'i thigs pa zhes bya ba'i rab tu byed pa, To. 4212）見德格版《丹珠爾》因明部 ce 函231頁上2：de la mngon sum ni rtog pa dang bral zhing ma 'khrul pa'o，「其中現是離分別及不錯亂」；在法稱論師所作的 tshad ma rnam par nges pa（To. 4211，《量決定論》）一書中現的定義與此相同。擁增・普覺大師所作的攝類學著作《開量論義攝類幻鑰論》（漢文全譯為楊化群《藏傳因明學》一書中的《因明啓蒙學》）對於現識（blo mngon sum pa 的直譯為「現覺」）的定義為：rtogs pa

dang bral zhing ma 'khrul ba'i rigs pa。藏文見 Phur lcog pa（無出版日期）262頁，法尊法師在「法稱因明學中『心明』差別略說」一文中將這個定義譯作：「離分別不錯亂的了別。」見法尊法師（1990）163頁。

⑥⑥ 藏：'dzin par byed pa，直譯為「執取」。

⑥⑦ 藏：dbang po'i shes pa'i mngon sum。

⑥⑧ 藏：'jal ba。

⑥⑨ 藏：gzhal bya，梵：prameya，即所測度或認知的對象。

⑦⓪ 藏：rang gi mtshan nyid kyis grub pa。

⑦① 見前面《四百論釋》引文（青海版615頁1－3及本冊225節）。《中論》第十三品第1頌鳩摩羅什譯：「如佛經所說，虛誑妄取相，諸行妄取故，是名為虛誑。」漢文在《大正藏》30冊1564號17頁上28－29。其中「妄取」「虛誑」二詞本書中分別譯作「虛妄」、「欺誑」。此頌藏文見德格版《丹珠爾》中觀部tsa函第8頁上3，梵文見De Jong（1977）校勘本17頁。《成實論》：「又經中說：若法是誑即是虛妄，若法非誑即名為實，諸有為法皆變異，故悉名為誑，誑故虛妄，虛妄故非真實。」（《大正藏》32冊1646號333頁上29至中2）。

⑦② 前面的引文見青海版615頁3－4及本冊225節。

⑦③ 藏：rang gi mtshan nyid du grub pa'i rang bzhin。

⑦④ 藏：mngon sum tshad ma，梵：pratyakṣapramāṇa。

⑦⑤ 藏：ngo bos grub（pa）。

⑦⑥ 藏：bden par grub pa。

⑦⑦ To. 3865。出自對《四百論》十三品12頌的解釋，藏譯見德格版《丹珠爾》中觀部ya函202頁下3－4。

⑦⑧ 前文所引的《四百論釋》的文句，見青海版614頁20行至615頁第1行及本冊225節。

⑦⑨ 藏文見德格版《丹珠爾》中觀部'a函25頁下5，梵文見La Vallée Poussin（1903–1913）校勘本75頁及MacDonald（2015）第一冊275頁。

⑧⓪ 藏：rjes dpag。古譯有「比」、「比度」、「比量」等。

⑧① 藏：lung。舊譯有「聖教」、「至教」、「阿含」、「阿笈摩」、「教」、「法歸」等。

⑧② 藏：nyer rjes。後魏毘目智仙與瞿曇流支譯作「譬喻」及「喻」。

㉝《明句論》對四個量的解釋的藏譯見德格版《丹珠爾》中觀部 'a 函 25 頁下 2–5，梵文見 La Vallée Poussin（1903–1913）校勘本 75 頁 2–8 及 MacDonald（2015）第一冊 274–275 頁。現量等四個量的名字出現於龍樹阿闍黎《迴諍論》自釋對 5–6 頌、29–31 頌及 51 頌的解釋，梵文見 Bhattacharya、Johnston 及 Kunst（1998）校勘本 46–47 頁、62–63 頁及 72 頁，藏文（To. 3832）見德格版《丹珠爾》中觀部 tsa 函 122 頁下 7 至 123 頁上 4、128 頁下 5 至 129 頁上 4 及 132 頁上 7 至下 2，漢譯見《大正藏》32 冊 1631 號 16 頁上 7–26、19 頁上 12–26 及 20 頁下 13–18。

㉞藏：ngo bo nyid kyis grub pa。尊譯為「自體有」、「有自性」等。

㉟《明句論》的藏譯見德格版《丹珠爾》中觀部 'a 函 25 頁下 5–6，梵文見 La Vallée Poussin（1903–1913）校勘本 75 頁。MacDonald 認為除第一句「並且它們是互相相對地成立」以外，其餘的句子非梵本《名句論》原有，見 MacDonald（2015）在第一冊 275 頁第二冊 292–293 頁註 543。然而整段文字在藏譯中出現，見 MacDonald（2015）第二冊 479 頁。

㊱與藏文 ngo bo nyid kyis grub pa 對應的梵文原文為 svabhāvikī siddhi。

㊲藏文 rab rib 和梵文 timira 兩詞涵蓋視覺模糊、昏暗、因眼疾或視覺功能損傷而帶來的錯覺、部分失明等多種意思。舊譯有「翳」（尊譯和奘譯）、「翳眩」（奘譯）、「目眩」（奘譯）、「翳闇」（陳真諦三藏）、「患目」（佛陀扇多）。

㊳To. 3861，第六品 24、25 頌。藏譯見德格版《丹珠爾》中觀部 'a 函 205 頁上 6–7 及 La Vallée Poussin（1907–1912）校勘本 103–104 頁，梵文見李學竹的第六品校勘：Li（2014），漢文見法尊法師（1997）譯本 55 頁。

㊴藏：ltos。舊譯為「觀待」。

㊵To. 3862。出自《自釋》對第六品 25 頌的解釋，藏文見德格版《丹珠爾》中觀部 'a 函 253 頁下 6–7 及 La Vallée Poussin（1907–1912）校勘本 104 頁，漢文見法尊法師（1997）譯本 56 頁。

㊶藏：mig ser。

㊷dA d+hu ra 是藏文轉寫，梵文原文為 dhattūra，英文中的 datura 一詞源自與這個詞相關的印地語，藏名 thang khrom「莨菪」。Datura 是植物種類，常見、有毒、能產生幻覺，在印度等地中被用於宗教祭祀。尊譯為「商陸藥」等。

㊸To. 3862，緊接著上面的引文。藏文見德格版《丹珠爾》中觀部 'a 函 253 頁下 7 至 254 頁上 2 及 La Vallée Poussin（1907–1912）校勘本 104 頁，漢文見法尊法師（1997）譯本第 56 頁。

㉞德格版《丹珠爾》與廣論相同，La Vallée Poussin（1907–1912）校勘本104頁讀作 gzugs brnyan dang brag ca dang smig rgyu dang chu zla la sogs par 'dzin pa'i rgyur 'gyur ro。

㉟青海版：yang dag pa ma yin par byas pa'i，德格版《丹珠爾》：yang dag pa ma yin pas byas pa'i。

㊱藏：rjes su dpag pa ltar snang。奘譯和尊譯為「似比量」，參見《大正藏》32冊 1630號《因明入正理論》12頁下8至11。

㊲藏：gtan tshigs ltar snang，梵：hetvābhāsa。即似是而非的因或理由。玄奘、真諦、義淨、後魏吉迦夜及法尊譯師譯為「似因」，鳩摩羅什法師譯為「相似因」。

㊳藏：'dzin stangs kyi yul，法尊法師譯作「所執之境」、「能取行相境」。其中 'dzin stangs 與梵文 muṣṭibandha 對應。Muṣṭibandha 是用手掌執握的方法，是印度傳統中王子所要掌握的技藝之一，藏文譯作 'dzin stangs「執取的方式」。此處的執握或執取是用來描述心理活動中的認知。

㊴藏：sems tsam pa。

⑩藏：kun brtags，梵：parikalpita。《解深密經》和唯識宗所說的三自性之一。奘譯為「遍計執」、「遍計所執」、「遍計」，陳真諦和隋達磨笈多譯作「分別」（前者也譯作「所分別」），佛陀扇多譯作「妄想」、「妄分別」等。

⑩藏：mtshan nyid ngo bo nyid med pa。有關《解深密經》和唯識宗三自性及與此相關的三無自性，除了唯識經論外也可參見宗喀巴大師所著的《辨了不了義論》「依止《解深密經》」一章中的「列經所說」一節，漢文見法尊法師譯本。

⑩藏：'dogs byed 和 btags pa。尊譯為「能計」和「所計」。「施設」一詞的漢譯也作「假立」（奘譯）。

⑩《四家合註》：「首先觀察施設者時……」

⑩藏文 ngo bo 和 khyad par 二詞此處譯作「體性」和「特徵」，相應的奘譯為「自性」和「差別」。在《解深密經》中勝義生菩薩這樣描述遍計所執性：「如是我今領解世尊所說義者，若於分別所行遍計所執相，所依行相中假名安立以為色蘊，或自性相或差別相，假名安立為色蘊生為色蘊滅，及為色蘊永斷遍知，或自性相或差別相，是名遍計所執相。」見《大正藏》16冊676經696頁中14–19，參見《辨了不了義論》中「明三自性體」一節。

⑩《四家合註》說聲（sgra）和心（blo）分別指名字（ming）和分別心（blo rtog pa）。依照《四家合註》前面的解釋，這兩者是施設者。

⑩6 藏：gzhan dbang，梵：paratantra。唯識三性之一。

⑩7 To. 3853：藏譯全名為 dbu ma'i rtsa ba'i 'grel pa shes rab sgron ma。此釋論是清辨論師對龍樹所造的《中論》的解釋，漢譯本為唐代中印度三藏波羅頗蜜多羅所譯的《般若燈論釋》（《大正藏》1566號）。引文的藏譯見德格版《丹珠爾》中觀部 tsha 函242頁上7至下1。

⑩8 藏：yid la brjod pa，尊譯為「意表」。《四家合註》解釋為「執取色的分別」。

⑩9 藏：tshig tu brjod pa，尊譯為「言說」。「四家合註」解釋為「表達色的名字之聲」。

⑪0 以下的引文出自觀音禁行（藏：spyan ras gzigs brtul zhugs，梵：Avalokitavrata，法尊法師在《菩提道次第廣論》中譯作「觀禁」（直譯），在《辨了不了義論》中譯作「觀音禁」，葉少勇（2011）譯作「觀誓」）所著的《般若燈論廣疏》（藏譯全名為 shes rab sgron ma rgya cher 'grel pa; To. 3859），見德格版《丹珠爾》中觀部 za 函274頁上3－5。

⑪1 藏：kun brtags pa'i ngo bo nyid。

⑪2 如《四家合註》所說，在《解深密經》和唯識宗的術語中依他起是「生無自性」。

⑪3 《解深密經》對三自性和相應的三無自性的解釋見德格版《甘珠爾》契經部 ca 函17頁上1至下1，玄奘法師的漢譯見《大正藏》16冊676經694頁上13－29。參見《辨了不了義論》「依止《解深密經》」一章中的「列經所說」一節。

⑪4 藏：dgongs pa can，梵：ābhiprāyika。

⑪5 「這部經」是指《解深密經》。以下的引文出自蓮華戒論師所造的《中觀光明論》，見德格版《丹珠爾》中觀部（To. 3887）sa 函150頁上1－2。在此論中蓮華戒論師對三自性的解釋始於同函149頁下6。

⑪6 藏：yongs grub。

⑪7 《入中論自釋》（To. 3862）的藏譯見德格版《丹珠爾》中觀部 'a 函282頁下6至283頁上3及 La Vallée Poussin（1907–1912）校勘本201－202頁，漢文見法尊法師（1997）譯本106頁。以上是對《自釋》原文的總結。

⑪8 《入中論》第六品97頌的2、3兩句。藏文（To. 3861）見德格版《丹珠爾》中觀部 'a 函208頁下7至209頁上1及 La Vallée Poussin（1907–1912）校勘本199頁，漢文見法尊法師（1997）譯本105頁，梵文見李學竹的第六品校勘：Li（2014）。

⑪9 《四家合註》解釋說：對於自相成立（rang gi mtshan nyid kyis grub pa）相當於勝義成立（don dam par grub pa，

尊譯為「勝義有」）及諦實成立（bden par grub pa，尊譯為「實有」、「諦有」）這一點，佛護和月稱兩位阿闍黎與唯識師看法相同。

⑫⓪ 藏：rdul phra rab，也作 rdul phran，梵：paramāṇu。《阿毘達磨俱舍論》第三品（梵本）85－86頌說「極微」（奘譯）是色的最小的單位（最小的物質微粒），並且七個「極微」形成一個「微」或「微塵」（藏：rdul，梵：aṇu）。《俱舍論》中的解釋見《大正藏》29冊 1558 號62頁上17至中2。

⑫① 《四家合註》：「不對根識單獨地」顯現。

⑫② 藏：rdzas su med pa。

⑫③ 以上這段解釋依據清辨論師的《中觀心論》（To. 3855）第五品31至33頌及其註釋《思度熾燃論》（To. 3856）所講述的對手唯識師的觀點，《中觀心論》梵文頌文及釋論《思度熾燃論》的藏譯的相關段落見 Eckel（2008）校勘本406－407頁及德格版《丹珠爾》中觀部 dza 函 208下6至209下7。此處唯識宗破除外境的理論的出處為《觀所緣緣論》，參考《唯識二十頌》相關的破外境的論證。Eckel（2008）對《中觀心論》及《思度熾燃論》第五品的英譯有較為詳細的註釋（245－247頁）。中文可以參看法尊法師所著的〈唯識三十頌懸論〉及〈中觀宗關於「安立業果」與「名言中許有外境」的問題〉，見《法尊法師佛學論文集》（1990）110－111及141－142頁。有關顯現重月的譬喻，《思度熾燃論》說：「例如，因為視覺障礙的眼的過失而導致衰退，所以顛倒地見到兩個月亮等。」

⑫④ 藏：grub pa la sgrub pa。

⑫⑤ 《四家合註》：指境。

⑫⑥ 藏：rnam pa。舊譯「行相」。

⑫⑦ 藏：rdzas。

⑫⑧ 藏：rdzas brgyad（或稱為 rdul rdzas brgyad），梵：aṣṭadravya，玄奘法師譯作「八事」，法尊法師譯為「八微」。《阿毘達磨俱舍論》第二品（梵本）第22頌前兩句及自釋說最細小的色的聚合是極微，在欲界不包含根的情況下它是由八種物或事（dravya／rdzas）所組成——地、水、火、風四大及色、香、味、觸。梵文見 Śāstrī 1998）校勘本上冊142－143頁，玄奘法師的漢譯見《大正藏》29冊 1558 號18頁中20－25。

⑫⑨ 以上的解釋是對《思度熾燃論》相應段落的復述，此論藏文全名為 dbu ma'i snying po'i 'grel pa rtog ge 'bar ba《中觀心論釋．思度熾燃》。《中觀心論》的梵文頌文（5.34–5.38）及釋論《思度熾燃論》的藏譯的相關段落 Eckel

（2008）校勘本 406–409 頁及德格版《丹珠爾》中觀部（To. 3856）dza 函 209 上 7 至 210 上 7。英譯和註釋見 Eckel（2008）247 至 252。

⑬⁰ 藏：rdul。法尊法師譯作「微塵」，奘譯有「微」、「塵」、「塵埃」等。梵文 aṇu 的音譯為「阿拏」或「阿菟」。「微塵」是細小的微粒，《阿毘達磨俱舍論》說七個極微形成一個微塵或微。

⑬¹ 藏：rdul cha med。尊譯「無分極微」，又有「極微無方分」的名字，指在空間上沒有更為細小的組成部分或不可分割的最小微粒。

⑬² 藏：dmigs rkyen。

⑬³ 藏：mdo sde pa。

⑬⁴ 藏文（To. 3862）見德格版《丹珠爾》中觀部 'a 函 347 頁上 5–7 及 La Vallée Poussin（1907–1912）校勘本 406–407 頁，漢譯見法尊法師（1997）譯本第 202 頁。

⑬⁵ 青海版的 kyi 字應當依照《四家合註》和《丹珠爾》改作 kyis。

⑬⁶《四家合註》說不可分的所取是指境這一方面不可分的微塵，不可分的能取是指時間上不可分的剎那的心識。

⑬⁷ To. 3865。出自對《四百論》十四品 18 頌前兩句的解釋，藏譯見德格版《丹珠爾》中觀部 ya 函 216 頁上 6，梵文見 Suzuki（1994）校勘本第 344 頁。

⑬⁸ 藏：bye brag pa，梵：Vaiśeṣika。

⑬⁹ 有關「現」及月稱對它的解釋見前文 121 及 225 兩節的註解及 225、226、227 和 236 四節。

⑭⁰ 出自《四百論釋》，前面的引文見青海版 615 頁 3–4（本冊 225 節）及 616 頁 10（本冊 231 節）。

⑭¹ 藏：yang dag（pa'i kun rdzob）。

⑭² 藏：log pa'i kun rdzob。

⑭³ 出自《入中論自釋》對第六品 28 頌的解釋，藏文（To. 3862）見德格版《丹珠爾》中觀部 'a 函 254 頁下 6 至 255 頁上 1 及 La Vallée Poussin（1907–1912）校勘本 107 頁，漢文見法尊法師（1997）譯本 57 頁。

⑭⁴ To. 3861，出自《入中論》第六品 25 頌。藏譯見德格版《丹珠爾》中觀部 'a 函 205 頁上 7，漢譯見法尊法師（1997）譯本 55 頁，梵文見李學竹的第六品校勘：Li（2014）。

⑭⁵ To. 3861，出自《入中論》第六品 28 頌。藏譯見德格版《丹珠爾》中觀部 'a 函 205 頁下 2，漢譯見法尊法師（1997）

譯本57頁，梵文見李學竹的第六品校勘：Li（2014）。引文中「無明」一詞的《入中論》原文為 gti mug（梵：moha）「愚癡」。「世俗」一詞的梵文為 saṃvṛti，這個詞和動詞詞根 vṛ 及藏譯 rdzob 字都有「覆蓋」「障蔽」的意思。

⑭⑥ 前文的引述見青海版624頁15–16及本冊260節，漢文見法尊法師（1997）《入中論自釋》譯本57頁。

⑭⑦ 藏：dbang phyug，梵：īśvara。《四家合註》：「外道所假立的能造萬物者」。

⑭⑧ 藏：gtso bo，梵：pradhāna。「勝性」是玄奘和真諦譯語，尊譯為「自性」，它是數論體系中的二十五句義之一，與 prakṛti / rang bzhin 是同義詞。

⑭⑨ To. 3861，《入中論》第六品26頌。藏譯見德格版《丹珠爾》中觀部 'a 函205頁下1及 La Vallée Poussin（1907–1912）校勘本105頁，漢譯見法尊法師（1997）譯本56頁，梵文見李學竹的第六品校勘：Li（2014）。

⑮⓪ 藏：bdag nyid ji bzhin，梵：yathāsvaṃ。

⑮① 《四家合註》：或對名言識「顯現」。

⑮② 《四家合註》：「例如通達聲是無常的比量……能違害常的聲。」

⑮③ 《四家合註》：「例如名言量雖然不能違害諦實成立的聲……但是（分析真實的正理）無法找到它時卻能違害它。」

⑮④ 藏：'jig rten gyi grags pa，梵：lokaprasiddha。法尊法師譯為「世許」，玄奘法師直譯為「世間極成」。

⑮⑤ 藏：'jig rten pa'i grags pa。也作 'jig rten la grags pa。

⑮⑥ 藏：myong ba。奘譯有「領受」「領納」等。

⑮⑦ 藏：sa lam。

⑮⑧ 《四家合註》：「以上是解釋第一個特點——為名言識所熟知」。

⑮⑨ To. 3864：藏文見德格版《丹珠爾》中觀部 ya 函第7頁下1–2及 Loizzo 等人（2007）校勘本264–265頁〔另參見 Loizzo（2001）校勘本550頁及 Scherrer-Schaub（1991）校勘本35頁〕。引文與原文的文字略有差異，如「執取苦等」中「執取」一詞原文中無。

⑯⓪ 《四家合註》：「等」字代表「我、淨、樂」，下文「無常等四者」中的「等」字代表「無我、不淨、苦」。

⑯① 藏：snang yul。尊譯為「所現境」、「現境」。有關西藏佛教認識論對「顯現境」、「執取境」（'dzin stangs kyi yul）、「所著境」（尊譯，zhen yul）、「所趣境」（尊譯，'jug yul）的解釋見法尊法師（1990）《法尊法師佛學論文

集》172頁及擁增．普覺大師所作的攝類學著作《開量論義攝類幻鑰論》原文的相關段落，藏文見 Phur lcog pa（無出版日期）255－256頁及此段前後的辯論。

⑯②藏：'dzin stangs。

⑯③To. 3861，《入中論》第六品28頌前三句。藏譯見德格版《丹珠爾》中觀部 'a 函205頁下2，漢譯見法尊法師（1997）譯本57頁，梵文見李學竹的第六品校勘：Li（2014）。

⑯④藏：bcos ma，梵：kṛtrima。

⑯⑤藏：nyon mongs can。

⑯⑥藏：bden par mngon par rlom pa。《四家合註》在此加入「及執著」，法尊法師在此處直譯為「諦實增上慢」，但在《入中論自釋》（（1997）57－58頁）中譯作「實執」。

⑯⑦出自《入中論自釋》對第六品28頌的解釋，藏文（To. 3862）見德格版《丹珠爾》中觀部 'a 函255頁上2及 La Vallée Poussin（1907–1912）校勘本108頁，漢文見法尊法師（1997）譯本57－58頁。

⑯⑧藏：kun rdzob tsam。這個詞出現在《入中論自釋》的上述引文之後，見 La Vallée Poussin（1907–1912）校勘本108頁及法尊法師（1997）漢譯本58頁。

⑯⑨藏：log shes。奘譯為「邪智」。

⑰⓪To. 3865。出自對《四百論》四品10頌的解釋，藏譯見德格版《丹珠爾》中觀部 ya 函112頁下7至113頁上2。

⑰①藏：lhan skyes。即與生俱來。

⑰②藏：zhen yul。

⑰③To. 3861：《入中論》第六品115頌。藏譯見德格版《丹珠爾》中觀部 'a 函209頁下7至210頁上1及 La Vallée Poussin（1907–1912）校勘本228頁，漢譯見法尊法師（1997）譯本120頁，梵文見李學竹的第六品校勘：Li（2014）。

⑰④To. 3861：《入中論》第六品114頌。藏譯見德格版《丹珠爾》中觀部 'a 函209頁下6及 La Vallée Poussin（1907–1912）校勘本226頁，漢譯見法尊法師（1997）譯本119頁，梵文見李學竹的第六品校勘：Li（2014）。

⑰⑤藏：mtha' bzhi。尊譯為「四邊」。

⑰⑥To. 3861：《入中論》第六品36頌前三句。藏譯見德格版《丹珠爾》中觀部 'a 函205頁下7至206頁上1及 La Vallée Poussin（1907–1912）校勘本122頁，漢譯見法尊法師（1997）譯本64頁，梵文見李學竹的第六品校勘：Li

（2014）。

⑰藏：mtshams sbyor。

⑱To. 3862。藏譯見德格版《丹珠爾》中觀部 'a 函 259 頁上 4－5 及 La Vallée Poussin（1907–1912）校勘本 122 頁，漢譯見法尊法師（1997）譯本 64 頁。

⑲To. 3862。藏譯見德格版《丹珠爾》中觀部 'a 函 259 頁上 6 及 La Vallée Poussin（1907–1912）校勘本 123 頁，漢譯見法尊法師（1997）譯本 65 頁。

⑳《丹珠爾》原文（德格版及 La Vallée Poussin 校本）為 rang gi mtshan nyid kyi skye ba，廣論（青海版）藏文中 kyi 字作 kyis。

⑱To. 3861。《入中論》第六品 111 頌。藏譯見德格版《丹珠爾》中觀部 'a 函 209 頁下 4－5 及 La Vallée Poussin（1907–1912）校勘本 222 頁，漢譯見法尊法師（1997）譯本 117 頁，梵文見李學竹的第六品校勘：Li（2014）。

⑱藏：rang gi bdag nyid kyis skye ba。

⑱To. 3825，引文為第 48 頌後兩句。藏譯見德格版《丹珠爾》中觀部 tsa 函 22 頁上 5，梵文與藏文見 Lindtner（1982）校勘本 114 頁，漢譯見《大正藏》30 冊 1575 號 255 頁下 4。見李學竹與葉少勇（2014）新校本 98－99 頁。

⑱梵：tattvavidāṃ。

⑱To. 3864。藏文見德格版《丹珠爾》中觀部 ya 函第 26 頁下 6 至 27 頁上 2 及及 Scherrer-Schaub（1991）校勘本 87 頁。

⑱To. 156：藏譯全名為 'Phags pa klu'i rgyal po ma dros pas zhus pa《聖無熱惱龍王請問經》。藏譯見德格版《甘珠爾》契經部 pha 函 230 頁下 2－3，梵文《明句論》對此頌的引述見 La Vallée Poussin（1903–13）校勘本 239、491、500 及 504 頁，相應的漢譯《佛說弘道廣顯三昧經》中的頌文見《大正藏》15 冊 635 經 497 頁中 3－4。清辨論師在《般若燈論》中也曾引述此偈，見《大正藏》30 冊 1566 號 59 頁中 9－10。

⑱梵本《明句論》引文：no tasya utpādu sabhāvato 'sti「從自性的角度它沒有生」。見 La Vallée Poussin（1903–13）校勘本 239（及 491、500、504）頁。藏譯見德格版（To. 156）契經部 pha 函 230 頁下 2－3。

⑱藏：bag yod。「不放逸」是最常見的漢譯。

⑱藏譯經名全稱為 'Phags pa lang kar gshegs pa'i theg pa chen po'i mdo，To. 107。所引經文的藏譯見德格版《甘珠

爾》契經部 ca 函 107 頁上 2，梵文見 Nanjio（1923）校勘本 76 頁及 Dubey（2006）校勘本 38 頁，漢譯見《大正藏》16 冊 670 經 488 頁下 12–13、同冊 671 經 529 頁上 20–21 及同冊 672 經 599 頁上 16–18。《明句論》藏譯中的引文見德格版《丹珠爾》中觀部 'a 函（To. 3860）167 頁下 1，梵文見 La Vallée Poussin（1903–13）校勘本 504 頁。

(190) 藏：sun 'byin。奘譯與尊譯為「能破」。

(191) 藏：sun 'byin ltar snang。「似能破」是奘譯，有關「能破」與「似能破」參見《大正藏》32 冊 1628 號 3 頁下 17 以下及同冊 1630 號 12 頁下 12–20。

(192) To. 3824。《中論》十三品的第 7 頌，藏譯見德格版《丹珠爾》中觀部 tsa 函第 8 頁上 6，梵文見 De Jong（1977）校勘本 18 頁，相應的漢譯見《大正藏》30 冊 1564 號第 18 頁下 7–8。見葉少勇（2011）梵、藏、漢新校勘本 214–215 頁。

(193) To. 3865。出自對《四百論》十六品第 7 頌的解釋，藏譯見德格版《丹珠爾》中觀部 ya 函 232 頁下 4–5。《四百論》頌文的藏文和英譯見 Lang（1986）144 及 145 頁。

(194) 藏：cig shos。尊譯為「餘」，並加入「所治」以表示此處的「另一方」是指對治的對象。

(195) 第 26 頌。藏譯見德格版《丹珠爾》中觀部 tsa 函（To. 3828）27 頁下 6–7，梵文見 Bhattacharya、Johnston 及 Kunst（1998）校勘本第 59 頁。本書前文曾引述此頌的後二句，見青海版 599 頁 15–16 及本冊 160 節。

(196) 藏譯見德格版《丹珠爾》中觀部 tsa 函（To. 3832）127 頁下 6 至 128 頁上 1，梵文見 Bhattacharya、Johnston 及 Kunst（1998）校勘本第 59 頁。

(197)《四家合註》：「譬喻和正義這樣不合理，不合理（的原因）是在正義中……」

(198) 此處藏文為 'di ni「這個」。《丹珠爾》中的原文為 'dir ni，與梵文 iha 相符，漢譯為「此處」。

(199)《中論》十三品第 7 頌最後一句，前文的引述見青海版 638 頁 11 及本冊 316 節。

(200)《中論》十三品第 8 頌，藏譯見德格版《丹珠爾》中觀部 tsa 函第 8 頁上 6–7，梵文見 De Jong（1977）校勘本 18 頁，相應的漢譯見《大正藏》30 冊 1564 號第 18 頁下 16–17。見葉少勇（2011）梵、藏、漢新校勘本 214–215 頁。

(201) 梵：niḥsaraṇa。

(202) 藏：dngos por lta ba，《四家合註》解釋為「自性成立之見」。

(203) To. 3842，《中論佛護釋》。藏譯見德格版《丹珠爾》中觀部 tsa 函 220 頁上 1–4。藏譯與梵文殘片見葉少勇（2011b）

147頁。

204 《明句論》的藏譯見德格版《丹珠爾》中觀部'a函83頁下4–7，梵文見La Vallée Poussin（1903–1913）校勘本247–248頁。這段解釋延用了佛護論師乞討「沒有財物」的譬喻。

205 To. 13，是《般若八千頌》的攝頌，所引為第一品第9頌後二句。藏譯見德格版《甘珠爾》般若部ka函第2頁上7至下1，梵文見Yuyama（1976）校勘本第10頁及Vaidya（2003）校勘本353頁，相應的漢譯見《大正藏》第8冊229經677頁上14。

206 To. 4158，第二品第3頌後兩句。梵文與藏文見Hahn（1982）校勘本40及41頁，藏文也見德格版《丹珠爾》書翰部ge函110頁下5–6，漢譯見《大正藏》32冊1656號495頁下6。

207 出自bcom ldan 'das ma shes rab kyi pha rol tu phyin pa'i snying po（To. 21）《（薄伽梵母）般若波羅蜜多心經》，藏文見德格版《甘珠爾》般若部ka函145頁上4–5，梵文見Vaidya（2003）校勘本98頁，相應的漢譯見《大正藏》第8冊255經850頁下3–4（250至257八經均為《心經》漢譯本）。

208 To. 13，第一品第28頌後二句。藏譯見德格版《甘珠爾》般若部ka函第5頁上5，梵文見Yuyama（1976）校勘本第16頁及Vaidya（2003）校勘本355頁，相應的漢譯見《大正藏》第8冊229經677頁中23。

209 To. 3861，第六品165頌後二句。藏譯見德格版《丹珠爾》中觀部'a函212頁上7及La Vallée Poussin（1907–1912）校勘本287頁，漢譯見法尊法師（1997）譯本152頁。梵文見李學竹的第六品校勘：Li（2014）。

210 To. 3846，《四百論》第十二品第13頌第一句，藏文見德格版《丹珠爾》中觀部tsha函13頁下5，相應的漢譯見《大正藏》30冊1570號184頁中1，梵文見Suzuki（1994）校勘本268頁。梵、藏和英譯見Lang（1986）114及115頁。

211 To. 3865。藏譯原文見德格版《丹珠爾》中觀部ya函190頁上7至191頁上4，梵文及藏譯見Suzuki（1994）校勘本268–271頁。

212 藏：mtshan mar dmigs pa，與「觀察」對應的藏文是dmigs pa，古譯為「緣」。《四家合註》說「希求」是希求果的願，「觀察相」或緣相是以對於因執相的方式而觀察相。

213 此論為龍樹阿闍黎所造，除了隨達摩笈多漢譯本《菩提資糧論》外沒有梵本和藏譯，所引的頌見《大正藏》32冊1660號532頁上19–20。《菩提資糧論》的簡介和英譯見Lindtner（1982）228–248頁。此處所引的是第64頌。

214 藏：mtshan mar 'dzin pa。奘譯也作「執取相」、「執取於相」等。

【第四節】別人的觀點之二：所確定的所破範圍太為狹窄

〔申二〕

破除「認識所破範圍太為狹窄」

[332]【反方】所破是自性，它具有三個特徵：⑴體性不是由因緣所產生；⑵階段（的特徵：）不會改變；⑶安立（它時）則不依賴於別的（因緣）。這是因為《中論》也說①：

自性由因緣而生
是不合理的，
如果是由因緣而生，

自性就成了造作而成②。
「自性是造作而成」
怎麼會合理？
自性是不假造作，
並且不依賴於其他。

[333]【自方】總的來說，如果（有人）主張對於苗等內外諸事這種（具有三種特徵的）自性為成立，中觀師雖然必須加以破除，但是此處認識所破是確認根本的所破——破除它以後能在相續中生起通達諸法無自性性的中觀見。[334]因此，諸有為法是因緣所生及有變化對於（佛教）自部諸師已經成立，所以，對於他們勢必不需要成立無自性，並且他們勢必也能通達諸事是無自性。由於有諸如此類的過失，這怎會是（通達空性見時）特別的所破？

[335]中觀教典中雖然多次責難道：「如果自體有的自性是成立的，那麼必然是不依仗因緣，並且沒有變化……」但是這些是從能遍的方面舉出過失，而不是從自體的角度來確認所破③。

[336]此外，如果是勝義成立、真有④以及諦實成立，雖然必定不是由因緣所生等，然而這些並不是勝義成立等的意思。比如，瓶子雖然被無常所涵蓋⑤，但是無常不能作為瓶子的意思，

必須將「鼓腹〔等〕」安立爲它的意思。同樣道理，如果是勝義成立等，則必然會成爲不可分的事，但是（我們）不認爲不可分的事是此處根本的所破，因爲(1)這只是持宗派論者以獨有的執著所假立的，所以，這種執著並不是將有情束縛在生死之中的根本，(2)即使確定這些沒有自性而加以修習，對於無始的無明的執著仍然沒有任何損害，所以，就算現證⑥這些道理到達究竟的地步，還是不能去除俱生的煩惱。

[337] 因此，在抉擇見的時候應當把確定俱生無明所執的事不存在作爲最主要的，破除分別執著的境則是前者的分支。在不知道這個〔情形〕時，放棄俱生無明的執取方式⑦，而去破除只是持宗派論者所假立的（對象）——破人我時破除常、一、自在的我⑧，破法我時破除所取不可分的極微⑨、能取不可分的剎那⑩以及具有三種特徵的自性等——在任何方面都是不適當的。如果不是這樣，由於見的抉擇是爲了修的緣故，所以抉擇見時只抉擇到這個限度，修的時候必然也修到這個限度。

[338] 因此，經過修習而現證，乃至嫻熟到了究竟的地步也不過如此而已。如果主張「見到僅由這種分別的執著所分別⑪的二我不存在，就能去除諸俱生的煩惱」，則太爲荒謬。《入中論》說⑫：

通達無我時斷除常我，
（我們）不認爲這是我執的依托，
因此，聲稱「由了知我不存在
能根除我見」是極爲希奇的。

解釋中也說⑬：

為了用譬喻的途徑來顯示這個互不關聯的意思，說道：

見到自家牆壁的洞穴中有蛇時，
說「這裡沒有大象」而消釋疑慮，
以去除對蛇的恐懼，
噫嘻！（這）唯獨成了別人的笑話。

這雖然是針對人無我而說，但是法無我也是相等的，應當改換成：

通達無我時斷除分別的⑭我，
（我們）不認爲這是我執的依托，
因此，聲稱「由了知我不存在
能根除無明」是極爲希奇的。

[339]【問題】那麼就如前面所說，（龍樹）阿闍黎說不造作以及不依賴於別的（因緣）是自性的定義，這是以假設的方式⑮而說，還是的確有這樣的自性？

【回答】（《般若經》）說它是「諸法的法性」，它被安立爲「自性」——是不假造作及不依賴於別的（因素）。它是存在的，《入中論釋》附以經證⑯而加以成立⑰：

【問題】（龍樹）阿闍黎所接受的帶有特徵、具備這種行相的自性存在嗎？

【回答】薄伽梵針對它而廣說「無論諸如來出不出現，這個諸法的法性唯獨是安住的」⑱，「法性」是存在的。

【問題】這個「法性」究竟是什麼？

【回答】是這些眼等的自性。

【問題】它們的自性又是什麼？

【回答】是它們的不造作性、不依賴別的〔因緣〕，是遠離無明的視覺障礙的智慧所證悟的自體。

【問題】它存在嗎？

【回答】誰會說「不存在」？如果不存在，諸菩薩爲了什麼目的而修習波羅蜜多道？爲了證悟法性諸菩薩爲什麼這樣進入百般難行？

[340]【反方】那麼，前面不是對一切法破除自性成立嗎？

【自方】我們難道不曾多次說過「不是由內心假立的諸法自體有的自性即使小如微塵都不存在」嗎？所以，在這樣的自性中何況是其他諸法，連法性勝義諦都絲毫不成立。《明句論》在否定自性是自體有之後說明它在名言中是存在的⑲：

火在〔過去、未來、現在〕三時中都不變動、不假造作的原來的體性——不是先無後有，不像水的熱暖、此岸和彼岸或長和短那樣依賴於因緣——稱作自性。

> 【問題】這樣的火的自體存在嗎？
>
> 【回答】從自體的角度⑳它既非存在也非不存在。雖然如此，然而為了消除聽眾的恐懼，增益之後在世俗中應該說㉑「它是存在的」。

否定這個自性是自體有後，而在名言中說是存在的。

[341]【反方】由於是說為了消除聽者的恐懼，作了增益後才作開示，所以〔論師本人〕並不承認是有。

【自方】這不合道理。由於其他諸法也是出於這個目的假立而說，因此，它們勢必也會變成不存在。[342]如前面曾經引述，〔《入中論釋》〕舉出「如果沒有此事㉒，梵行㉓勢必成了沒有意義」㉔的過失來加以成立。《入中論釋》又說㉕：

> 這個自性不僅是〔龍樹〕阿闍黎所承認的，並且也能使別人接受這個意思，所以，這個自性也被安立為對於雙方都能成立。

[343]如果不是這樣，則勢必要承認在中觀的體系中不可能獲得解脫，這是因為：(1)獲得涅

槃就是現證涅槃，而涅槃則被解釋成滅諦㉖，又說它就是勝義諦；⑵勝義諦不存在。[344]《正理六十頌釋》已多方設法成立獲得涅槃時必須現證勝義滅諦。

[345]所以，這些眼等有爲法在自體有的自性中不成立，並且，在將法性安立爲自性（的）那個（自性）中也不成立，所以在任何自性中都不成立。至於勝義諦，在將法性安立爲自性（的）那個（自性）中（它）雖然成立，然而至於能（將勝義諦）安立爲自性的「不假造作」和「不依賴於別的（因素）」，則在那種自體有的自性中絲毫都不存在，所以只是在名言中成立而已。[346]造作是指原先不存在、（後來）新生起的所作性。依賴於別的（因素）是指依賴於因緣。

[347]色等諸（法）在兩個自性的任何一個之中都不成立，因此，由於是爲了見到「將法性安立爲自性」的那個自性而修道，所以（月稱論師）說梵行不會變成徒勞無功，又說完全不承認諸法自體有的自性與忽爾承認自性二者沒有矛盾。《入中論釋》說㉗：

【反方】奇哉！既不承認任何事物，又忽爾承認不假造作、不依賴其他（因素）的自性，你是講說互相矛盾的意思。

【自方】（我）要加以說明。你不了解論典的意趣，其意趣是：假如這眼等的自體——緣起及愚稚凡夫所執取的對象——是這些的自性，那麼，由於這個自性連顛倒者都能通達，所以梵行就會變成徒勞無功。由於這不是自性，所以，爲了見到它而修梵行是有意義的。

再者，依照世俗諦我說〔究竟的自性〕是不假造作以及不依賴於別的〔因緣〕。童稚之人所不能見到的〔體性〕充當自性正是合理的。僅僅由此不成爲勝義之事，也不是無事，它正是自性寂靜。

[348] 就如前面二邊論時所說，此處的有事和無事是指自體有和完全不存在㉘。

[349] 現在，〔在〕抉擇諸法連小如微塵的自體有的自性都不成立〔時，所抉擇〕的自性空的空性是色等這些的法——作爲具有性質的事㉙——之上的性質，所以一個心的境中包含這兩者並不矛盾，並且，由於二相顯現㉚尚未消退，所以這個空性是假立的勝義諦。

[350] 由熏習通達無自性的見而現證此義時，從那一角度看，由於雖然沒有自性卻顯現爲自性的一切錯亂顯現都已消失，現證這個法性的識見不到色等有法㉛，所以在這個心之前這種法性和有法兩者都不存在，故此，將這二者立爲法性和有法必須從另一個名言心的角度來安立。

[351] 因此，勝義諦是(1)在一切自體有的戲論的寂滅之上(2)僅僅被安立爲一切錯亂顯現——

雖然沒有自性卻顯現爲自性——的戲論全都止息。所以，雖然承認它，何必會承認自體有的自性？《明句論》也說㉜：

對於由無明的「視覺障礙」的力量而見到事物的種類，以不見的方式，何種自性成爲遠離無明的「視覺障礙」的聖者之境，這個體性就被安立爲這些〔事物〕的〔究竟〕自性。

又說㉝：

此外，由於作爲諸事自性的無生什麼都不是，所以僅僅是無事，因此，由於體性不存在㉞，所以事物的自性不存在。

[352] 有些人⑴不把勝義諦安立爲僅僅斷除所要破除的二我等戲論，而是認爲〔它〕就像藍、黃等那樣，是作爲通達眞理的不錯亂心的境，以自在而有㉟的形式而顯現，並且認爲確定〔所顯現者〕〔的確〕這樣存在就是通達甚深義的見；⑵認爲諸有情通達這些執著二我的所依

處——內外諸法——是無自性是正見的歧途。他們落在一切大小乘的佛經之外，因為（他們）雖然承認去除我執——將一切有情束縛在生死之中的根本——是必要的，卻認為憑藉通達我執的所依處是無自性它不會止息，而是由領悟與它不相干的另外一個法是諦實有㊱，我執才會止息。

就如東方本來沒有蛇，但是（某人）以為有蛇而驚恐愁苦，為了驅除苦（另一個人）說：「執『東方沒有任何蛇』不能消除這種對蛇的執著，應當執『西方有樹』，這樣蛇執及苦惱才會退滅。」（上面）那個（觀點）與這個說法沒有任何差別。

[353] 了義佛經及聖者龍樹師徒的論典——其中後者明顯地講述了徹底確定了義經意思的廣大正理之聚，以至不容另作解釋——是破除（將有情）束縛於生死的一切衰落之本無明的執取（境）㊲的方法，因此，知自愛者在遠遠地拋除（上述）那種（邪見）後應當依靠這個方法而去往生死大海的彼岸。[354] 由於消除有關所破的邪分別的這些（方式）對於截斷中觀見的歧途非常關鍵，所以（我）不勝其煩地作了解釋。

註釋：

① To. 3824，十五品第1、2兩頌。藏譯見德格版《丹珠爾》tsa函第8頁下4–5，梵文見De Jong（1977）校勘本19頁，對應的漢譯見《大正藏》30冊1564號19頁下22–23及27–28。見葉少勇（2011）梵、藏、漢新校勘本236–237頁。

② 藏：byas pa can。

③《四家合註》：「例如，對方把不是瓶子（的法）認作是瓶子時，說道：『那麼，它勢必會成為事物（dngos po）。』這是考慮到如果否定能遍（khyab byed，即範圍較廣者）『是事物』，就能否定所遍（khyab bya，即範圍較狹小者）『是瓶子』後，從能遍的角度指出『勢必成為事物』的過失，而不是確認所遍瓶子的自體。」

④ 藏：yang dag par grub pa。除「真有」外，尊譯也作「真實有」。

⑤ 藏：khyab pa。尊譯為「遍」，奘譯為「周遍」等。

⑥ 藏：mngon sum du rtogs pa。

⑦ 藏：'dzin stangs。《四家合註》曾將這個詞解釋為'dzin tshul lam 'dzin stangs kyi yul（Tsong kha pa Blo bzang grags pa（1972）第二冊407頁第3行）「執取方式或執取境」，所以'dzin stangs一詞有時可以作兩種解釋。

⑧ 藏：rtag gcig rang dbang can gyi bdag。

⑨ 藏：rdul phran cha med。

⑩ 藏：skad cig cha med。

⑪ 藏：brtags pa。

⑫ To. 3861，第六品140頌。藏文見德格版《丹珠爾》中觀部'a函211頁下5–6及La Vallée Poussin（1907–1912）校勘本264頁，漢譯見法尊法師（1997）譯本139頁，頌文梵文見李學竹的第六品校勘：Li（2014）。

⑬ To. 3862，《入中論自釋》。所引的頌文是《入中論》第六品141頌。藏文見德格版《丹珠爾》中觀部'a函301頁下5–6及La Vallée Poussin（1907–1912）校勘本264頁，漢譯見法尊法師（1997）譯本139頁，頌文梵文見李學竹的第六品校堪：Li（2014）。

⑭ 藏：kun brtags。

⑮ 藏：brtag pa mtha' bzung gi sgo nas。《四家合註》說假設的方式是：「如果這樣的自性可能存在，則是不造作……」後文也翻作「以模擬的途徑」。

⑯ 藏：mdo'i shes byed。《入中論釋》中所引的經證緊接在下面這段解釋之後，藏文見 La Vallée Poussin（1907–1912）校勘本306–307頁，漢譯見法尊法師（1997）譯本162頁。

⑰ To. 3862，這是對第六品181及182二頌的解釋，藏文見德格版《丹珠爾》中觀部 'a 函314頁上5至下1及 La Vallée Poussin（1907–1912）校勘本305–306頁，漢譯見法尊法師（1997）譯本161–162頁。

⑱ 梵本《明句論》〔La Vallée Poussin（1903–1913）校勘本40頁〕、《集學論》等許多論典都曾引用這句經文。引文出現於《稻芋經》，梵文見 Reat（1993）校勘本33頁及 Vaidya（2003）101頁，藏文見德格版《甘珠爾》契經部 tsha 函117頁上6，漢譯見《大正藏》16冊710號819頁中7–8（708–712號為異譯本）。這句經文也出現在《增一阿含經》和《雜阿含經》中，見 Morris 等人（1960）所校勘的巴利文《增支部》第1冊286頁及 Feer（1960）所校勘的巴利文《相應部》第2冊25頁，漢文見《大正藏》第2冊99經（《雜阿含經》）84頁下19–20。

⑲ To. 3860。藏譯見德格版《丹珠爾》中觀部 'a 函89頁上4–6，梵文見 La Vallée Poussin（1903–13）校勘本263–264頁。

⑳ 藏：rang gi ngo bos，梵：svarūpataḥ。

㉑ 青海版：brjod par bya'o「應當說」，《丹珠爾》中的藏譯為 zhes bya bar de smra'o「說」（動詞 smra 現在時和未來時同形，或許其未來時加 'o 可以被理解為「應當說」），梵：brūmaḥ「（我們）說」。

㉒《四家合註》：「這種自性」。

㉓ 梵：tshangs spyod。

㉔ 藏文（To. 3862）見 La Vallée Poussin（1907–1912）校勘本305–306頁，漢譯見法尊法師（1997）譯本161–162頁。

㉕ To. 3862，出自對第六品181及182二頌的解釋。藏文見德格版《丹珠爾》中觀部 'a 函315頁上2–3及 La Vallée Poussin（1907–1912）校勘本308頁，漢譯見法尊法師（1997）譯本163頁。

㉖ 藏：'gog pa'i bden pa。《四家合註》說下一句中的「它」指滅諦。

㉗ To. 3862，出自對第六品181、182二頌的解釋，藏文見德格版《丹珠爾》中觀部 'a 函314頁下5至315頁上2及 La Vallée Poussin（1907–1912）校勘本307–308頁，漢譯見法尊法師（1997）譯本162–163頁。

㉘見青海版597頁16–19及本冊150節。

㉙藏：khyad gzhi。尊譯為「差別事」，與此相對應的是 khyad chos「性質」或「特徵」。

㉚藏：gnyis snang。

㉛藏：chos can。「有法」是奘譯。

㉜To. 3860，藏譯見德格版《丹珠爾》中觀部 'a 函89頁下3–4，梵文見 La Vallée Poussin（1903–1913）校勘本265頁。

㉝To. 3860，藏譯見德格版《丹珠爾》中觀部 'a 函89頁下5，梵文見 La Vallée Poussin（1903–1913）校勘本265頁。

㉞藏：ngo bo med pa'i phyir。梵：asvabhāva ev（a）「唯獨是無自性」。

㉟藏：rang dbang du grub pa。

㊱藏：bden par yod pa。

㊲藏：'dzin stangs，「執取方式」，有時與 'dzin stangs kyi yul「執取境」意思相同。此處《四家合註》將 'dzin stangs 解釋為 'dzin tshul lam 'dzin lugs kyi yul，即認為此處 'dzin stangs 可以被理解為執取方式或執取（方式）之境。

【第五節】認識所破的正確方式

〔未三〕

自宗認識所破的方式

分三個部分：

申一、認識所破的正義

申二、對於其他的所破加不加這個（簡別）的情形

申三、說明對於所破是否要加「勝義」的簡別

〔申一〕認識所破的正義

[355] 總的來說所破有道的所破和正理的所破兩種，其中前者就如《辨中邊論》所說，分爲煩惱障和所知障兩種①：

（佛法）開示了煩惱障
和所知障，
這〔兩者〕之中包含一切障，
（我們）認爲滅盡這些之後便是解脫。

這些是所知境範疇中的所破，因爲如果它們不存在，一切有情不需費力就會獲得解脫。

[356] 關於正理的所破，《迴諍論》說②：

或者，有人對於變化的女子

起「女子」的不正確的執著，

化身會加以去除。

這（也）是如此。

此處的《自釋》說：

或者，某人對於空無自性的變化的女子從勝義的角度起「是女子」的不正確的執著，這樣，此人因爲這個不正確的執著而產生貪欲。如來或如來的聲聞變出一個化身，那個（化身）會去除此人的這個不正確的執著。同樣，我的空語就像化身一樣，（它）能去除對於如同變化女子的所有那些空無自性的事物所起的這個有自性的執著。

就如此處所說，有將不正確的執著闡述爲所破及將它所執著的自性存在當作所破兩種。[357]然而，後者是主要的所破，因爲爲了使不正確的心止息，首先必須破除它所執著的境，[358]這也就是用緣起（的因）來破除人和法之上的自體有的自性等。[359]這種所破必然不屬於所知的範疇，因爲如果它存在就無法加以破除。[360]雖然如此，由於產生了執〔它〕爲有的增益，所以必須加以破除。至於破除則不是像鎚子擊碎瓶子那樣，而是對於不存在者發起認識不存在的定解，因爲一旦對於不存在產生決定，執著〔它〕爲有的錯亂識就會止息。[361]同樣，用正理來證明也不是像種子發出苗芽那樣，新成立一個前所未有的〔事〕，而是對那個法的本來面目發起定解，認識到它「確實是這樣」。

[362]《迴諍論》中也說③：

【反方】「即使沒有言辭，
不存在的否定也應當能夠成立。④」

【自方】此處言辭是令人理解「不存在」，
而不是毀滅。

此處的《自釋》說⑤：

你說：「即使沒有——或者說除去——你的言辭，不存在的否定都能成立，那麼，你所說的『一切事物都是無自性』這話有什麼用處？」

對此（我們⑥）說「一切事物都是無自性」這話並不是把諸事變成無自性，然而，當自性不存在時，它使人理解「諸事都是無自性」。

例如，當提婆達多不在家時，某人說：「提婆達多在家裡。」對於〔提婆達多〕不在〔家〕，〔另〕一個人說：「不在。」這時此話不會使提婆達多變成不存在，只是顯示提婆達多不可能在家而已。同樣道理，由於對一切事物都沒有自性——就像幻化的人一樣遠離眞人的體性——的愚痴，受無明迷惑的諸愚夫作了有自性的增益。「諸事的自性不存在」這話並不創造諸事的無自性，然而，卻能使那些人理解自性不存在。

因此，對此（你⑦）說道：「當自性不存在時，即使沒有言辭——或除去言辭——自性不存在仍然能夠成立。那麼，『自性不存在』這話有什麼用？」這是不合理的。

應當依照此處明晰的解釋來加以領會。

[363] 因此，〔有些西藏人〕認爲「如果存在則無法破，如果不存在則不需要破，因此遠離破

和立，所以用破除和成立的正理作許多分析只是喜愛在名言言辭上周旋而已。」這是對於道和正理的破和立尚未現起總義，便說出自相矛盾的胡言亂語。因爲(1)（這些人）自己顯示了「有則無法破、沒有則不需要破」的理由之後，在破除對方破和立的分析的同時，卻認爲不可以破和立；(2)提出（這種）理由的人對於對方「必須破立」的主張也不應當加以破除，因爲有則無法破，沒有則不需要破。

[364] 用殊勝的正理來破除是爲了消除顛倒錯亂的分別，用正理來成立是產生不顛倒決定的方法，因此，希望去除顛倒心及發起不顛倒心的人應當追隨龍樹等（智者及成就者）的正理之聚，對破和立無誤地發起決定。

[365]【問題】如果用正理這樣加以破除是爲了憑藉否定顛倒的執取（境）而產生不顛倒的決定，那麼，用正理加以破除的是怎樣一種心的執取境？

【回答】總的來說，執取所破的分別雖然沒有邊際，但是應當善爲認識成爲一切過失之本的顛倒的分別，然後破除它的所著境，因爲它止息後，一切過失都會退滅。

[366] 此外，對於貪等其他（煩惱）所說的對治是部分的對治，而對於無明所說的對治則是一切（煩惱）的對治，所以無明是一切過失的根本。《明句論》說⑧：

在諸佛從諸世間之行的角度依照二諦在此宣說的

契經等廣大的九種教之中，

爲了消除貪欲而說的不能斷盡瞋恚，

爲了消除瞋恚而說的也不能斷盡貪欲，

爲了斷盡我慢等所說的也不能摧毀其他的污垢，

因此，它們不是普遍的，那一類言論不具備廣大的利益。

爲了斷盡愚痴而說的能夠摧毀所有的煩惱，

諸佛說一切煩惱都依賴於愚痴。

[367]【問題】那麼，這個愚痴是怎麼樣的？

【回答】執著內外諸法爲自相有的增益自性之心是此處的無明。《四百論釋》說⑨：

過度地增益事物自體的識——由染污無知之力而對諸事懷有貪著並進入生死的種子——的徹底息滅被安立爲輪迴的止息。爲了顯示這個道理，〔根本（頌）〕說道：

生死的種子是識，
諸境是它的境界，
如果見到境是無我，
生死的種子就會息滅。

依照所說的方式，由見到境沒有自性，成爲貪的因和生死的種子的識就會徹底止息，由此諸聲聞、獨覺以及獲得無生法忍的菩薩被安立爲止息生死。

[368] 它又被稱作「諦實執」。

就如身根〔遍布〕於身體，
愚痴安住於一切，
所以由摧毀痴，
就能摧毀一切煩惱。

此處的《四百論釋》說⑩：

愚痴是隨著對那些〔事物〕的諦實分別而產生迷惑，由此而進入過度地增益事物諦實〔有〕的自體。

【反方】這樣，如果無明是輪迴的根本，那麼《入中論》和《明句論》中薩迦耶見是輪迴的根本的說法就不合理，因爲兩個主因是沒有的。

【回答】其他阿闍黎所承認的有關無明和薩迦耶見的主張在中士的時候⑪已經講了。此處，至於月稱阿闍黎的主張，其他諸中觀師認爲執著事物爲諦實是所知障，〔他〕則認爲是無明，並且〔月稱阿闍黎〕認爲它是染污無明——如前所引述的《四百論釋》便說是染污的⑫。並且《入中論釋》也說⑬：

它在觀事物本來面目上迷惑有情，所以是愚痴或無明；增益事物不存在的自體，以障蔽見自性爲性，就是世俗⑭。

又說⑮：

因此，由有支⑯中所包含的染污無明之力，世俗諦得以安立。

由於此處將〔無明〕解釋成十二緣起中的第一支，所以是煩惱，而不是所知障。

[369]【問題】那麼，所知障是什麼？

【回答】這在後文中將作開示⑰。

[370]這樣，列於十二支⑱之首的這個無明是輪迴的根本，薩迦耶見也被解釋成輪迴的根本，對此由於無明是總，薩迦耶見是別⑲，所以沒有矛盾。[371]其中，無明是明的反面，明也不是指任何一種，而是指明了⑳無我眞實的慧。至於它的反面，不只是這個慧不存在或僅僅是與它不同，而是執與它相反者㉑。[372]那就是增益我，也就是增益法我與增益人我兩者，所以，法我執和人我執兩者都是無明。

[373]因此，在顯示薩迦耶見是其他一切煩惱的根本時，並不表示無明不是根本。

只要對蘊有執著，那時此人就有我執……㉒

其中在開示迷惑於法我的無明是迷惑於人我的因時，顯示了無明的兩個部分成為因果的情況，所以，開示薩迦耶見為無明之外的一切煩惱的根本是不矛盾的。[374]如果不懂得這樣解釋〔月稱〕阿闍黎的旨趣，就很難消除輪迴根本的兩種說法之間的矛盾。

[375]這種確認無明的方式是龍樹依怙的觀點，如《空性七十頌》說㉓：

將因緣所生的事
分別為眞實，
大師稱之為無明，
由此而產生十二支。
因為見到眞實而善知事物是空，
無明則不生起，
這就是無明的止息，
因此十二支就會止息。

並且，與《根本慧論》第二十六品的說法也相符合㉔：

無明止息時，
諸行則不生，
無明的止息
是用了知㉕來修習它㉖。
由〔（十二）支中前面的〕種種的止息，
〔後面的〕種種就不會出現，
這樣這個純粹的苦蘊
眞正得以止息。

並且，與「只要對蘊有執著……」㉗中執蘊是輪迴根本的說法也極爲吻合。

[376]（這）也是聖天論師的主張，（這）在前面所引的〔《四百論》的頌文〕「就如身根〔遍布〕於身體……」以及「輪迴的根本是識……」㉘中顯示得非常明顯。

[377]〔龍樹〕阿闍黎在《中論》中所說的所有破除所破的正理全部都是由破除愚痴對於諸法

所增益的自體有的自性而顯示諸法的無自性，所以純粹是爲了破除無明的執取〔境〕才宣說種種正理。對此《〈中論〉佛護釋》說㉙：

【問題】講授緣起有什麼必要？

【回答】以悲爲自性的阿闍黎見到諸有情被種種苦所逼迫後，爲了解脫他們而想要開示諸事的眞實——如所有性，因此開始講授緣起。如說：

見到不眞實能夠束縛，
見到眞實則會解脫。

【問題】什麼是諸事的眞實——如所有性？

【回答】是無自性性。不善巧〔並且〕慧眼爲愚痴的黑暗所遮蔽〔的人〕對於諸事分別自性時，他們便產生貪和瞋。當緣起的智慧光明驅除愚痴的黑暗，並用慧眼見到諸事的無自性性時，對於沒有依托者來說其貪瞋不會生起。

[378]第二十六品的前導文㉚說㉛：

【此處（某人）發話道】你已經講述了（如何）依照大乘教典而進入勝義，現在，你不妨開示依照聲聞的教典而進入勝義。

【此處（自方）說道】

被無明所障蔽者爲了後有……㉜

第二十七品的前導文也說㉝：

【此處（某人）發話道】現在你不妨依照與聲聞乘相應的契經㉞而開示見的種類不容存在。

【此處（自方）說道】

所謂在過去的時候曾經存在……㉟

所以，佛護論師顯然也認爲十二支之首的無明是對事物增益自性，並且承認聲聞獨覺也能通達法無我。[379]所以，應該知道「法我執是十二支中的無明」是（成立）聲聞獨覺通達法無自性的重要證明。

[380]《四百論》說㊱：

> 以分別而觀是束縛，
> 在此必須將它破除。

其中分別不是指一切分別，而是將諸法增益爲自體有的分別。此處的解釋說㊲：

> 分別是增益不眞實的自性之義……

並且認爲它就是染污無明，所以，認爲心想「這就是它」的一切分別的境都應當用正理來破除是完全沒有作仔細的觀察。

[381]如果不是這樣，由於對於異生㊳來說眞實義是隱晦㊴的，所以就無法用不是分別（的

心）來執取空性的意思。並且，如果正理能夠違害一切分別的境，那麼對於定解的境（的損害方式）勢必也會與（損害）增益自性的錯亂邪識相類似。[382] 如果是這樣，引向涅槃位的正見必然不存在，因此，聽聞、思惟中觀諸教典等勢必全都成了徒勞無功。如《四百論》說㊵：

不可將不空者視作如空，
而說「願我得到涅槃」㊶，
諸如來說
持邪見者不能獲得涅槃。

[383] 佛教內外的諸實事師在前面所說的這個無明執取的所著境的基礎上增益了多種特徵，當這個無明的執取境被根除時，所有這些由宗派之力而安立者就像斷了根的樹一樣全都退滅。因此，有智慧的人應當知道俱生無明的所著境是所破的根本，對於破除僅由持宗派論者所假立的分別（無明的境）則不應多費功夫，因為：⑴這樣破除所破並不是因為無所事事，而是見到以這個所破為境的邪分別能將有情束縛在生死之中，所以才去破除它的境，並且將一切有情束縛在生死之中的是俱生無明；⑵只有那些持宗派論者才有分別無明，所以它不會是生死的

根本。對此分別地㊷獲得決定是極為重要的。

[384] 這樣，執取所破的最為究竟的邪分別是十二支之首的俱生無明，諸分別所破也唯獨是在前者的基礎上加以增益，所以根識等無分別識的一切執取（境）無論何時都不能用正理來破除。[385] 因此，（其）執取（境）應當用正理加以破除的心唯獨是意識分別，並且那就是兩種我執，或是對它們所假立的境增益特徵的諸分別，而不是指一切分別。

[386]【問題】那麼，這個無明是以怎樣的方式來增益自性？

【回答】總的來說，在這位（月稱）阿闍黎的論典中雖然對於僅僅在世俗中成立的諸事使用「自性」或「自體」的名字的情形並非鮮見，但是在此處（「自性」等）是執著諸境——無論是人或法——不是憑藉心的力量所安立，而是這些法從它們自己那一方面具有一種存在或安住的方式，對於這（種增益心）所執取的所著境或諸法各自的安住方式——所謂「我」或「自性」——應當以模擬的途徑加以確認。如在「所有這些都沒有自在，所以我不存在㊸。」一處的《四百論釋》指出以下這些都是同義詞㊹：

在此，對於是自體、自性、自在或不依賴於他性者來說……

[387] 其中「不依賴於他」不是指不依賴於因緣；名言識的心稱作「他」，由於不是憑藉它的力量所安立，所以是不依賴於他。由此緣故，〔這種自性〕稱作自在，也就是這些境各自的存在或安住方式的獨有的體性，這又稱作「自體」或自己的「自性」。

例如，對於在繩子之上假立的蛇，不考慮從執蛇之心的角度如何被假立，如果去分析蛇從自體的角度是怎樣一種情形，則在境的方面蛇本身不成立，所以對於它的特徵無可分析。同樣，對於這些法在名言心之前如何顯現的顯現方式不作分析，而是從境的方面去分析，思考「這些法本身的存在方式究竟如何」，則什麼都不存在。如果不這樣認識，而是執著這些法從它們自己那一邊具有某種可以度量的存在方式，並非憑藉名言識的力量而安立（，則是執著「自性」等）。《四百論釋》中這樣說明自體不成立的方式㊺：

對於唯獨有分別時才存在、沒有分別則不存在者，絕對應當確定它們就像盤繞的繩子之上所假立的蛇一樣，自體不存在㊻。

[388] 因此，不是由內心之力而安立，而是在境之上以自體的方式而成立，叫做「我」或「自性」。它在具有性質的事㊼人之上不存在稱爲人無我，在眼、鼻等法之上不存在稱爲法無我，由

此能夠推知執著人和法之上有這種自性就是〔人和法〕二我的執著。[389]如《四百論釋》說㊽：

其中所謂我是諸事的不依賴於其他㊾的體性㊿、自性，它不存在就是無我。由法、人之分而知道它有兩種——「法無我」和「人無我」。

[390]【反方】將人執著爲自相成立不應當是人我執，否則觀別的有情後將〔他們〕執爲自相成立也會變成人我執；如果承認這一點，〔這種人我執〕勢必會成爲薩迦耶見，然而它不會起「我」的念頭而加以執取，所以不應當是薩迦耶見。

【回答】就如前文曾經指出，人有自性被解釋爲人我，所以必須承認執著人有自性是人我執。然而，人我執不被薩迦耶見所涵蓋。

[391]【問題】那麼，成爲薩迦耶見的那種我執應當是怎樣一種情形？

【回答】就如正量部㊿有些人觀蘊而執著爲我，分別薩迦耶見的我執雖然似乎不確定，然而，至於俱生薩迦耶見，《入中論》中則否定是以蘊爲所緣㊿，解釋中說緣依賴〔蘊〕而假立的我是〔它的〕所緣，所以〔它〕並不緣蘊，而是緣人。[392]另外，〔這個〕人又必須是發生「我」想的執著生起的依托，所以，〔屬於〕其他相續的人不是〔俱生薩迦耶見的〕所緣。

[393] 至於對這個所緣如何加以執取的行相，《入中論釋》說53：

其中，薩迦耶見是進入起「我」和「我的」的念頭的那種行相……

因此，不只是執（這個所緣）具有自相成立的自性，而是必須是起「我」的念頭而執著者。

[394]《入中論釋》又說54：

……唯獨必須斷除薩迦耶見，並且要由領悟我的無我性才會斷除，所以……

因爲是說由通達（薩迦耶見的）所緣的那一個我的無我或無自性，才能以執取（境）55相反的途徑加以斷除，所以（俱生薩迦耶見）必定是執取這個慧的反面。

[395] 另外，它是把人執著爲自性有，所以是起「自相成立的我」的念頭而執著。執著我所的薩迦耶見也應當以它爲例而加以了解。不執著「我」或「我的」，而是執人是實物有的執著

是迷惑於人我的無明，所以並非不是煩惱。

[396] 因此，在(1)唯獨將自體有的自性安立為我和(2)將僅僅起「我」的念頭的心的境當作我這兩者之中，前者是正理的所破，由於在名言中承認後者，所以不加以破除。[397] 這是顯示不破除俱生薩迦耶見的所緣，然而它的行相的執取（境）[56]是自體有的我，所以對它不可不破。例如，將聲執為常的所緣——聲音——雖然不需要破，但是，這與破除這種（執著）的所著境——常的聲——不矛盾。

因此，對於聖者父子和兩位阿闍黎[57]的論典中「如果是自性有[58]……」「如果是自體有……」「如果是自相有[59]……」「如果是實物有……」（這些）破除（別的體系）的言論中的自性等，應當依照前面的開示加以了解。此外，開示它們不存在的那些言辭的意思是顯示無明所執著的境不存在，應當這樣加以理解。

〔申二〕對於其他的所破加不加這個（簡別）的情形

[398] 對於兔角和石女之子等完全不存在者，在談論（它們）「不存在」時不需要加那種簡別；同樣，雖然屬於所知境，但是（有些法）存在於某些時間和地點，在某些時間和地點則不存在，在談論它們在某時某地不存在時，也不需要加這種〔「從自性的角度」等〕簡別。

[399] 此外，中觀師在破除（自己）不承認名言中有的佛教內外部派的實事師以自己特有的主張而增益的事情時，除了有時順著〔實事師的〕觀念對這些〔所破的對象〕加上〔簡別〕之外，實際上所謂「自體有的自性」的簡別是不需要另加的，因為那些持宗派論者對於那些〔所破的對象〕早已承認這個意思⑥⓪。

[400] 除了這些之外，中觀師在破除無論哪一類名言中所安立的事時，如果不加這種簡別，破除者的正理本身也會出現同等的過失，所以只是成為似能破而已，因此必須加上〔簡別〕。

[401] 此外就如前文所說，中觀師在名言中所安立的諸事必須不被分析自性是否存在的正理及名言量所違害，否則在名言中就完全不能區分不承認自在（天）與承認色聲等的差別，這樣就無法確立「這是道，那不是道，這樣的宗派是合理的，那樣則不合理」等任何世間與出世間的建立，因此，在自性空之中生死涅槃的一切建立都合乎道理的特法就不能成立。[402] 這樣，如果即使量不能違害，對此尚要加以破除，則會成為智者恥笑的對象。因此，在論及破除它們時毫無疑問應當加上這種簡別。

[403]《四百論釋》與《正理六十頌釋》在破除所破時使用這種簡別的情形極爲常見，在《根本慧論》的教典、《〈中論〉佛護釋》、《明句論》及《入中論》根本頌及解釋中也有許多時候加了〔簡別〕，所以，看到文辭太爲冗長，並考慮到未加者也很容易由已加〔簡別〕的情形推知，所以對於未加的情形也必須加上〔簡別〕，這是因爲對於這些〔事〕加與不加沒有絲毫差別。

[404]此外，〔這些教典中〕加上「作觀察」的簡別的情形也很多——如說「作觀察時，則不存在。」這就如前文所說：如果是自體有則必然能被分析眞理的正理找到；然而，由於不能找到，所以自體有的事不存在。因此，應當知道這和「自體有的自性不存在」的說法是同一個要點。如《四百論釋》說㉛：

如果這些事物不是像旋火輪㉜和變化㉝那樣，由於欺誑性而成爲無事，那時，用正理作分析時必定像純金等一樣，能極爲明顯地見到自體；然而，這些是具備純粹顚倒之因者，因此，用分析之火來鍛煉時自體並非不消失。

〔申三〕說明對於所破是否要加「勝義」的簡別

[405] 主張對所破加勝義的簡別是中觀自續師獨有的觀點是極不合理的。《入中論釋》引述如下佛母㉔中的說法，並說必須加以承認㉕：

【舍利子問須菩提】長老須菩提㉖，得不存在，現觀㉗不存在嗎？【須菩提回答道】長老舍利子，得是有的，現觀也是有的，然而不是以二（相）的形式。長老舍利弗，得和現觀是從世間名言的角度而有，預流㉘、一來㉙、不還㉚、阿羅漢、獨覺和菩薩㉛也是從世間名言的角度而有，從勝義的角度則既沒有得，也沒有現觀。

難道可以說這是自續派的經嗎？了義經中這樣加勝義簡別的情形顯然是極為常見的。

[406]《空性七十頌》也說㉜：

佛依靠世間名言之力
而講說安住、出生、壞滅、有、無
以及低劣、平等或殊勝，
而不是依靠眞實之力。

《寶鬘論》說[73]：

所謂「我和我所存在」，
這在勝義中不存在[74]。

又說[75]：

某個〔果〕的種子是虛妄，
它的生怎麼會是諦實（而[76]有）？

又說⑰：

同樣，在如同幻化的世間中
生和滅雖然顯現，
但是在勝義中
生和滅不存在。

其中對於所破加「勝義」、「諦實」和「眞實」的說法很多。不加這些時，加自體、自性和自相不成立簡別的情形也是極多的。

[407]《（中論）佛護釋》也說⑱：

（《中論》）說⑲：

諸佛依照二諦
而開示法，

〔二諦即〕世間世俗諦以及勝義諦。

此處，依照世間的世俗諦而說：「瓶子是有的，竹席[80]是有的」，依照它也說這些是無常——「瓶子碎了，竹席被燒了」。一旦開始思惟眞實，那時由於瓶子和竹席是依仗而假立，所以是不合理的，那麼，它們的破碎和燒毀怎麼會合理？

此外，依照世間的世俗之力也可以談論如來是無常：「如來年事已高，如來已經入涅槃。」在思惟勝義時，如來本身尚且不合理，衰老和涅槃怎麼會合理？

[408] 月稱阿闍黎也說是破除諦實的生，而不是破純粹的生。《正理六十頌釋》說：[81]

由何種相狀[82]而見到影子——見到依仗而生、純屬虛妄者——對它我不說不生。然而，在何種自性之中它被安立爲不生起，在此之中則說它是不生。

【問題】它在什麼自性中被安立爲無生？

【回答】是在承認諦實的自性之中，而不是在虛妄的體性中——因爲在那個體性中承認它是緣起。

也這是說，不破虛妄如幻的生，而是破除諦實的生，所以才說依仗而生與自性不生二者是不矛盾的。

這部論又說⑧³：

因此，這樣生和不生二者的境是不同的，所以怎麼會彼此矛盾呢？

又說⑧⁴：

當我們說「依仗而生者就像影子一樣，是自性不生」時，哪裡會有爭辯的機會？

這是針對「依仗而生與自性不生是自相矛盾」的爭辯而作出的答覆。

[409]《入中論》也說[85]：

因此，依靠這種次第應當知道

事物本來〔在〕眞實〔中〕不生，而是〔在〕世間〔中〕生。

其中對於不生加了「眞實」的簡別。（此論）又說[86]：

就如瓶子等這些在眞實中不存在，

而在世間所熟知中是存在的；

一切事物都是如此，

所以不至於與石女之子相等。

這是說內外的一切事在眞實中不存在，然而在名言中是有的，所以對於所破並不是不加勝義的簡別。

[410] 總之，如果完全不承認對於所破加勝義簡別，則無法分辨「在勝義中是如此，在世俗中是這般」的二諦的差別，[411] 因此，由於任何〔經論〕中都不曾談到這樣的中觀師，所以〔這〕純粹是邪分別。

[412]《明句論》中否定對所破加勝義的簡別是針對破自生，而不是針對純粹的生，這一點在這部解釋⑰中是極爲明顯的。《入中論釋》也說⑱：

〔龍樹〕阿闍黎不用簡別，說「不是從自」⑲而總地破除生。

有人這樣使用簡別：

諸事從勝義的角度不是從自身而生，因爲〔它們〕是存在的，譬如有識⑳。

此人的「勝義」的簡別是沒有意義的，對於這一點應當加以思惟。

[413] 因此，中觀自續師和應成師雙方在對所破是否加勝義簡別方面雖然沒有差別，但是，至於是否在名言中破除自體有的自性，則是有差異的。所以根據應成派，在破除外內諸法的自

體有的自性時，不需要另加「勝義」、「眞實」或「諦實」的簡別——因爲如果有自體有的自性，勢必導致勝義成立等；依照自續派，如果不對這些加上「從勝義的角度」等，則無法加以破除，所以才加上「從勝義的角度」、「從眞實的角度」或「從諦實的角度」等（詞）。[414] 然而，兩種中觀師都不承認對於生、滅、繫縛及解脫不加「勝義」或「自體有」等任何簡別能夠加以破除。

[415]【問題】那麼，從勝義的角度不存在的意思是什麼？

【回答】此處義是所知的境界，勝是「最上」，兩者同位⑪；[416] 或者勝是無分別智，由於是它的對象或境，所以是勝義；[417] 或者與現證勝義的無分別智相隨順的慧稱作勝義。

[418] 如《思度熾燃論》在解釋「此處地等從勝義的角度不是大種……⑫」一處時說⑬：

「勝義」中的「義」是所知的境界，所以是義，是「觀察的對象」或「了解的對象」的意思⑭。「勝」是「最上」一詞的語音⑮。至於複合詞⑯「勝義」，由於既是勝又是義，所以是勝義。

[419] 或者是勝之義：因爲是最勝無分別智的義，所以是勝義。

[420] 或者是與勝義相順：與勝義的證悟相隨順的慧具備這個勝義〔作爲

境〕，所以是和勝義相順。

[421] 說「從這個勝義的角度不存在」或「沒有」〔時，〕其中的勝義是後者。上面這部論說：[97]

【問題】那麼，勝義是超離一切心者，否定事物的自性是文字的境界，所以豈不是不能否定嗎？

【回答】勝義有兩種，一種是無造作[98]而運作的出世間、無漏、無戲論者。第二種是有造作而運作，所以是與福德和智慧資糧相隨順，稱作「清淨世間智」的具有戲論者，此處是以它作為立宗的特徵，所以沒有過失。

所以，所包含的下至合理分析眞實的聞慧和思慧，而不是單指聖者的後得[99]。

[422]《中觀光明論》中的說法也是一致的[100]：

我們認為「從勝義的角度無生」等話的意思是這樣的：〔確定〕眞實義的一切聞所成、思所成和修所成慧都是不顚倒心，所以稱作「勝義」——這是因爲它們的義〔境〕是殊勝的。現見和間接⑩的差別是有的，從它們的角度來考慮，則知道所有這些事物唯獨是不生。因此，「從勝義的角度無生」這話是說：「以這些眞實的心不能成立生⑩。」

[423]《中觀莊嚴論釋難》也說⑩：

【問題】那麼，怎樣是無自性性？

【回答】對此而說「如果從眞實的角度……」「眞實」的語音指的是依靠事物的力量而運轉⑭的比量所通達的眞實的體性，是從眞實的角度去分析時是空的意思，這是說明「從眞實的角度……」及「從勝義的角度……」等。或者說只有眞實的識才稱作眞實等，因爲〔眞實或勝義等〕是它的所緣境，意思是：從眞實識的觀點來看自性不存在，從世俗識的觀點來看則並非如此。

[424]有關對於無自性加「眞實」等簡別，《般若燈論》和《熾然分別論》二部論也曾多次談論，尤其《般若燈論》對〔《中論》〕第十五品的解釋說道⑮：

此處，【某實事師說】如果是沒有自性，怎麼能算作事物？如果是事物，就不是無自性。所以，所立的宗有〔立宗的言辭〕本身損減那個意思的過失。

對於「諸事沒有自性」的宗，〔對方〕提出有自語相違的過失的爭議。作為對此的回答，上面這部論說⑩：

由於〔我們〕並不是先承認從勝義的角度諸事⑩是有自性，然後又立宗說是無自性性，所以對於所立之宗的意思並沒有損減。因此，由於因⑩的意思完全不是不成立，所以此處沒有過失。

由於承認從勝義的角度諸事是無自性性，所以就不認為是損減，因此，顯然〔清辨阿闍黎〕認為從名言的角度沒有自體有的自性就是損減。

[425] 並且，在這部論中〔清辨阿闍黎〕對於破自性確實加有勝義的簡別⑩：

從勝義的角度內部的諸事是無自性性，因為(1)是所作，並且(2)特別的表述有賴於依托[110]，譬如魔術師[111]所變化的人等。

[426] 在這裡，所有這些阿闍黎一致認同「從勝義的角度不存在」的意思是指用合理分析「眞理究竟如何」的正理來作分析時，不能以此成立爲存在。所以，這位〔清辨〕阿闍黎的諸論典中在安立世俗時也這樣說：「不進入與見眞實相隨順的分析……」〔他〕在破除自性時〔也〕常說：「用正理來作分析時是不存在的」，這些和前面〔論師的這類觀點〕是相似的。

[427] 然而，至於是否必須承認自體有能夠經得起分析眞理的正理所作的分析，則〔意見〕不一致：〔佛護和月稱〕這兩位阿闍黎認爲如果是自性有，則必然能經得起分析眞實的正理所作的分析，所以認爲必然也是勝義成立，就如前面已多次作了說明。

註釋：

① To. 4021，藏譯本全名為 dbus dang mtha' rnam par 'byed pa'i tshig le'ur byas pa，所引為第三品17頁。相應的藏譯見德格版《丹珠爾》唯識部 phi函 42頁上2-3，梵文見 Pandeya（1971）校勘本81頁，玄奘和真諦三藏的漢譯分別見《大正藏》31冊 1600號478頁中28-29及同冊 1599號455頁上13-14。

② To. 3828，第二十七頌。頌文及後面的《自釋》的藏譯見德格版《丹珠爾》中觀部 tsa 函 27 頁下 7 及同函（To. 3832）128 頁上 2－4。頌文與《自釋》的梵文見 Bhattacharya 等（1978）校勘本 27－28 頁，漢譯見《大正藏》32 冊 1631 號 18 頁下 6－14。

③ To. 3828，第 64 頌。藏譯見德格版《丹珠爾》中觀部 tsa 函 29 頁上 3，梵文見 Bhattacharya 等（1978）校勘本 48 頁，漢譯見《大正藏》32 冊 1631 號 22 頁上 21－22。

④《丹珠爾》中的藏譯：「不存在的否定的言辭豈不是不能成立？」梵文讀作：「不存在的否定的言辭（應當）能夠成立。」

⑤ To. 3832。藏譯見德格版《丹珠爾》中觀部 tsa 函 135 頁上 7 至下 5，梵文見 Bhattacharya 等（1978）校勘本 48－49 頁，漢譯見《大正藏》32 冊 1631 號 22 頁上 23 至中 5。

⑥ 梵：brūmaḥ。

⑦ 梵：bhavatā。

⑧ To. 3860，藏譯《明句論》中的這段頌文出現在《中論》第二十七品的解釋之後，見德格版《丹珠爾》中觀部 'a 函 198 頁下 5 至 199 頁上 1。La Vallée Poussin（1903–1913）梵文《明句論》校勘本所依賴的三個寫本中沒有此頌，但是出現於 Tucci 寫本，所引頌文見 De Jong（1962）《中論讚》校勘 49 頁及 Pandeya（1994）校勘本 153 頁。

⑨ To. 3865。藏譯原文見德格版《丹珠爾》中觀部 ya 函 221 頁下 3－6。下面的頌文為《四百論》十四品 25 頌，頌文的對應古譯見《大正藏》30 冊 1570 號 185 頁下 10－11。

⑩ 以上的頌文是《四百論》第六品第 10 頌，藏文和英譯見 Lang（1986）66 及 67 頁，漢譯見《法尊法師全集》（2017）第一冊 138 頁。以下解釋的藏譯見德格版《丹珠爾》中觀部 ya 函（To. 3865）112 頁下 7。

⑪ 見青海版 235 頁第 2 行以下。

⑫ 見前面 367 節所引的《四百論釋》。

⑬ To. 3862，出自對第六品 28 頌的解釋。藏文見 La Vallée Poussin（1907–1912）校勘本 107 頁及德格版《丹珠爾》中觀部 'a 函 254 頁下 5，漢譯見法尊法師（1997）譯本 57 頁。

⑭ 如前面的註解所說，與「世俗」一詞對應的梵文 saṃvṛti 和藏譯 kun rdzob 都包含「覆蓋」「障蔽」的意思。

⑮ To. 3862，出自對第六品 28 頌的解釋。藏文見 La Vallée Poussin（1907–1912）校勘本 107 頁及德格版《丹珠爾》中

觀部 'a 函255頁上1，漢譯見法尊法師（1997）譯本57頁。
⑯ 藏：srid pa'i yan lag。《四家合註》：即十二緣起。
⑰ 見青海版767頁2–20及本冊766至768節。
⑱ 藏：yan lag bcu gnyis。即「十二緣起」。
⑲ 藏：bye brag。奘譯和尊譯均作「別」，即細節，與前面的「總」（spyi）相對應。
⑳ 藏：rigs pa。即了知。
㉑ 藏：'gal zla。
㉒《寶鬘論》（To. 4158）第一品35頌的前兩句。青海版577頁7–8（本冊67節）曾引過這兩句頌文，出處見前文的注解。
㉓ To. 3827，所引為此論64及65二頌。藏文見德格版《丹珠爾》中觀部 tsa 函26頁下3–4，漢文見《法尊法師全集》（2017）第一冊114頁。
㉔《中論》二十六品的11、12二頌。藏譯見德格版《丹珠爾》中觀部 tsa 函17頁下4–5，梵文見 La Vallée Poussin（1903–1913）校勘本558–559頁，漢譯見《大正藏》30冊 1564 號 36頁下5–8。見葉少勇（2011）梵、藏、漢新校勘本474–475頁。
㉕ 藏：shes pa，梵：jñāna。
㉖《明句論》將「它」解釋為緣起。
㉗《寶鬘論》（To. 4158）第一品35頌，出處見前文的注解。
㉘《四百論》第六品第10頌及十四品25頌。青海版655頁10–12（本冊368節）及655頁4–6（本冊367節）中曾引用，出處見前面的註解。
㉙ To. 3842。藏譯見德格版《丹珠爾》中觀部 tsa 函159頁上2–6及 Saito（1984）第二部分校勘本2–3頁。
㉚ 藏：mtshams sbyor。尊譯為「結合文」。本書中也譯作「過渡性文字」。
㉛《中論佛護釋》，To. 3842。藏譯見德格版《丹珠爾》中觀部 tsa 函276頁上4。
㉜《中論》第二十六品第一頌的第一句。梵文見 De Jong（1977）校勘本40頁，漢譯見《大正藏》30冊 1564 號 36頁中20。見葉少勇（2011）梵、藏、漢新校勘本468–469頁。

㉝《中論佛護釋》，To. 3842。藏譯見德格版《丹珠爾》中觀部 tsa 函277頁上6–7。

㉞藏：mdo sde'i mtha'。此處的譯文將這個詞讀作梵文 sūtrānta 的藏譯，尊譯為「契經邊際」。如果依照《四家合註》的解釋，可譯為：「現在你不妨開示與聲聞乘相應的契經中依靠邊際的見的種類不容存在。」

㉟《中論》第二十七品第1頌的第一句。梵文見 De Jong（1977）校勘本41頁（參見 De Jong（1978）校補的記錄250頁），漢譯見《大正藏》30冊1564號36頁下27。見葉少勇（2011）梵、藏、漢新校勘本484–485頁。

㊱To. 3846，《四百論》十六品第23頌後兩句。藏譯見德格版《丹珠爾》中觀部 tsha 函18頁上4，相應的漢譯為《廣百論》第八品23頌，見《大正藏》30冊1570號186頁下22。

㊲To. 3865。藏譯見德格版《丹珠爾》中觀部 ya 函238頁上1–2。

㊳藏：so so'i skye bo。《藏漢大詞典》（張怡蓀（1993））拼作 so so skye bo，解釋為「未獲聖道的人」。

㊴藏：lkog（tu）gyur（pa）。本書中翻作「隱晦」、「隱義」、「隱微」、「隱」、「尚未現見」。奘譯有「不現見」「不現在前」、「不現前」、「隱」、「不現」，尊譯除了「不現」還有「非現見」。

㊵第八品第7頌。藏譯（To. 3846）見德格版《丹珠爾》中觀部 tsha 函第9頁上1，梵文見 Suzuki（1994）校勘本124頁，漢譯見《法尊法師全集》（2017）第一冊140頁。

㊶梵：nāśūnyam śūnyavad dṛṣṭaṃ nirvāṇaṃ me bhavatv iti。

㊷藏：dmigs phyed par，《四家合註》解釋為 so sor「分別」。

㊸To. 3846，《四百論》十四品23頌後兩句。藏譯見德格版《丹珠爾》中觀部 tsha 函16頁上4，對應的漢譯見《大正藏》30冊1570號185頁下7，藏文和英譯見 Lang（1986）134及135頁。

㊹To. 3865。藏譯見德格版《丹珠爾》中觀部 ya 函220頁下6及 Suzuki（1994）校勘本358頁。

㊺To. 3865。出自對第八品第3頌的解釋。藏譯見德格版《丹珠爾》中觀部 ya 函133頁上6–7，梵文見 Suzuki（1994）校勘本116頁。

㊻藏：rang gi ngo bo ma grub pa，梵：svarūpāsiddhi。

㊼人具有無我的性質，所以無我是特點，人是具有這個性質的事。Khyad gzhi 的舊譯也作「差別事」。

㊽To. 3865。出自對十二品13頌的解釋。藏譯原文見德格版《丹珠爾》中觀部 ya 函190頁下2–3，梵文見 Suzuki（1994）校勘本268頁。

㊾《四家合註》說不依賴於其他指不依賴於其他「分別心來作安立」。

㊿此處的梵文 svarūpa 經常與藏文 rang gi ngo bo「自體」對應。

㉛藏：mang pos bkur ba'i sde pa，梵：Saṃmatīya。奘譯為「正量部」，音譯也作「三彌底」等。有關下面所說的正量部的觀點，見《入中論釋》（To. 3862）對第六品126頌的解釋，藏文見德格版《丹珠爾》中觀部 'a 函295頁下3－5及 La Vallée Poussin（1907–1912）校勘本244頁，漢譯見法尊法師（1997）譯本128頁。

㉜第六品127頌。藏文見德格版《丹珠爾》中觀部 'a 函296頁上3及 La Vallée Poussin（1907–1912）校勘本245頁，漢譯見法尊法師（1997）譯本128頁，梵文見李學竹的第六品校勘：Li（2014）。

㉝To. 3862，出自對第六品120頌的解釋，藏文見德格版《丹珠爾》中觀部 'a 函292頁上7至下1及 La Vallée Poussin（1907–1912）校勘本234頁，漢譯見法尊法師（1997）譯本123頁。

㉞To. 3862，出自對第六品120頌的解釋，藏文見德格版《丹珠爾》中觀部 'a 函292頁下4及 La Vallée Poussin（1907–1912）校勘本234頁，漢譯見法尊法師（1997）譯本123頁。

㉟藏：'dzin stangs。

㊱藏：de'i rnam pa'i 'dzin stangs。

㊲《四家合註》說「聖者父子」分別指龍樹與聖天論師，「兩位阿闍黎」是指佛護和月稱論師。

㊳藏：rang bzhin gyis yod。

㊴藏：rang gi mtshan nyid kyis yod。

㊵《四家合註》以「他生」為例，說明有時為什麼需要順著實事師的觀念，對這些所破的對象加上「勝義」等簡別。實事師們認為有為法與它們的因體性相異，因相對於果來說是「他」，所以有為法是從他（體性相異的因）而生。由於實事師認為他生是勝義有等，如果最初就破他生，他們會覺得太為過分，故此對於應成師的話就不再留意，這樣就非常難破。如果按照他們的觀念，在勝義中破除從他而生，他們就會作如理的對答，這樣就很容易破除。另外，由於實事師認為凡是他生都是勝義有等，所以在勝義中破除了從他而生後，不會留下不屬勝義範疇的名言中自性有的他生。

㊶To. 3865。出自對《四百論》十四品第1頌的解釋，藏譯見德格版《丹珠爾》中觀部 ya 函209頁上6－7，梵文見 Suzuki（1994）校勘本第312－314頁。

⑥² 藏：mgal me'i 'khor lo，梵：alātacakra。快速旋轉火炬時火的光影連成一圈，而顯現出火輪的形狀。

⑥³ 藏：sprul pa。

⑥⁴ 藏：yum。《四家合註》：佛母經即《般若經》。

⑥⁵ To. 3862。出自《自釋》對第六品173頌的解釋，藏文見德格版《丹珠爾》中觀部'a函311頁上3–5及La Vallée Poussin（1907–1912）校勘本295頁，漢文見法尊法師（1997）譯本第156頁。這段經文出現於《二萬五千頌般若波羅蜜多經》，梵文見Dutt（1934）校勘本260–261頁，英譯見Conze（1975）譯本196頁，漢譯見《大正藏》第7冊220經（《大般若經》第二會）129頁中12–22與第8冊222經（《光讚經》）208頁下28至209頁上4（《大正藏》221及223經為異譯本）。參見Tauscher（1981）115–116頁注46。類似的經文的藏譯見德格版《甘珠爾》般若部nga函（To. 8，《十萬頌般若波羅蜜多經》）239頁下2–6，與此相應的漢譯見《大正藏》第5冊220經（《大般若經》初會）419頁下7–16。

⑥⁶ 藏：rab 'byor。「須菩提」是梵文subhūti的音譯，奘譯為「善現」。

⑥⁷ 藏：mngon par rtogs pa。古譯也作「證」。

⑥⁸ 藏：rgyun zhugs，梵：srota-āpanna，音譯也作「須陀洹」。《四家合註》：發起與涅槃道之流相應的猛勵精進，所以稱為預流（預是進入的意思），這類聖者還要在生死中轉轉受生七次（指在欲界中），其中包括家家（藏：rigs nas rigs su skye ba）等。

⑥⁹ 藏：lan cig phyir 'ong ba，梵：sakṛdāgāmin，音譯也作「斯陀含」。《四家合註》：安住於一來果的聖者由業、煩惱的緣故仍然將在欲界受生一次。

⑦⁰ 藏：phyir mi 'ong ba，梵：anāgāmin。音譯也作「阿那含」。《四家合註》：不還不再由業、煩惱的力量而受生欲界。

⑦¹《四家合註》：阿羅漢已斷三界一切煩惱（以上四種聖者是小乘的四果）；獨覺在最後一生中不依止師長而自證菩提；菩薩則是發菩提心而圓滿修行自他二利。

⑦² To. 3827，《空性七十頌》的第一頌。藏譯見德格版《丹珠爾》中觀部tsa函24頁上6–7，漢文見《法尊法師全集》（2017）第一冊111頁。

⑦³ To. 4158，第一品28頌的前兩句，梵文見Hahn（1982）校勘本12頁，藏譯見同書13頁及德格版《丹珠爾》書翰部

ge函108頁上2，相應的漢文古譯見《大正藏》32冊1656號494頁上1。

⑭《甘珠爾》的原文為 bdag yod bdag gi yod ces pa/'di ni dam pa'i don du log/，與梵文更為接近。

⑮ To. 4158，第一品29頌的後兩句，梵文見 Hahn（1982）校勘本12頁，藏譯見同書13頁及德格版《丹珠爾》書翰部ge函108頁上3，相應的漢文古譯見《大正藏》32冊1656號494頁上4。

⑯ 梵：satyataḥ，即從諦實的角度。

⑰ To. 4158，第二品11頌，梵文見 Hahn（1982）校勘本44頁，藏譯見同書45頁及德格版《丹珠爾》書翰部ge函111頁上2－3，與此對應的漢文古譯見《大正藏》32冊1656號495頁下21。

⑱ To. 3842，藏譯見德格版《丹珠爾》中觀部tsa函266頁下5至267頁上1。

⑲ To. 3824，《中論》二十四品第8頌，梵文見 De Jong（1977）校勘本34頁，藏譯見德格版《丹珠爾》中觀部tsa函14頁下7至15頁上1，漢譯見《大正藏》30冊1564號32頁下16－17。見葉少勇（2011）梵、藏、漢新校勘本420－421頁。

⑳ 藏：sab ma。這個詞的另一個意思是竹籬。

㉑ To. 3864。藏譯見德格版《丹珠爾》中觀部ya函27頁上2－4及 Scherrer-Schaub（1991）校勘本87頁。此處所引述者與《丹珠爾》中的譯文在文字上頗有差異，下面緊接著從這部論所引的兩段文字也與《丹珠爾》的譯本有所不同。

㉒ 藏：rnam pa。

㉓ To. 3864。藏譯見德格版《丹珠爾》中觀部ya函27頁上4及 Scherrer-Schaub（1991）校勘本87頁。

㉔ To. 3864。藏譯見德格版《丹珠爾》中觀部ya函27頁上1－2及 Scherrer-Schaub（1991）校勘本87頁。

㉕ To. 3861，第六品93頌後二句。藏文見德格版《丹珠爾》中觀部'a函208頁下5及 La Vallée Poussin（1907–1912）校勘本193頁，漢譯見法尊法師（1997）譯本102頁，梵文見李學竹的第六品校勘：Li（2014）。

㉖ To. 3861，第六品113頌。藏文見德格版《丹珠爾》中觀部'a函209頁下6及 La Vallée Poussin（1907–1912）校勘本223頁，漢譯見法尊法師（1997）譯本118頁，梵文見李學竹的第六品校勘：Li（2014）。

㉗ 藏：'grel pa。

㉘ To. 3862，出自對第六品12頌的解釋。藏文見德格版《丹珠爾》中觀部'a函248頁上7至下1及 La Vallée Poussin

（1907–1912）校勘本86頁，漢譯見法尊法師（1997）譯本46頁。

⑧⑨ 出自《中論》的第一品第1頌，詳見後文。

⑨⓪ 這段論式與清辨論師在《般若燈論》中所用的極為相似。《般若燈論》中相關文字的藏譯（To. 3853）見德格版《丹珠爾》中觀部 tsha 函 49 頁上 2–3，漢譯見《大正藏》30 冊 1566 號 52 頁下 1–3，《明句論》中所引的梵文原文見 La Vallée Poussin（1903–1913）校勘本 25–26 頁及 MacDonald（2015）第一冊 167–168 頁，明句論的藏譯（To. 3860）見德格版《丹珠爾》中觀部 'a 函第 8 頁下 2–3。清辨論師的原文及《明句論》的引述中「諸事」被「內（部）的諸處（梵：ādhyātmikāny āyatanāni，藏：nang gi skye mched rnams）」所取代。在《菩提道次第廣論》中「有識」一詞藏文為 sems pa can，然而《般若燈論》的藏譯等大都使用 shes pa yod pa，梵文為 caitanya。觀音禁行論師在《般若燈論廣疏》（To. 3859，德格版《丹珠爾》中觀部 wa 函 67 頁下 6–7）中說：「數論等典籍中說『士夫（藏：skyes bu，梵：puruṣa）的自性是有識（shes pa yod pa）』，是關於『我』的言論的異名。」觀音禁行論師又解釋說（同函 68 頁上 4–5）「有識」不從自身而生對於敵手（如數論師）能夠成立，對於自方從世俗的角度也能成立。

⑨① 藏：gzhi mthun。《四家合註》：既是勝，又是義，所以叫做「勝義」。

⑨② To. 3855，清辨論師所造《中觀心論》第三品 26 頌的前兩句。藏譯見德格版《丹珠爾》中觀部 dza 函第 4 頁下 4，梵文見 Lindtner（2001）校勘本第 10 頁。

⑨③ To. 3856，《思度熾燃論》的藏譯見德格版《丹珠爾》中觀部 dza 函 59 頁上 7 至下 2。見 Iida（1980）82–83 頁中的藏文和英譯。

⑨④ 藏：tha tshig，奘譯為「義」（梵：artha）。尊譯採用「增語」，與奘譯「增語」對應的梵文為 adhivacana「名字」。

⑨⑤ 藏：sgra，梵：śabda。奘譯有「音聲」、「言音」、「聲」等。

⑨⑥ 藏：bsdu ba，梵：samāsa。

⑨⑦ To. 3856，《思度熾燃論》的藏譯見德格版《丹珠爾》中觀部 dza 函 60 頁下 3 至 5。

⑨⑧ 藏：mngon par 'du byed pa。

⑨⑨ 藏：rjes thob。

⑩ To. 3887，藏譯見《德格版》中觀部 sa 函229頁下1－3。

⑩ 藏：brgyud pa。奘譯為「展轉」。

⑩ 這段解釋以及這一節中所引的《中觀心論》、《思度熾燃論》、《中觀莊嚴論釋難》都支持將 don dam par 讀作「從勝義的角度」，而不是「在勝義中」。

⑩ To. 3886，此論藏文全名為 dbu ma'i rgyan gyi dka' 'grel，是蓮華戒對寂護《中觀莊嚴論》一書的解釋。藏文見德格版《丹珠爾》中觀部 sa 函86頁下5至87頁上1。

⑩ 藏：dngos po'i stobs kyis zhugs pa，尊譯為「隨事勢轉」。比量之中有一種為 dngos po'i stobs kyis zhugs pa'i rjes su dpag pa，法尊法師稱作「事力比量」（見《法尊法師佛學論文集》（1990）中《法稱因明學中「心明」差別略說》一文，166頁）。《四家合註》：依靠觀察某個顯而易見之事的力量來測度其他隱晦之事的正理稱作依靠事力而運轉的正理，依靠這個正理作為依托而直接引發的心識就是依靠事力而運轉的比量。

⑩ To. 3853。藏譯見德格版《丹珠爾》中觀部 tsha 函157頁上4－5，相應的漢譯見《大正藏》30冊1566號93頁中21－22。

⑩ To. 3853。藏譯見德格版《丹珠爾》中觀部 tsha 函157頁上6－7，相應的漢譯見《大正藏》30冊1566號93頁中24－26。

⑩ 此處青海版讀作 dngos po rnam pa，現依《四家合註》本及 Khangkar（2001）校勘本改作 dngos po rnams。

⑩ 藏：gtan tshigs。這裡所說的「因」是因明量式中的理由，即宗、因、喻中的因。

⑩ To. 3853，藏譯見德格版《丹珠爾》中觀部 tsha 函158頁下4－5，相應的漢譯見《大正藏》30冊1566號93頁下15－17。

⑩ 藏：brten pa（《四家合註》作 rten pa）。根據《四家合註》，這句話是說明這個量式中因或理由的周遍。其中「特別的表述」是指「所作」的因或理由，「依托」是指有法或論式的主題，即因緣所作的諸事，因此兩者之間的依賴關係是說明因的周遍。然而，在《丹珠爾》的藏文中，brten pa 應讀作 bstan pa，所以這句話可讀作：「並且因為有賴於開示特別的表述。」

⑪ 藏：sgyu ma mkhan，也作 sgyu ma byed pa。舊譯有「幻師」、「幻士」、「幻者」等。

【第三章】

應成與自續

【第一節】有關應成與自續的含義的錯誤觀點

〔午二〕破除所破應當使用應成還是自續

分兩個部分：

未一、確認應成和自續的意思

未二、應當追隨兩者之中的哪一種在相續中產生（正）見

〔未二〕

確定應成和自續的意思

[428] 在佛護阿闍黎的解釋中雖然沒有明顯地區分應成和自續兩者而創立應成，然而（佛護論師）在對「不是從自身，不是從他，不是從二者，不是無因，任何事物在任何處所、在任何時候都沒有生①。」（一處）作註解時，是由對別人的體系提出責難的方式而破除四種生的②。[429] 對此，清辨阿闍黎舉出了「既不能成立自宗又不能破除他宗」的過失而作了否定③。[430] 月稱論師在詳細解釋這種過失對佛護的體系並不適用的理由時，說明中觀師必須使用應成的方法在相續中產生中觀見，自續則是不合理的④，這樣否定反方而闡明了應成的宗。

這樣的應成與自續二者的安立方式分兩個部分：

申一、破除別人的觀點

申二、安立自己的觀點

〔申一〕破除別人的觀點

分兩個部分：

酉一、陳述主張

酉二、對這些（主張）加以破除

〔酉一〕陳述主張⑤

[431]安立應成和自續的方式顯然很多，[432]然而誰能對它們一一盡述？所以（我）將敘說它們之中的某一些（觀點）。

其中[433]賈雅阿難陀是這樣講的——《入中論疏》說⑥：

對此【有人說】如果〔你〕接受應成的因⑦，那麼它是不是由量所成立？此處如果是第一種情況〔即由量所成立〕，那麼，這時候對於〔辯論的〕雙方來說都成立，所以怎麼能說是「〔僅僅〕被對方所承認」？如果是第二種情況〔即這個因不是由量所成立〕，則不適合被對方所接受，所以怎麼可以說是「被對方所承認」？

【對此的回答】「量所成立者對於雙方都成立」是我所不知道的。是這樣的：立論者⑧在提出能立⑨時，對於提出因者即使是由量所成立，然而，他怎麼會知道對於別人來說是由量所成立？因為他人之心的特徵不是現識或比量的境界。由於長久以來受錯亂之因的控制，所以有欺誑的可能，因此，即使對於自己來說，又怎能知道是由量所成立？

所以，是憑藉立論者和對論者承認為量的力量而接受諸事的自性。因此，是依靠對方所承認者而破除對方的宗。

這是說立論者不知道對於對論者來說因是不是由量所成立，因為立論者的〔現、比〕兩種量不能確立後者的想法；連自己也不知道因是否由量所成立，因為即使自己斷定是由量所成立，仍然可能有欺誑。因此，對於雙方都由量所成立的因是不存在的。因此，由於終究〔只〕是承認是量，所以雖然不是由量所成立，但是從承認的角度來破除〔對方的論點〕是合理的。

此論又說⑩：

此外，對於自續因這一方來說，如果能用量來成立因和所立⑪之間的遍⑫，那時自續就會成為能立⑬，然而遍是不成立的。其原因是能成立遍的量是現識和比量。其中現識姑且不能成立遍：雖然在廚房裡用現識和不見⑭能夠〔分別〕通達火和煙之間「如果有此就有彼」、「如果沒有彼就沒有此」的缺之則無⑮〔的關係〕，對於一切的境界中都存在則不能〔通達〕。

用比量也不能〔成立這種周遍的關係〕，因為它的境界也是特定的。是這樣的：比量的境並不包容一切，因為只有對於和所立相關聯的因存在的處所才會生起對於無常等的認知，而不是對於一切的時間和處所。

因此，只是從世間認可的角度來成立遍，而不是用量。所以，用應成的因來破除別人的宗怎麼會不合理？

也就是說：如果能用量來成立有煙被有火所周遍以及所作性被無常所周遍⑯，那麼自續固然是合理的，然而卻不能成立。因爲如果由量所成立，則必須成立一切時間和處所的「煙」與「所作性」〔分別〕被「火的存在」和「無常」所周遍，然而成立遍的現識和比量只有在廚房和瓶子之上才能證實，所以是很零星的。因此，遍必須單是依靠認可來成立。看來這位〔班智達〕認爲使用三相⑰由量所成立的因就是自續，使用歸根結柢只是被認可的三相就是應成。

[434] 這位班智達⑱門下的譯師⑲們是這樣說的⑳：由於中觀師除了僅僅破除別人的主張之外沒有自己的宗㉑，並且雙方都承認㉒的共同的有法㉓等不成立，所以自續是不合理的。由於用正理來作分析的結果只是使別人拋棄宗派，除此之外沒有自己的主張，所以無論如何都不應當說自續的因。因此，只是〔借助〕應成〔的門徑〕而已。另外，其中成立的應成㉔歸根結柢是自續，所以唯獨〔應當接受〕破除的應成㉕。此外，後者是因和遍二者都受到〔辯論雙方的〕承認或是歸根結柢受到承認的應成，所以不是眞實的量。

依靠這個〔應成〕是由四個門徑而斷除別人的主張或戲論。(1)其中指出矛盾的應成㉖是：向既認爲生是有意義、有盡頭又承認從自身而生的對手指出矛盾：「如果是從自身而生，則是已經存在者仍然生起，所以生就成了沒有意義和沒有盡頭，所以認爲〔生〕是有意義、有盡頭是不合理的；如果這樣認爲，則承認從自身而生是不合理的。」這時結果只是使對手這樣了解之後捨棄〔從自身而生的〕宗派。

⑵別人所承認的比量㉗是這樣舉出別人所承認的有法和因等之後否定對手：「被承認爲從自身而生的苗芽不是從自身而生，因爲它的自身是存在的。」雖然是說「不是從自身而生」，但是只是否定別人的自生而已，自己並不成立「不是從自身而生」，所以沒有宗。

⑶能立與所立相等㉘：對手爲了成立自己的宗所舉出的譬喻和因全都不能成立，就和前者相似㉙。

⑷理由等同㉚是說「如果承認這，便承認那」，即從理由沒有差別的角度是平等的㉛。

【別人的責難】那麼，你有沒有否定對手的主張的願望？如果有的話，這本身就是宗，所以就會有成立它的自續的因。如果沒有，說出否定別人主張的正理是不合理的。

【回答】在分析勝義的時候，如果承認「無自性」或「無生」的所立，則必須承認自續的宗和因；由於不承認這〔種所立〕，所以沒有過失。如果僅僅有願望就有宗，那麼一切㉜都成了有宗。

這〔些〕〔譯師〕自己雖然沒有所要成立的宗，卻僅僅破除別人的宗，雖然有意願，卻沒有論點，沒有自己的宗指的是分析勝義時不安立「無自性」等論點㉝，而不是認爲沒有任何主張。因此，看來〔對於這些譯師來說〕在分析勝義時承認「無自性」的所立，並把它作爲自宗來加以成立的是自續師；不這樣承認，而是僅僅破除別人主張，則是應成師。

[435] 現在自許為中觀應成師的人說㉞：在自宗之中無論基於勝義還是名言的主張在名言中都不存在，因為如果有這樣的宗，則必須承認能夠成立它的譬喻和因，這樣就成了自續師。因此，應成師沒有任何自己的宗。如《迴諍論》說㉟：

如果我有任何宗，
由此我就會有這個過失；
由於我沒有論點，
所以我完全沒有過失。
如果用現識等
對於境能夠見到什麼，
那麼就可以成立或破除，
由於這不存在，所以對我沒有過錯可尋。

《正理六十頌》也說㊱：

大德㊲們沒有宗、
沒有爭論，
那些沒有宗的人
怎麼會有他人的宗？

《四百論》也說㊳：

對於不具有
「有」、「無」以及「有無」之宗的人
即使經歷很久的時間
也無法舉出過失。

這是說中觀師沒有宗和論點。

《明句論》說㊴：

如果是中觀師，則不應當使用自續的比量㊵，因爲（他們）不承認其他的宗㊶。

又說㊷：

應成倒過來的意思㊸只是與對手相關，而不是與我們，因爲自己沒有宗。

《入中論》也說㊹：

所說的「破除者㊺是不與所破對象㊻相遇而加以破除，還是相遇後才破除？」的過失

在此對於絕對有宗的人才會適用，

我沒有這個宗，所以這個應成是不能（適用）。

這是說因爲自己沒有宗，所以過失不適用。

因此，所有這些建立只是中觀師順著別人而作的安立，如《入中論》說㊼：

我並非像你〔唯識師〕承認依他起事那樣
而承認世俗，
爲了果的緣故，這些雖然不存在，
我從世間的角度而說是「有」。

《迴諍論》也說㊽：

由於沒有任何所破，
所以我什麼都沒有破，
因此，所謂「〔你㊾〕作了破除」，
是你所作的毀謗。

這是說連破除別人的宗都不存在。

[436] 對於〔以上〕這種主張中觀師沒有自宗的論點以及成立它們的量的那些觀點，古時追隨月稱論師的一些西藏的中觀智者⑤⓪妥善地作了否定。其次，至於自己的體系，則否定基於正理分析來承認自相〔成立的〕所量⑤①及量的建立，在否認這樣的現識和比量二種依靠事物的力量而運轉的量⑤②之後，採取了名言中不作分析的世間所熟知的量和所量，這樣由中觀師自己向對論者提出證明之語⑤③的門徑，用正因⑤④來成立諦實無⑤⑤的意思。雖然這樣卻不會成為自續師，這是因為是依靠不作分析的世間所熟知之量的門徑而加以安立。（這些古時西藏的中觀智者）是這樣解說的。

〔酉二〕對這些（主張）加以破除

分四個部分：

戌一、破除第一種觀點

戌二、破除第二種觀點
戌三、破除第三種觀點
戌四、破除第四種觀點

〔戌一〕破除第一種觀點

[437]《入中論疏》的觀點是因和遍不是由量所成立，其中因不是由量所成立的理由是不合理的。〔不合理的理由〕是這樣的：即使對於主張「立論者和對論者雙方必須已經用量而成立因」的觀點來說，(1)立論者不知道對於對論者來說（因）已經成立，並非（必然）不（能）承認（它）是因，所以這個理由不能否定（因）對於對論者來說必須由量來成立；(2)如果因爲不知道對論者的他心，就安立對於別人來說（因）是由量所成立（這一點）是無法了解的，那麼，由於不知道別人承認了這個意思，所以從對手承認的角度來破除也不合理。這是因爲雖然

能夠現前[56]肯定對手所說的「我們這樣認爲」的言辭，卻不能確定（他）是照所說的而認可，並且他心是不可知的。

[438] 遍不是由量所成立的理由也不合理：在廚房之上成立「有煙」被「有火」所周遍[57]時，所通達的處所是廚房，在此之上所要通達的意思只是「有煙」被「有火」所遍，認爲是「廚房的有煙」被「廚房的有火」所周遍是完全不對的，所以怎麼會是採取有局限的處所和時間的遍？如果不是這樣，（而是採取「廚房的有煙」被「廚房的有火」所周遍，）那麼廚房就不適合充當確定這種遍的處所，所以就需要指出（另外）一個處所，必須在這個處所之上產生決定。例如在聲（音）之上所要確定的所立法[58]無常必須與聲音和瓶子兩者都有關聯[59]，安立聲音之中所包含的無常是不合適的。應當依靠這個正理而領會認爲成立遍的比量也不具備量（作爲佐證）的主張是不合理的。

[439] 提出「因爲（因和遍）不是由量所成立，所以只是憑著立論者和破論者的承認而加以成立」這種言論也是不合理的：如果僅僅把承認作爲理由，則不能破除對手，因爲依靠對它的承認自他雙方都不具備成立那個意思的量。或者，對於所承認者加以區分：「這樣可以成立，那樣則不能成立。」如果這樣區分也是以（主觀）承認爲理由而劃分，則與所立相等[60]；如果是依靠有沒有量來區分，「不具備量」的主張就會瓦解。

〔戊二〕破除第二種觀點

[440] 認爲分析眞實時不承認無自性的宗就是不安立自續之宗的意思，是因爲分析自性是否存在的理智不能成立這個宗，所以才主張不承認這個宗？還是舉出「因爲是在分析眞實的時候」的理由，由此而主張不承認宗？

按照第一種情況，如果理智不能成立無自性的宗的意思，那麼，理智也不能破除自性存在的宗的意思，因爲理由是相等的。如果認爲在分析眞實的時候連自性存在的宗的意思都不破除，則是極不合理的，因爲(1)前面〔你〕說過：「用諸正理來作分析是破除別人的觀點」；(2)不作分析的識無法破除別人的觀點；(3)不然的話，既然連破除別人觀點的應成都不承認，何必要特別說明「不承認自宗的論點」？

如果使用破除別人宗派的應成，那麼就像前面〔所引的〕《迴諍論》根本頌及解釋所說[61]，破除自性存在本身就是成立無自性，因此，此處第三類是不存在的。否則，如果反過來〔對你〕說：「〔我們〕是成立無自性，而不是否定自性存在。」〔你〕有什麼答覆？如果

〔你〕認爲肯定無自性無疑會否定自性，那麼，否定了自性存在，無疑也會肯定無自性，〔兩者〕是相等的。

[441] 如果〔依照前面所觀察的第二種情況，〕認爲因爲是分析眞實的時候，所以沒有自性等宗是不合適的，那麼不妨請再說出其中的理由。

如果認爲：「假如在分析眞實時成立，必然會成爲勝義成立，所以不加以承認[62]。」這是不合理的：如果「分析勝義的時候」也不加承認，則必須接受中觀師不可能有「作正理分析之時」。如果安立這個「時候」，則一定必須承認分析者、分析〔所依靠〕的正理、所分析的事以及一同分析的對論者等，所以所有那個時候所成立的何必都是勝義成立？

「所謂單是應成是指由別人承認，或歸根結柢是基於承認，所以雖然沒有量，卻使用應成」的說法也不能令人滿意，應當像前面破第一種觀點那樣加以否定。

[442] 此外，即使安立〔第二種觀察〕：「在分析眞實的時候雖然沒有主張，但是在名言中卻有主張。」（這）也不合道理，因爲：⑴「分析眞實的時候」在勝義中不適合〔安立〕，所以必須在名言中做，因此這是自相矛盾的[63]；⑵如果分析眞實時不存在就是「從勝義的角度不存在」的意思，那麼，由於沒有任何中觀師承認在勝義中有主張，所以這不適合充當應成派的特法。

〔戊三〕破除第三種觀點

[443]如前文所說，聲稱「中觀師即使在名言中都沒有主張」是沒有妥善地認識正理的所破，所以在用破自性的正理否定對方時，看到〔對手將這個分析〕反施己身時同樣也適用於自己的體系，並且安立自己的體系時完全不知道如何消除過失，所以才落到生死涅槃的一切緣起和自在（天）沒有有無之別的境地。因此，這是對中觀師的毀謗，它是最為低劣的。至於如何破它，前面也已經講過很多。[444]分析中觀師有沒有主張的人對於因為具備它而立名為中觀師的「中」必須加以承認，因此必須承認對於緣起的意思——從勝義的角度小至微塵都不存在，以及在名言中一切如幻——的通達，所以所承認的對象是有的。而這又必須憑藉否定二者的反面——主張從勝義的角度存在以及在名言中不存在的惡劣言論——而安立，所以通達否定和成立的意思的量是存在的，並且依照自己所作的通達而不顛倒地為別人所開示的中觀師之語也是可以看到的；此外，對於這些建立論敵們沒有任何合理的過錯可尋。由此緣故，此宗是極為圓滿清淨的。

[445] 這樣，即使自己不知道如何安立中觀智者遠離過失的體系，也不應當毀謗說「不存在」。有智慧的人是依靠承認緣起的正理來練習斬斷一切惡見之網，他們應當安立中觀的體系而擺脫一切矛盾，不應當冀望於強行抵賴。

[446]《明句論》也說⑭：

所以⑮，我們的宗極為圓滿清淨，與一切建立不相矛盾而安住；而你的宗卻是粗陋、極為淺近而具有過失，並且與前者相反。對此極為愚昧者不能按照它們的安住方式而見到過失和功德，你把自己的諸過失……

就如前文曾經引述⑯，對於其中所說的（以下道理）應當獲得決定：由於無法對於源自抉擇勝義的量及名言量之道的中觀宗的建立舉出過失，所以它是極為清淨的，並且生死涅槃的一切建立都可以安立。

[447] 否則，如果對於「中觀師沒有自己的宗」的說法不能舉出過失，那麼，對於「所說的一切言辭全都是謊言」的說法也絲毫不法加以破除，因為理由是完全相等的。

[448]〔你〕不能說：「對於『沒有主張』的說法不能作有主張的分析，所以無法提出過

失，這是因為沒有任何主張。」因為那樣的話，對於「一切言說都是謊言」的說法——由於所說的是「一切言辭都是謊話」——便不能把這話當作實話來作分析，所以就無法指出自己話中的矛盾。

另外，《入中論》說⑰：

> 如果任何我作為事物而成立⑱，
> 那麼，像心一樣成立的事物不會是不可說。

犢子部⑲承認與蘊是相同還是不同都不可說的實物有的我，對此勢必不能這樣破除：「如果是實物有，必然能說出與蘊是相同還是不同，這些都不可說是不合理的。」這是因為〔犢子部〕這樣回答就足夠了：「我們說『相同和不同都不可說的我是實物有』，對此不能作『必然可以說是相同或不同』的分析。」

[449] 如果〔你〕說：「如果說『人是實物有』，那麼與蘊既不相同又不是不同則是矛盾的，所以這些都不可說是不合理的，因此這種分析〔對於犢子部〕是適用的。」那麼，言下之意是：〔你自己〕「由於什麼都不承認，所以沒有主張」的話也不可說⑳，〔二者〕是完全相等的。

【反方】以下二者是相等的：(1)（某人）說「我沒有財物」時，（別人）說：「請把（名叫）『沒有財物』的那個財物布施（給我）。」(2)（我）說「我沒有主張」時，（你）說：「沒有主張本身就是主張。」

【自方】這是尚未理會對手而提出的言論——我們並不是說：「沒有主張就是主張。」

【對方問】那麼，是說什麼？

【自方】是指出說「沒有主張」的言下之意是：由這個說法勢必承認「沒有主張」。因此（你的上述言論）不能擺脫自己言辭中的矛盾。

[450] 如果你（「中觀師沒有主張」）的這種說法不是中觀的觀點，那麼，引用聖者（龍樹）父子等人的教典來證明則會出現矛盾，並且又不能安立爲月稱的觀點，也不能算作其他佛教徒的觀點，所以就成了落在此法之外。[451] 如果說（它）是中觀派——並且是其中的月稱——的觀點，那麼與他們沒有自己觀點（的說法）就會發生矛盾。

[452] 同樣，帶著擺脫主張的期望而提出「諸建立只是從別人的角度來安立」的說法也是不合理的。即使是說「應當只從別人的角度來承認色等的存在」，這（話）雖然不承認色等的存在，卻極有必要承認從別人的角度而安立，所以尚未擺脫主張。[453] 這時，由於必須承認安立時所順從的別人和安立者——自己——等，所以「只是從別人的角度而承認」的說法對於沒有

自宗非但無益，反而有損。

[454]如果說：「至於『沒有自宗』和『從別人的角度承認』，我也不曾這樣說過，（這）是在你們面前的顯現。」對於順世派都不能抵賴的現識尚且加以抵賴，那麼，你自己對所說的感覺不到，我們聽到〔你所說的〕等事你卻知道，這是很稀奇的。[455]如果是這樣，何必要用「沒有主張」等特定的話？不管說什麼，最後都可以抵賴，所以就無法舉出過失。

[456]如果說：「應成也只是從別人的角度而安立，在自宗之中則是不加承認的。」那麼，何必對破自續之宗而建立應成體系的月稱之宗懷有信心？因爲就如自續在自宗之中不適當，應成也不適當；就如從別人的角度應成是適當的，出於需要從別人的角度而使用自續同樣也是有的。

[457]從別人的角度來承認唯識、在自宗之中不加承認的人不適合被安立爲唯識師；同樣，如果用於抉擇中觀義的應成在自宗之中不適當，而是從別人的角度來安立，那麼此人也不應當是應成師，並且也不是自續師，所以是明確地表示：「我不是中觀師」。

[458]〔《入中論》〕說⑺：

爲了果的緣故這些雖然不存在，

我從世間的角度而說是「有」。

把這個（頌文）裡所說的意思當作所有的建立都是從他人的角度而採用（的觀點）的依據是不適當的，這是因爲：(1)諸法不具有自體有的自性是從合理地分析自性是否存在的理智的角度而安立，而不是從普通名言識的角度而安立，因爲如果後者能夠成立無自性，理智則成爲沒有用處；(2)（這部）論本身也說：「……從世間的角度而說是『有』。」所以是說將色等安立爲有是從世間的角度而安立。

[459]（《入中論》）說：「並非……承認世俗⑫，」意思是不以唯識師承認依他起那種方式而承認，而不是說自宗之中不承認這個世俗，因爲（論典本身）說道：「……像你承認依他起事那樣⑬。」

此段論典（前）的過渡性文字說：如果你用道理或正理來破除依他起，那麼我也用你的諸正理來破除你的世俗⑭。（以上《入中論》的頌文）是針對這個責難所作的答覆，所以它的意思是：你（唯識師）把依他起當作能經得起正理分析的事物那樣加以承認，我不以這種方式來承認諸世俗，所以在能否以正理加以破除上是不相等的。

[460]所謂「從世間的角度」並不是說沒有自宗而從別人的角度，所指的是未受損害的諸名

言識，因爲⑴將世俗諸事安立爲存在全都必須從它的角度來安立，⑵中觀師自己的相續中也有這些安立名言的量。

[461]所以「雖然不存在」指的是從自相的角度不存在[75]。[462]〔它的意思〕不能被當作「雖然從自相的角度不存在，但是從那〔自相成立〕的角度是有」或是〔總地來說〕「雖然不存在，卻是存在」，因爲⑴這是〔顯示中觀師〕自己安立名言諸義的方式，而自相成立即使在名言中都不存在，⑵並且這個頌的解釋中也引用以下的說法作爲教證：世間中認爲是存在或不存在的，我也這樣承認[76]。所以，〔解釋成〕不存在是不正確的。[463]因此，是說「雖然從勝義的角度不存在，卻在名言中存在」，和〔經論中〕多次出現的一樣。故此，和「雖然不存在，卻是存在」意思大相徑庭，其中沒有任何過失。

[464]【反方】這樣的話，也必須解釋《迴諍論》中沒有宗和論點的說法是什麼意思。如果立「苗芽沒有自體有的自性」的宗，也必須承認「因爲是緣起」的因以及「例如影子」的譬喻，如果同樣又承認〔具備〕宗法[77]和有關遍的兩種相的因[78]、由它來證明的所立以及依靠論式之語[79]而使對論者產生通達〔所立〕的比量，那麼這時只不過怨恨自續的名字而已，所以在破除自續上消磨精力有什麼用？

【自方】對此，像你們所引用的那種「沒有論點和宗」的說法也是有的，說必須安立主張的也非常多，所以僅僅引證它怎能成立沒有宗？[465]然而，確實會產生「如果有無自性的論點就會變成自續派」的疑慮，看來這是最爲細微的難點，在安立自宗時將會對此作出解答。

[466]對此《迴諍論》中沒有論點的說法是從這個辯論延伸出來：對於中觀師「事物沒有自性」的說法，實事師說道：「這樣提出論點的這個言辭如果是有自性，那麼一切事物沒有自性就不合理；〔這種言辭〕如果沒有自性，則不能破除有自性。」就如前面引用的《迴諍論》根本頌及解釋所說，即使沒有自性，破除和成立的作用的發生仍然是合乎道理的⑳。

因此，有沒有論點所辯論的並不是總的來說存不存在，而是辯論提出「一切事都沒有自性」的論點的言辭有沒有自性，所以意思是說：「如果承認這種論點的言辭是有自性，那麼我就會有與『一切事都沒有自性』的宗相矛盾的過失，由於我不作這種主張，所以我沒有這個過失。」因此〔《迴諍論》的論文〕不適合作爲「沒有論點」的證明，因爲沒有自性和不存在二者的差別是極大的。

[467]〔《迴諍論》的論文接下來說〕「如果用現識等㉑……」此處現識等什麼都見不到的說法，也是和前面所引的《明句論》的論文一樣㉒，是顯示對於量和所量來說自體有的所緣和能緣㉓不存在，而不是顯示緣起的量以及所量不存在。

此外，在他〔實事師〕的想法中，如果以現識來成立事物的自相，然後再加以破除雖然是合理的，然而中觀師說「一切事都是自性空」時，現識以及它所測度的境㉞也都被包括在事物之中，所以勢必是自性空，這樣的話就是不存在，因此這個〔量〕就不能破除〔事物的自相〕。這是因爲這段論文㉟是對《迴諍論》中以下說法的答覆㊱：

【實事師】如果姑且以現識見到事物後
再加以破除，
能夠憑藉它而見到諸事的那個現識
是不存在的。

並且此處的解釋也說㊲：

【實事師】如果你用現識見到一切事物後破道：「一切事都是空」，雖然是適當的，然而這是不合道理的。爲什麼？由於現量也被包括在一切事物之中，所以是空，並且見事物者也是空，因此用量來見到是不存在的。在見不到時，破除也不合道理。所以，此處「一切事都是空」的說法是不合道理的。

[468] 至於《四百論》中「『有』、『無』以及『有無』」⑱等說法（的意思），此處的解釋中⑲開示說是對宣說空性者即使經歷很長時間都無法提出責難，而你則說：「連空性都不承認」，所以怎麼能作爲沒有任何主張的依據？

[469]《入中論釋》說⑳：

由於對於諸說假有的人來說這個二〔邊〕的言論是不合理的，所以依靠二〔邊的言論〕來破除或答覆，對於中觀師在任何方面都是無機可乘的，如聖天說：「『有』、『無』……」

於是引了這四句。[470] 這樣引述是爲了證明對於破除自體有的實物有而承認假有的那些人來說，實事師——承認自體有者——和無事師㉑——主張破除色等諸事的一切作用的發生㉒者——二人都不能否定，所以不適合充當沒有自宗的依據。很顯然，「有」、「無」等宗㉓是二〔邊〕言論之類的宗㉔，所以就像前面破除四句㉕及如何否定有、無之說㉖時所說的那樣。

[471] 關於《六十正理頌》的說法㉗，這段論文的解釋說㉘：

這樣，因爲事物不存在，因此自宗及他宗不可能存在，這時，作這種觀的人煩惱必定會止息。

這是說沒有事是沒有宗的理由，並且是將自相或自性安立爲事，這是因爲如果（事）是指發生作用，（這種假設）則和「見到它不存在，所以煩惱會止息」的說法相矛盾。

[472] 因此，（在中觀應成宗裡）是將承認自性之事的宗不存在稱作沒有宗，這是因爲這段論文前面的《正理六十論釋》說⑲：「對於那些未能洞達緣起的法性並且分別諸事自相的人來說，『如果對於事物有所承認，』則必然『就有產生貪和瞋的、對於猛利惡見的執著，以及從它而生的爭論⑩。』」這裡將對於有事增益自相稱作對於事物的承認。

[473] 因此，這些教典並不是開示中觀師沒有自宗。在引用《迴諍論》和《四百論》之後，《明句論》說「因爲不承認其他的宗⑩。」其中的意思應當這樣理解。

[474] 至於以下的說法——

由於沒有任何所破，

所以我什麼都沒有破⑩……

所破有〔境和心〕兩種，如果〔頌文〕是指增益自性存在的境的所破，則以它不存在為理由而說不加以破除是不合理的，所以是指心的所破，即增益。這處的解釋說能破也不存在⑩，所以這兩者不存在是指自相成立的所破和能破不存在，而你〔實事師〕卻執著為這樣存在，並毀謗說：「這個〔中觀師〕破了這個〔所破〕。」

然而，〔這〕並非不承認如幻的〔所破和能破〕這兩者。因為《迴諍論》說⑭：

就像變化滅除變化，
以及幻化的人
用幻化來滅除幻化，
這種破除也是如此。

又說：

如果這個執著是自性有⑮，
則不會是依仗而生，

依仗而有的執著
難道它本身不是空性？

如果這個執著是自性有，
那麼誰能去除這個執著？

其餘之中也是這個道理，
因此沒有這個過錯可尋。

也就是說如果將蜃景執著為水是自性有，則不應當是依仗自己的因緣而生，並且誰都不可以去除這個執著。

[475]《明句論》中「因為自己沒有宗[106]」的說法也不是沒有自宗的依據，因為它是沒有自續之宗的意思。

[476]《入中論》中「沒有宗」[107]的說法的意思是：由於在自宗之中認為所破對象和破除者二者都不是自性成立，所以你在承認因果是自性成立之上作了「因生果是相遇還是不相遇」的正理觀察之後來加以否定，這種破除對我們是不適用的，因為沒有必要承認〔事物〕能經得起正

理所作的觀察。它絕不是（表示）沒有自宗。

這是因爲：(1)此段論文的解釋說[108]：

對於我們這一方來說不會類似地出現過失，因爲在我們這一方中既不是破除者遇到所破對象後加以破除，破除者和所破對象不相遇也不加以破除，這是因爲所破對象和破除者二者都是自性不成立。因此不應當存有相遇與不相遇的想法[109]。

這裡舉出「不是自性成立」——而不是舉出「沒有主張」——作爲實事師所提出的正理觀察不適用的理由。

(2)作爲它的教證（《入中論釋》）引用了《般若經》——舍利子作這樣的分析而尋問須菩提：以生法和無生法中的哪一個來得到無生法的獲得？這時，當以兩者來得到都被否定時，舍利子問：這樣的話，難道獲得和證悟不存在嗎？就如前面曾經引過，（須菩提）說：這兩者是有的，然而不是以二（相）的形式[110]；並且它們從名言的角度是有的，從勝義的角度則不存在[111]。以（此）作爲例子後，（月稱論師）說是這樣加以承認——《入中論釋》說[112]：

就如會有成爲二〔邊〕的過失，所以這段〔經〕否定以生法或無生法獲得（無生法的）證得⑬；並且，由於二者對於無事來說是不合理的，所以不加觀察而從世間名言的角度而承認證得。同樣，所破的對象和破除者既不相遇也非不相遇，然而從名言的角度破除者卻能破除所破的對象。對此應當加以了解。

這裡明顯地說，如果作相遇、不相遇的正理觀察，則在兩者的任何一種情況中都不破，然而以此並不否定破除是有的，所以從名言的角度必須承認破除他人的宗。

[477]不僅如此，用因來成立所立也得到承認。緊接著前面的引文〔《入中論釋》〕又說⑭：

此外，

就像日輪上所有的諸特徵
在日蝕等時候⑮你即使在影子裡⑯也會見到，
太陽和影子相遇和不相遇都不合理，
然而依仗後僅僅名言卻會生起。

就像爲了修飾面容，〔影子〕雖然不實，
它⑰卻是有的。同樣道理，應當知道
此處淨化智慧之面的能力能被見到的因⑱
雖然遠離道理⑲卻能通達所立。

就如所謂「影子」絲毫都不存在，所以「是和日輪相遇還是不相遇而生」的觀察完全不可能出現；然而，憑藉与色相鄰近的緣而見到影子時，一定能夠做成想要通達的事。

同樣，自性空的破除者能夠破除所破的對象，並且自性空並遠離道理⑳的因能夠成立所立，並且也不會有成爲二〔邊〕的過失，所以，應當知道（你認爲我）自己的言辭中也類似地出現過失是不合理的。

這裡這樣作出「破除對方的正理不能施加己身」的答覆，而不是說「沒有自宗」。

[478] 此外，對於承認因果是自性成立〔的論敵〕，作「因是相遇還是不相遇而生果」的分析而加以破除。（在說明）這個過失對自己不適用（時），也是以主張沒有自性作爲理由而避免

〔過失〕，而不是憑「沒有自宗」的說法而避免〔過失〕。《入中論釋》說[121]：

【問】依你如何？

【答】

因爲這兩者都是如同幻化，

所以過失對我不適用，並且世間諸事是存在的。

對於誰來說自相是所生性和能生[122]性，對他來說就能分析。對於誰來說因爲諸事是顚倒遍計所產生，所以就像幻化一樣是不生的自性，並且雖然沒有自性，卻像有視覺障礙的人所見到的髮絲一樣，是分別之境，則對於他來說唯獨是不可思。因此對我來說所說的過失無機可乘，並且不經觀察而成立的世間諸事是存在的，所以一切都是成立的。

這裡指出承認自相是過失對別人適用的理由，又說明主張如幻是自己沒有這個過失的原因，所以這樣了解後應當知道如何安立遠離過失的中觀體系。

[479] 總的來說，在了義諸經和中觀論典中「這是這樣」、「這不是這樣」、「如此這般不存在」、「如此這般存在」這些說法是沒有邊際的，所以何必引用特別的教典來證明「它們是這些作者的主張」？否則，遇到教典中未說「（我們）這樣主張，這樣承認」的場合，在解釋它們的意思時，勢必無法分辨：「這是那位作者的觀點或他的主張，這並非（那位作者的觀點或主張）。」

如果非要「主張」、「承認」、「立宗」這些特別的字眼不可，（這種特別的詞）也說了很多。如《迴諍論》說⑬：

我們並不是
不承認名言而說。

《正理六十頌》也說⑭：

就如事物生起的壞滅⑮

被假立爲滅，
同樣賢者
主張如幻的滅。

又說：[126]

那些主張依仗（因緣）後
諸事猶如水中之月
既非眞實也非顚倒的人
不會被見所俘獲。

《超世間讚》也說[127]：

那些從因而生者
由於沒有這個（因）[128]而不存在，

因此爲什麼不明確地承認
（它們⑫⑨）其實與影子相等？

又說⑬⓪：

沒有領受的對象這個〔受〕就不存在，
因此受本身是無我，
並且你⑬①承認這個受
不是自性有⑬②。

又說⑬③：

你從名言的角度而說
作者以及業⑬④，
互相依賴的成立

是你所主張。

又說⑬⁵：

從壞滅的因而產生果
姑且不合理，
從尚未壞滅者也不然，
你承認與夢相似的生。

又說⑬⁶：

你承認凡是緣起者
便是空……

《入中論釋》也說⑬⁷：

智者們應想此宗「沒有過失並且具備利益」，對它無疑應當加以接受。

又說⑱：

因此，就如承認緣起唯此緣性⑲，由於承認依仗而假立的緣故，所以在我們這一方一切名言不會斷滅，並且對手承認它也是適當的。

這裡說一定必須承認，與此類似的別的（說法）還有很多。

[480] 此外，《入中論釋》講述了四個宗⑳：

爲了敘述這四個宗，而後用正理加以成立，說道：

它本身不是從它而生，怎會是從其他？
也不是從兩者，沒有因怎麼會有？

《明句論》中的說法也與此相仿⑭，因此在龍樹依怙和月稱的體系中，自己的主張、認可和宗是有的。

〔戊四〕破除第四種觀點

[481] 看來這個〔觀點是主張〕在名言中自相雖然存在，但是在名言中卻（可以）破除經得起正理分析的自相，不妥之處在前面⑭已經講述。[482] 認為中觀師用他義比量⑭向對論者實事師證明時，對於雙方的體系都成立的三相之因屬於月稱阿闍黎的體系是不合理的，因為：(1) 對這種〔因〕《明句論》特別作了破除；(2) 如果承認這種〔因〕，即使不用依靠事物的力量而運轉的因的名字，仍然不能擺脫是自續之因⑭之實。

這些〔意思〕後面還要講解，所以此處不再多述。

註釋：

①To. 3824，《中論》的第一品第1頌，藏譯見德格版《丹珠爾》中觀部tsa函第1頁3–4，梵文見De Jong（1977）校勘本第1頁，漢文古譯見《大正藏》30冊1564號第2頁中6–7。見葉少勇（2011）梵、藏、漢新校勘本12–13頁。此處的譯文是根據藏譯，在梵文中此頌是一個連續的句子，漢譯為：「任何事物在任何處所、任何時候都不是從自身、從他、從二者或是無因而生。」

②《佛護中論釋》（To. 3842）對於上面一頌中否定從自生的解釋是佛護、清辨、月稱三位論師爭論的焦點。佛護釋的藏譯見德格版《丹珠爾》中觀部tsa函161頁下4–5。清辨論師《般若燈論》對此的引述見德格版《丹珠爾》中觀部tsha函49頁上6，漢譯見《大正藏》30冊1566號52頁下12–13。梵文《明句論》對此的引述見La Vallée Poussin（1903–1913）校勘本14頁及MacDonald（2015）第一冊140–141頁，《明句論》的藏譯見《丹珠爾》中觀部'a函第5頁下1–2。

③清辨論師《般若燈論》（To. 3853）對於佛護論師破自生的解釋提出三種責難，藏譯見德格版《丹珠爾》中觀部tsha函49頁上6至下1，漢譯見《大正藏》30冊1566號52頁下13–16。梵文《明句論》對此的引述見La Vallée Poussin（1903–1913）校勘本14–15頁及MacDonald（2015）第一冊141–142頁，《明句論》的藏譯見《丹珠爾》中觀部'a函第5頁下3–4。

④在《明句論》中，對於清辨論師向佛護論師提出的三種責難，月稱論師先分別作出答覆，而說明使用應成是合理的，這一部分的梵文從La Vallée Poussin（1903–1913）校勘本15頁起〔MacDonald（2015）第一冊143頁起〕，《明句論》的藏譯從《丹珠爾》中觀部'a函第5頁下第5行起。然後，月稱論師批判了清辨論師所使用的自續比量的論式，《明句論》中這一部分的主要段落在本書下文「安立自己的觀點」一節中將會引述。

⑤有關西藏早期中觀宗的歷史及不同的觀點，見Ruegg（2000）第一部分1–104頁、Yoshimizu（1993）論被格魯派認作是錯誤的西藏中觀理論、Khu byug千木滾（2004）的藏文版西藏中觀見講授聽聞發展史及《青史》〔漢譯見郭諾．迅魯伯（2003），英譯見Roerich（1976）〕。

⑥To. 3870：藏譯書名是*dbu ma la 'jug pa'i 'grel bshad*（梵：Madhyamakāvatāraṭīkā）。這部疏是由克什米爾（迦濕彌羅）的班智達賈雅阿難陀（Jayānanda「勝慶喜」，藏譯讀作雜雅阿難陀）在公元十二世紀寫於西夏，後由作

者本人與慶喜稱（kun dga' grags）二人在位於黃河和五台山之間的 khad par mkhar sku 寺譯成藏文。藏譯原文見德格版《丹珠爾》中觀部 ra 函120頁上6至下3。有關班智達賈雅阿難陀，參見 Van der Kuijp（1993）一文及 Vose（2009）一書（特別是53–54頁）。

⑦ 在「聲是無常，因為（它）是所作性，譬如瓶子」這個因明論式中，「聲」是有法（chos can，有法的詞義是具有特徵）、前陳、樂知有法（shes 'dod chos can）、所諍事（rtsod gzhi），「無常」是後陳、所立法（bsgrub bya'i chos），然而在梵文中它稱作所立〔sādhya，對應的藏文為 bsgrub（par）bya（a）〕，「所作性」是因（gtan tshigs）、能立（sgrub byed），「聲是無常」是宗（phyogs）、所立（bsgrub bya，梵文中「所立」也指後陳）及論點（dam bca'），「譬如瓶子」是比喻（dpe）。因又分作正因（gtan tshigs yang dag，即正確的因）與相似因（gtan tshigs ltar snang，即似是而非的因）兩種。正因的定義是「具足三相」，也就是說具有三種條件的因才是正確的因。三相是宗法（phyogs chos）、隨遍（rjes khyab）和反遍（ldog khyab）。以前面這個因明論式為例，「所作性」這個因分別具足三相的情形是這樣的：⑴有法「聲」是所作性（宗法）；⑵凡是所作性，都是無常（隨遍）；⑶凡不是無常，都不是所作性（反遍）。由於「所作性」相對於「聲」（有法）和「無常」（稱為同品）和「不是無常」（稱為異品）三者成立上述三種關係，所以宗法、隨遍、反遍三相是成立的，所以它是正確的因。有關因明量式中的概念，可參看其他因明學的典籍。

⑧ 藏：rgod ba。

⑨ 藏：sgrub byed，見前文的註解。

⑩ To. 3870，藏譯原文見德格版《丹珠爾》中觀部 ra 函120頁下3–6。

⑪ 此處「所立」（bsgrub par bya ba）是指後陳（見前文註解），藏文常稱之為所立法，因此《四家合註》的註解中加入「法」字（bsgrub par bya ba'i chos，簡稱 bsgrub bya'i chos），這段引文中「所立」一詞再度出現時也是如此。

⑫ 藏：khyab pa。舊譯與本書都使用「遍」和「周遍」的名相，本書中有時也用「涵蓋」。遍是因和前陳之間的必然關係，見前文的註解。

⑬ 藏：sgrub byed，即因（理由或證明）。

⑭ 藏：mi dmigs pa。舊譯有「不可緣」、「無所得」和「不可得」。

⑮ 藏：med na mi 'byung，梵：avinābhāva。尊譯為「無則不生」。

⑯「有煙被有火所周遍」的意思是一旦有煙則必然有火，「所作性被無常所周遍」的意思是凡是所作性（即憑藉因緣造作而成者）必然是無常。

⑰藏：tshul gsum。見前面的註解。

⑱藏文 paN+Di ta 和漢文（依照藏文的）「班智達」是梵文 paṇḍita 的音譯，英文中 pundit 一詞也源於印度的語言，藏文意譯多作 mkhas pa，奘譯有「智者」「聰叡者」「聰慧者」等。

⑲藏：lots+tsha ba，可能源自梵文 lokacakṣus「世間眼」一詞。

⑳《四家合註》此處的科判提到庫譯師（khu lo），阿嘉雍增的《菩提道次第廣論名詞解釋要略》確認此人是庫譯師朵德拔（mdo sde 'bar）。這位譯師曾與賈雅阿難陀合作翻譯「菩提心釋」（To. 1801）、《精研磨論》（To. 3830）、《思度錘》（To. 3869，作者為賈雅阿難陀本人）、《集經廣論》（To. 3961，作者為燃燈吉祥智）並校對《迴諍論頌》（To. 3828），與別人合作翻譯《空性七十頌》（To. 3827）。有關庫譯師及賈雅阿難陀的其他弟子參見 Vose（2009）一書（特別是53－55頁）。

㉑藏：dam bca'，即論點。

㉒藏：grags pa，梵：prasiddha。奘譯有「同許」「共成」「共所知」，尊譯為「共許」，本書中也譯作「所熟知」。

㉓藏：chos can，《四家合註》說後面的「等」字包括因和遍。

㉔藏：sgrub pa'i thal 'gyur。尊譯為「能立應成」。

㉕藏：sun 'byin gyi thal ba。尊譯為「能破應成」。

㉖藏：'gal ba brjod pa'i thal 'gyur。尊譯為「舉違應成」（通行本中「唯」字應當改作「違」）。

㉗藏：gzhan grags rjes dpag，尊譯為「他許比量」，對應梵文 paraprasiddhānumāna（譯者未見）。《明句論》（La Vallée Poussin（1903–1913）校勘本34頁及 MacDonald（2015）第一冊187及188頁）中出現 tatprasiddha anumāna「他/她所承認的比量」及 svaprasiddha anumāna「自己所承認的比量」二詞，其中的「他/她」是指對手，「自己」也是指對手「自己」，所以和藏文「別人所承認的比量」意義相同。見後文青海版712頁及本書551－552節。

㉘藏：sgrub byed bsgrub bya dang mtshungs pa。尊譯為「能立同所立」。

㉙這裡「能立」是指因或理由，「所立」指的是宗或論點。如果有人說：「色蘊應當是自性有，因為受蘊是自性有。」對此可以用以下的應成加以破除：「『受蘊是自性有』的因應當不能證明色蘊是自性有，因為證明因和宗的難度是

相等的。」為了使對方產生宗的比量，因的成立必須要比認識宗較為容易。以上這個解釋出自 Hopkins（1983）所著 *Meditation on Emptiness* 一書448頁。

㉚ 藏：rgyu mtshan mtshungs pa'i mgo snyoms。尊譯為「因相相等」。

㉛ 以下的例子是使用「理由等同」的應成：「識別聲的耳識應當能見到顏色（顯色）和形狀（形色），因為在勝義中識別顏色和形狀的眼識能見到顏色和形狀。」眼根賦予眼識觀察顏色和形狀的能力，但是不能給予聽聲音的能力。如果眼識在勝義中能夠見到顏色和形狀，它就不依賴於眼根。由於諸識不需要依賴相應的根就可以識別它們的境，所以耳識也能識別顏色和形狀——這個結論是對方不可接受的。以上這個解釋出自 Hopkins（1983）所著 *Meditation on Emptiness* 一書446頁。

㉜《四家合註》：「要水和要食物等」。

㉝ 藏：dam bca'，本書中也譯作「宗」。

㉞ 有關西藏古代學者對於中觀宗有沒有宗或論點的各種看法，見 Ruegg（2000）第二部分（105–233頁）的後面部分。

㉟ To. 3828，第29及30頌，藏文見德格版《丹珠爾》中觀部 tsa 函28頁上1–2，梵文見 Bhattacharya、Johnston 及 Kunst（1978）校勘本29–30頁，漢譯見《大正藏》32冊 1631 號14頁上29至中3。《明句論》梵文對這二頌的引述見 La Vallée Poussin（1903–1913）校勘本16頁及 MacDonald（2015）第一冊146–147頁，藏譯見《丹珠爾》中觀部 'a 函第6頁上3–4（梵文《明句論》對後一頌的引用見 La Vallée Poussin（1903–1913）校勘本30頁及 MacDonald（2015）第一冊176頁）。

㊱ To. 3825，第50頌，梵、藏、漢見李學竹與葉少勇（2014）新校本102–103頁，藏譯見德格版《丹珠爾》中觀部 tsa 函22頁上6，漢譯見《大正藏》第30冊 1575 號255頁下7–8。月稱的註釋見 Scherrer-Schaub（1991）校勘本89–90頁。

㊲ 藏：che ba'i bdag nyid，梵：mahātman，字義為「大性」或具有偉大的品質者。奘譯為「大德」、「尊勝」。

㊳ To. 3846，十六品25頌。藏譯見德格版《丹珠爾》中觀部 tsha 函18頁上5，《明句論》中所引的梵文見 La Vallée Poussin（1903–1913）校勘本16頁及 MacDonald（2015）第一冊146頁（藏譯在德格版《丹珠爾》中觀部 'a 函第6頁上2–3），漢文古譯見《大正藏》30冊 1570 號186頁下25–26。

㊴ To. 3860。梵文見 La Vallée Poussin（1903–1913）校勘本16頁及 MacDonald（2015）第一冊145–146頁，藏譯在德

格版《丹珠爾》中觀部 'a 函第 6 頁上 2。

㊵ 藏：rang gi rgyud kyi rjes su dpag pa，梵：svatantrānumāna。尊譯為「自續比量」。梵文 svatantra 是獨立（藏譯也作 rang dbang，漢文舊譯為「自在」）的意思。

㊶ 藏：phyogs gzhan，梵：pakṣāntara。

㊷ To. 3860。梵文見 La Vallée Poussin（1903–1913）校勘本 23 頁及 MacDonald（2015）第一冊 162 頁，藏譯在德格版《丹珠爾》中觀部 'a 函第 7 頁下 7 至第 8 頁上 1。

㊸ 藏：thal bar 'gyur ba bzlog pa'i don，梵：prasaṅgaviparīta artha。《佛護中論釋》解釋否定從自身而生（藏譯見德格版《丹珠爾》中觀部 tsa 函 161 頁下 4－5，梵文《明句論》對此的引述見 La Vallée Poussin（1903–1913）校勘本 14 頁及 MacDonald（2015）第一冊 140－141 頁，《明句論》的藏譯見《丹珠爾》中觀部 'a 函第 5 頁下 1－2）時說：「諸事不是從自身而生，因為這個生沒有意義，並且太為過分。」對此清辨論師在《般若燈論》中舉出三種過失（藏譯見德格版《丹珠爾》中觀部 tsha 函 49 頁上 6 至下 1，漢譯見《大正藏》30 冊 1566 號 52 頁下 13－16。梵文《明句論》對此的引述見 La Vallée Poussin（1903–1913）校勘本 14－15 頁及 MacDonald（2015）第一冊 141－142 頁，《明句論》的藏譯見《丹珠爾》中觀部 'a 函第 5 頁下 3－4），其中第三個過失是：佛護論師所使用的是應成之語，如果把應成倒過來則變成：「諸事是從其他（因素）而生，因為生是有意義，並且生是有盡頭的。」這樣便和自己的立場發生矛盾。《明句論》中的這段文字是針對清辨論師的第三個過失而說的。

㊹ To. 3861，第六品 173 頌。藏譯見德格版《丹珠爾》中觀部 'a 函 212 頁下 7 至 213 頁上 1 及 La Vallée Poussin（1907–1912）校勘本 294 頁，漢譯見法尊法師（1997）譯本 156 頁，梵文見李學竹的第六品校勘：Li（2014）。

㊺ 藏：sun 'byin pa，梵：dūṣaṇa。尊譯為「能破」。

㊻ 藏：sun dbyung bya，梵：dūṣya。尊譯為「所破」。

㊼ To. 3861，第六品的 81 頌。藏譯見德格版《丹珠爾》中觀部 'a 函 208 頁上 3 及 La Vallée Poussin（1907–1912）校勘本 179 頁，漢譯見法尊法師（1997）譯本 94 頁，梵文見李學竹的第六品校勘：Li（2014）。

㊽ To. 3828，第 63 頌，藏文見德格版《丹珠爾》中觀部 tsa 函 29 頁上 2－3，梵文見 Bhattacharya、Johnston 及 Kunst（1978）校勘本 47 頁，漢譯見《大正藏》32 冊 1631 號 15 頁上 10－11。

㊾ 梵：pratiṣedhayasi。

㊿《四家合註》：「追隨巴擦（pa tshab）的碼嘉瓦（rma bya ba）等人」。其中巴擦譯師（生卒時間大約在公元一〇五五至一一四〇年）曾於十一世紀末在克什米爾（迦濕彌羅）逗留23年左右，譯著有龍樹、聖天、猶其是月稱論師的主要中觀論典。參見 Lang（1990）一文及 Vose（2009）的著述。阿嘉雍增的《菩提道次第廣論名詞解釋要略》確認此處的碼嘉瓦是指 rma bya pa byang chub brtson 'grus「碼嘉巴菩提精進」（卒於一一八五年）。此人師承巴擦或巴擦的弟子 rma bya byang chub ye shes「碼嘉菩提智」。據說他曾是恰巴（cha pa）的弟子八大獅子中的一個，也師從賈雅阿難陀和庫譯師朵德拔三人。碼嘉瓦現存的著述有「中論釋應理莊嚴論」（見 Rma bya Byang chub brtson 'grus（1975）），英譯見 Mabja Jangchub Tsöndrü（2011），參見 Williams（1985）一文及 Vose（2009）的著述。有關格魯派的敵手在中觀思想上的主張，參見 Yoshimizu（1993）。

㉛ 藏：gzhal bya，梵：prameya，量所測度的對象，即所知境。

㉜ 藏：dngos po stobs zhugs kyi tshad ma。

㉝ 藏：sgrub（pa'i）ngag。尊譯為「能立言」。

㉞ 藏：gtan tshigs yang dag。

㉟ 藏：bden par med pa。

㊱ 藏：mngon sum du。

㊲ 即如果有煙則必然有火。

㊳ 藏：bsgrub bya'i chos。見前面的註解。

㊴ 這裡是以如下的因明論式為例：「聲是無常，因為是所作性，譬如瓶子。」其中「無常」是所立法，它和因（即理由）「所作性」之間有周遍的關係：凡是所作性必定是無常。

㊵ 藏：bsgrub bya dang mtshungs。見前文「能立與所立相等」一節的解說。

㊶《迴諍論》第26頌及自釋，前文的引述見青海版640頁1-10（本冊323節），青海版599頁15-16（本冊160節）也曾引用26頌的後兩句。

㊷《四家合註》：認為「在分析真實時不能立無自性的宗」的理由不出兩種，這是第一種理由。下一段[442]所要分析的是第二種理由：在分析真實的時候沒有主張，因此沒有宗。

㊸《四家合註》：如果必須在名言中承認「分析勝義的時候」，那麼也必須承認分析真實應當在這個時候作，如果承

認分析真實是在這個時候作的，那麼「在分析真實時沒有主張，而總的來說在名言中是有主張」的說法則是自相矛盾的。

⑭ To. 3860。梵文見 La Vallée Poussin（1903–1913）校勘本501–502頁，《明句論》的藏譯見《丹珠爾》中觀部 'a 函第166頁下4–5。引號中的最後一句頌文為《中論》二十四品15頌。

⑮ 梵：tad。

⑯ 前文對這個頌的引述見青海版593頁20至594頁1及本冊131節。

⑰ To. 3861，第六品147頌後兩句，藏譯見德格版《丹珠爾》中觀部 'a 函211頁下2及 La Vallée Poussin（1907–1912）校勘本259頁，漢譯見法尊法師（1997）譯本142頁，梵文見李學竹的第六品校勘：Li（2014）。

⑱ 藏：dngos por 'grub。

⑲ 藏：gnas ma bu，佛教小乘宗派之一。

⑳ 青海版此處讀作 smra ba rung bar，現依照 Khangkar（2001）校勘本及《四家合註》改作 smra ba mi rung bar。

㉑ To. 3861，第六品的81頌的後兩句。此頌前文陳述第三種觀點時曾經引用，出處見前面的註解。

㉒ To. 3861，出自第六品的81頌——即以上所引的這個頌——的第二句。

㉓ To. 3861，第六品81頌的第一句。

㉔ To. 3862，這是《入中論自釋》第六品81頌的前導文中反方唯識師對中觀師提出了責難，這句話是對《自釋》原文的復述。原文藏譯見德格版《甘珠爾》中觀部 'a 函275頁下4–6及 La Vallée Poussin（1907–1912）校勘本178–179頁，漢譯見法尊法師（1997）譯本94頁。

㉕ 藏：rang gi mtshan nyid kyis med。尊譯為「自相無」。「雖然不存在」一語出自前面所引的《入中論》第六品81頌。

㉖ 這是對《入中論自釋》（To. 3862）所引經文的復述，藏譯見德格版《丹珠爾》中觀部 'a 函276頁上2及 La Vallée Poussin（1907–1912）校勘本179頁，漢譯見法尊法師（1997）譯本95頁。所引的經文出自《雜阿含經》，《明句論》對梵文經文的引述見 La Vallée Poussin（1903–1913）校勘本370頁。巴利文見 Feer（1960）所校勘的《相應部》（Saṃyuttanikāya）第3冊138頁。相應的漢譯為宋求那跋陀羅所譯的《雜阿含經》第三十七，見《大正藏》第2冊99經第8頁中16–26。在引述這段經文後《明句論》說它是出自《阿含／阿笈摩》。《大寶積經》三律儀會中也有類似的經文，本書後文的引文見青海版751頁19–20及本冊708節。

⑦藏：phyogs chos。

⑱《四家合註》：「以三種相為體性的因」。在因明量式中，正確的因具備三種相：宗法、隨遍和反遍，後二者是有關遍的相。參見本冊433節的註解。

⑲藏：sbyor ba'i ngag。法尊法師譯為「能立言」。

⑳前文對《迴諍論》22頌及其《自釋》的引述見青海版588頁11至589頁11及本冊116至118節，這裡所說的《迴諍論》中對手的責難出自第1頌，前文的引述見青海版583頁19－20及本冊101節。

㉑To. 3828，《迴諍論》30頌。前文敘述第三種觀點時曾經引述，見青海版677頁5。出處見前面的註解。

㉒見青海版677頁11－17。

㉓藏：dmigs bya和dmigs byed。《四家合註》說它們分別指所量和量。

㉔藏：des yul 'jal ba。語法上更自然的讀法是「以它來測度境」，但是《四家合註》後文的解釋支持「它所測度的境」的譯法。

㉕這是指此處所說的《迴諍論》第30頌：「如果用現識等……」

㉖To. 3828，《迴諍論》第5頌，藏譯見德格版《丹珠爾》中觀部tsa函27頁上4，梵文見Bhattacharya、Johnston及Kunst（1978）校勘本14頁，對應的漢譯見《大正藏》32冊1631號13頁下7－8。

㉗To. 3832，出自《自釋》對《迴諍論》第5頌的解釋，藏譯見德格版《丹珠爾》中觀部tsa函122頁下5－7，梵文見Bhattacharya、Johnston及Kunst（1978）校勘本14頁，漢文古譯見《大正藏》第32冊1631號16頁上9－14。

㉘出自（To. 3846）十六品25頌，前文敘述第三種觀點時曾經引用此頌，見青海版677頁9－10及本冊435節，論文出處見前面的註解。

㉙To. 3865，月稱論師的《四百論釋》。藏譯見德格版《丹珠爾》中觀部ya函238頁下7。

㉚To. 3862，出自對第六品174及175二頌的解釋，藏譯見德格版《丹珠爾》中觀部'a函311頁下4－6及La Vallée Poussin（1907–1912）校勘本297頁，漢譯見法尊法師（1997）譯本157頁。

㉛藏：dngos po med par smra ba「說事物不存在者」，尊譯為「無事師」。

㉜藏：don byed pa，梵：arthakriyā。

㉝藏：phyogs，字義為「方」，有宗、方面、可能性等意思。法尊法師此處譯為「宗」。

⑭《四家合註》：「因為前面引用《四百論》的論文作為《入中論釋》的依據。」也就是說，《四百論》中的「有」「無」即《入中論釋》中所說的二邊的言論。

⑮見青海版637頁11以及本冊311節以下。

⑯見青海版597頁5至598頁19及本冊148－156節。

⑰前文敘述第三種觀點時曾經引述《正理六十頌》第50頌：「大德們沒有宗、沒有爭論，那些沒有宗的人怎麼會有他人的宗？」見青海版677頁7－8及本冊435節。

⑱To. 3864，藏譯見德格版《丹珠爾》中觀部ya函27頁下7至28頁上1及Scherrer-Schaub（1991）校勘本90頁。

⑲To. 3864，藏譯見德格版《丹珠爾》中觀部ya函26頁上5－6及Scherrer-Schaub（1991）校勘本85－86頁。此處引述的釋論與《丹珠爾》中的譯文略有不同。

⑳『』中為《正理六十頌》（To. 3825）第46頌。藏文見德格版《丹珠爾》中觀部tsa函22頁上4。梵文保留在獅子賢論師所造的《八千般若波羅蜜多疏．現觀莊嚴光明論》（To. 3791）等典籍之中，見Lindtner（1982）校勘本114－115頁及李學竹與葉少勇（2014）梵、藏、漢新校本88－93頁。漢文古譯見《大正藏》30冊1575號255頁中28－29。

⑩《明句論》中的這句話前文敘述第三種觀點時曾經引用，見青海版677頁13及本冊435節。《明句論》的梵文見La Vallée Poussin（1903–1913）校勘本16頁及MacDonald（2015）第一冊146頁，藏譯（To. 3860）見德格版《丹珠爾》中觀部'a函第6頁上2，《明句論》此處對《迴諍論》29及30二頌及《四百論》十六品25頌的引述見La Vallée Poussin（1903–1913）所校勘的梵本的同一頁及MacDonald（2015）第一冊146－147頁，藏譯見德格版《丹珠爾》中觀部'a函第6頁上2－4。

⑩《四家合註》：敘述第三種觀點時「最後所引的《迴諍論》的論文」。見青海版678頁3－4及本冊435節。

⑩藏文見德格版《丹珠爾》中觀部tsa函135頁上5，梵文見Bhattacharya、Johnston及Kunst（1978）校勘本48頁。「能破」的藏文為'gog byed，梵：pratiṣedha。

⑩To. 3828，第23、66及67頌。藏譯見德格版《丹珠爾》中觀部tsa函27頁下5及29頁上4，梵文見Bhattacharya、Johnston及Kunst（1978）校勘本25及49－50頁，對應的漢譯見《大正藏》32冊1631號14頁上17－18及同冊15頁上16－19。

⑩藏：rang bzhin yod，梵：svabhāvataḥ syāt。

⑯ 前文敘述第三種觀點時的引述見青海版677頁14－15及本冊435節，出處見前面的註解。

⑰ 出現在前面敘述第三種觀點時所引述的《入中論》第六品173頌之中，見青海版677頁15－18及本冊435節。

⑱ To. 3862，出自《入中論自釋》對第六品173頌的解釋，藏譯見德格版《丹珠爾》'a函310頁下7至311頁上2及La Vallée Poussin（1907–1912）校勘本294－295頁，漢譯見法尊法師（1997）譯本156－157頁。

⑲ 前面陳述第三種觀點時所引的《入中論》第六品173頌和此處的解釋與《入中論》前面的幾個頌是有關聯的。《入中論》第六品169頌是月稱論師提出因、果沒有自性的理由：「若因果合而生果，一故因果應無異，不合因非因無別，離二亦無余可計。」這是說在因生果的過程中因和果如果彼此遇合，那麼它們應當成為一體，所以就不能分出因果之別；如果它們不遇合，那麼由於因和果自性相異，所以被認作是因的法和其他不是因的法之間應當不存在能夠和不能夠產生這個果的差別。另外，除了因與果遇合與不遇合之外沒有第三種可能性，所以因和果是沒有自性的。第171頌是反方提出的責難：「能破所破合不合，此過於汝寧非有？汝語唯壞汝自宗，故汝不能破所破。」意思是：我用你所說的這個道理來觀察你能破的道理與所破的對象是遇合還是不遇合，同樣可以推斷出你的破法是不合理的。月稱論師對此的回答是第173頌：「前說能破與所破，為合不合諸過失，誰定有宗乃有過，我無此宗故無失。」也就是說這些過失對於主張有自性之宗的人才會適用，我沒有自性有的宗，所以對我是不適用的。以上三個頌所用的是法尊法師的譯文，第173頌的藏文及白話譯文見青海版677頁15－18及本冊435節。

⑳ 《四家合註》說不是以所提出的兩種假設中的那兩種形式而存在。

⑪ 以上這一段是復述《般若經》中須菩提和舍利子的對白。《入中論自釋》對這段經文的引述緊接在上面所引的釋論（「……因此不應當存有相遇與不相遇的想法」）之後，藏譯（To. 3862）見德格版《丹珠爾》中觀部'a函311頁上2－4及La Vallée Poussin（1907–1912）校勘本295頁，漢譯見法尊法師（1997）譯本156頁。經文的後一部分本書前文曾經引述，見青海版666頁3－9及本冊405節。經文本身的出處見前面的註解。

⑫ To. 3862，《入中論自釋》的這段論文緊接在上面一段所說的《般若經》引文之後，藏譯見德格版《丹珠爾》中觀部'a函311頁上5－7及La Vallée Poussin（1907–1912）校勘本295－296頁，漢譯見法尊法師（1997）譯本156－157頁。

⑬ 藏：thob pa，舊譯有「得」「證得」「證」「獲得」等。

⑭ To. 3862，藏譯見德格版《丹珠爾》中觀部'a函311頁上7至下4及La Vallée Poussin（1907–1912）校勘本296－297頁，漢譯見法尊法師（1997）譯本157頁。以下所引的頌文為《入中論》第六品174及175頌，梵文見李學竹的第六品校

勘：Li（2014）。

(115) 藏：gzas bzung la sogs rnams tshe「在日蝕等時候」，《丹珠爾》中的譯文為 gzas bzung la sogs rnam 'tshe「日蝕等損害」，梵文 grahaṇakādiṣu 傾向於前一種讀法。

(116)《四家合註》：「水中所顯現的日影」。

(117)《四家合註》：「觀看鏡子時……依靠影子知道臉上的污垢後做清洗等事的能力」。

(118)《入中論善解密義疏》及《四家合註》：緣起和離一異（藏：gcig du bral）等因或理由能夠淨除「慧垢」無明。

(119) 藏：'thad pa dang bral。

(120)《四家和註》解釋說這是「自性成立的」的道理，在解釋上面的頌文「遠離道理」一處說這是「如理觀察時能夠證明自性成立之事」的道理。

(121) To. 3862，藏譯見德格版《丹珠爾》中觀部 'a 函 310 頁上 2–5 及 La Vallée Poussin（1907–1912）校勘本 292 頁，漢譯見法尊法師（1992）譯本 154–155 頁。以下的頌文為第六品 170 頌的後兩句，梵文見李學竹的第六品校勘：Li（2014）。

(122) 藏：skyed par byed pa，即生者。

(123) To. 3828，第 28 頌的後兩句，藏譯見德格版《丹珠爾》中觀部 tsa 函 27 頁下 7 至 28 頁上 1，梵文見 Bhattacharya、Johnston 及 Kunst（1978）校勘本 28 頁，漢譯見《大正藏》32 冊 1631 號 14 頁上 26。

(124) To. 3825，第 7 頌。藏譯見德格版《丹珠爾》中觀部 tsa 函 20 頁上 5，漢譯見《大正藏》30 冊 1575 號 254 頁下 8–9。見李學竹與葉少勇（2014）新校本 16–17 頁。

(125) 藏：zhig pa。

(126) To. 3825，第 45 頌。前文曾經引述此頌，見青海版 586 頁 5–7 及本冊 107 節。藏譯見德格版《丹珠爾》中觀部 tsa 函 22 頁上 3，漢譯見《大正藏》30 冊 1575 號 255 頁中 26–27，見李學竹與葉少勇（2014）新校本 92–93 頁中的梵、藏、漢文。

(127) To. 1120，第 4 頌。藏譯見德格版《丹珠爾》禮讚部 ka 函 68 頁下 6–7，梵文見 Lindtner（1982）校勘本 128 頁。此讚的梵文也見 Pandeya（1994）校勘本 182–184 頁。

(128) 梵：tadabhāvā (t)。

⑫⑨ 梵：te。

⑬⓪ To. 1120，第6頌。藏譯見德格版《丹珠爾》禮讚部 ka 函68頁下7至69頁上1，梵文見 Lindtner（1982）校勘本130頁。

⑬① 《四家合註》：「無與倫比的佛陀」。

⑬② 梵：svabhāvena nāsti。

⑬③ To. 1120，第8頌。藏譯見德格版《丹珠爾》禮讚部 ka 函69頁上1－2，梵文見 Lindtner（1982）校勘本130頁。

⑬④ 這裡的作者（藏：byed pa po，梵：kartṛ）和業（藏：las，梵：karman）是指語法中的主語和賓語。《丹珠爾》中的藏譯為 byed po rang dbang nyid kyang las「……自在的作者以及業」，與梵文 kartā svatantraḥ karmāpi 更為接近。其中「自在」（梵：svatantra）是波你尼在講述聲明的《八章論》中對主語（kartṛ）的定義。見 Pāṇini 1.4.54。

⑬⑤ To. 1120，第17頌。藏譯見德格版《丹珠爾》禮讚部 ka 函69頁上5，梵文見 Lindtner（1982）校勘本134頁。

⑬⑥ To. 1120，出自22頌，藏譯見德格版《丹珠爾》禮讚部 ka 函69頁上7，梵文見 Lindtner（1982）校勘本136頁。這兩句頌文前文曾經引用，見青海版586頁10及本冊107節。

⑬⑦ To. 3862，出自對第六品160頌的解釋。藏譯見德格版《丹珠爾》中觀部 'a 函306頁下1－2及 La Vallée Poussin（1907–1912）校勘本279－280頁，漢譯見法尊法師（1997）譯本148頁。

⑬⑧ To. 3862，出自對第六品158頌的解釋。藏譯見德格版《丹珠爾》中觀部 'a 函305頁下5－6及 La Vallée Poussin（1907–1912）校勘本277頁，漢譯見法尊法師（1997）譯本147頁。

⑬⑨ 藏：rkyen nyid 'di ba tsam「僅僅這個緣性」。對應的梵文 idaṃpratyayatāmātra 出現在《明句論》第八品第12頌的解釋之前，見 La Vallée Poussin（1903–1913）校勘本189頁，此處對應的藏譯為 rkyen de nyid 'di pa tsam，見德格版《丹珠爾》中觀部 'a 函64頁上3。這個詞在後文中再次出現，見青海版766頁15及本冊764節。除去「唯」字的 idaṃpratyayatā 也出現在 La Vallée Poussin（1903–1913）校勘的梵文《明句論》的第9（MacDonald（2015）第一冊129頁）及159頁，對應的巴利語 idappaccayatā 出現於巴利三藏《相應部》等經典中。有關這個術語的意義及它在月稱《明句論》和《正理六十頌釋》等典籍中的出現見 MacDonald（2015）第二冊36頁註85。

⑭⓪ To. 3862，藏譯見德格版《丹珠爾》中觀部 'a 函247頁上1－2及 La Vallée Poussin（1907–1912）校勘本81－82

頁，漢譯見法尊法師（1997）譯本43頁。以下所引的是第六品第8頌的前兩句，梵文見李學竹的第六品校勘：Li（2014）。

⒁ 見 La Vallée Poussin（1903–1913）校勘本13頁及 MacDonald（2015）第一冊梵文第一品新校本139頁，藏譯（To. 3860）見德格版《丹珠爾》中觀部 'a 函第5頁上6。

⒂《四家合註》：「破自相成立時」。

⒃ 藏：gzhan don rjes dpag，梵：parārthānumāna。「他義比量」是《釋量論》第四品的品名，此處尊譯為「他比量」。

⒄ 藏：rang rgyud kyi rtags。

【第二節】應成與自續的正確含義

〔申二〕安立自己的觀點

只要敘說應成師破除自續的體系而建立自宗的情形，則會通達這二者，所以下面將作講述。有關這個情形《明句論》說得很多，然而，因為懼怕篇幅過於冗長，所以在此只是略示要點而已。

此節分兩個部分：

酉一、破除自續的正義

酉二、自己與此不相同的情形

〔酉二〕破除自續的正義

分兩個部分：

戌一、顯示宗的過失：依托——有法——是不成立的

戌二、由這個過失而顯示因也不成立

〔戌一〕顯示宗的過失：依托——有法——是不成立的

分兩個部分：

亥一、敘述主張

亥二、對它加以破除

〔亥一〕

敘述主張

[483] 即使在《明句論》所說的（內容）之中，這些段落也是極難通達的，所以，如果引述《明句論》的文字後加以解釋，如〔《明句論》〕說①：

【如果反方說】例如在「聲是無常」之中，只是法和有法②二者的總③受到採用，而不是特徵，因爲如果採用特徵，則比量與所比④的名言都不會存在。因爲如果採用四大⑤所成的聲，這對於對手則不成立，假如採用虛空的特質⑥，則對於佛弟子⑦自己不成立。同樣，勝論師在立「聲是無常」的宗時，如果採用所作⑧的聲，這對於對手則不成立，假如是所顯現者⑨，則對於自己不成立。與此相應，壞滅如果具有因，它對佛弟子自己則不成立，假如沒有因，則對於對手不成立⑩。所以，就如這裡只是採用總的法和有法，同樣，此處拋除特徵的純粹的有法也將被採用。

[484] 其中的意思是：佛弟子對勝論師立「聲是無常」的宗時，如果採用「大種所成⑪的聲」作爲有法，則對於勝論師不成立，如果以「作爲虛空的特質的聲」作爲有法，則對於自己不成立。同樣，勝論師對顯現師⑫立「聲是無常」的宗時，如果採用「所作的聲」作爲有法，則對於顯現師不成立，如果採用「憑藉緣而顯現的先前本有的聲」作爲有法，則對於自己不成立。所以，採用各自獨特的主張作爲有法是不適當的——由於有法是兩個辯論者分析性質的基礎，所以它必須是一個對雙方共同顯現而成立者。

[485] 就如有法必須是共同顯現而成立，法無常也必須是不加特征、雙方所成立的總的〔無常〕；此外，在所立成立之前，所舉的譬喻也必須是共同顯現而成立⑬者。

[486] 與這個譬喻相類似，中觀師在向（佛教）以外的部派成立眼等諸內處或色等諸外處⑭不是從自身而生，以及對（佛教）內部的實事師成立〔它們〕不是從他而生的時候，如果採用「諦實的眼等」作爲有法，則對自己不會成立，如果採用「虛妄的眼」作爲有法，則對於對方不會成立，所以捨棄這些特徵，把純粹的眼和色安立爲有法。這是因爲〔有法〕是中觀師與實事師雙方分析「從自身而生存在與否」等性質的基礎，所以必須是對雙方共同顯現而成立。以上是（自續師的）想法。

[487] 共同顯現而成立的意思是：對論者以怎樣的量來成立，立論者也以這樣的量來成立。

〔亥二〕

對它加以破除

分兩個部分：

金一、意思不合道理

金二、與所舉的譬喻不相似

〔金一〕

意思不合道理

[488]《明句論》說道⑮：

【自方】這並非如此。因爲當此處生的否定被認作是所立法⑯，這時從眞實的角度[17]它的依托有法——自己的本體[18]僅被顛倒所找到者——（的）[19]毀壞卻被此人自己承認。顛倒與不顛倒是不同的。

[489] 因此，就如有視覺障礙者對於髮絲等，當顛倒將不存在執著爲存在，這時怎麼會見到存在的事的甚至一個部分？就如沒有視覺障礙者對於髮絲，由於不顛倒而不增益不眞實的時候，怎麼會見到不存在的事的甚至一部分，以致它會成爲世俗[20]？正是由於這個緣故，阿闍黎尊者說[21]：

如果用現識等
對於境能夠見到什麼，
那麼就可以成立或破除，
由於這不存在，所以對我沒有過錯可尋。

[490] 由於這樣顛倒與不顛倒是不同的，所以，因爲在不顛倒的階段中顛倒不存在，所以怎麼會有世俗的眼，以至它會具備有法之性[22]？因此，不能消除依托不成立的宗的過失或[23]所依不成立的因的過失[24]。所以這完全不是解答。

[491]這個〔意思〕如果以以下的論式㉕為例，則容易通達，所以以下會在它之上加以解釋。

色處不是從自身而生，因為是存在的，譬如前面所顯現的瓶子。

[492]這些答覆的論文是顯示有法如何不是共同顯現而成立。這又是如何的情形呢？此處是顯示與對論者共同顯現而成立的有法如何不成立，至於這個對論者，在《明句論》所講述的這個地方，雖然是指破除自生的對論者，但是總的來說是兩種：主張諸事從勝義的角度自性存在的實事師以及主張它們從名言的角度有自相成立的自性的自續師。

雖然中觀自續師也被稱作「無自性師」㉖，但是在此處為了防止文字的冗長，應當把「無自性師」㉗理解為應成師，應當把「有自性師」㉘理解為實事師與自續師兩者。

[493]因此，成立將色處安立為有法的方式必須是由執取它的眼識現量來成立，而它如果不能由這些〔現識〕不錯亂地加以成立，那麼〔這些〕就不能成為成立境的現識，所以必須是不錯亂的。在他們㉙的體系中，無分別〔的現識〕不錯亂地成立必定依賴於成為不錯亂〔的境〕的自相成立能夠顯現並且以顯現的方式而存在。[494]這樣，對於對論者來說，成立有法的那一種量對於立論者來說是不適當的——因為這位〔月稱〕阿闍黎認為即使在名言中任何法都沒有

自相成立的體性，所以能成立它的量是不存在的，於是出於這個想法而破除自續。

[495] 另外，〔此處〕所講的是對於對手初次產生通達諸事沒有自性的見，如何否定作爲輔翼㉚的自續的必要性，至於中觀應成師互相之間引發通達某些盡所有之事的比量，是否需要自續作爲輔翼則姑且不作分析㉛。

[496] 如果把它與教典相配合而解說，從「當」到「毀壞」之間的意思是：這位清辯自己已經承認所立法的依托——有法眼或色等——從眞實角度的毀壞或不成立。

【問題】是怎樣的有法？

【回答】是受無明沾染的純粹顚倒者所找到的自己的本體㉜，即僅由眼識等名言識所成立的事。

[497] 承認的方式是：從勝義的角度破除生——作爲所立法——依賴於這些有法，「這時」即因此，如果〔有法〕從眞實的角度成立，那麼與〔所立法〕依賴〔於它〕則會發生矛盾。

[498] 【問題】確實這樣承認，這又會怎樣？

【回答】色等既是從眞實的角度不成立又不是眞實義，它們不適合充當不錯亂識所找到的境，所以是執取虛妄之心名言識所找到，因此這些也是受無明沾染的錯亂者。

[499] 所以，不錯亂者所找到的境對於錯亂識不顯現，對錯亂識顯現的境則不會被不錯亂識

所找到，因爲顛倒的錯亂識與不顛倒的不錯亂識二者各自的境相互排斥，從這個角度而言境的進入是不同的。這就是「顛倒與不顛倒是不同」的意思。

[500] 對此的解釋是從「就如」到「會成爲世俗」㉝。其中，「顛倒」是指被無明沾染的眼等名言識。這些「將不存在執著爲存在」是指色聲等雖然沒有自體有的相，但是根識卻執著爲有——無分別識執著必定是指僅僅顯現而已，所以是色等顯現爲自相。「這時怎麼會見到存在的事的甚至一部分」的意思是：這樣雖然沒有自相卻作顯現，所以這些識怎麼能成立即使是微細的自相有的事？自相成立的事雖然不存在卻顯現的譬喻是「就如……髮絲」。這些〔論文〕是說由於具有色聲等顯現的諸根識是錯亂的，所以不適合充當自相之境的證明。

[501] 「沒有視覺障礙者……的時候」等是顯示不錯亂的識不執取色聲等任何〔世俗的事〕。其中，「不顛倒」是指不錯亂的識——現證眞如者才會有它，別人則沒有。[502] 它「不增益不眞實」是對於不適合充當眞實義的色聲等不作增益，即不執著爲存在，例如離開視覺障礙的眼識不會見到髮絲墜落的顯現。[503] 「成爲世俗」是指色聲等虛妄的事，「不存在」是指不是自相成立，以眞實爲境的不錯亂識不能成立這種〔色等〕（的）甚至一部分，意思是它見不到它們。

[504] 「如果……」是引述有關這些意思的龍樹依怙教典中的教證。這〔段論文〕說現量等四種量不能成立任何自相成立的事，在此是被當作依據。[505] 「由於這樣」等是總結前面所講的意

思，[506]「所以怎麼會有世俗的眼，以至它會具備有法之性」並不是表示世俗眼等有法不存在，就如前面說過，它的意思是自相成立或不錯亂的現識所成立的色，即使在名言中都不能作爲有法而成立。

[507]「因此」等的意思是：對於持自體有的自性不存在之說者和實事師二人，在將色處安立爲有法時不是（由）不錯亂的現識共同顯現而成立，所以，由於沒有量能成立在二人的體系中共同顯現而成立的有法，因此用自續的因向對論者證明的宗不能被安立爲沒有過失。

[508]【反方】對於「即使在名言中都沒有自體有的自性」的宗雖然會這樣，但是我們在名言中不這樣認爲，因此，由於有自續的有法等，所以沒有過失的宗是有的。

【自方】前面已經說過，名言中有這種自性是不合道理的，以後還要再說，所以這個答覆是不合理的。

〔金二〕與所舉的譬喻不相似

[509]《明句論》說[34]：

譬喻也不具備相似性[35]。在那裡不願說出特徵的聲的總[36]和無常性的總[37]對於雙方都是存在的；這樣的眼的總，空性論者與非空性論者二人從世俗的角度[38]或從勝義的角度都不承認，所以譬喻也沒有相似性。

[510]其中的意思並不是表示：「以下（的情形）是存在的：(1)大種所成和虛空的特質兩者以及造作而成和先前已有、憑藉緣而顯現兩者都不是的唯獨總的聲，(2)既不依賴又不是不依賴因的唯獨總的無常。然而，既不是諦實也不是虛妄的眼等是不存在的。」因爲(1)這並不是這些辯論者所承認的，(2)如果是這樣，誰都無法證明譬喻與正題兩者不相似。

[511]【問題】那麼，是什麼？

【回答】它的意思是：不標以「大種所成的聲」或「虛空的特質的聲」等任何特徵，確定聲存在在辯論者雙方的體系中是可行的。然而，在主張自性不空者和主張自性不空者兩人的體系中，沒有（一個）量所成立的眼或色的總既不是由不錯亂識成立又不是以錯亂識來成立的；由錯亂識成立的對於對論者不能成立，不錯亂識所找到的不能以立論者的量來成立，因此和譬喻沒有相似性。

[512] 不錯亂總的來說是指現前測度勝義諦的根本定，但是在此必定是指對於顯現境自相不錯亂的現量以及對於所著境自相不錯亂的比量兩者，然而能夠成立有法與因的三相的這種量絕對不存在，所以不錯亂識所找到的境不適合充當有法。

[513] 此處「自相」不是像思度者所主張的僅僅發生作用㊴，而是前面所說的那種對於不論事或無事的各自自性加以承認的自性，所以主張自性有者認爲即使是測度無事的比量對於這種自性的所著境也是不錯亂的。

[514] 某一個識如果對這樣的自性不錯亂，那麼不論是對顯現境還是所著境不錯亂，便成爲對於眞實義不錯亂，所以（我們）認爲在自宗之中這種量不能成立有法等，但是卻不認爲在辯論者雙方的相續中測度眼和色等的名言量不存在。

[515] 就如前面說過，未受損害的根識能夠引發斷定「色等僅僅是存在」的定解，即使在對論者的相續中，這種定解的境也不能被正理所妨害。此外，如果仔細加以解釋，在執取苗芽存

在之類（的情形）之中執取的方式有三種：⑴執著諦實有：執著苗具有自體有的自性，⑵執取虛妄有：執取苗沒有自體有，而是如幻而有，⑶不用任何諦實、虛妄這些特徵，執取總的來說（苗）僅僅是有。[516] 執著苗以常、無常等方式而存在也是有的，但是，不包含三者之中任何一種執法的執著是不存在的，所以在此不必談論那些。

[517] 其中，相續中還沒有生起通達事物沒有自性的正見的有情有執著純粹的有和執著諦實有兩種，但是執著沒有自體的如幻有是不會出現的。[518] 認為有情在沒有獲得諸法如幻之見之前用分別執取為有都是諦實執在任何方面都是不適當的，這在前面講述名言量以及分辨自性有無和有無四者的差別時已經說過多次㊵。

[519] 否則，如果在沒有理解無自性見之前，凡是用分別來安立名言全都是諦實執，那麼，不曾被前面所說的錯亂之因沾染的普通世間名言所安立的境——中觀師從名言的角度必須承認者——全都會被正理所違害，因此在存在與否的問題上與自在（天）之間變得沒有差別，於是因為顛倒的見解而成為通達中觀義的重大障礙。

[520] 由這種方式而對空性發生顛倒理解的跡象是：用後來獲得（空性）見的觀點來衡量以前必須依靠分別而作的行品的眾多善行時，把先前的一切都看成是相執，能（將有情）繫縛於生死之後，便產生一種認識，以為這些善行是為尚未獲得這種了義見的人而講說。於是就有視

一切分別為過失的邪分別，由此緣故就會像支那堪布㊶那樣毀謗許多〔正〕法，這種情況是很常見的。

[521] 對此，在沒有獲得無自性的見之前，這些人不可能分辨純粹的有與自相成立的有二者，因為就像前面所引的《四百論釋》（所說）㊷，〔這些人〕執著凡是有必然是自體有的有。由這個道理，〔這些人〕執著無自性也必然是不存在，於是反覆爭論道：「在自性空之中不可以安立因果。」

[522] 至於通達無自性之見已在相續中生起的人，相續之中執著有的三種方式都會出現。但是，這個見生起之後，只要它的作用尚未衰退，當用正理加以分析而思惟是否自體有時，承認自體有的諦實執就暫時不能生起，然而，俱生的諦實執對他並非不生。[523] 因此，即使通達自體有的自性不存在的正見已經生起，並且未曾衰減，相續之中「苗存在」的執著仍然不全是執取如幻而有，因為不然的話，對他們來說現行㊸的諦實有的執著勢必不可能生起。

[524] 清辯阿闍黎等從名言的角度承認諸法自體有的自相的諸中觀師在自己的體系中接受自續因，其原因也正是（認為）從名言的角度自體有的自相是存在的，所以是否在自宗之中安立自續因歸根結柢取決於極細的所破。[525] 因此在他們的體系中，顯現自體有自性的未受損害的諸根識從名言的角度對於顯現境是不錯亂的，並且，執著苗等具有這種自性的分別對於所著

境也不錯亂。否則，如果認爲它們是錯亂，與實事師怎麼會有共同顯現而成立的量？

[526] 按照月稱的主張，像顯現自相的那種自性雖然不存在，卻對諸根識這樣顯現，對於實事師來說如果是由這些根識來成立，那麼有法何時成立，無自性就已經得到證明，自續之因何用之有？

[527]【反方】或是只要對於對手自己成立就足夠了，不需要與中觀師雙方共同顯現而成立。

【回答】這你自己也不承認，而且也不合理，因爲這樣的話一切用於證明的因和論式都成了僅爲別人所承認，所以便是步應成師的後塵了。

[528] 認爲從名言的角度沒有外境的寂護阿闍黎等人也和實相師㊹的主張一樣，承認藍（色）等從名言的角度是識的實物，因此有這些顯現的根識相對它們來說能夠執取自相成立的事，所以相對於單純的藍（色）來說並不是錯亂的。

[529] 當眼等隱義被安立爲有法時，對於它現識雖然不能直接地成立，但是，追究證明它的根本時必然歸結於某一種現識，這一點得到了諸持宗派論者的承認——因爲〔諸持宗派論者〕認爲比量就如盲人輾轉牽引㊺，所以其根本的能立歸根結柢在於現識。[530] 這時，至於這個根本的現識，則被認作是不錯亂的知他㊻〔的現識〕，或是一個不錯亂的自證分㊼，依照前面的解釋，他們又認爲這指的是自相成立的事會顯現，並且如其顯現必定在境之上成立，所以在他們

以及主張自體有的自性不存在的中觀師的兩種體系中，共同顯現而成立的不錯亂的現識是不存在的。

[531]即使不能這樣歸結於現識，卻仍然能夠作出答覆——提倡自性存在的人無論對於有爲法還是無爲法，以量來成立它們的意思是必須能成立它們各自安住方式的體性在境上存在之義，然而由於正理能夠破除它，〔沒有量能安立前面那種體性在境之上存在，〕所以能立的量是不適當的。

戊二　由這個過失而顯示因也不成立

[532]《明句論》中是以這個說法加以開示的⑱：

指出依托不成立的宗的過失這個方式也應當運用在指出「因爲是存在的」⑲這個因不成立的過失之上。

[533] 關於它，前面在〔主張〕自體有的自性空和不空的兩個辯論者的體系中，因爲能夠成立共同顯現而成立的有法的量是不存在的，所以說自續因中有法「色處」和「不是從自身而生」的法二者合併而成的宗或所立是不存在的。用這個正理，「因爲是存在」的因也沒有量來充當在雙方的體系中共同顯現而成立的能立，所以，因不成立的方式應當依照前文所說加以認識。

[534] 此處《明句論》說㊿：

如此，這是這樣的，因爲這個思度者自己已經承認所講的意思。

【問】怎麼樣（承認）？

【回答】別人舉出這個能立51：

因等能產生諸內處者純粹是存在的，因爲如來是這樣說的。如來對它怎麼說，它便是如此，例如「涅槃是寂靜」52。

對此，這位〔清辯阿闍黎〕說了這個過失53：

此處你所承認的因的意思是什麼？是因爲如來從世俗的角度這樣說，還是從勝義的角度而說？如果是從世俗的角度，則對於自己來說因具有義不成立性㊹……

又說㊺

……從勝義的角度所成與能成性㊻不成立，所以因具有義不成立性㊼和相違義性㊽。

因爲他自己這樣用這個道理承認因不成立，所以在將實事法㊾設立爲因的一切比量㊿之中，因等對於自己是不成立的，因此一切能立都遭到毀壞。

[535]對於其中的意思【自稱爲追隨月稱的人說道】〔清辯阿闍黎〕在《思度熾燃論》等著述中舉出(61)：

地從勝義的角度不是堅硬的體性，因爲是大種，譬如風。

其中如果舉出「因爲從勝義的角度是大種」，則自己不能成立，如果舉出「因爲從世俗的角度是大種」，則對於敵手實事師不成立。如果以此不能安立因不成立，則和自己所接受的觀點——從這兩個方面不成立，則因必然不成立——相互矛盾。

【有的人則說】如果立單純的大種，則不能爲理智所成立，因此就被否定。

[536]【自方】以這種方式加以破除完全不是《明句論》的意趣，並且這位（清辯）阿闍黎也這樣認爲，所以對於兩個體系都是顛倒的言論。

[537]【問題】那麼，是怎麼樣？

【自方】在「因爲這個（思度者）自己已經承認所講的意思」這句話中，「所講的」是指前面所講的有法不成立的情形以及它「也應當運用在因之上」這話，因爲緊接在這之後便說了這段論文。

[538]因此，是這樣的：成立有法和因的現識等不出錯亂與不錯亂兩種，如果把錯亂者所找到的境安立爲因等，則對於實事師不成立，如果把不錯亂者所找到的境安立爲這些，則自己的量不⑫能成立，因此前面說自續的因和有法等是不成立的。這就是「所講的」的意思。

[539] 至於顯示清辯如何接受由這樣的途徑而安立為不成立，是說對於「因為如來是這樣說的」這段話從二諦的角度作觀察。[540] 其中的意思絕不是觀察「是將『因為如來從世俗的角度說』安立為因，還是將『因為從勝義的角度說』安立為因」。就如前面引述對手時，(他)主張必須不用「諦實」或「虛妄」的特徵而安立有法，否則對於立論者和對論者之中的一個人就成為不成立，同樣對於因和譬喻等也這樣主張，所以，這位圓滿的班智達在這種粗顯的似能破㉝上怎麼會有差錯？

[541] 因此，〔清辯阿闍黎〕是問「『因為如來說』這個因的意思應當是二諦中的哪一個？」所以，如果屬於世俗，則〔實事師〕自己不這樣主張；如果屬於勝義，由於我在勝義之中否定果是從有、無或二者的因而生，所以對我不會成立，由於不承認不屬於二諦中任何一諦的事，所以對此不必明說。

[542] 關於這一點，在舉出「因為是大種」時，如果詢問被安立為因的這個「大種」是二諦中的哪一諦，則與前面相似，如果是說「將二諦(中)的哪一種大種安立為因」，則完全沒有領會對手㉞。這樣詢問是二諦中的哪一諦後，如果是勝義，雖然對於〔中觀師〕自己不成立，然而如果是世俗的，怎麼能說對於別人〔實事師〕不成立？否則，被安立為有法的內處也是在世俗中存在，因此對於那些對論者勢必也不成立。

[543]【問題】那麼，清辯是以什麼方式承認「所講的」對於因所作的二諦的觀察？

[544]【回答】〔此處〕應作解釋：此處〔月稱〕阿闍黎基於不錯亂識所找到的是勝義、錯亂識所找到的是世俗的想法，而詢問「在二諦之中是哪一諦」，是認爲這和「兩種〔識〕中是被哪一個找到」〔的問題〕必然是同一個要點。這樣，安立爲因的那個事如果既不是世俗又不是勝義，那麼這個因必定不能成立；安立爲因的事如果既不是不錯亂識又不是錯亂識所找到的境，那麼安立爲因的事就不成立，其理由是相等的。〔《明句論》中〕雖說「此人自己已經承認」，但是〔清辯阿闍黎〕卻沒有直接承認。

因此，〔《明句論》〕說：「將實事法設立爲因。」其中特別說到「實事法」。清辯阿闍黎雖然認爲自己所舉出的這些因有的是由不錯亂現識直接〔成立〕，有的則是以不錯亂的現識爲究竟的能立⑮，然而這位阿闍黎卻予以否定。

[545]這是因爲——就如前面曾經引述——「如果是中觀師……因爲不承認其他的宗」⑯是說承認自相成立的事是不合理的，並引述「如果用現識等……」等⑰作爲證明，測度自相的量不存在的這些說法是針對持清辯阿闍黎之宗的人而加以成立。

〔酉二〕自己不相同的情形

[546]【反方】對於別人的比量所陳述的「有法和因不成立」等諸過失對自己的比量難道不是也會成爲過失？所以不應當與別人爭辯。

【自方】〔《明句論》中〕說：別人有這些過失是因爲接受自續比量才會出現，我們不接受自續比量，所以沒有這些過失。

此處的諸比量是指論式⑱。

[547]如果承認自續，則是承認對於自相能充當量並且對於辯論者雙方共同顯現而成立的量，然後必須使用由這〔種量〕所成立的三相對雙方都成立〔的因〕來證明所立，這樣，由於這個量不存在，所以有法等就不會成立。[548]如果不承認自續，只要對方實事師自己以這種量來成立就足夠了，對於自己來說則不必以這個量來成立。

[549]所以，教典中所出現的比量也是僅僅以破除別人論點爲目的的別人所承認的比量，而不是自續。這就如同《根本慧論》第三品中用不觀看自身作爲因來成立眼不觀看其他〔色〕⑲：

眼⑩完全不觀看
自身⑪，
不觀看自身者
怎麼會觀看別的？

這個論式中的因⑫自己是承認的，「觀看別的沒有自體有」的宗中觀師也承認，這種論式稱作「別人所承認的比量」。

[550]《明句論》說⑬：

我們不使用自續比量，因為諸比量所具備的是僅僅破除他人之宗的結果。

即認為所舉出的諸論式都不是自續，而是以僅僅破除別人的宗為目的，因此並不是不立論式。

[551]至於舉出論式後破除〔對手〕的宗的方式，此論接著說道⑭：

是這樣的：那個認爲「眼觀看其他」的人既主張眼有不觀看自身的特徵，又承認觀看其他（藍等色）的特徵的缺之則無性⑮。因此，何處沒有觀看自身，那處觀看其他也不存在，例如瓶子。眼具備不觀看自身，所以它也不具備觀看其他。所以，與「不觀看自身」相矛盾的觀看藍等其他的（色）被自己所承認的比量⑯所妨害⑰。所以是用對他成立的比量來破除。

[552] 對論者「自己所承認」與相對於立論者中觀師來說是「別人所承認」兩者是同一個要點。

[553] 由於自己舉出別人所承認的論式之語⑱而破除邪分別的方式是非常重要的，所以要仔細加以解釋。所謂「對他成立」意思並不是自宗之中不承認有法「眼」、譬喻「瓶子」、因「不觀看自身」以及所立法「不觀看藍等」，只是別人承認而已，以至於因和遍等僅僅對於對手成立而已。

[554] 【問題】那麼，是怎麼樣？

【回答】自宗之中雖然也承認這些，但是在自宗之中，成立它們的量測度自體有的所量即使從名言的角度都不存在。這些對於提倡自性有的人成立必然依賴於那種量來成立，因此，由於對雙方共同顯現而成立的測度自體有的量不存在，所以不是對雙方成立，稱作「別人所承認」或「對別人成立」。

[555]【反方】那麼，由於這種量從名言的角度都不存在，因此主張由它來成立就像增益自性一樣，會被正理所妨害，所以依靠這些能立怎麼能獲得中觀見？因為如果依靠量所妨害的理由，而能夠獲得無誤的見解，那麼一切顛倒的宗派勢必都能獲得。

【自方】這個對論者執著有法「眼」、因「不觀看自身」、譬喻「瓶子」及〔所立〕法「不觀看藍等」是存在的，執著的對象自宗從名言的角度也認為是存在的，所以它們不被正理所妨害。然而，這個對論者卻不分辨它們是自體有還是有，所以認為它們是由測度⑲自體有的所量的量所成立，這樣的境雖然被正理所妨害，但是他的相續中未受損害的名言諸識所成立的〔境〕正理怎麼能破除？因此，在他的宗和自宗二者之中共同顯現而成立的測度自體有的所量的量不曾得到承認，所以不用自續加以證明，只是指出對方觀點中的矛盾而已。

[556]如果用前面所舉出的別人所承認的論式來表示這個情形，對於有法「眼」來說「不觀看自身」的因從名言的角度是有的，對於它來說自體有的觀看藍等即使從名言的角度都不存在，因此前者能夠破除後者。如果在眼之上因和所破法⑳這二者存在和不存在是平等的，那麼兩者怎麼會成為妨害者與所妨害者？[557]所以別人所承認的論式的有法、〔所立〕法和因從名言

的角度必須是存在的，僅僅由他承認為有是不夠的。

[558] 由於他已經承認有法「眼」等這些是存在的，所以中觀師何必證明它們？[559] 如果對此尚且抵賴，聲稱「〔有法等〕對我們不成立，不妨加以證明」，那麼（對方）沒有任何事不抵賴，所以與他們爭辯沒有結果，所以誰會與他們為伴？

[560]【此處反方認為】如果是顯示對手「不觀看自身」與「觀看藍等具有自體有的自性」的觀點之中的矛盾，如何知道矛盾？如果量能成立是矛盾，則必須對雙方都成立，所以不應當稱作「別人所承認」。[561] 如果是由〔對手〕承認而安立為矛盾，那麼，對手認為「不觀看自身」與「觀看別的」兩者並不矛盾，所以，由他承認而安立為矛盾是不合理的。如果以自己承認為矛盾而安立則太為過分——怎麼可以對對論者㉛說：「你認為這不矛盾是不合理的，因為我承認這是矛盾的」？

[562]【自方】這個過失是不存在的，如果不觀看自身，那麼〔觀看〕有自體有的自性則是矛盾的，這是由量所成立的，所以不是僅僅由承認而安立。

[563]【反方】這樣的話，只要向對手顯示這個量而令他確認矛盾就足夠了，何必要依靠他的承認呢？

【自方】從實事師的角度，證明矛盾的量的成立依賴於對自體有的所量的測度的成立。

如果這都不存在，憑藉自己對它的承認如何能成立矛盾？假如「即使所量沒有自體有的自性，安立爲量並不矛盾」對他已經成立，隨後再用這種量來加以證明，那麼，由於〔他〕已經獲得通達諸法沒有自性的見，所以何必要向他證明「如果不觀看自身，自體有的觀看的存在則有矛盾」？所以，如果希望通達至尊月（稱）的體系，對於這些應當仔細分析而加以領悟。

[564]【問題】那麼，依靠他自己所承認者如何來顯示「不觀看自身」被「觀看別的沒有自體有」所周遍[82]？

【回答】（我）將依照《佛護釋》來作解釋[83]：例如，因爲含水，所以見到土地中的濕潤；因爲有火，所以見到水中的溫熱；因有豆蔻[84]花，故此見到衣服中的妙香。可以看到這依賴於在水等這三者中能見到濕潤等三者，（這）你也是承認的。同樣，如果諸事有任何自體有的自性，那麼這種自性必然也是先在自身中見到，然後才在包含它的別的〔法〕中見到。如果最初在自身中見不到，那麼在包含它的別的（法）中怎麼能見到？例如，如果在豆蔻中聞不到臭味，那麼，也不會聞到帶有豆蔻的衣服中有惡臭。

[565]這樣用對論者自己所承認的道理使他對正反二遍[85]獲得決定後，隨之與此處的正題相結合則是開示[86]：因此，如果眼也有觀看的自性，那麼最初是見到觀看自身，然後與色等聚合時，又見到觀看色，這樣才合乎道理。然而由於眼不具備觀看自身，所以也不具備觀看別的。

[566] 如《四百論》中也說[87]：

如果一切事物的自性
先在自身之中被看到，
那麼爲什麼
眼本身不被眼所執取？

[567]【如果反方認爲】就如火不燒自身，卻焚燒別的；眼雖然不觀看自身，卻觀看別的，這是不矛盾的[88]。

【自方】總的來說破的並不單是火能燒柴以及眼能觀看色，而是破除眼觀看別的是體性有[89]。[568] 在這種情形之下，必須以「自性成立的火燒柴」作爲譬喻，所以這時候譬喻也和所立一樣不合道理。〔不合道理的理由〕是這樣的：如果火與柴兩者都有自體有的自性，則不出自性相同及不同兩種可能性，所以屬於兩者之中的哪一種？如果是相同，火就成了焚燒自身。

[569] 再者，火怎麼會成爲能燒，柴怎麼會成爲所燒？如果會的話，假如我說「火是所燒，柴是能燒」，〔你〕有什麼答覆？如果〔火與柴〕自性各異，則沒有柴也能見到火，就如沒有馬也

能見到牛⑳。如《四百論》中也說㉑：

火唯獨焚燒熱㉒，
非熱者如何被焚燒㉓？
因此「柴」是不存在的，
除去它火也不存在。

[570] 這樣，如果承認焚燒具有自體有的自性，那麼，如果不燒自身，別的也不會焚燒；同樣，如果承認眼有觀看的自性，那麼，如果不觀看自身，則必須承認也不觀看別的，所以前面的過失不能動搖。

[571] 這樣〔對論者〕看到〔中觀師〕所顯示的承認自性的妨害時，便會捨棄執著有自體有的自性的宗派，隨後也能夠通達無自性之中作用的發生是合乎道理的，於是就會區分無自性與不存在之間的差別，因此也能區分自性有和存在，所以也會通達無自性的量測度無自性的所量等。

[572] 【問題】如果是這樣，此人通達火和柴沒有自性的那個量不可以是現識，所以必須承認

是比量，既然是這樣，它的依托——因——是怎樣的？

【回答】見到如果有自性，則不出相同與不同兩種可能性後，便見到如果破除相同和不同的自性，則必然沒有自性的遍，所以兩個相[94]已經成立；決定沒有相同與不同的自性則是宗法相，所以具備三相的因。依靠它而決定「火與柴沒有自性」就是比量。[573] 由此也應當了解前面所提出的別人所承認的論式[95]中的三相與產生比量的方式。[574] 至於應成，諸如「火和柴如果有自性，則自性不是相同就是不同」，以及「如果是相同，火就成了焚燒自身」等之類，是提出別人所承認者作爲因，然後引出對手所不能接受者，所以應當以此爲例而通達其他諸應成。

[575] 這樣，只要對論者不捨棄事實師的宗派，成立證明〔有法等〕事的量則依賴於成立〔此量〕能夠測度自體有的所量。一旦憑藉量而通達某些事不具備自體有之後，就已經捨棄事實師的宗派。

[576]《明句論》中也說[96]：

【問題】此外，使用對某一方成立的比量也會有比量所帶來的妨害嗎？

【回答】有的，這[97]是來自對自己成立的因，而不是來自對別人成立者，因爲在世間本身之中可以看到。世上有時是由立論與對論雙方公認爲量的證人的言辭來決定勝負，有時單是憑藉自己的言辭而已，憑藉別人的言辭則不能判定勝負。在世間中是如何，在正理之中也是如此，因爲在正理論典⑱中唯有世間名言⑲才切題。

[577] 這裡講述了「別人所承認」適合充當因的譬喻及教證⑳。至於諸思度者，對論者以哪種量來成立三相等，立論者也必須用這種量來成立，所以認爲必須對立論者和對論者雙方都成立。對此〔《明句論》〕也說加以破除，此論說道㉑：

某人認爲㉒：「對於雙方都決定的言說是成立㉓或破除，對某一方成立或有疑慮的言語則不是這樣。」他也應當依靠世間的建立而接受〔我們〕所說的有關比量的這個道理。

[578] 這樣，教典（所帶來的）違害並非僅憑藉對雙方都成立的教典。

【問】那麼是什麼？

【答】也憑藉對〔對手〕自己成立的〔教典〕。[579] 至於自義比量㉔，在一切處唯獨以對〔對手〕自己成立者為重，對於雙方成立的則不是。[580] 由此緣故，述說思度的特徵⑩是沒有必要的，因為諸佛是以〔化機〕自己所承認的道理來攝益尚未了解眞實的所要調伏的眾生。

[581] 因此，用前面所說的那種量⑩來對辯論者雙方成立因，以這種因來成立所立的則安立為自續因；不以這個〔量〕來成立，而是以對論者他人所承認的〔因的〕三相來成立所立的，則安立為應成。很顯然這便是〔月稱〕阿闍黎的意趣。

〔未二〕應當追隨兩者之中的哪一種在相續中產生（正）見

[582]【問題】這樣，追隨聖者父子的這些大中觀師既然有應成和自續二個體系，那麼，究竟應當跟隨他們之中的哪一派呢？

【回答】在此是跟隨應成派。[583] 這又必須從名言的角度破除自體有的自性，並且在破除它時，輪迴涅槃的一切建立必須都能妥善（安立），因此對於這兩種道理應當獲得決定。[584]（佛護和月稱）這兩位阿闍黎多次說明：如果承認諸事有自體有的自性，那麼，分析眞理的正理觀察就會適用。由於看到這個說法和聖者父子的諸論典極爲相符，於是便接受這一體系。這樣一來，就如前面所說，顯然必須接受應成的觀點。

註釋：

① To. 3860。藏譯見德格版《丹珠爾》中觀部'a函第9頁上7至下3，梵文見La Vallée Poussin（1903–1913）校勘本28–29頁及MacDonald（2015）第一冊梵文第一品新校本173–174頁。MacDonald（2015）第二冊387–499頁提供《明句論》第一品藏譯的精校本。

② 在「聲是無常」之中「聲」是有法，「無常」是法。

③ 藏：spyi，梵：sāmānya。

④ 藏：rjes su dpag par bya ba，梵：anumeya。根據《四家合註》，此處的比量與所比分別是用來成立論點的因以及因所要成立的所立。

⑤ 藏：'byung ba chen po bzhi las gyur pa，梵：cāturmahābhautika。

⑥ 藏：nam mkha'i yon tan，梵：ākāśaguṇa。尊譯為「空德」。在這個辯論中，佛教徒的對手主張聲音是虛空的特質。

⑦ 藏：sangs rgyas pa，梵：buddha。即佛教徒。

⑧藏：byas pa，梵：kārya「果」。

⑨藏：mngon par gsal bar bya ba，梵：abhivyaṅgya。此處勝論師的對手認為聲音是所顯現者。下文的解釋說這個對手是顯現師，《四家合註》說顯現師是數論派的分支（grangs can gyi nang tshan gsal byed pa）。梵文校勘者La Vallée Poussin（1903–1913，29頁）指出此處勝論師對手的觀點屬於彌曼差派（Mīmāṃsaka「伺察派」），見MacDonald（2015）第二冊107頁註221中的解釋。

⑩關於壞滅不需要因的佛教理論，見MacDonald（2015）第二冊107–108頁註223。她在這裡指出一切有部和犢子部／正量部佛教徒中也有承認壞滅需要因者。《四家合註》認為此處佛教徒的對手是勝論師，MacDonald（2015）第二冊108頁註223舉出彌曼差派《頌釋補》反對佛教滅不待因理論的文字。

⑪藏：'byung 'gyur，梵：bhautika。奘譯有「大種所造」及「大種造」。

⑫藏：gsal byed pa。尊譯為「聲顯論」。

⑬藏：mthun snang du grub pa。

⑭在十二處中，眼、耳、鼻、舌、身、意是內處，色、聲、香、味、觸、法是外處。

⑮To. 3862，藏譯見德格版《丹珠爾》中觀部'a函第9頁下3至第10頁上1，梵文見La Vallée Poussin（1903–1913）校勘本29–30頁及MacDonald（2015）第一冊梵文第一品新校本175–177頁。

⑯藏：bsgrub par bya ba'i chos，梵：sādhyadharma。

⑰藏：de'i tshe de kho nar，這個讀法與德格和卓尼版《丹珠爾》相符，梵文為tadaiva，與北京版和納塘版《丹珠爾》的藏文de'i tshe kho nar（「正在這時」）相符。有關對這個詞的不同解釋見Hopkins（1983）825頁注424及MacDonald（2015）第二冊109頁註225。

⑱藏：bdag gi dngos po，梵：ātmabhāva。奘譯為「我事」。

⑲梵：dharmiṇa（ḥ）... pracyutiḥ。

⑳藏：de kun rdzob tu 'gyur ba，《丹珠爾》中的譯文為：de'i tshe na kun rdzob tu 'gyur ba，與梵文tadānīṃ saṃvṛtiḥ syāt一致。

㉑龍樹論師所造的《迴諍論》（To. 3828）第30頌。前文的引述見青海版677頁5–6及本冊435節，出處見前面的註解。

㉒梵：yasya dharmitvaṃ syā（t）。《明句論》前面引用了清辨論師在《般若燈論》中所用的論式：「內（部）的諸

處從勝義的角度不是從自身而生，因為（它們）是存在的，譬如有識。」在這個論式中有法是內部諸處，因此這裡提到內部諸處之一的眼。《般若燈論》藏譯中的這個論式見德格版《丹珠爾》中觀部 tsha 函 49 頁上 2–3，漢譯見《大正藏》30 冊 1566 號 52 頁下 1–3，《明句論》中所引的梵文原文見 La Vallée Poussin（1903–1913）校勘本 25–26 頁及 MacDonald（2015）第一冊梵文第一品新校本 167–168 頁，明句論的藏譯見德格版《丹珠爾》中觀部 'a 函第 8 頁下 2–3。本書前文對於相似論式的引用見青海版 668 頁 18 及本冊 412 節。

㉓ 梵：vā。

㉔「依托」和「所依」的藏譯均為 gzhi，但是梵文分別為 ādhāra 和 āśraya。《四家合註》說：「依托」是指「有法」，「依托不成立的宗的過失」是指「所立不存在的過失」；「所依」也是指「有法」，「因的過失」是說「因依之而成為宗法（即有法是因）的所依不存在，所以出現因的相不成立的過失」。

㉕ 藏：sbyor ba。

㉖ 藏：ngo bo nyid med par smra ba。

㉗ 藏：rang bzhin med par smra ba。注意在漢文中這個詞與前一個註標註的「無自性師」雖然相同（梵文同源），但是藏文是兩個不同的詞。

㉘ 藏：rang bzhin yod par smra ba。

㉙《四家合註》：「自續師與實事師」。

㉚ 藏：yan lag「分支」。

㉛《四家合註》引述了開珠傑大師所著的《千劑開有緣眼論》（*stong thun bskal bzang mig 'byed*）對於這個問題所作的解釋：「為了抉擇某些名言的建立，在已善為通達應成見的兩個辯論者互相所提出的因之中，有法三相雖然在兩個辯論者的體系中是共同顯現而成立，然而卻不會變成自續因。」見 Cabezón（1992）《千劑論》英譯本 285 頁。

㉜ 藏：bdag gi ngo bo，此處《四家合註》解釋為 rang gi ngo bo「自體」。

㉝ 藏文是從 gang gi tshe 至 dmigs pa ga la yod，與漢譯的出入是由於語序不同。

㉞ To. 3860，藏譯見德格版《丹珠爾》中觀部 'a 函第 10 頁上 1–2，梵文見 La Vallée Poussin（1903–1913）校勘本 30 頁及 MacDonald（2015）第一冊梵文第一品新校本 177 頁。

㉟ 梵：sāmya。

㊱藏：sgra'i spyi，梵：śabdasāmānya。

㊲藏：mi rtag pa nyid kyi spyi，梵：anityatāsāmānya。

㊳藏：kun rdzob tu，梵：saṃvṛtyā。

㊴藏：don byed pa。

㊵見青海版594頁6至598頁19（本冊132－156節）、605頁11至606頁9（本冊186－189節）以及「依靠觀察（世俗法）是否由量所成立來作否定無法破除」一節（青海版613頁14至633頁13及本冊219－295節）。

㊶藏：rgya'i mkhan po。

㊷見青海版594頁15－19及本冊133節。

㊸藏：mngon gyur pa，即現前生起，與潛伏（bag la nyal）相對應。

㊹藏：rnam bden pa，梵：satyākāravādin。後期唯識宗的一派。

㊺《四家合註》：「許多盲人輾轉牽手必須依靠一個明眼人而前行」。

㊻藏：gzhan rig。《藏漢大辭典》（gzhan rig 條）：進入心本身之外的色等外境的識。

㊼藏：rang rig。

㊽To. 3860。藏譯見德格版《丹珠爾》中觀部 'a 函第10頁上2－3，梵文見 La Vallée Poussin（1903–1913）校勘本30頁及 MacDonald（2015）第一冊梵文第一品新校本178頁。青海版中 zhes gsungs pa 'dis bstan pa yin na 中最後一字 na 依照 Khangkar（2001）校勘本及《四家合註》本改作 no。

㊾如本冊前文490節的註解中曾經說過，月稱論師所針對的是清辨論師在《般若燈論》中所用的這個論式：「內（部）的諸處從勝義的角度不是從自身而生，因為（它們）是存在的，譬如有識。」

㊿To. 3860。藏譯見德格版《丹珠爾》中觀部 'a 函第10頁上3－5，梵文見 La Vallée Poussin（1903–1913）校勘本31頁及 MacDonald（2015）第一冊梵文第一品新校本178－179頁。

51藏：sgrub byed，梵：sādhana。

52這段文字出現在清辨論師的《般若燈論》（To. 3853）中，藏譯見德格版《丹珠爾》中觀部 tsha 函58頁下3－4，漢譯見《大正藏》30冊 1566號57頁中20－22。

53以下這段文字至「相違義性」為止（中間有一部分此處沒有引述）出處是清辨論師的《般若燈論》（To. 3853），藏譯見德格版《丹珠爾》中觀部 tsha 函58頁下6至59頁上1，漢譯見《大正藏》30冊 1566 號57頁中24至下5。

⑭ 藏：gtan tshigs kyi don ma grub pa nyid，梵：hetor asiddhārthatā。《四家合註》說實事師「承認能產生眼等內處的因是勝義有」。

⑮ To. 3860。藏譯見德格版《丹珠爾》中觀部 'a 函第10頁上6至下1，梵文見 La Vallée Poussin（1903–1913）校勘本31頁及 MacDonald（2015）第一冊梵文第一品新校本180–181頁。

⑯ 藏：bsgrub par bya ba dang sgrub par byed pa nyid，梵：nirvartyanirvartakatva。根據以上跳過的《般若燈論》中所引的《中論》第一品第7頌，此處的所成和能成是指果和因。

⑰ 藏：ma grub pa'i don nyid，梵：asiddhārthatā。

⑱ 藏：'gal ba'i don nyid，梵：viruddhārthatā。因的過失有不成立、相違和不決定三種。

⑲ 藏：dngos po'i chos，《四家合註》說是指「自相成立的事」。

⑳《四家合註》說此處的「比量」是指論式之語（sbyor ba'i ngag）。

㉑ 以下的文字與《思度熾燃論》（To. 3856）略有不同，後者見德格版《丹珠爾》中觀部 dza 函61頁下2。參見清辨論師所造《中觀心論》（To. 3855）第三品26頌的前兩句。藏譯見德格版《丹珠爾》中觀部 dza 函第4頁下4，梵文見 Lindtner（2001）校勘本第10頁。後者本書曾經引述，見青海版669頁14及本冊418節。

㉒ 此處青海版中的 tshad mas 'grub 依照 Khangkar（2001）校勘本及《四家合註》本改作 tshad mas mi 'grub。

㉓ 藏：ltag chod。

㉔《四家合註》說此處的對手是相對《明句論》而言，即指清辯阿闍黎。

㉕ 藏：mthar gtugs pa'i sgrub byed。或終極的能立。

㉖ 出自《明句論》（To. 3860）。梵文見 La Vallée Poussin（1903–1913）校勘本16頁及及 MacDonald（2015）第一冊梵文第一品新校本146頁，藏譯在德格版《丹珠爾》中觀部 'a 函第6頁上2。前文的引述見青海版677頁12–13及本冊435節等處。

㉗《迴諍論》（To. 3828）第30頌，本書前文的引述見青海版677頁5–6及本冊435節，出處見前文的註解。本論對這兩段論典的解釋見青海版687頁19至688頁15及本冊467節和青海版690頁1–4及本冊473節。在《明句論》中「如果是中觀師……因為不承認其他的宗」這段話之後，月稱論師引述了《四百論》及《迴諍論》的29頌及本頌為證，梵文見

La Vallée Poussin（1903–1913）校勘本16頁及 MacDonald（2015）第一冊梵文第一品新校本146–147頁，藏譯在德格版《丹珠爾》中觀部 'a 函第6頁上2–4。

(68) 藏：rjes dpag，梵：anumāna「比量」；藏：sbyor ba「論式」，即因明論式。

(69)《中論》（To. 3824）第三品第2頌，藏譯見德格版《丹珠爾》中觀部 tsa 函第3頁上7，梵文見 de Jong（1977）校勘本第5頁，漢譯見《大正藏》30冊1564號第6頁上6–7。見葉少勇（2011）梵、藏、漢新校勘本56–57頁。

(70) 藏：lta，與此對應的梵文 darśana 有眼的意思。

(71) 梵：svam ātmānam。

(72)《四家合註》：「不觀看自身」。

(73) To. 3860，藏譯見德格版《丹珠爾》中觀部 'a 函11頁上4，梵文見 La Vallée Poussin（1903–1913）校勘本34頁及 MacDonald（2015）第一冊梵文第一品新校本186頁。

(74) To. 3860，藏譯見德格版《丹珠爾》中觀部 'a 函11頁上4–7，梵文見 La Vallée Poussin（1903–1913）校勘本34頁及 MacDonald（2015）第一冊梵文第一品新校本186–188頁。

(75) 藏：med na mi 'byung ba nyid，梵：avinābhāvitva。《四家合註》解釋說：（反方認為）如果以自性的方式觀看別的藍等色的特徵不存在，「眼能觀看」就不會發生。

(76) 藏：rang la grags pa'i rjes su dpag pa，梵：svaprasiddha anumāna。

(77) 梵：svaprasiddhenaivānumānena virudhyat（e）。藏文義為「……觀看藍等其他的〔色〕與自己所承認的比量相矛盾」。下一句話現存梵文本中無。

(78) 藏：sbyor ngag。

(79) 青海版此處的 'gal 字依照 Khangkar（2001）校勘本及《四家合註》本改作 'jal。

(80) 藏：dgag bya'i chos。所破法是所立法（bsgrub bya'i chos）的反面，《四家合註》說這裡的所破法是「從自己一邊觀看別的色」，其中「從自己一邊」（rang ngos nas）與自相成立是同一個意思。

(81) 青海版此處的 phyi rol 依照 Khangkar（2001）校勘本及《四家合註》本改作 phyi rgol。

(82) 在「有法眼，觀看別的沒有自體有，因為不觀看自身」這個別人所承認的比量或論式中，「凡是不觀看自身者，觀看別的必然沒有自體有」稱作遍或周遍。

⑧③ 以下這段解釋的依據是《中論佛護釋》（To. 3842），藏譯見德格版《丹珠爾》中觀部 tsa 函 175 頁上 2–3。

⑧④ 藏：sna ma，梵：jāti，學名為 jasminum grandiflorum。

⑧⑤ 藏：rjes su 'gro ldog，梵：anvayavyatireka。直譯為「隨行（及）反」，法尊法師曾經譯為「順行逆反」。其中「隨行」（藏：rjes su 'gro，梵：anvaya）是指正遍（藏：rjes khyab，或作隨遍），在「有法眼，觀看別的沒有自體有，因為不觀看自身」這個論式中，正遍是：凡是不觀看自身者，觀看別的必然沒有自體有。「反」（藏：ldog，梵：vyatireka）是指反遍（藏：ldog khyab），在上面這個例子中，反遍是：凡是觀看別的不是沒有自體有者，則必然不是不觀看自身。

⑧⑥ 以下這段解釋的依據是《中論佛護釋》（To. 3842），藏譯見德格版《丹珠爾》中觀部 tsa 函 175 頁上 4–5。

⑧⑦《四百論》（To. 3846）十三品 16 頌。藏譯見德格版《丹珠爾》中觀部 tsha 函 14 頁上 7，梵文見 Suzuki（1994）校勘本 280 頁，相應的漢譯見《大正藏》30 冊 1570 號 184 頁下 28–29。《甘珠爾》中藏譯本的後兩句為：mig ni mig nyid kyis 'dzin par//ci yi phyir na 'gyur ma yin//「眼被眼本身執取，為什麼不發生？」與梵本吻合。《中論佛護釋》此處也引用了此頌，藏譯（To. 3842）見德格版《丹珠爾》中觀部 tsa 函 175 頁上 5。

⑧⑧ 這個問題的依據是《中論佛護釋》（To. 3842），藏譯見德格版《丹珠爾》中觀部 tsa 函 175 頁上 5–7。

⑧⑨ 藏：ngo bos yod pa。

⑨⓪ 以上這段解釋的依據是《中論佛護釋》（To. 3842），藏譯見德格版《丹珠爾》中觀部 tsa 函 175 頁上 7 至下 2。

⑨① 《四百論》（To. 3846）十四品 16 頌。藏譯見德格版《丹珠爾》中觀部 tsha 函 15 頁下 7，梵文見 Suzuki（1994）校勘本 342 頁，梵文和藏譯也見 Lang（1986）130 頁，相應的漢譯見《大正藏》30 冊 1570 號 185 頁中 21–22。

⑨② 《丹珠爾》中的藏譯為 tsha ba med nyid du 'gyur te，與梵文 agnir eva bhavaty uṣṇam「火唯獨是熱」相吻合。

⑨③ 梵：dahyate「被燒」。月稱《四百論釋》對此頌解釋的梵文與藏文見 Suzuki（1994）校勘本 342–343 頁，其中對此頌前三句的解釋為：「如果火焚燒熱的柴，那時唯獨火是這個熱，柴則不是；不熱者沒有焚燒，所以柴也不是不熱。因此，這樣在任何方面被燒者都是不存在的，所以成為三種大種自性的柴是不存在的。」梵文 indhana 可作為燃料的總稱，不必專指木柴。

⑨④ 《四家合註》說這裡成立的是因三相中的正反兩種遍。

⑨⑤ 《四家合註》說這裡所講的「別人所承認的論式」是指以下這個論式：「眼不是以自性的方式觀看，因為不觀看自

身，例如瓶。」

⑯ To. 3860。藏譯見德格版《丹珠爾》中觀部 'a 函第 11 頁下 1－3，梵文見 La Vallée Poussin（1903–1913）校勘本 34－35 頁及 MacDonald（2015）第一冊梵文第一品新校本 188－189 頁。

⑰ 梵：sā，這是指 bādhā「妨害」。

⑱ 藏：rigs pa'i bstan bcos，梵：nyāyaśāstra。

⑲ 梵文 vyavahāra「名言」也有行事、交易等意思。

⑳ 以上引文中何處使用教證不明顯。《四家合註》在「正理典籍」一處引用了以下三種教典：(1)《四百論》第八品 19 頌：「如對蔑栗車，餘言不能攝，世間未通達，不能攝世間。」〔漢譯見《法尊法師全集》（2017）第一冊 141 頁〕；(2)《中論》二十四品第 10 頌前兩句：「若不依俗諦，不得第一義；」（鳩摩羅什譯文）；(3)「《佛護釋》中說凡是世間有的我也承認。」見《中觀佛護釋》藏譯（To. 3842）德格版《丹珠爾》tsa 函 244 頁下 1，這段文字的出處是《雜阿含經》，本書後文對經文的引述見青海版 751 頁 19－20 及本冊 708 節，出處見後文註解。這三段教典的文字出現於梵文《明句論》La Vallée Poussin（1903–1913）校勘本 370、494 及 370 頁。

⑩ To. 3860。藏譯見德格版《丹珠爾》中觀部 'a 函第 11 頁下 3－6，梵文見 La Vallée Poussin（1903–1913）校勘本 35 頁及 MacDonald（2015）第一冊梵文第一品新校本 190－191 頁。

⑩ 陳那（大域龍）所造的《因明正理門論》說：「唯有共許決定言詞，說名能立，或名能破，非互不成猶豫言詞復待成故。」漢譯見《大正藏》32 冊 1628 號第 1 頁中 25－27。MacDonald（2015）第二冊 136－137 頁引用相關的梵文及研究。

⑩ 梵文經 de Jong（1978，32 頁）改為 sādhanaṃ 後與藏文相同，這一讀法也被 MacDonald 採納。

⑩ 藏：rang don rjes dpag，梵：svārthānumāna。

⑩ 藏：mtshan nyid，梵：lakṣaṇa。這個詞可以理解為定義，MacDonald（2015）第二冊 138 頁譯為「（技術性的）定義」，但是依照《四家合註》此節的科文可以理解為更廣泛的特徵。

⑩《四家合註》：「能照著事物顯現的方式來測度自性的量」。

【第四章】

如何用正理來破除所破

【第一節】破人我

〔午三〕

依靠（破除所破）而在相續中產生正見的方式

分三個部分：

未一、抉擇人無我

未二、抉擇法無我

未三、由串習這些正見而斷除障礙的方式

〔未二〕扶擇人無我

分三個部分：

申一、抉擇我沒有自性的正義

申二、顯示由此也能成立我所沒有自性

申三、如何將這些正理用於其他（事例）

〔申一〕抉擇我沒有自性的正義

分兩個部分：

酉一、安置譬喻

酉二、配合正義

〔酉二〕安置譬喻

[585]《入中論釋》中引述了以下的經文①：

所謂「我」是魔心，
你起了（這樣的）見，
這個行蘊②是空的，
其中沒有有情。
就如依靠諸組成部分的聚合
而稱呼「車子」；
同樣，依靠諸蘊
（從③）世俗稱呼「有情」。

在使用依靠輪子等自己的組成部分而假立車子的譬喻之後，又說依靠諸蘊也能假立我或有情，所以最初要解說車子的譬喻。

分四個部分：

戌一、顯示車子是沒有自性的假有

戌二、消除與此相關的爭論

戌三、從名字的差別的角度是成立的

戌四、依靠它而迅速獲得（空性）見的利益

〔戌一〕顯示車子是沒有自性的假有

[586]《入中論》說④：

就如（我們）不主張車與自己的組成部分相異，

（車子）（和自己的組成部分）不是不相異，也不是擁有它們，
不在組成部分之中，諸組成部分不在它之中，
不只是聚合，形狀（也）不是。

[587] 就如車在與自己的組成部分相同、不同等七種情況中都不存在，因此只是假立，同樣，對於我和五蘊兩者也說與此類似。

[588] 此處車如果有自體有的自性，那麼毫無疑問用分析自性是否存在的正理必然可以成立相同、不同等七種情形中的一種，因此，由於用它不能成立這七種中的任何一種，所以自性是不存在的。其中車子的組成部分是指車軸、車輪及釘子等。車和這些組成部分自性不相同。如果是相同的，那麼就如這些組成部分有多種，車子勢必也會有多輛；又如車子有一輛，組成部分勢必也是一個；並且會有作者與所作的業⑤成爲相同等過失。

[589]（車子）與自己的組成部分也不是體性有的相異。如果是（相異），就會像瓶子和毛衣那樣，可以單獨地分別見到（車子和組成部分兩者），然而卻不能見到；並且（車子）勢必不會有假立之因⑥。

[590] 至於被依靠與依靠⑦這兩種情形，和「銅盆中安置酸奶」有所不同，（車子）並非自己的組成部分的依托。[591] 也不像「提婆達多⑧在毛織帳幕中」那樣，（車子）不依靠諸組成部分——如果是自性相異，這兩種情形雖然能夠成立，但是這是不存在的。此處不否定僅僅是互相存在，而是否定被依靠與依靠是自相成立。此外，所陳說的兩個比喻也是別人所承認，即對於對手以自相的方式成立爲被依靠與依靠，應當知道所有這類都是如此。

[592] 擁有的情形也不合道理——如果主張車子擁有自己的組成部分，如同提婆達多擁有體性不同的許多牛，那麼，就像牛和提婆達多可被單獨地認知，車子和自己的組成部分同樣應當能被單獨地認知，然而卻不能認知，所以不是這樣擁有。車子像「提婆達多擁有耳朵」那樣擁有組成部分也不合理，其原因是：由於破除了自性不同，在自性有的情形下擁有方式就是自性相同的情形，而這在前面（破除以自性的方式相同時）已經被否定。此外，就如不否定單是「提婆達多有耳朵」從名言角度的存在，車子也是如此，因此所破除的是自相成立的擁有。

[593] 就如以下的頌所說⑨：

如果單是聚合是車，
那麼零散地安放也會有車；

因爲沒有具備組成部分者⑩就沒有組成部分⑪，
所以僅僅形狀是車也不合理。

[594] 剩下兩種情形是將(6)單是組成部分的聚合或(7)組成部分的特殊形狀安立爲車兩者。

[595] 其中車子僅是自己的組成部分的聚合不合理，這分爲兩個方面。

[596]〔第一〕與正理相違背：由於僅僅組成部分的聚合就是車，所以將車輪等組成部分拆開後，零散安放者全部聚合起來時勢必也會有車子。

[597]〔第二〕與〔自己〕的觀點相矛盾：在此（佛教）內部的諸實事師主張具備組成部分者是不存在的，而是承認僅僅組成部分的聚合。這樣一來，由於具備組成部分者不存在，所以組成部分勢必也不會存在。因此，也沒有組成部分的聚合，所以組成部分的聚合不會是車子。

[598] 由於破除車子是自己的組成部分的聚合是這位〔月稱〕阿闍黎的觀點，所以不需要加以〔從自性的角度等〕簡別，其原因是聚合是車子的假立之處——因爲蘊的聚合是「我」的假立之處⑫，所以說不適合充當我。

[599]【反方】（我們）不認爲僅僅組成部分的聚合是車，而是將這些組成部分組裝時的特殊形狀安立爲車。

【自方】如前文所述，因爲〔自部實事師〕認爲具備組成部分者不存在，所以也不會有組成部分，因此把單是組成部分的形狀安立爲車是不合理的。以上這個過失是〔說〕與〔自己的〕觀點相矛盾。「也」⑬字的意思是：「非但僅僅聚合不適合充當車子。」

[600] 此外，如果認爲這種形狀是車，那麼究竟是承認組成部分各自的形狀是車，還是組成部分聚合的形狀是車？

如果是第一種情形，那麼是與以前沒有裝配時〔組成部分各自〕的形狀毫無差別的形狀，還是與先前的形狀不同的另一個形狀？如果是第一種情形，〔《入中論》中〕指出了以下所說的過失⑭：

> 就如以前就有的各組成部分是如何，
> 如果組合成⑮車時你的形狀也是那樣，
> 就如它們分開時是如何情形，
> 〔組裝時〕同樣也沒有車。

這也就是說，因爲以前沒有裝配和後來裝配時的車輪等〔組成部分〕的形狀沒有不同之差別，所以就如散開時車不存在，組合起來時也不會有車。

[601] 如果使用以前沒有裝配時的車輪等，後來在組裝時出現了與它們以前形狀不同的另一個〔形狀〕，並且將它安立爲車，則有以下所說過失⑯：

現在如果在車子這時候
車輪等有不同的形狀，
那麼這會被察覺，然而卻不發生，
因此，僅僅形狀不是車。

〔未組裝〕前和〔組裝〕後的車輪與車軸等如果另有不同的形狀，則應該能見到這種差別，然而無論如何觀看都見不到這種〔差別〕，所以與先前的形狀不同的後來的形狀是車不合理。

[602]【反方】（我們）不認爲各組成部分單獨的形狀是車，而是將組成部分聚合的形狀的總體⑰安立爲車。

【自方】會有以下的過失⑱：

由於你的聚合絲毫不存在，
所以這個形狀不屬於組成部分的聚合，
依靠絲毫不存在者之後
在此如何能成爲形狀？

是這樣的：由於一切假立之處是實物有是得到承認的，所以，由於聚合不是實物有，依靠聚合而假立形狀不合道理，因此依靠聚合的形狀是車不合理。至於組成部分的聚合沒有自體有的自性或不是實有，是因爲如果有自性，則與有聚合的諸組成部分不出自性相同和不同（兩種情形），而對它們無論作何主張，都能依照前文對車子的解釋加以破除。

[603] 對於不認爲假有的假立之處是實物有的自宗來說，組成部分聚合的形狀也是車子的假立之處，車是在此之上而假立的所假立之法⑲，所以不認爲僅僅它就是車。因此，否定聚合的形狀是車時，對於所破也不需要加簡別。

[604] 依靠不是實有的聚合而假立不是實有的形狀，如果承認這並非不合理，那麼，對於依靠無明和種子等不是實有的因而產生行和苗芽等一切不是實有的果，應當承認並非不合理，如〔《入中論》〕說⑳：

正如你㉑對此如何承認，
同樣應當知道：依靠不是實有的因之後
以不實爲自性的一切果的種類
也都會產生。

[605] 憑藉這個車的例子也能否定將單是色等八微塵㉒的聚合安立爲瓶子等，此外，也破除了依靠實物有的八微塵而假立瓶子等，以及認爲瓶子等是實物有的色等〔組合時〕的特殊形狀的主張——由於色等自性無生，所以它們沒有自性，因此，是實物有不合道理。《入中論》中也這樣說㉓：

由此對於這樣安住的色等
起瓶子之心也純粹不合理，
因爲是無生，所以色等也不存在，
因此它們是形狀也不合理。

【反方】如果瓶子就像車子一樣，不是自身組成部分聚合的形狀，那麼「鼓腹」等勢必不會成爲它的定義，因爲那些是形狀。

【自方】所承認的是具備鼓腹和長頸等（形狀）者是瓶子，並不是承認隆起的腹部等形狀便是瓶子，否則勢必需要承認腹部與頸部也〔是瓶子〕。

〔戊二〕消除與此相關的爭論

[606]【此處諸實事師說】用分析自性是否存在的正理以前面所說的方式從七個方面來尋找車子時，如果以此不能找到，車子必然不存在。這樣的話，世間之中車子的名言的假立勢必不會發生，但是這不合道理，因爲「讓車子過來」、「請買車」、「請造車」等說法是可以見到的。所以，車子等純粹是有的㉔。

[607]【自方】《入中論釋》中㉕說了二個道理作爲回答：(1)只有實事師才有這個過失，(2)自己沒有這個過失。

第一，「讓車子過來」等世間的諸名言照你看勢必不會存在，因爲(1)你安立爲存在的諸事是用探尋自性是否存在的正理作分析後才加以安立，而用這個正理去尋找時，在七者中的任何一種情形下都找不到車子；並且(2)也不承認成立事物的其他方法，所以車子勢必不存在。[608]實事師的爭論是：「用探尋自性是否存在的正理來尋找時，如果以此找不到車子，車子就不存在。」目前那些自稱是宣揚中觀義的人似乎承認此說是中觀的觀點。[609]所以，持這種主張的人無疑會導致一切名言建立都無法設立的過錯。

[610]至於自己沒有過失的情形，〔月稱論師〕認爲是由以下的頌所顯示的㉖：

從眞實的角度或從世間的角度
它從七個方面雖然不會成立，
但是不加分析從世間之中
它卻是依靠自己的組成部分而假立。

其中的意思是：用探尋自性是否存在的正理加以求索時，從七者之中的任何一種情形之下都不能找到車子，這種情形從二諦的角度都是如此，而用這個正理在這七者之中都不能找到又怎麼能否定車子？雖然如此，承認車子並非憑藉分析自性是否存在的正理來成立，而是捨棄這種正理的分析後，僅用普通未受損害的世間或名言識來加以成立。[611]所以，它的安立方式是依靠自己的組成部分而假立的以假有的方式成立。

[612]【反方】瑜伽師這樣作分析時，用這個正理找不到車子，所以它不具備自體有的自性；然而它的諸組成部分卻是有自性的。

【自方】在焚燒毛衣後的灰燼中尋找線縷，你成了恥笑的對象——就如以下的頌文所說，一旦具備組成部分者不存在，組成部分也不存在㉗：

當車子純粹不存在時，
沒有具備組成部分者，它的組成部分也不存在。

[613]【反方】這是不合理的，因為車子壞滅時能看到車輪等組成部分的聚合。

【自方】並非如此。只有以前見到車子的人才會產生「輪子等這些是車子的〔組成部分〕」的認識，別人則不會有〔這樣的〕認識。車子壞滅時，車輪等與車子沒有關聯，所以不是車子的組成部分。因此，並非具備組成部分的車子雖然毀壞，車子的組成部分仍然存在。

[614] 這時，從車子的角度來說，組成部分和具備組成部分者兩者之中任何一個都不存在，而車輪等相對於各自的部分而言是具備組成部分者，這些部分則是它的組成部分，所以沒有具備組成部分者的組成部分是無法安立的。此外，一旦沒有具備組成部分者就沒有組成部分的這個意思應當依照以下所說的譬喻來了解㉘：

就如車已焚燒時組成部分不復存在的譬喻，
智慧之火燒毀具備組成部分者時㉙也會（燒毀㉚）組成部分。

〔戊三〕從名字的差別的角度是成立的

[615] 就如《入中論釋》說㉛：

這一方從世間所熟知的角度而假立車子的名言很顯然是成立的，不僅如此，對於它的名字的種類在不加分析的情形下也應當從世間所熟知的角度加以接受。如（《入中論》）說：

它正是具備組成部分者及具備部分者，
在世間中車子本身被稱爲「作者」㉜，
對於衆生來說成立爲取者。

此外，車子相對於車輪等組成部分及部分被稱作「具備組成部分者」和「具備部分者」，這些名言的意思是成立的；同樣，相對於取車輪等的動作成爲作者、相對於所取成爲取者㉝的名言也應當假立。

[616]（佛教）內部的一些人說：單是組成部分和部分的聚合是有的，但是，由於除了它們之外見不到具備組成部分者和具備部分者，所以後二者是不存在的。同樣，又說：「只有業是存在的，作者則不存在。因爲在所取之外不能單獨見到，所以所取是有的，取者則不存在。」這些都是有關世間世俗的顛倒言論，因爲這樣的話，組成部分等勢必也不存在。出於這個想法，《入中論》說㉞：「切莫毀壞世間所熟知的世俗。」

[617] 因此，從勝義的角度就如具備組成部分者等不存在，組成部分等也不存在，從世俗的角度就如組成部分等是有的，具備組成部分者等也是有的，如果這樣說，則在二諦的道理上沒有衰損。

〔戊四〕依靠它而迅速獲得（空性）見的利益

[618]《入中論釋》說㉟：

由於這個世間的世俗這樣被分析時則不存在，而不作分析時由廣爲熟知㊱而存在，因此，瑜伽師用這個步驟對此作分析時，會極爲迅速地測度眞實的淵底。爲什麼？

「從七個方面不存在者如何存在？」

這樣瑜伽師找不到它的存在，
由此也會很容易地進入眞實，
此處應當這樣承認它的成立。

這是說憑藉對車子的這種分析能夠迅速測度眞實無自性意思的淵底，所以這顯然是極爲關鍵的。

[619] 這是因爲分析眞理的瑜伽師想道：「如果所謂『車』是自性成立者，那麼從相同和不同等七個方面來探尋自性是否存在，用這個正理去尋找時，無疑會在這七者之中的某一個（情形）之中找到，然而在它們之中的任何一個（情形）之中都不能找到。[620] 雖然這樣無法找到，但是當車子的名言不可否認地顯現時，所謂『車』唯獨是慧眼被無明眼翳㊲損壞者所假立的，而不是自性成立。」這樣產生決定，並且這個瑜伽師會很容易地進入眞實。「由此也（會很容易地進入）眞實」中的「也」字是顯示世俗也不會衰損㊳。

對於破除車子自性的決難㊴方式來說，從七個方面作這種觀察形相明顯，並且破除的正理也極爲清楚，所以依靠它容易通達車子沒有自性。

[621] 簡而言之，先針對車子作上面所說的這種建立具備三種功德：⑴容易破除增益諸法自

性的常見；⑵容易破除認為「在無自性之中緣起不合理」的斷見[40]；⑶用來成就這兩種功德的分析方式——瑜伽師仔細觀察的次第。

[622] 第一，由於僅僅否定相同與不同而破除自性的方法極為簡略，所以難以獲得通達；如果過於繁多，則又變得艱辛。因此，從七個方面來分析是極為恰當的。

[623] 第二，因為最初破的時候對所破加了簡別後才加以破除，所以由這個門徑雖然否定自性的存在，從名言的角度卻不妨害有作用的發生。

[624] 第三，如果所遍[41]是自性成立，則能遍[42]不超出相同、不同等七個方面，對此引發決定之後，在對它們之中的每一種情形指出責難時，一旦看到這七者之中的任何一種情形都遭到妨害，第一次由破除能遍而破除所遍[43]，隨後再多番引發確定無自性的決定。在這之後，這樣自性雖然不存在，但是在不容否認地看到車的名言時，就會這樣對緣起的意思——自性不生——獲得決定：「奇哉！業和煩惱的魔術師所製造的車子等這個幻化太稀奇了！這是因為（它們）是從各自的因和緣毫不紊亂地生起，而各自自體有的自性卻絲毫都不存在。」

[625] 如《四百論釋》也說[44]：

從與自己的因是相同、不同（等）五種角度[45]，瓶子等被分析時是不存在的，雖然如此，由依仗而假立㊻，卻適合發生存放和運載蜂蜜、水和奶的作用，這難道不希有？

又說㊼：

既沒有自性又被見到者就像旋火輪一樣是自性空。

(酉二)配合正義

分兩個部分：

戌一、將無自性的道理配合正義

戌二、將名字差別的方面能夠成立的道理配合正義

〔戊二〕將無自性的道理配合正義

分四個部分：

亥一、否定我和蘊相同的可能性

亥二、否定我和蘊不同的可能性

亥三、由此也能否定其餘的可能性

亥四、依靠這種〔否定〕後人顯現爲如幻的情形

〔亥一〕否定我和蘊相同的可能性

[626] 總的來說，如果心裡斷定某法有匹配㊽，就能排除是沒有匹配㊾，如果斷定是沒有匹配，則也能排除是有匹配，這在世間中是能夠看到的。[627] 由此就能否定在相同與不同之外或

是單一與眾多之外尚有第三種可能性，因爲有匹配和沒有匹配就是單一和眾多。[628] 如果能從總的角度限定可能性不出單一和不是單一兩種，那麼，也能從特別的角度限定可能性不出自體有的相同和不同[50]。[629] 這樣，如果我或人具有自性有[51]的自性，那麼（與自己的蘊）不會超出相同和不同的情形，所以應當分析：「這個我和蘊究竟是體性有的相同，還是體性有的不同？」

[630] 對此，瑜伽師首先想：「我和蘊二者如果成立爲自性相同，則會有什麼矛盾？」應當這樣來探尋對於相同的可能性的所有責難。對此，佛護阿闍黎說了三種責難：⑴談論我沒有意義；⑵我會出現許多及⑶會有生滅。

[631] 其中第一，如果認爲我和蘊自性相同，那麼承認我就沒有意義，因爲（我）只是成爲蘊的同義詞而已，就如月亮和有兔。《根本慧論》之中也講述了這個（意思）——第二十七品說[52]：

在說「除去所取[53]之外的我
不存在」時，
如果所取就是我，
那麼你（們[54]）的「我」就不存在。

[632] 第二，如果我和諸蘊成立爲自性相同，則有以下的過失：就如一個人之中有許多蘊，我也會有很多；就如我只有一個，諸蘊也會變成一個。《入中論》也說⑤：

如果蘊是我，那麼由於這個緣故，
因爲它們有許多，那些我也會變成許多。

[633] 第三，（《根本慧論》）第十八品說⑥：

如果我是蘊⑦，
就會有生滅。

第二十七品說⑧：

所取本身不是我，
它生起並息滅。

應當理解所取在此是蘊。

[634]【問題】如果這樣承認我有剎那生滅，會有什麼過失？

【回答】對此《入中論》的根本頌和解釋中說了三種過失：⑴回憶宿世不合理、⑵已造的業失壞及⑶遭遇未造之業的過失[59]。

[635]第一，如果我剎那地生起並壞滅，那麼，由於我是自體有的生滅者，所以，前後的我是以自相的方式而相異。如果是這樣，（佛）就不會說：「在那個時候、在那個年代，我是名叫『我養』[60]的大王[61]。」因爲我養的「我」和大師佛的「我」二人是自相成立的相異，就如提婆達多回憶宿世時不會回憶到「我是祠授[62]」。[636]不然，如果即使自相有別，後來回憶以前所經歷的事仍然沒有矛盾，那麼就必須說明這和祠」。授不可能回憶提婆達多的經歷之間爲什麼會有差異。然而這個原因是找不到的。

這和否定從他而生的正理[63]是相似的，即針對別人所持的種子與苗芽既有自性有的自性[64]又是因果的主張破道：這種情形如果適合成爲因果，那麼從火焰勢必會產生黑暗；對於僅僅是不同的主張，則不這樣使（它們）相等。

[637]【問題】那麼，此經是顯示大師與我養二人相同嗎？

【回答】這話是否定不同的相續，並非顯示是相同。因此，此經說：「如果有那時那個人是別人的想法，則不應當這樣看待。」㊀這是至尊月（稱）阿闍黎的主張。

[638] 有人對這樣說的經發生了誤解，說道：「佛與他們前世的諸有情相同，因爲經中說『我在以前的時候是此人』，說明兩者相同。此外，如果是有爲法，則會刹那壞滅，所以不應當是相同，因此兩者都是常。」這是〔大師〕所說的依靠以前邊際的四種惡見㊁中的第一種。

[639] 龍樹依怙在第二十七品中講述了對它的否定㊂：

「在過去時後曾是」，
這是不合理的，
以前諸生中曾是者
不是此人。

如果是這樣，一個眾生會變成六種眾生，因爲：⑴他們在六道中依次受生；⑵前後這些〔人〕是恆常相同者。

[640] 同樣，對於前後這些是自體有的相異者的主張〔《根本慧論》〕也說（應當）破除：如果我有自性，前後這些或是自體相同，那時就成爲常；[641] 或是自體相異，那時就成爲斷見，

所以智者不應當承認我有自性。

[642] 已造的業失壞的過失：如果每一剎那我都在發生自相成立的生滅，那麼，由於下文會破除先前的我所造業的果由後來的我來受用的主張[68]，所以此處先前所積聚業的果不會被領受。這是因爲業的作者——我——在沒有領受果之前就已經壞滅，並且也沒有別的我。也就是說，因爲不能成立前後的事爲自體相異，所以與前面體性不同的後來的我是不存在的。如果前者不能受果，那麼果必然不會得到領受。「相續相同」的回答在下面也會受到否定，所以已造之業會失壞〔的過失〕是無法避免的。

[643] 遭遇未造之業的過失：

【反方】先前的我雖然消亡，但是後來的我會受用果報，所以已造者失壞的過失是不存在的。

【自方】如果是這樣，另一個人絲毫不曾積累這種業——領受此業之果的因——就會受用別人所造之業的果，這是因爲自體有的另外一個人所積累的果要由與他自體相異的別人來受用。《入中論》中也說[69]：

在涅槃前的〔諸[70]〕剎那中〔我〕有生滅，

由於沒有作者，它的果不存在，
他人所積累的會由別人來嘗受。

[644]《入中論》中雖然又說了其他三種過失，然而顯然是破除純屬佛教內部的主張，由於此處是以共同的形式加以破除，所以不加陳述。

第二十七品中也敘述了〔前面〕這兩種正理⑦1：

如果這〔個今生〕是不同的，
那麼，即使沒有那個〔先前的我〕也會出現，
同樣，它⑦2〔——後世出現時先前的我——〕勢必會安住，
那〔前世的我〕不死就〔在後世〕生起⑦3。

〔相續〕會斷滅，諸業會失壞，
他人所造的業
勢必由別人來領受，
諸如此類的過失會出現。

業失壞等兩種過失⑭月稱作了陳述。

[645]「如果這是不同的」的意思是：前世時的我與現在的我二者如果是自體相異。（下面三句）的意思是：如果是這樣，由於完全不依仗以前（的我），所以，不依靠以前者（今生的我）也能生起。就如造瓶子的時候衣服不會壞滅，後面的我出生時，先前（的我）也會不消亡而安住，並且在前（生）不死的情況下會在此（世）出生。

[646]【反方】前後世的我雖然是自體有的相異，然而，業失壞和遭遇未造之業的過失是不存在的，因爲是屬於同一個相續。

【自方】情形是類似的，自相相異還沒有成立，所以仍然需要證明，因爲如果自體不同，則同一個相續是不合理的，就如慈氏⑮和鄔波笈多⑯一樣。

《入中論》中也這樣說⑰：

【反方】如果從眞實的角度相續是存在的，則沒有過失。

【自方】前面在作分析時已經敘述了有關相續的過失。

至於前文是如何分析，此論說道⑱：

依靠慈氏和鄔波笈多的諸法是相異的，
所以不屬於同一個相續，
自相相異者
屬於同一個相續是不合理的。

也就是說，如果成立爲自相各異，那麼就像兩個不同的相續一樣，無法安立爲同一個相續。

第二十七品中也說⑲：

如果人與天相異，
相續則不合理。

[647] 總之，如果是自體有的相異，則必須承認能經受分析眞理的正理所作的分析，然而用這種正理仔細作分析時，經得起分析的事小如微塵都不存在，所以，自體不同的先前〔的我〕所積累的業如果由後來者來領受，則與不同的相續也完全相等，所以無法加以區分，在所有這

類場合[80]對此都應當加以了解。

[648]【反方】如果是這樣，由於過去的體驗者和後來的回憶者二人不相同，所以在自宗裡回憶過去的體驗以及先前積累的業果到後來受用也不合道理，就如不同的相續。

【自方】沒有過失，因此此處同一相續並不矛盾，在別宗之中同一相續則不合理。例如，屋中放置一個盛滿酸奶的器皿，〔屋子〕的草頂之上有白鴿停立，鴿爪雖然沒有伸入酸奶的器皿之中，但是，它的足印在〔酸奶〕之上卻可以見到。同樣，這一生中的人雖然不曾回到過去，過去的體驗卻可以在此〔生〕回憶，這是不矛盾的。如《四百論釋》說[81]：

> 斷除因果是相同或異性的分別、由因的特徵所顯現[82]〔的〕行的相續純粹是無常，這樣，「具備此所取者[83]的假有的我回憶宿世」是合理的。諸事都不是自相成立，它們與具有這種行相的緣遇合、存在並轉變並非不合理。因此，對於以非自相成立者爲因的事物，應當分別其不可思議的作用的特徵。是這樣的：在屋中放著盛酸奶的器皿，在蓋有很多茅草的屋頂之上停立了一隻白鴿，雖然可以見到足印，然而鴿足卻無論如何都不可能進入〔器皿〕。

詳情應當從《入中論》中去尋求。

[649] 現在要講述普通的意思。對於這種我和蘊相同的主張，第二十七品說道⑭：

所取怎麼會
是取者。

這是一個很大的妨害。有關這一點，因為有「此人受取此身」的話，所以蘊是所取，我是它的取者。如果認為這兩者是相同的，那麼所作的業和作者就會變成相同，因此砍伐者與所砍伐、瓶子和陶匠以及火與柴等都會成為相同。第十品也說⑮：

如果是柴者就是火，
作者和業則成為相同……

憑藉火和柴

我和所取的一切次第
連同瓶子、衣服等
無一例外都得到了解釋。

《入中論》中也說㊽：

取者與自己的所取相同是不合理的，
那樣的話，業與作者會成為一體。

[650] 這樣，如果我與五蘊相同，則會有六種（過失）：(1)承認我沒有意義；(2)會有許多我；(3)所作㊼和作者會成為相同；(4)已造的業失壞；(5)遭遇未造的業；(6)回憶宿世的言論不合理。因此，不應當承認（我和蘊自性）相同。

〔亥二〕

否定（我和蘊）不同的可能性

[651]【問題】我和蘊二者的確不是自性相同，但是主張自性不同有什麼過失？

【答覆】對此第十八品說了以下的過失⑱：

如果與諸蘊不同，
則不會具備蘊的特徵。

[652]其中，如果我與蘊有體性有的不同，則不會具備生、滅、住的蘊的特徵，就如與牛相異而有的馬不具備牛的特徵。

[653]【反方】的確如此。

【自方】《明句論》⑲說應當使用以下的別人所承認的論式：這樣的話，它⑳就不是假立我的名言的基礎及我執的對象，因為是無為，就像虛空中的花或涅槃一樣。[654]佛護阿闍黎說㉑

如果我不具備生滅的特徵就成爲常，那時對於恆常不變者不能作任何事，所以假立爲我就沒有意義，因爲任何進退都是不適當的。

[655] 此外，蘊的定義㉒是「適合於充當色」等㉓，如果在它們之外有不同的自性，則應當能見到是這樣，就如能見到色和心是不同的。然而，由於不能這樣執取，所以我不是不同的事。

[656] 如第二十七品說㉔：

我與所取相異
純粹是不合理的。
如果是相異，不是所取者應當會被執取㉕，
然而，卻不被執取。

《入中論》中也說㉖：

所以與蘊相異的我不存在，
因爲除去了蘊，執取它是不成立的。

[657] 因此，外道們增益與蘊相異的我是沒有通達「我」只是名字，並且又見到與蘊相同也不合道理，於是在宗派力量之下而作增益，然而，他們相續之中的普通名言識並非看到是這樣。

[658] 用這種正理見到我與五蘊自體不同的妨害，在尚未獲得堅固的決定之前應當〔反覆〕練習，這是因為對於相同和不同這兩個方面的責難，清淨的決定尚未到來時，即使斷定人沒有自性也只是成為立宗而已，所以並沒有獲得清淨見。

[659] 這樣，對於人是否眞實成立想要作分析時，人如果是眞實有，則對於與蘊是相同還是不同加以分析。如果主張是相同，最究竟的責難是火與柴等作者與業成為相同這一類〔正理〕，如果認為它們是相同，則必須以世間中可以見到的這個量加以破除，立論者和對論者雙方獨有的宗義則不能成為責難。[660] 同樣，對於相異而存在〔的可能性〕，則是顯示普通的識不能執取的責難：「如果這樣存在，必然能被單獨見到，就如色和心一樣，然而不能這樣見到」，這不會變成宗派所獨有的責難。

[661] 因此，在分析眞實時一切責難中最為究竟的根本歸結於立論者和對論者相續中未受損害的名言識。故此，就像前文所說的那樣，「在分析眞如時世間不能違害[97]」的說法是承認對於眞實不是量，而不是不承認在分析眞實時未受損害的諸名言識可以成為妨害。否則，各自獨

有的主張無法作爲責難而提出，至於教典又有〔對方〕承不承認許多種，即使是得到承認者了不了義又不一致。所以，如果這還必須用正理來成立，那麼，還有什麼別的正理可以顯示？

[662]至於對手的主張，〔在〕顯示：「如果承認這一點，也必須承認那一點」，或是「如果不承認這一點，也不應當承認那一點」〔時〕，沒有正理〔來說明〕之所以如此的理由⑱，則如何能夠決定？因此，追溯能破和能立一切最終的根本時，歸根結柢是立論者和對論者未受損害的名言識。如果接受與它相矛盾者，則會看到是被自己的體驗所妨害，於是與它不相背離，這是一切中觀和量論⑲的觀點。

[663]雖然如此，名言識本身成立無自性等的過失是不存在的，就如現識雖然能夠成立聲是造作而成，但是，卻不必由現識來成立〔聲是〕無常。總之，能破和能立的究竟根本歸結於現識，但是，根本的所立何必要由現識來成立？

〔亥三〕由此也能否定其餘的可能性

[664] 如果是自性不同，如同銅盆中有酸奶，就會有我依靠蘊和蘊依靠我而存在的被依靠與依靠兩種可能性。由於自性並非相異，所以被依靠和依靠並不存在，就如對車子所作的闡述。《入中論》中也說⑩⓪：

蘊中沒有我，
我中也沒有這些諸蘊。
由於此處如果有異性，則會有這個分別，
而這個異性不存在，所以這是分別。

[665] 至於我和蘊之間（存在）擁有（關係）的可能性，也和有關車子的論述相類似，所以應當那樣來理解。這一部論中又說⑩①：

我們不主張我擁有色：由於我不存在，
所以與擁有的意思沒有關聯[102]。
相異時是擁有牛，不相異時是擁有色，
我與色既不是相同又不是異性。

所謂「擁有牛」是指提婆達多擁有牛等，所謂「擁有色」是指提婆達多擁有色等。

[666]【問題】那麼，單是蘊的聚合是不是我？

【回答】這也不合理——由於〔經中〕說依靠五蘊而假立我，所以假立之處是所假立之法是不合理的。此外，《入中論》說[103]：

經中說[104]是依靠蘊後，
所以單是蘊的聚合不是我。

[667]另外，《入中論》根本頌和解釋中都說如果單是蘊的聚合是我，就有業和作者成爲相同的過失，這是因爲蘊各自被認作是我的所取，因此必須承認全部五蘊是所取，這樣，諸蘊的聚

合必然也會成爲所取。

[668] 依照「聚合是我的假立之處，而不是我」的說法，對於蘊的相續顯然也必須這樣承認。

[669]【反方】這些雖然都不是我，但是，就如將車輪與車軸等組裝起來時，一旦獲得了特殊的形狀就〔將這個形狀〕安立爲車，同樣，色等聚合時的特殊形狀被安立爲我。

【自方】這樣的話，由於只有具備色者才有形狀，心等勢必不能被安立爲我。如《入中論》說⑩：

如果說「是形狀」，由於具備色者才會有它，
所以，對你來說勢必只有這些才是「我」，
心等聚合純粹不會是我，
因爲它們不具備形狀。

[670] 因此，車子的自性在這七者的任何情形中都不存在，雖然如此，卻是依靠自己的組成部分而假立。同樣，在與蘊相同或不同等七種自性的任何一種情形中我都不存在，然而是依靠蘊而假立，由於二者是相似的，所以經中將兩者作爲譬喻和正義的闡述是成立的。

〔亥四〕

依靠這種〔否定〕後人顯現為如幻的情形

[671] 有關幻化的意思有二說：(1) 諸如勝義諦如幻的說法是指僅僅存在雖然成立，卻破除諦實；(2) 色等如幻的說法是指顯現如幻，即自身自性空而顯現爲色等。在這兩者之間，此處是指後者。此外，後者之中包含前一種如幻的意思，而前者之中卻不一定含有後一種如幻的意思。

[672] 成就後者的方式是依靠執取顯現和斷定空兩種心而成就。例如，眼識見到幻化的象、馬的顯現，而意識則斷定所顯現的象、馬不存在，依靠它們象和馬的顯現是幻化或虛妄的顯現的決定能夠生起。[673] 同樣，人等不可否認地對名言識顯現，而意識則斷定它空無自體有的自性，依靠這二者就能產生人是幻化或虛妄顯現的決定。在此，理智不能成立顯現的存在，而名言量則不能成立自性空，所以，正是出於這個原因，尋求自性是否存在的理智和執取色等存在的名言心二者都是必須的。

[674] 因此，如果不想讓色等顯現爲如幻，那麼，由於執取它們的名言心自然是有的，所以不必費力而設法產生它。故此，用分析自性是否存在的正理對它們作多番分析後產生了破除自

性的強烈的決定，隨後只須注視顯現的現起，如幻就會出現，抉擇如幻之空的額外方式是不存在的。

[675] 前代的智者們說用理智僅僅排除有法顯現中的生滅等自性，這樣的空性是如虛空的空性，此後，雖然是自性空卻出現貌似自性的色等的顯現，則是如幻的空性。[676] 同樣，在進入禮敬、旋繞和念誦等行品時，也是先用分析它們是否有自性的正理加以分析而破除自性，在這種決定的支配下才進入這些〔行品〕，由此來修學如幻的現起。應當在這種狀態中修行這些〔行品〕。[677] 如果知曉此中的要點，就能善爲了解憑藉定中修習如虛空的空性的力量如何在後得的階段現起如幻的空性。

[678] 此處，如果不能像前面所說的那樣很好地認識所破的標準，便用相同和不同等正理來觀察，那麼，見到其中的妨害時就會認爲人等本來不存在，一旦產生了無事的想法——即人等諸事就像兔角等一樣，一切作用的發生都是空——則是極大的斷見。所以，應當知道這是正見的歧途，這是因爲在「如果是這樣，〔三〕有怎麼會不是如幻⑩？」一處的《四百論釋》說⑩：

如實地見到緣起時就會成爲如幻，而不是如同石女之子。如果想用這個分析從所有的方面來破除生，以此而顯示有爲法是無生，那麼這時這就不會僅僅成爲如幻，而是與石女之子等相仿。由於懼怕沒有緣起的過失，所以和這些不相隨順，而是與不違背它的幻化等〔相隨順〕。

[679] 因此，探究自性是否存在的理智如果執取僅僅幻境的存在雖然有過失，但是用這個正理作分析後，在破除自性的力量之下，執取諸事僅有幻化之事則必定應當生起，所以〔這樣執取〕沒有過失，這是因爲《四百論釋》說必須留有幻化之事⑩⑧：

因此，這樣作觀察時，諸法不是自性成立⑩⑨，諸有事各自只留下如幻而已。

[680] 此外，在破除苗芽的自體有的自性時，只要這個正理的作用尚未退滅，那時用正理分析是否合理後，就不會產生苗有自性的執著。但是，如果認爲苗沒有自性是諦實，或是自性空的如幻顯現是諦實，則是有過失的執著，應當用正理來破除。然而，如果離開這些而執取如幻之事存在，則認爲「執取幻化是執著，所以應當捨棄」完全不適當——否則就會出現對於緣起的所有決定都無法產生的極大過失，這在前文已經多次作了說明。[681] 這無疑是未能分辨如幻

之事的有和諦實有二者。

[682]〔有關這個如幻顯現方式的〕另外〔（一個）過失是：〕對於對象加以分析，用正理來剖析時先出現「不存在」的想法，然後見到分析的人也是與此類似；此後，因爲連斷定〔對象〕不存在的人都不存在，所以對於任何〔法〕都不能作出是此非彼的決定，於是就出現了依稀恍惚的顯現。這種顯現的現起仍是不能辨別自性有無和純粹的有無之間的差別，是依靠正理破除一切才會出現，所以這種空也是破壞緣起的空，因此由通達它所引生的恍惚顯現的出現，完全不是如幻的意思。

[683]故此用正理作分析時，出現「人等在自體有的境之上沒有任何安住的方式」的想法，在這個基礎之上，這些顯現也僅僅呈現爲迷離之狀，這並不困難，所有對中觀派有勝解並聽過少許開示無自性道理的人都會出現這類情形。[684]而難的則是對於(1)破除一切自體有的自性以及(2)在無自性的人等之上安立造作者和受果報者等〔的道理〕發自內心地獲得決定。由於能安立這些而（使）二者聚合是絕無僅有的，所以中觀見極難獲得。

[685]如果不能獲得這種〔決定〕，那麼毫無疑問對於見的決定增強時，對行品的決定就會減弱，對行品的決定增強時，對見的決定會減弱。因此，無法以均衡的力量對兩者產生強烈的決定。[686]所以能肯定，或是落在執著自體有的增益、常見及實事見⑪一邊，或是落入損減、斷

見及無事見⑪一邊，執著諸事空無一切作用的發生。[687]故此，《三摩地王經》說⑫：

那時那位具足十力的無罪勝者
講說了這個最上的三摩地。
三有之趣如夢，
此處不生也沒有任何人死亡，
有情、人和命者都不可得，
這些法如同泡沫和芭蕉，
如幻，也好似空中的閃電，
猶如水中之月，又如蜃景。
雖然在今世死後
沒有任何人遷往他世，
然而所造諸業從來不會失壞，
在輪迴之中黑白〔業的〕果報也會成熟。
既不是常也不是斷，

既沒有業的積集也沒有安住，
而他⑪³造作後並非不觸受，
別人所造的也不會領受。

也就是說，雖然用正理無法找到受生及殞滅的人，但是在如幻的諸法之中卻會產生黑白之果，因此造業之後並非不觸受或嘗受果報，別人所造的業果也不會由另一個人來領受或嘗受，即遭遇未造者是不存在的。應當求得此處所說的決定。

[688] 尋求這種決定的方式是：令前文所說的正理所破對象的總〔義〕⑪⁴很好地現起，善為思考自己相續中無明如何增益自性並加以確認。其次，對於(1)如果有這種自性則可能性不出相同和不同的道理以及(2)承認這二者都會有妨害的情形分別加以思惟。應當引發見到妨害後的決定，最後對於「有情沒有任何自性」的決定應當使之堅固。對於空品應當這樣多番加以練習。

[689] 然後，令那些不可否認的補特伽羅名言的顯現在心的境中現起，隨後作意藉此而安立造作者和受果者的緣起一方，對於無自性中緣起能夠成立的方式應當獲得決定。

[690] 當兩者顯現為矛盾時，則應該採用影子等譬喻來思惟不矛盾的道理。應當這樣練習：

不論臉的影子顯現出眼、耳等什麼樣子，這些都是空的；然而，依靠臉和鏡子卻能產生，並且，當它們之中的某種助緣消失時則會破滅。這兩者不可否認地在同位而會合。同樣，人雖然沒有小如微塵的自性，但是造作者、受果者以及依靠宿業和煩惱而受生也不矛盾。在其他所有與此相類似的場合都應當知道這種情形。

[691]【反方】這樣的話，某人確定影子等這些無論作什麼顯現都是空，如果能通達這些（事）的無自性，那麼，異生的現識就會通達無自性，這樣他們就成了聖者。如果不是這樣，這些怎麼會適合充當無自性的譬喻？如果尚且需要借助因來通達這些譬喻是無自性，那麼用什麼來作它的譬喻？用這種方式來觀察，必然成了輾轉無盡。

[692]【自方】對此，過去有人說：「雖然現證影子等是無自性，卻不會成為聖者，因為只是通達個別有法的空性而已。成為聖者則必須現證一切法的無自性。」[693]然而，這是不合理的。《四百論》說⑮：

見一事者

被稱為見一切者，

一個（事物）的空性

是一切的空（性[116]）。

也這是說，通達了一個法的無自性空性，就能夠通達一切法的空性。

[694] 因此，通達了影子中臉是空，由此雖然不會執著臉是眞實，但是與執著影子是諦實有有何矛盾？此外，沒有學習語言符號的幼童見到面影時會作戲耍等，因此他們執著爲眞的臉。熟習語音符號的年長者能確定事實上不存在的臉是空，然而，執著顯現爲臉的影子本身是自體有則是諦實執，用體驗就能證明自己的相續中有這個情形。

[695] 雖然如此，它適合充當無自性譬喻的道理是：所作的顯現是體性空，因此，由於用現識能夠成立所作顯現的自性不存在，所以以它作爲譬喻。如果在苗芽等之上能用量來成立所作的顯現是自性空，則是通達苗的無自性，所以和影子等是不同的。[696] 至於這個（採用影子的譬喻方式），如說[117]：

就如瓶等這些從眞實的角度不存在，
而從世間所熟知的角度則是存在的……

向實事師舉出瓶子等作爲無自性的譬喻，也像影子等一樣是有局限的⑱空，而不是它們的無自性，因爲就如前面說過，已經多次講述〔依靠〕車子等這些來成立無自性。

[697]同樣，對於幻化，有的觀眾把馬、象等執爲諦實，魔術師知道馬和象是虛假的，這也是有局限的空。至於夢中所見到的情器⑲諸事，醒來時能認識它們不論如何顯現都是空無虛假，儘管在入睡時這樣執取，卻能認識在夢中男女的顯現之外沒有別的男女，然而，並沒有通達夢是無自性，這和確定影子等之中沒有臉是相似的。就如前文引過⑳：

……對幻化、蜃景等所作的那些假立

即使在世間中也不存在。

由於認爲蜃景、幻化和夢中有水、馬和象以及男女等的執著受到普通名言量的妨害，所以了解它們所執著的事不存在並不是通達法無自性的見。

這樣，對於前面所說的那些如幻的意思也應當諷誦甚深契經偈頌㉑之音而加以思惟，以下是依照《三摩地王經》所說而作㉒：

[698] 譬如蜃景和健達縛城，
如同幻化、也如夢，
串習相是自性空，
應當這樣了知一切諸法⑫³。
[699] 譬如在明淨的空中月亮昇起，
它的影子顯現在清澈的湖中，
月亮未曾落入水中，
應當知道諸法都具有這種相⑫⁴。
譬如眾人住於山林之中
而作歌詠、言談、嬉笑及哭啼，
雖有回響可聞卻不可見，
應當這樣了知一切諸法。
[700] 歌詠、奏樂以及哭啼，
依此能產生回響，
但是聲中任何時候都沒有音，

應當這樣了知一切諸法。

[701] 譬如在夢中行欲，
男子醒覺後杳無蹤跡，
愚夫對欲極度貪著，
應當這樣了知一切諸法。

[702] 魔術師們變化形體，
化出種種馬車、象車，
就如那裡全無所見，
應當這樣了知一切諸法⑫⑤。

[703] 譬如少女在夢中
見到兒子出生而又死亡，
出生時欣喜，死亡時則憂傷，
應當這樣了知一切諸法⑫⑥。

[704] 譬如夜晚的水中之月，

顯現在明淨無濁的水中，
水月空虛而不可執，
應當這樣了知一切諸法。
譬如在熱季的午間
受乾渴煎熬的行人
將蜃景看作積水，
應當這樣了知一切諸法⑫⑦。
[705] 蜃景之中雖然沒有水，
愚昧的有情卻有飲用它的慾望，
不實的水無法飲用，
應當這樣了知一切諸法⑫⑧。
譬如尋找實質的人
將濕潤的芭蕉樹幹剝開，
但是內外都沒有實質，
應當這樣了知一切諸法。

〔戊二〕

將名字差別的方面能夠成立的道理配合正義

[706] 就如依靠車輪等而假立車子時，這些組成部分是所取，車子則是取者；同樣，依靠五蘊、六界⑫⑨以及六處而假立我時，這些是所取，我則是取者。又如車子和它的組成部分被安立為作者和業；同樣，由於我做了攝取蘊等的行為，所以是作者，蘊等是它所取的業，所以是所作。如《入中論》說⑬⓪：

同樣，依靠蘊、界、以及六處

世間所熟知也承認

我是取者，

所取是業，這個〔我〕又是作者。

此處也和車子一樣，在分析眞實時無論在七個方面的哪一種之中都不能找到這個我，所以沒有任何自性，但是在不作分析的情形下從世俗的角度卻是有的。

〔申二〕

顯示由此也能破除我所

[707]這樣用探究我是否有自性的正理去尋找時，在七個方面的任何一種之中都無法找到，所以就破除了我的自性。這時用正理如何能找到「這是我的眼等」？所以，我所⑬¹也沒有自性。當瑜伽師見不到我和我所的任何自性時就會獲得解脫，對此下文將會加以解釋。

第十八品說⑬²：

當我唯獨不存在時，

我所怎麼會存在？

《入中論》也說⑬³：

由於不具有作者的業不存在，
所以沒有我就沒有我所，
因此由觀我和我所爲空，
瑜伽師將獲得解脫。

至於憑藉通達我無自性的力量能通達我所無自性，前文已作闡述並斷除疑惑，⑬⑷應當從那裡加以了解。

〔申三〕如何將這些正理用於其他（事例）

[708] 就如對我和我所的分析類似於對車本身所作者，應當知道瓶子和衣服等同樣也是如此。由觀察瓶子等與它本身的色等是相同還是不同等，探究自性是否存在的正理在七個方面尋找時，無論在二諦的哪一諦之中都不能在它們之中找到，然而在不作分析的名言識面前卻能夠

安立。如《開示三律儀（會）》說[135]：

> 世間與我爭論，我不與世間爭論。凡是世間之中認爲是存在或不存在的，我也這樣承認。

因此〔如來〕親口承認正理不能破除世間所熟知者。《入中論》也這樣說[136]：

> 對那些瓶子、衣服、毛織帳幕、軍隊、森林、數珠和樹木、
> 房舍、小車、旅店等諸事
> 以及眾生藉之而作言談者應當加以通達，
> 因爲牟尼之王[137]不與世間一同爭辯。
> 組成部分、特質、貪欲、定義、柴等、
> 具備組成部分者、具備特質者、貪愛者[138]、事例[139]和火等諸事
> 使用對車子的分析時它們在七個方面都不存在，
> 除此之外，從世間所熟知的角度則是存在的。

[709] 其中世間眾生藉之而作言談者也應當不加觀察而通達它們純粹是存在的。

【問題】那是什麼？

【回答】是組成部分與具備組成部分者等。如果用瓶子來代表它們，瓶子是具備組成部分者、具備特質者及事例；瓦礫等是組成部分，藍色等是特質，鼓腹、瓶嘴下卷、長頸等是定義。對於衣服等也應當這樣類推。

貪欲是起耽著，貪愛者是它的依托，《疏》中說這也就是具有貪著的人⑭⓪。火是燒者，柴是所燒的對象。

此處，依靠組成部分能夠假立具備組成部分者，依靠具備組成部分者也能假立組成部分，乃至依賴火而假立柴以及依賴柴而假立火都可以類推。第八品也說⑭①：

作者依靠業，
業則依靠這個作者而生，
除此（我們⑭②）見不到
別的成立之因。

又說⑭³：

憑藉作者和業
應當了知其他事物。

因此，應當知道所生的對象和生者、行走和行走者、所觀的對象和觀者，量和測度的對象等一切都不是自性成就，而僅僅是相互依賴而成立。

[710] 這樣，對於我一個例子如果知道⑴無論如何分析都是自性空以及⑵無自性之中發生作用合乎理道的安立二諦的方式，那麼將它運用於一切法後就能易於通達一切無自性。所以，對於前面所說的譬喻和正義二者應當獲得決定。[711] 如《三摩地王經》也這樣說：

就如你知道我想，
同樣應當將覺慧運用於一切，
一切諸法是它的自性，
清淨猶如虛空⑭⁴。

由一而知一切，
由一而見一切，
不論講說如何眾多，
他的傲慢都不生起⑭⑤。

註釋：

① To. 3862，出自《入中論自釋》對根本頌第六品135頌的解釋，藏譯見德格版《丹珠爾》中觀部 'a 函299頁下6–7及 La Vallée Poussin（1907–1912）校勘本257–258頁，漢譯見法尊法師（1997）譯本135頁。所引的經文出自《雜阿含經》，與此對應的巴利文《相應部》見 Feer（1960）校勘本第一冊135頁，相應的漢文古譯《雜阿含經》文見《大正藏》第2冊99經327頁中7–10。清辨論師在《思度熾燃論》（To. 3856）中曾經引用後一頌，藏譯見德格版《丹珠爾》中觀部 dza 函80頁下3。《俱舍論》第九品對這兩頌的引述見《大正藏》29冊1558號154頁中18–21，梵文見 Śāstrī（1998）校勘本第二冊933頁。

② 藏：'du byed phung po。

③ 梵：saṃvṛtyā。

④ To. 3861，第六品151頌。藏譯見德格版《丹珠爾》中觀部 'a 函211頁下4–5及 La Vallée Poussin（1907–1912）校勘本271–272頁，漢譯見法尊法師（1997）譯本143頁，梵文見李學竹的第六品校勘：Li（2014）。

⑤ 作者（藏：byed pa po）與業（las）分別指一個動作的主和賓，它們分別是梵文文法中的主語（梵：kartṛ）和賓語（梵：karman）。

⑥ 藏：gdags pa'i rgyu（尊譯為「施設因」），藏譯《明句論》中 prajñaptyupādāna 一詞的譯語，更常見的用語是 gdags gzhi，本書中譯為「假立之處」，尊譯為「施設處」及「施設事」。

⑦ 藏：rten 和 brten pa，「被依靠」也譯作「依托」。梵：ādhāra 和 ādheya。

⑧「提婆達多」（奘譯）是梵文 devadatta「天人所給予」的音譯，是梵文中常用的人名的例子。藏譯為 lha sbyin 或 lhas sbyin，尊譯為「天授」。

⑨ To. 3861，《入中論》第六品152頌。藏譯見德格版《丹珠爾》中觀部 'a 函211頁下5及 La Vallée Poussin（1907–1912）校勘本272頁，漢譯見法尊法師（1997）譯本143–144頁，梵文見李學竹的第六品校勘：Li（2014）。

⑩ 藏：yan lag can。尊譯為「有支」。

⑪ 藏：yan lag。奘譯和尊譯都作「支」。

⑫ 藏：gdags gzhi，法尊法師譯作「施設處」及「施設事」。梵文《明句論》中出現 prajñaptyupādāna 一詞，《丹珠

爾》中譯作 gdags pa'i rgyu「假立（或施設）之因」。

⑬出現在上面所引的《入中論》第六品152頌第4句。

⑭To. 3861，第六品的第153頌。藏譯見德格版《丹珠爾》中觀部 'a 函211頁下6及 La Vallée Poussin（1907–1912）校勘本273頁，漢譯見法尊法師（1997）譯本144頁，梵文見李學竹的第六品校勘：Li（2014）。

⑮青海版讀作 rtogs，現依照 Khangkar（2001）校勘本、《四家合註》及 La Vallée Poussin（1907–1912）的《入中論釋》校勘本讀作 gtogs，直譯為「包含於車之中時」。

⑯To. 3861，第六品的第154頌。藏譯見德格版《丹珠爾》中觀部 'a 函211頁下6–7及 La Vallée Poussin（1907–1912）校勘本274頁，漢譯見法尊法師（1997）譯本145頁，梵文見李學竹的第六品校勘：Li（2014）。

⑰藏：spyi。

⑱To. 3861，第六品的第155頌。藏譯見德格版《丹珠爾》中觀部 'a 函211頁下7及 La Vallée Poussin（1907–1912）校勘本274頁，漢譯見法尊法師（1997）譯本145頁，梵文見李學竹的第六品校勘：Li（2014）。

⑲藏：btags chos，尊譯為「假施設法」。

⑳To. 3861，第六品的第156頌。藏譯見德格版《丹珠爾》中觀部 'a 函211頁下7至212頁上1及 La Vallée Poussin（1907–1912）校勘本275頁，漢譯見法尊法師（1997）譯本145頁，梵文見李學竹的第六品校勘：Li（2014）。

㉑青海版中的 kyi 與梵本 tava 對應，Khangkar（2001）校勘本及 La Vallée Poussin（1907–1912）的《入中論釋》校勘本讀作 kyis。

㉒藏：rdul brgyad，尊譯為「八塵」，見前文有關八事的註解（青海版622頁2–3，本冊251節）。

㉓To. 3861，第六品157頌。藏譯見德格版《丹珠爾》中觀部 'a 函212頁上1–2及 La Vallée Poussin（1907–1912）校勘本275–276頁，漢譯見法尊法師（1997）譯本146頁，梵文見李學竹的第六品校勘：Li（2014）。

㉔以上爭論的依據是《入中論》第六品158頌之前的自釋（To. 3862），藏譯見德格版《丹珠爾》中觀部 'a 函305頁上7至下2及 La Vallée Poussin（1907–1912）校勘本276頁，漢譯見法尊法師（1997）譯本146頁。

㉕見第六品158頌前後的自釋（To. 3862）。藏譯見德格版《丹珠爾》中觀部 'a 函305頁下2–5及 La Vallée Poussin（1907–1912）校勘本276–277頁，漢譯見法尊法師（1997）譯本146–147頁。

㉖To. 3861，《入中論》第六品158頌。藏譯見德格版《丹珠爾》中觀部 'a 函212頁上2–3及 La Vallée Poussin

（1907–1912）校勘本277頁，漢譯見法尊法師（1997）譯本147頁，梵文見李學竹的第六品校勘：Li（2014）。

㉗ To. 3861，《入中論》第六品161頌前兩句。藏譯見德格版《丹珠爾》中觀部 'a 函212頁上4及 La Vallée Poussin（1907–1912）校勘本280頁，漢譯見法尊法師（1997）譯本148頁，梵文見李學竹的第六品校勘：Li（2014）。

㉘ To. 3861，《入中論》第六品161頌的後兩句。藏譯見德格版《丹珠爾》中觀部 'a 函212頁上4–5及 La Vallée Poussin（1907–1912）校勘本280頁，漢譯見法尊法師（1997）譯本149頁，梵文見李學竹的第六品校勘：Li（2014）。

㉙ 梵：dhīvahnidagdhe 'ṅgini，另見《入中論》自釋。

㉚ 見《入中論》自釋。

㉛ To. 3862，這是《入中論》第六品159頌的前三句以及前面的《自釋》。藏譯見德格版《丹珠爾》中觀部 'a 函305頁下6至306頁上1及 La Vallée Poussin（1907–1912）校勘本277–278頁，漢譯見法尊法師（1997）譯本147頁，頌文的梵文見李學竹的第六品校勘：Li（2014）。

㉜ 藏：byed（pa）po，梵：kartā。

㉝ 此處藏文 nye bar len pa（梵文 upādāna）有取的動作和取的對象（藏文也作 nye bar blang bya 等）兩個意思，在這句句子中分別譯作「取」和「所取」，做取的動作的是作者，它相對於所取是「取者」（藏：nye bar len pa po，梵：upādātṛ）。在中觀思想中保持取者和所取關係的典型例子是我和五蘊，此處車子和它的組成部分是這種關係的譬喻。

㉞ To. 3861，《入中論》第六品159頌的第4句。藏譯見德格版《丹珠爾》中觀部 'a 函212頁上3及 La Vallée Poussin（1907–1912）校勘本278頁，漢譯見法尊法師（1997）譯本148頁，梵文見李學竹的第六品校勘：Li（2014）。

㉟ To. 3862，最後的頌文是《入中論》第六品160頌。藏譯見德格版《丹珠爾》中觀部 'a 函306頁上4–6及 La Vallée Poussin（1907–1912）校勘本279頁，漢譯見法尊法師（1997）譯本148頁，頌文的梵文見李學竹的第六品校勘：Li（2014）。

㊱ 藏：grags pas。

㊲ 藏：ling thog。

㊳ 這一段的依據是自釋（To. 3862）在《入中論》第六品160頌之後的解釋，自釋的藏譯見 La Vallée Poussin（1907–1912）校勘本279頁，漢譯見法尊法師（1997）譯本148頁。

㊴ 藏：mtha' dpyod。

㊵藏：chad lta。

㊶藏：khyab bya。

㊷藏：khyab byed。

㊸如前面所說，自性成立是所遍，自性相同、不同等七種情形是能遍——能遍所涵蓋的範圍大於或等於所遍所涵蓋的範圍。因此，破除能遍時就破了所遍。

㊹To. 3865，出自《四百論》第十三品24頌之前的解釋。藏譯見德格版《丹珠爾》中觀部ya函207頁上4－5，梵文見Suzuki（1994）校勘本300頁。

㊺根據《四家合註》的解釋，這裡的「因」是指假立之因，也就是「假立之處」。五個方面是指瓶子與它的假立之處之間的自性相同、不同、被依靠、依靠以及擁有這五種可能性。從五個方面加以分析的正理出現在《中論》第十品第14頌、第十六品第2頌及第二十二品觀如來前面部分之中，相關的從四個方面作分析的正理出現於龍樹《寶鬘論》第一品82頌與《親友書》第49頌之中。這些分析方式的經藏依據是《雜阿含經》／《相應部》、《中阿含經》／《中部》和《增一阿含經》／《增支部》，並且在律藏、一切有部的《發智論》和《大毘婆沙論》乃至《瑜伽師地論》中也有討論。有關這些出處見Li（2012）245－270頁。

㊻藏：brten nas btags pa，梵：upādāya prajñapti。

㊼To. 3865，出自《四百論》第十四品第2頌的解釋。藏譯見德格版《丹珠爾》中觀部ya函210頁上2－3，梵文見Suzuki（1994）校勘本316頁。

㊽藏：zla bcas。尊譯為「有對」。

㊾藏：zla med。尊譯為「無對」。

㊿「相同」（藏：gcig）和「不同」（藏：tha dad）的舊譯為「一」和「異」，「單一」（藏：gcig）和「衆多」（藏：du ma）的舊譯為「一」和「多」。

㉛藏：rang gi ngo bo nyid kyis grub pa。

㉜To. 3824，《中論》二十七品第5頌。藏譯見德格版《中觀部》tsa函18頁上1，梵文見De Jong（1977）校勘本41頁，相應的漢譯見《大正藏》30冊1564號37頁上11－12。見葉少勇（2011）梵、藏、漢新校勘本486－487頁。

㉝《四家合註》說這裡的「所取」是指蘊。

⑭ 梵：vaḥ。

⑮ To. 3861，第六品127頌的前二句。藏譯見德格版《丹珠爾》中觀部 'a 函 210頁下 1–2及 La Vallée Poussin（1907–1912）校勘本245頁，漢譯見法尊法師（1997）譯本128頁。梵文《明句論》中的引文見 La Vallée Poussin（1903–1913）校勘本342頁，藏譯見德格版《丹珠爾》中觀部 'a 函111頁上5–6，梵文另見李學竹的第六品校勘：Li（2014）。

⑯ To. 3824，《中論》第十八品第1頌的前兩句。藏譯見德格版《丹珠爾》tsa 函第10頁下6，梵文見 De Jong（1977）校勘本24頁，漢譯見《大正藏》30冊 1564號23頁下20。見葉少勇（2011）梵、藏、漢新校勘本300–301頁。

⑰ 梵：ātmā skandhā yadi，藏文詞序為：「如果蘊是我」。

⑱ To. 3824，《中論》二十七品第6頌的前兩句。藏譯見德格版《丹珠爾》tsa 函第18頁上 1–2，梵文見 De Jong（1977）校勘本41頁，漢譯見《大正藏》30冊 1564號37頁上13。見葉少勇（2011）梵、藏、漢新校勘本486–487頁。

⑲《入中論自釋》（To. 3862）中的解釋見德格版《丹珠爾》中觀部 'a 函296頁下3至297頁上4及 La Vallée Poussin（1907–1912）校勘本247–249頁，漢譯見法尊法師（1997）譯本129–130頁。

⑳ 梵：māndhātṛ。這是佛過去轉生為一轉輪王時的名字。《丁福保佛學大辭典》引《俱舍光記》第八：「曼馱多，是王名，唐云我養。」《佛說頂生王因緣經》說此王出生後「乃入宮中，王有六萬宮女眷屬，見此童子乳自盈流，各作是言，我養太子，由是立名呼為我養。」（《大正藏》第3冊165經393頁中1–3）。藏：nga las nu「從我飲乳」，尊譯也作「我乳」。因為他是從頂誕生，所以又稱作 Mūrdhajāta，漢譯為「頂生」，音譯為「文陀竭」。

㉑《入中論自釋》（To. 3862）中這句引文的藏譯見德格版《丹珠爾》中觀部 'a 函296頁下7至297頁上1及 La Vallée Poussin（1907–1912）校勘本248頁，漢譯見法尊法師（1997）譯本130頁。梵文《明句論》中的引文見 La Vallée Poussin（1903–1913）校勘本574頁，藏譯見德格版《丹珠爾》中觀部 'a 函191頁上7至下1。漢譯《文陀竭王經》：「佛告阿難，時文陀竭王者，是我身也。」（《大正藏》第1冊40號825頁上13）。有關頂生王的故事見《頂生王故事經》（《大正藏》第1冊39號）、《文陀竭王經》（《大正藏》第1冊40號）、《頂生王因緣經》（《大正藏》第3冊165號）及《賢愚經》頂生王品（《大正藏》第4冊202號439頁中26至440頁下15）等經。有關我養故事的梵文見 Vaidya（1999）梵本 Divyāvadāna 125–141頁，英譯見 Rotman（2008）337–371頁。

㉒ 藏：mchod sbyin，梵：Yajñadatta，是另一個人的名字。

⑹ 本書中解釋破除從他而生的正理是在後文「抉擇法無我」一節，見青海版755頁2至756頁16及本冊720－727節。

⑹ 這裡的「自性有」和「自性」分別翻 rang gi ngo bo nyid kyi grub pa 和 rang bzhin。

⑹ 漢譯《佛說頂生王故事經》：「爾時頂生王者豈異人乎，莫作是觀」。見《大正藏》第1冊39號824頁上2－3。

⑹ 藏：sngon gyi mtha' la brten pa'i lta ba ngan pa bzhi。《四家合註》說這四者之中的第一種是「我和世間是常」的見。這些惡見都屬於十四無記。

⑹ To. 3824，《中論》二十七品第3頌，藏譯見德格版《丹珠爾》中觀部tsa函17頁下7，梵文見De Jong（1977）校勘本24頁，漢譯見《大正藏》30冊1564號37頁上7－8。見葉少勇（2011）梵、藏、漢新校勘本484－485頁。

⑹ 見緊接在這一段之後的「遭遇未造之業的過失」[643]一節。

⑹ To. 3861，第六品128頌的後二句。藏譯見德格版《丹珠爾》中觀部'a函210頁下2及La Vallée Poussin（1907–1912）校勘本247頁，漢譯見法尊法師（1997）譯本129頁。梵文《明句論》中的引述見La Vallée Poussin（1903–1913）校勘本342頁及李學竹的第六品校勘：Li（2014），前者的藏譯見德格版《丹珠爾》中觀部'a函111頁上6－7。

⑺ 梵文（kṣaṇeṣu）此處的「剎那」是複數。

⑺ To. 3824，《中論》二十七品10與11二頌，藏譯見德格版《丹珠爾》中觀部tsa函18頁上3－4，梵文見De Jong（1977）校勘本42頁，漢譯見《大正藏》30冊1564號38頁上22－25。見葉少勇（2011）梵、藏、漢新校勘本488－489頁。

⑺ 梵：sa。

⑺ 參見《明句論》對這個頌的解釋，梵文見La Vallée Poussin（1903–1913）校勘本579頁。括號中所用的《四家合註》的註解及宗喀巴大師在下一段之中的解釋與《明句論》意思相符。

⑺ 《四家合註》指出另一種過失為「他人所積累的由別人來嘗受」。

⑺ 藏：byams pa，一般對應梵文人名Maitreya：「慈氏」或「彌勒」。然而此處《入中論》頌的梵文為Maitra。

⑺ 藏：nyer sbas，梵：Upagupta，舊譯也作「優婆鞠多」或「優波笈多」等，尊譯除了音譯「鄔波笈多」外也譯作「近護」或「近密」。《四家合註》：「相續不相關的兩個人」。

⑺ To. 3861，第六品129頌的前二句。藏譯見德格版《丹珠爾》中觀部'a函210頁下3及La Vallée Poussin（1907–1912）校勘本249頁，漢譯見法尊法師（1997）譯本130頁，梵文見李學竹的第六品校勘：Li（2014）。

⑱ To. 3861《入中論》第六品61頌。藏譯見德格版《丹珠爾》中觀部 'a 函207頁上3–4及 La Vallée Poussin（1907–1912）校勘本154頁，漢譯見法尊法師（1997）譯本81頁，梵文見李學竹的第六品校勘：Li（2014）。

⑲ To. 3824，《中論》二十七品第16頌的後二句。藏譯見德格版《丹珠爾》中觀部 tsa 函18頁上6–7，梵文見 de Jong（1977）校勘本42頁，漢譯見《大正藏》30冊1564號38頁中21。見葉少勇（2011）梵、藏、漢新校勘本492–493頁。

⑳《四家合註》舉出「業失壞等以及回憶宿世不合理等出現過失的情形」。

㉑ To. 3865，出自對第十品第7頌的解釋，藏譯見德格版《丹珠爾》中觀部 ya 函162頁上3–7。

㉒「由因的特徵所顯現」是以因作為其特殊的性質的意思。

㉓ 藏：nye bar len pa can。「具備……所取者」。

㉔ To. 3824，《中論》二十七品第6頌的後二句，藏譯見德格版《丹珠爾》中觀部 tsa 函18頁上2，梵文見 de Jong（1977）校勘本41頁，漢譯見《大正藏》30冊1564號37頁上14。見葉少勇（2011）梵、藏、漢新校勘本486–487頁。

㉕ To. 3824，《中論》第十品第1頌的前二句及15頌。藏譯見德格版《丹珠爾》中觀部 tsa 函第6頁下6及第7頁上6，梵文見 de Jong（1977）校勘本14及15頁，漢譯分別在《大正藏》30冊1564號14頁下4及同冊15頁下18–19。見葉少勇（2011）梵、藏、漢新校勘本166–167及176–177頁。

㉖ To. 3861，第六品137頌的前二句。藏譯見德格版《丹珠爾》丹珠爾中觀部211頁上1–2及 La Vallée Poussin（1907–1912）校勘本259頁，漢譯見法尊法師（1997）譯本136頁，梵文見李學竹的第六品校勘：Li（2014）。

㉗ 藏：bya ba。

㉘ To. 3824，《中論》十八品第1頌的後二句。藏譯見德格版《丹珠爾》中觀部 tsa 函第10頁上6，梵文見 de Jong（1977）校勘本24頁，漢譯見《大正藏》30冊1564號23頁下21。見葉少勇（2011）梵、藏、漢新校勘本300–301頁。

㉙ To. 3860，梵文見 La Vallée Poussin（1903–1913）校勘本343頁，藏譯見德格版《丹珠爾》'a 函111頁上7至下3。

㉚ 根據《四家合註》和《明句論》，此處的「它」是指我。

㉛ To. 3842，《中論佛護釋》。見德格版《丹珠爾》中觀部 tsa 函240頁上6–7。

㉜ 藏：mtshan nyid，梵：lakṣaṇa。法尊法師譯作「相」「定相」等。

㉝ 色的定義是「適合於充當色」。《四家合註》分別列出五蘊中其他四蘊「受」、「想」、「行」、「識」的定義：「領納為性」、「執相」、「造作」（藏：mngon par 'du byed pa）及「了別境」。

⑭ To. 3824，《中論》第二十七品第7頌。藏譯見德格版《丹珠爾》中觀部tsa函18頁上2，梵文見de Jong（1977）校勘本41頁，漢譯見《大正藏》30冊1564號37頁上15–16。見葉少勇（2011）梵、藏、漢新校勘本486–487頁。

⑮ 梵：grhyeta hy anupādāno yady anyo。藏：len med par，「在沒有所取的情況下」（「應當有執取」）。

⑯ To. 3861，第六品124頌的前二句。藏譯見德格版《丹珠爾》中觀部'a函210頁上6–7及La Vallée Poussin（1907–1912）校勘本242頁，漢譯見法尊法師（1997）譯本126頁，梵文見李學竹的第六品校勘：Li（2014）。

⑰ To. 3861，《入中論》第六品31頌第2句。藏譯見德格版《丹珠爾》中觀部'a函205頁下4及La Vallée Poussin（1907–1912）校勘本112頁，漢譯見法尊法師（1997）譯本60頁，梵文見李學竹的第六品校勘：Li（2014）。這句頌文本書前文曾經引述，見青海版614頁8及前後的解釋（本冊220–224節）。

⑱ 青海版讀作de ltar yin pa'i rgyu mtshan gyis rigs pa，Khangkar（2001）校勘本及《四家合註》本改作de ltar yin pa'i rgyu mtshan gyi rigs pa。

⑲ 藏：tshad（ma）。

⑳ To. 3861，《入中論》第六品142頌。藏譯見德格版《丹珠爾》中觀部'a函211頁上5及La Vallée Poussin（1907–1912）校勘本265頁，漢譯見法尊法師（1997）譯本139頁，梵文見李學竹的第六品校勘：Li（2014）。梵文《明句論》對此頌的引述見La Vallée Poussin（1903–1913）校勘本434頁，藏譯見德格版《丹珠爾》中觀部'a函141頁下6–7。

(101) To. 3861，《入中論》第六品143頌。藏譯見德格版《丹珠爾》中觀部'a函211頁上5–6及La Vallée Poussin（1907–1912）校勘本266頁，漢譯見法尊法師（1997）譯本140頁，梵文見李學竹的第六品校勘：Li（2014）。梵文《明句論》對此頌的引述見La Vallée Poussin（1903–1913）校勘本434頁，藏譯見德格版《丹珠爾》中觀部'a函141頁下7至142頁上1。

(102) 梵文應該改正為：matvarthīyayogo hi nātaḥ。其中matu（= matup，由連聲變化為matv）是波你尼聲明論中表示擁有的術語。

(103) To. 3861，第六品135頌的後兩句。藏譯見德格版《丹珠爾》中觀部'a函210頁上7及La Vallée Poussin（1907–1912）校勘本258頁，漢譯見法尊法師（1997）譯本135頁，梵文見李學竹的第六品校勘：Li（2014）。

(104) 這兩句《入中論》頌之前所引的經文是本書「抉擇人無我」之初第585節所引「所謂『我』是魔心」等出自《雜阿含

經》的兩頌。

⑮《入中論》第六品136頌。藏譯見德格版《丹珠爾》中觀部 'a 函211頁上1及 La Vallée Poussin（1907–1912）校勘本259頁，漢譯見法尊法師（1997）譯本136頁，梵文見李學竹的第六品校勘：Li（2014）。

⑯ To. 3846，《四百論》十五品第10頌的後二句。藏譯見德格版《丹珠爾》中觀部 tsha 函16頁下3–4，漢譯見《大正藏》30冊1570號186頁上3。

⑰ To. 3865，藏譯見德格版《丹珠爾》中觀部 ya 函225頁上1–3。

⑱ To. 3865，出自對十五品25頌的解釋。藏譯見德格版《丹珠爾》中觀部 ya 函229頁上4–5。梵文與藏文見 Suzuki（1994）校勘本372–373頁。

⑲ 藏：rang bzhin 'grub pa，尊譯為「自性皆不成就」，更常見的藏文是 rang bzhin gyis grub pa，尊譯通常為「自性有」，此處梵本中與這個重要的術語相對應的詞是 svabhāvasiddha。

⑳ 藏：dngos po yod par lta ba。尊譯為「有事見」。

㉑ 藏：dngos po med par lta ba。

㉒ To. 127，第二十九品13–16頌，藏譯見德格版《甘珠爾》契經部 da 函96頁上2–5，混合梵文的頌文見 Vaidya（1961）校勘本174頁，漢譯見《大正藏》15冊639經587頁下3–10。梵文《明句論》中的引文見 La Vallée Poussin（1903–1913）校勘本109–110頁（藏譯見德格版《丹珠爾》中觀部 'a 函37頁下6至38頁上1）、200頁、549至550頁（此經二十九品13頌後兩句、15頌後兩句及16頌），另見此論 La Vallée Poussin（1903–1913）校勘本427頁。《入中論釋》中的引用見 La Vallée Poussin（1907–1912）校勘本144頁（此經二十九品13頌後二句及14頌前二句）。

㉓ 梵：so 'pi。

㉔《四家合註》：「總義或行相」。

㉕ To. 3846，第八品第16頌。藏譯見德格版《丹珠爾》中觀部 tsha 函第9頁下6，梵文、藏文及英譯見 Lang（1986）82及83頁，梵本《明句論》中的引文見 La Vallée Poussin（1903–1913）校勘本128頁，藏譯見德格版《丹珠爾》中觀部 'a 函43頁上6。漢譯見《法尊法師全集》（2017）第一冊141頁。

㉖ 梵：śūnyatā。

㉗ To. 3861，《入中論》第六品113頌的前二句。藏譯見德格版《丹珠爾》中觀部 'a 函209頁上6及 La Vallée Poussin

（1903–1913）校勘本223頁，漢譯見法尊法師（1997）譯本118頁，梵文見李學竹的第六品校勘：Li（2014）。

⑱ 藏：nyi tshe ba。奘譯和尊譯為「少分」。

⑲ 藏：snod bcud。此處尊譯為「依正」。

⑳《入中論》第六品26頌的最後兩句，前文的引述見青海版627頁10－11及本冊271節，出處見前注。

㉑ 藏：tshigs su bcad pa，梵：śloka 或 gāthā，後者的漢文音譯為「伽他」（奘譯）或「偈」，也譯作「頌」等。

㉒ To. 127，第九品11－17及19－22頌，藏譯見德格版《甘珠爾》契經部 da 函26頁上6至下4，混合梵文的頌文見 Vaidya（1961）校勘本46－47頁，漢譯見《大正藏》15冊639經577頁下19至558頁上1及558頁上6－7。從以下的註中可以看到，這些頌中有不少是月稱特別喜愛的。

㉓《明句論》曾引用此頌，梵文見 La Vallée Poussin（1903–1913）校勘本178頁，《四百論釋》中的引用見 Suzuki（1994）校勘本第311頁。

㉔《四百論釋》中的引用見 Suzuki（1994）校勘本第309頁。

㉕《四百論釋》中的引用見 Suzuki（1994）校勘本第307頁。

㉖《明句論》梵文引文見 La Vallée Poussin（1903–1913）校勘本178及550頁，《四百論釋》中的引用見 Suzuki（1994）校勘本第307頁。

㉗《明句論》對蜃景有一段仔細描述是依據這個頌，見 La Vallée Poussin（1903–1913）梵文《明句論》校勘本346頁。

㉘《四百論釋》中的引用見 Suzuki（1994）校勘本第309頁。

㉙ 藏：khams。

㉚ To. 3861，第六品第162頌。藏譯見德格版《丹珠爾》中觀部 'a 函212頁上5及 La Vallée Poussin（1903–1913）校勘本281頁，漢譯見法尊法師（1997）譯本149頁，梵文見李學竹的第六品校勘：Li（2014）。

㉛ 藏文 bdag gi ba 與梵文 ātmīya 都有「從屬於我」的意思，漢文古譯為「我所」。

㉜ To. 3824，《中論》十八品第2頌的前兩句，藏譯見德格版《丹珠爾》中觀部 tsa 函第10頁下6，梵文見 de Jong（1977）校勘本24頁，漢譯見《大正藏》30冊1564號23頁下22。見葉少勇（2011）梵、藏、漢新校勘本300－301頁。

㉝ To. 3861，第六品165頌。藏譯見德格版《丹珠爾》中觀部 'a 函212頁上7及 La Vallée Poussin（1903–1913）校勘本287頁，漢譯見法尊法師（1997）譯本152頁，梵文見李學竹的第六品校勘：Li（2014）。

⑬④ 見青海版726頁14－727頁9及本冊613－614節。

⑬⑤ To. 45，《大寶積經》三律儀會第一，此會之名的藏譯為 sdom pa gsum bstan pa'i le'u。引文的藏譯見德格版《甘珠爾》寶積部 ka 函第9頁下5，漢譯見《大正藏》11冊310經第5頁上7－8，此會別譯本《大方廣三戒經》中的譯文見《大正藏》11冊311經689頁中18－19。然而引文中的最後一句在這部大乘經的藏、漢譯本中都無。包含最後一句的經為《雜阿含經》，漢譯見《大正藏》第2冊99經第8頁中16－26，相應的巴利文《相應部》見 Feer（1960）所校勘的 Saṃyuttanikāya 第3冊138頁。月稱在 La Vallée Poussin（1907–1912）校勘本《入中論自釋》289頁中只引前一句經文，然而在同書179頁〔另見德格版《丹珠爾》中觀部（To. 3862）'a 函276頁上2，漢譯見法尊法師（1997）譯本95頁〕及《明句論》梵文〔La Vallée Poussin（1903–1913）校勘本370頁〕中引述了包含前後兩部分的長的引文，後者說它出自 āgama（阿含／阿笈摩／聖教）。月稱之前的佛護和清辨在解釋《中論》第十八品第8頌時都引用了《大寶積經》三律儀會中所沒有的後一句經文，見 Lindtner（1981）197及208頁及德格版《丹珠爾》中觀部 tsha 函《般若燈論》189頁上6。顯然三位印度中觀師所引的是《雜阿含經》／《相應部》中的經文。宗喀巴大師找出《大寶積經》三律儀會是因為藏譯沒有完整的《阿含經》。在此處以及他在《入中論善解密意疏》對《入中論》第六品81頌作解釋和在《正理海》對《中論》第十八品第8頌作解釋時，一般使用印度中觀論著中出現的較長的經文引文。

⑬⑥ To. 3861，第六品166及167頌。藏譯見德格版《丹珠爾》中觀部 'a 函212頁上7至下2及 La Vallée Poussin（1907–1912）校勘本288－289頁，漢譯見法尊法師（1997）譯本152－153頁，梵文見李學竹的第六品校勘：Li（2014）。

⑬⑦ 藏：thub dbang，梵：munīndra。

⑬⑧ 在《中論》觀貪欲及貪愛者品第六之中，藏譯 chags 對應於梵文 rakta「貪愛者」。藏文 chags 字也可讀作貪著，故此下文特別作了說明。

⑬⑨ 藏：mtshan gzhi，梵：lakṣya。

⑭⓪ To. 3870，賈雅阿難陀所造的《入中論疏》。德格版《丹珠爾》中觀部 ra 函275頁下3：「『貪欲的依托』是人」。

⑭① To. 3824，《中論》第八品12頌，藏譯見德格版《丹珠爾》中觀部 tsa 函第6頁上6，梵文見 de Jong（1977）校勘本12頁，漢譯見《大正藏》30冊 1564 號13頁上17－18。見葉少勇（2011）梵、藏、漢新校勘本142－143頁。

⑭② 梵：paśyāmaḥ。

143 To. 3824，《中論》第八品13頌的後兩句，藏譯見德格版《丹珠爾》中觀部tsa函第6頁上6–7，梵文見de Jong（1977）校勘本12頁，漢譯見《大正藏》30冊1564號13頁上25–26。見葉少勇（2011）梵、藏、漢新校勘本142–143頁。

144 To. 127，第十二品第7頌，藏譯見德格版《甘珠爾》契經部da函44頁上2–3，混合梵文的頌文見Vaidya（1961）校勘本77頁，漢譯見《大正藏》15冊639經563頁下11–12。

145 To. 127，第十一品16頌，藏譯見德格版《甘珠爾》契經部da函41頁上2，梵文的頌文見Vaidya（1961）校勘本70頁，漢譯見《大正藏》15冊639經562頁上23–24。《明句論》第四品的末尾曾引用以上這兩個頌，梵文見La Vallée Poussin（1903–1913）校勘本128頁。

【第二節】破法我

〔未二〕

抉擇法無我

[712] 人的假立之處五蘊、地界等六界、眼等六處等是法，它〔們〕空無自體有的自性就是這些法的無我。[713] 抉擇它的方式雖然有多種，在《入中論》中則是由破四句生①而抉擇事物無自性，由於〔《入中論》的〕解釋將此稱作法無我，所以此處對它將簡略地加以闡述。

[714] 第一品說：

不是從自身，不是從他②，
不是從二者，不是無因，

任何事物在任何處所、
在任何時候都沒有生③。

〔其中的意思是：〕「內、外的任何事無論在何時、何處都不是從自身而生」，對於其他三個論點也應當這樣類推。[715] 這樣用應成來否定從自身而生的情形是：雖然這樣提出論點，卻不說用來成立它的譬喻和因，而是對這些論點的相反面顯示責難。

[716] 此處，如果是以自性的方式而生，則可能性不超出依賴與不依賴於因兩者，依賴於因者可能性又不出果和因自性相同和不同兩者。其中，因和果自性相同的生是從自身而生，自性不同的生則是從他而生。對於它們來說又可以確定有兩種情形：從自身或從他單獨地生以及從自他的聚合而生，單獨〔而生〕者是自生和他生，因此，單是破除四句生就能否定其他情形的方式就是如此。

[717] 苗芽如果是從苗芽的自身而生，生就成了沒有意義，因爲生是爲了獲得所要產生的體性，然而苗芽的自身已經得到，就如已經顯露的苗芽。[718] 並且，生會成爲沒有窮盡，因爲已生的種子如果再次出生，這個種子必然會反覆地生。這樣，只有種子才會持續地出生，所以就會出現苗芽等得不到生的機會的過失。[719] 第二十品也說④：

當因和果是同性時，

所生和生者就會成爲相同。

《入中論》也說⑤：

它從它而生沒有任何益處，

已生者的再度生起也純粹不合理。

如果作已生再度生起的分別，

由此苗等的生在此〔世間〕就會無法找到。

又說⑥：

所以「事物是從自身而生」的假設

從眞實和世間的角度都不合理。

[720]【反方】〔如來〕宣說從相異的四緣而產生果，所以是從相異者而生⑦。

【自方】如果是從自性不同的因而產生果，那麼，因爲是相異，所以從火焰也⑧會產生極度的黑暗。此外，從是因或非因的一切會產生是果或非果的一切——因爲異性是相等的。

[721] 其中的意思是：如果承認種子和苗芽有自體有的自性，那麼，(1)稻苗與不能產生自身的火等從自體的角度成爲自性不同的方式和(2)〔稻苗〕與自己的因稻種成爲自性不同的方式二者從所有的方面顯然都是相等的。

[722] 因此，這樣出現與不適合作因者自性不同的顯現時，有不同、獨立⑨和不依仗的顯現，同樣，〔稻苗〕與自己的稻種顯現爲不同時，相異的成份也是這樣顯現。如果顯現爲不同的這種情形是它們從自體的角度而成立的自性⑩，那麼，從所有的方面都無法區分從火等不能生起以及從稻種能生起之間的差別。[723] 如果要區分生與不生的差別，則可以這樣來顯示矛盾：「不妨對自性不同的相異方式也加以區分。」

[724]《入中論釋》中也這樣明顯地作了說明⑪：

> 就如稻種這個因與自己的果稻苗是異性，同樣火、炭、大麥的種子等不是因者也是相異的。又如從相異的稻種稻苗能夠生長，從火、炭、大麥的種子等

勢必也同樣如此。又如相異的稻苗是從稻種而生，從瓶子、衣服等勢必也同樣如此。然而這是見不到的，所以這是不存在的。

[725] 因此，主張用反體⑫同一的推理⑬來成立這種周遍並非〔月稱〕阿闍黎的觀點，對它的責難在否定「在廚房中僅僅煙的存在被火的存在周遍不能成立」（的說法）時已作了陳述⑭。

[726]《中論》第二十品也說⑮：

當因和果是異性時，
因和非因就會相等。

《入中論》也說⑯：

依靠相異者之後如果相異的〔果〕會出現，
從火則會出生極度的黑暗，
並且一切會從一切出生，

因爲所有非因之中也有相等的異性。

[727] 對於這樣的應成，〔區分〕是否屬於同一相續等答覆沒有正中要害，因爲如果是自性不同的相異，則屬於同一相續是不能成立的，這和前文是相似的⑰。「能見到生與不生的必然性」（之說）也不能充當答覆，因爲既然「不同」並非名言心所安立，而是從自體的角度在境之上成立，那麼見到必然性怎麼會合理？也就是說，這是處在分析的時候。

[728]【主張從二者而生的人宣稱】陶瓶從泥土而生是從自身而生，從陶匠等而生則是從相異者而生。又說就內部而言，提婆達多在以前生中就有命的自性，因爲唯獨由它來受生，所以提婆達多與命二者是相同的，因此是從自身而生；從父母及黑白業⑱而生則是從相異者而生。因爲僅僅從自身不能生，僅僅從相異者也不能生，所以是從二者的聚合而生。

[729]【自方】這只要用前面所說的正理就能破除，因爲從自身而生的部分是由否定自生的正理來破除，從相異者而生的部分是由破他生〔的正理〕來破除。《入中論》也說⑲：

從二者而生也有不合理性，
因爲會出現已說過的那些過失，

這從世間的角度不可行，從眞實的角度也不存在，

因爲分別而生不成立。

[730]【主張天然而生⑳者說】未曾見過蓮花根部的粗糙及花瓣的柔軟是由某人刻意造作而成，同樣，也沒見過某人捉住孔雀等而飾以顏色和形狀。所以，諸事的生只是天然而生而已。

[731]【自方】這是不合理的。如果是無因而生，那麼在某一個時處所出現的生或是在一切時處都應當存在，或是在任何地方都不應當存在，這是由於無法指出它們的因存在與不存在，而顯示此時此處能生以及彼時彼處不生的原因。烏鴉勢必也會有孔雀的翎眼等等，總之，如果某一〔事〕發生的話，勢必會從一切〔事〕產生，或是任何時候都不產生。並且，爲了得到果諸世間以多番努力籌備其因全都成爲毫無意義。《入中論》也說㉑：

如果只是無因而生，

那時一切勢必恆常從一切而生，

爲了果實的出現這個世間就不會

以百般〔努力〕而收集種子等。

[732] 這樣在見到四句生妨害的基礎上，從四種邊際沒有生就能成立，並且，它被自性無生㉒所周遍是能夠成立的，就如前面排除其他可能性時曾經說過㉓。[733] 因此，在這個基礎上也能確定諸事沒有自性。[734] 這個〔方式〕是在使用應成時依靠它的作用而產生比量，並沒有直接成立論點的論式之語。

[735]《入中論》總結對於生的四個邊際講述責難的意思而說道㉔：

由於從自身、從相異者、從二者而生或是不依賴於因不存在，
所以諸事遠離自性。

關於使用應成的果，這是顯示如何依靠因而產生比量，而不是最初這樣向對論者舉出別人所承認（的論式）。

[736] 如果依靠這樣破除自性生而得到諸事沒有自性的決定，則很容易確定無事也沒有自性，因此，就很容易獲得一切法自性空的中觀見。

[737] 此外，第七品說㉕：

凡是依仗而有者
就是自性寂靜。

《入中論》也說㉖：

由於事物是依賴（因緣）而生，
所以這些分別無法加以觀察，
因此這個緣起的正理
能截斷一切惡見之網。

正如此處所說，如果依靠緣起之因而對苗芽等（諸事）的自性空獲得決定，則對於避免歧途心中行相非常明了，所以下面將略爲加以敘述。

[738] 此處是（使用）別人所承認的比量：

苗芽沒有自體有的自性，因爲是依靠自己的因緣而生，譬如影子。

[739] 例如，臉的影子顯現時，幼兒不會認爲「眼、耳等那些顯現只是在這種心的面前才是如此，所顯現的對象不是（它們）自己的存在方式」，而是執著「那些對象就是自己的存在方式或安住方式」。同樣，諸有情也執著所體驗或顯現的諸法不是由出現這種顯現的心的力量所安立，而是這些對象如其顯現從自體的角度在境之上具有安住方式，這就是增益自性存在的方式。境上的這種自性就是「自體」、「自性」及「獨立」㉗的含義。所以，如果諸如此類是存在的，就與依仗別的因緣相矛盾；如果不矛盾，就不應當承認已成立的瓶子不必重新從因緣而生。

[740]《四百論》也這樣說㉘：

依賴而生者
不會是獨立，
它們都沒有獨立，
所以我是不存在的。

此處的解釋說㉙：

此處，凡是自體、自性、獨立及不依賴於其他者是由自身所成立，所以沒有緣起，然而一切有爲都是緣起。[741] 這樣，具備緣起的事不會成爲獨立，因爲是依仗因緣而生。所有這些都沒有獨立，所以任何事都沒有「我」或自性。

[742] 獨立的意思是：在顯現爲自體有時，對這些識顯現爲不仗別的（因素），並且依照顯現的方式而成立。[743] 然而，如果把（獨立的意思）當作不依仗別的因緣而對它加以破除，則沒有必要向（佛教）內部證明，並且破除它也無法安立爲獲得中觀見。因此，在境之上從自體的角度能夠自立㉚的安住方式稱作獨立。

因此，自性空的意思是離開這種獨立的體性，而不是能起作用的事不存在，所以「是緣起」的理由能夠破除自性。緊接在上面的論文之後（《四百論釋》）又說㉛：

因此，由於此處緣起遠離獨立的體性，所以離開獨立的體性的意思就是空性的意思，而不是一切事都不存在的意思。

所以，發生作用的事不存在的見是損減雜染和清淨的如幻緣起，因此是顛倒的。（認爲）自性成就的事存在的見也是顚倒的，因爲任何〔法〕之中都沒有這種自性。[744]緊接著上面的論文之後（《四百論釋》）也這樣說㉜：

因此，由於此處損減緣起造作如幻的雜染和清淨之因，所以這是顚倒的無見；由於自性不存在，所以事物見也是顚倒的。因此，這樣主張事物有自性的人會出現緣起不存在和常、斷見的過失。

[745]因此，由於想要遠離常斷見，所以應當承認無自性以及雜染和清淨的緣起如幻。[746]【反方】用發生作用的緣起來破除獨立的體性後，如果離開獨立的意思就是緣起的意思，那麼你對我有何可破？因爲我們也承認發生作用的緣起。所以，你和我沒有差別。[747]【自方】就如稚童對臉的影子產生臉的實執，你雖然承認緣起因果，卻把緣起增益爲自性成立，隨後說成是事物的自性，所以沒有如實通達緣起，並且不是如實宣說。我則主張沒有自性，並且也這樣說，所以這就是差別。[748]緊接著上面的論文之後（《四百論釋》）也這樣說㉝：

【如果反方認爲】假如沒有獨立的意思就是緣起的意思，那麼，你向我們提出的責難對於你和我們有什麼差別？

【自方】〔對此〕要加以說明：對於緣起的意思你不能如實地通達，並且不知道如何講述，這就是差別。就如幼童尚未熟習名言，而把影子增益爲眞實，因此拋除如實安住的自性空性後作有自性的分別，這時就不知如何分別影子。同樣，你雖然也承認緣起，然而，儘管與影子相似的緣起是自性空性，〔你〕卻不知道依照自體安住的方式而加以領悟，因爲（你）不把無自性執爲無自性，並且把不存在的自體增益爲存在的自體而加以執著。〔你〕也不知道如何講述，因爲（你）不說是無自性，而說是事物的自性。

[749] 這是顯示在承認因果緣起上雖然相似，但是從宣說無自性和有自性的角度卻有是否如實通達緣起以及是否知道如何講述的差別。這（段解釋）明顯地破除了以下這些執著：⑴認爲倘若承認發生作用的事物，那麼，由於諸實事師說它是「諦實成就」，所以有關是否是諦實有的爭論只不過是名字上的爭執；同樣，⑵認爲從名言的角度如果承認發生作用的事，那麼，與自續師辯論從名言的角度有沒有自相成立的自性只是名字上的爭執而已，因爲自續師說它㉞是自相成立。

[750] 這種〔言論〕顯然如同是說：「數論師也說耳識的境之中所聽到的這個對象是常，所以，若是承認耳識的境之中所聽到的這個對象，則否定聲是常只是怨恨名字而已。」

[751] 其他的有情在認識依仗因緣而生時，會依靠它而執著自體有自性的存在，因而會受到束縛。智者們依靠這個理由則能否定自性的存在，而對無自性引生決定，並且能斬斷邊執見㉟的束縛，所以用緣起因來成立無自性是希有的極大方便善巧。

[752] 見到這個義理之王後，世尊說㊱：

由緣而生者是不生，
它沒有生的自性，
依仗緣者被稱作空，
知道空性者不會放逸。

其中前二句說從緣而生者必然是自性不生，然後第三句說依仗緣的緣起的意思就是自性空的意思，第四句是顯示以這種方式通達空性的利益。同樣，以下的頌文又說通達緣起就能截斷邊執㊲㊳：

智者通達緣起諸法，
不再依靠邊見㊴。

[753] 此外，如果自體有的自性是存在的，那麼勝者連同聲聞必然能見到是這樣，然而〔這種自性〕卻不能見到。並且，由於緣對於這個自性不能發生作用，所有無法斬斷相執的戲論之網，所以解脫勢必不存在。如《象腋經》說㊵：

如果諸法有自性，
勝者連同聲聞會了知，
不變㊶的法不會涅槃，
智者們無論何時都不會離開戲論。

[754] 如果用〔《中論》〕第三、第四和第五品中破除處、蘊、界有自性的諸正理來抉擇法無我雖然極為善妙，然而恐怕文字過於冗長，所以不再多述。

註釋：

① 藏：mu bzhi'i skye ba bkag pa，此處尊譯為「破四生」。

② 藏：gzhan，本書中有時也譯作「相異者」。

③《中論》第一品第1頌。前文曾經引述，見青海版672頁15–17頁及本冊428節。出處見前注。

④ To. 3824，《中論》二十品第二十頌的前二句，藏譯見德格版《丹珠爾》中觀部tsa函12頁上4，梵文見de Jong（1977）校勘本28頁，漢譯見《大正藏》30冊1564號27頁中27。見葉少勇（2011）梵、藏、漢新校勘本336–337頁。

⑤ To. 3861，第六品第8頌的後二句及第9頌的前二句。藏譯見德格版《丹珠爾》中觀部'a函204頁上6–7及La Vallée Poussin（1907–1912）校勘本82–83頁，漢譯見法尊法師（1997）譯本44頁。梵文見李學竹的第六品校勘：Li（2014）。梵文《明句論》引用了前兩句，見La Vallée Poussin（1907–1912）校勘本13頁及MacDonald（2015）第一冊梵文第一品新校本140頁，藏譯見德格版《丹珠爾》中觀部'a函第5頁上7至下1。

⑥ To. 3861，《入中論》第6品12頌的後二句。藏譯見德格版《丹珠爾》中觀部'a函204頁下3及La Vallée Poussin（1907–1912）校勘本86頁，漢譯見法尊法師（1997）譯本46頁，梵文見李學竹的第六品校勘：Li（2014）。

⑦ 見《明句論》解釋《中論》第一品第2頌時反方提出的責難，梵文在La Vallée Poussin（1903–1913）校勘本76–77頁及MacDonald（2015）第一冊梵文第一品新校本276–278頁。

⑧ 青海版此處的zhing字應依照Khangkar（2001）校勘本及《四家合註》本改作kyang。

⑨ 藏：rang dbang ba。奘譯和尊譯也作「自在」。

⑩ 藏：rang gi ngo bo'i sgo nas grub pa'i rang bzhin。

⑪ To. 3862，出自對《入中論》第六品14頌的解釋。藏譯見德格版《丹珠爾》中觀部'a函249頁上7至下2及La Vallée Poussin（1907–1912）校勘本90頁，漢譯見法尊法師（1997）譯本48頁。

⑫ 藏：ldog pa。在佛教因明學中，分別心在認識一個法時，所識別的是與這個法不同者的反面，稱作「反體」。例如瓶子的反體是非瓶者的反面。見張怡蓀（1993）主編《藏漢大辭典》1458頁。

⑬ 藏：dpung phul。

⑭ 此處的反方是印度班智達賈雅阿難陀，他的觀點在前文講述第一個有關應成和自續的不正確的觀點時已經引述，見

青海版674頁6－18及本冊433節，宗喀巴大師的評論見青海版679頁4－19及本冊438節。

⑮ To. 3824，《中論》二十品20頌的後兩句，藏譯見德格版《丹珠爾》中觀部tsa函12頁上4－5，梵文見de Jong（1977）校勘本28頁，漢譯見《大正藏》30冊1564號27頁中28。見葉少勇（2011）梵、藏、漢新校勘本336－337頁。

⑯ To. 3861，第六品14頌。藏譯見德格版《丹珠爾》中觀部'a函204頁下4－5及La Vallée Poussin（1907–1912）校勘本89頁，漢譯見法尊法師（1997）譯本48頁。梵文見李學竹的第六品校勘：Li（2014），《明句論》梵文對此頌的引述見La Vallée Poussin（1903–1913）校勘本36頁及MacDonald（2015）第一冊192頁。。

⑰ 見青海版735頁2至736頁16及本冊646－648節。

⑱ 藏：las dkar gnag。

⑲ To. 3861，第六品98頌。藏譯見德格版《丹珠爾》中觀部'a函209頁上1－2及La Vallée Poussin（1907–1912）校勘本202－205頁，漢譯見法尊法師（1997）譯本107－108頁，梵文見李學竹的第六品校勘：Li（2014）。

⑳ 藏：ngo bo nyid las byung ba，尊譯為「自然生」。

㉑ To. 3861，第六品99頌。藏譯見德格版《丹珠爾》中觀部'a函209頁上2及La Vallée Poussin（1907–1912）校勘本206頁，漢譯見法尊法師（1997）譯本109頁，梵文見李學竹的第六品校勘：Li（2014）。

㉒ 藏：rang bzhin gyis skye ba med pa。

㉓ 見青海版754頁4－10及本冊716節。

㉔ To. 3864，第六品104頌的前二句。藏譯見德格版《丹珠爾》中觀部'a函209頁上6及La Vallée Poussin（1907–1912）校勘本215頁，漢譯見法尊法師（1997）譯本114頁，梵文見李學竹的第六品校勘：Li（2014）。

㉕ To. 3824，《中論》第七品16頌的前二句，藏譯見德格版《丹珠爾》中觀部tsa函第5頁上5，梵文見de Jong（1977）校勘本第9頁，漢譯（第七品17頌）見《大正藏》30冊1564號第10頁下11。見葉少勇（2011）梵、藏、漢新校勘本116－117頁。

㉖ To. 3861，第六品115頌。藏譯見德格版《丹珠爾》中觀部'a函209頁下7至210頁上1及La Vallée Poussin（1907–1912）校勘本228頁，漢譯見法尊法師（1997）譯本120頁，梵文見李學竹的第六品校勘：Li（2014）。

㉗ 藏：rang dbang ba，梵：svatantra。法尊法師譯作「自在」。這個詞的含義見青海版759頁20至760頁5以及本冊742及743節。

㉘ To. 3846，十四品23頌。藏譯見德格版《丹珠爾》中觀部 tsha 函16頁上4，漢譯見《大正藏》30冊 1570號185頁下6–7。

㉙ To. 3865。藏譯見德格版《丹珠爾》中觀部 ya 函220頁下6至221頁上1。

㉚ 藏：rang tshugs thub pa。

㉛ To. 3865。藏譯見德格版《丹珠爾》中觀部 ya 函221頁上1–2。

㉜ To. 3865。藏譯見德格版《丹珠爾》中觀部 ya 函221頁上2–3。

㉝ To. 3865。藏譯見德格版《丹珠爾》中觀部 ya 函221頁上3–7。

㉞《四家合註》：「從名言的角度發生作用的事物」。

㉟ 藏：mthar 'dzin gyi lta ba。

㊱ To. 156，《無熱惱請問經》。本書前文曾經引述，見青海版636頁8–10及本冊306節。出處見前注。

㊲ 藏：mthar 'dzin。

㊳ To. 156，《無熱惱請問經》。藏譯原文見德格版《甘珠爾》契經部pha函230頁下2，漢譯見《大正藏》15冊635經497頁中1，梵文《明句論》中的引文見 La Vallée Poussin（1903–1913）校勘本505頁。

㊴ 藏：mthar lta ba。

㊵ To. 207，藏譯經名為 blang po'i rtsal，梵文經名為 Hastikakṣya，相應的漢譯有《大正藏》813和814兩經，後者經名為《佛說象腋經》。梵文《明句論》中的引文見 La Vallée Poussin（1903–1913）校勘本388及514頁。

㊶ 藏：ther zug，梵：kūṭastha。此處尊譯為「常」。本書中也翻作「恆常」。

【第三節】斷障的方式

〔未三〕由串習這些正見而斷除障礙的方式

[755] 這樣見到我和我所沒有小如微塵的自性成立之後，對於這個意思加以串習就能消除執著我和我所的薩迦耶見，它一旦消失，就能去除欲取等前面所說的四種取①，這些一旦消失，就不會因爲取的緣故而出現有，因此因爲有的緣故蘊入胎②的生就會中止，所以就獲得解脫。

如第十八品說③：

由於我和我所息滅的緣故
我執和我所執不存在。

又說④：

對於內外諸事
我及我所之想息滅時，
取就會止息，
取息滅後生就會息滅。

[756]這樣，取是煩惱，有是業，所以生的因——業和煩惱——息滅後就能解脫。如此論說⑤：

由業和煩惱的息滅就能解脫，

[757]至於由什麼法的息滅業和煩惱才會斷盡，此論說⑥：

業和煩惱來自分別，
它們來自戲論，

戲論由空性而止息。

[758] 此處，輾轉於生死輪迴是從業而產生的，由於只有帶有煩惱心的三門之行才是成就輪迴的因，所以業是由煩惱所生。如果對於諸境不增益可愛、不可愛之相而作不如理的分別，以薩迦耶見爲根本的諸煩惱就不能產生，所以以薩迦耶見爲本的貪瞋等那些煩惱是從不如理的分別而產生。純粹是因爲對於世間八法⑦、男、女、瓶、衣、色、受等產生「這是眞實」的執著，非理作意的分別才對這些境加以分別，所以這個分別是從實執的戲論而產生。[759] 如《明句論》說⑧：

這個世間的戲論是由空性——即一切事物都是空性的見——而止息。

【問題】是怎樣的情形？

【回答】因爲在見到事物時，所談到的戲論才會存在。沒有見到石女的女兒，有貪的人⑨就不會進入以此爲對象的戲論；不進入戲論，就不會進入以此爲對象的不如理的分別；不進入分別，就不會由「我」和「我所」的執著而產生以薩迦耶見爲本的眾煩惱；不產生以薩迦耶見爲根本的煩惱就不造業，諸不造業者不會領受名叫「生老死」的輪迴。

[760] 至於由通達空性而消除它們的方式，此論又明顯地說道⑩：

因爲這樣依靠空性——具備（致使）所有戲論息滅⑪之特徵者——就會遠離戲論，離開了戲論就會消除分別，由分別的止息能會消除煩惱，由業和煩惱的止息就會免除生，因此，由於只有空性才具備所有戲論全都止息的特徵，所以稱作「涅槃」。

這是顯示了空性的見能截斷生死的根本並且如同解脫道命的正確的證明，所以對此應當獲得堅固的決定。

[761] 因此，聖者（龍）（樹）阿闍黎的這些論典中明顯地說明了聲聞獨覺具備一切法無自性的證悟，因爲（他）說解脫輪迴是由無自性的空性見所成就。諸聲聞獨覺在尚未斷盡自己的煩惱之前修習這個見，煩惱一旦斷盡則就此以爲滿足，不再長期修習，所以不能斷除所知障。諸菩薩對於僅僅斷盡煩惱而獨自解脫輪迴則不感到滿足，而是爲了一切有情的利益而尋求佛位，

所以在沒有斷盡所知障之前持續修習，因此修行時間長久，並且以無邊的資糧作爲莊嚴。

[762] 根除二障種子的對治就是前面所說的空性見，然而，從是否長期修習的角度只能斷除煩惱障而不能斷除所知障的情形就好比同一個無我的證悟是見所斷⑫和修所斷⑬兩者的對治，然而僅由現見無我能夠斷除見所斷，卻不能斷除修所斷，所以斷除修所斷需要長期的修習。

[763] 雖然如此，要斷除所知障僅僅長期修習它還無法斷除，尚且依賴於修學其他眾多廣大之行。

[764] 聲聞獨覺沒有修習所知障的對治，只是修習斷除煩惱障的方便，所以說他們沒有圓滿修習法無我的證悟。如《入中論釋》說⑭：

> 諸聲聞和獨覺雖然也見到緣起的唯此緣性⑮，即使如此，他們沒有圓滿地修習法無我，至於斷除流動於三界的煩惱的一種方便則是有的。

[765] 這樣，這位論師認爲其他中觀師所說的法我執⑯是染污無明⑰，並說（聲聞獨覺）雖然修習能斷盡它的法無我，卻沒有圓滿地修習法無我。對於這些應當依照前文及此處的解釋來加以認識。

[766]【問題】那麼，在這個體系之中所知障指的是什麼？

【回答】無始以來執著自性有的對事的執著作了熏染，由此在心相續中牢固地留下習氣，在習氣的勢力下雖然沒有自性卻顯現為有自性，這些二相顯現⑱的錯亂就是所知障。如《入中論釋》說⑲：

此外，對於已經斷除染污無明、見到行⑳如同影子等的存在的諸聲聞、獨覺和菩薩來說，是虛假造作的自性，而不是諦實，因為沒有對諦實的增上慢㉑。對於凡愚之輩則加以欺蒙，在其他那些人來說則如同幻化，由於是緣起，所以純粹成為世俗。

[767]此外，由於只有具備所知障特徵的無明才會現行㉒，所以，對於具備有顯現的境界的諸聖者會顯現，對於具備無顯現的境界者則不會。

[768]前面所引的《四百論釋》㉓把已斷除染污無明的菩薩稱作得無生法忍㉔的菩薩，所以是指獲得八地者。因此，小乘阿羅漢和獲得八地的菩薩雖然不新留下二相顯現的錯亂的習氣，但是還有許多過去長遠以來所留下的二相顯現的習氣有待淨除，所以，從此之後需要長期加以淨

修。淨除這些之後，當錯亂的習氣無一例外都已止息時就能成佛。

[769] 聖者父子的主張顯示大小二乘的了義見是相似的。從這一開示可以引發兩種希有的決定：(1)何況是佛位，僅僅對於解脫輪迴來說通達一切法無自性的見是缺之不可的。引發了這一決定後，應當從多種方便門徑以極大的努力來盡力獲得這個無垢之見；(2)區分大小乘的獨有的特法是寶貴的菩提心和廣大的菩薩行，對此發自內心地獲得決定後，則特別將行品視爲教授的中心，受佛子㉕律儀而修學（菩薩）行。

此處說頌文曰：

（如來）降臨於廣爲人知的「鷲峰」㉖山王
——希有殊勝的持地㉗——
令大地作六種震動，
使用放光遍滿成百剎土的神變，
由此牟尼從吉祥的喉中
宣說如同經和咒二者的道命、
出生一切聖子之母——

無與倫比的善說般若波羅蜜多。
獲得授記的勇士龍樹
所造如實闡釋〔般若經旨趣〕的論典中最爲殊勝者
是吉祥《根本慧論》。
如日一般廣爲人知的無與倫比的註疏
乃是佛護菩薩㉘的論典㉙。
能善爲通達它的妙釋確實是善說
並廣爲解釋者
則是月〔稱〕辭、義明了的經典佳作㉚。
對於這些〔根本文和解釋〕的無垢體系——
無自性、如幻的事物中
輪迴、涅槃緣起作用的發生都能成立的道理——
〔此處〕以容易領會的語言略爲作了講述。
學習甚深中觀教典的友伴！
在你的心裡

因果緣起在無自性中雖然難以安立，
但是對於「這樣正是中觀之宗」的說法
如果加以依止則極爲善妙。
否則，對於別人所舉出的過失
自己不能如理避免就冀望於（自稱）無宗，
則仍然應當修學。
對於這樣依靠聖者父子的論典
而尋求正見的方法
善爲作了解釋，
這是爲了佛教長久地安住。

註釋：

①本書前文對於四種取的解釋見青海版251頁11－16。《明句論》在解釋《中論》十八品第4頌時也提到四種取，梵文見La Vallée Poussin（1903–1913）校勘本349頁。四種取的說法也見於《阿毘達磨俱舍論》（《大正藏》29冊1558號107頁中24－25）以及諸阿含經。巴利文見Rhys及Carpenter（1975–1982）所校勘的《長部》（*Dīghanikāya*）第2冊58頁、Trenckner及Chalmers（1887–1925）所校勘的《中部》（*Majjhimanikāya*）第1冊66頁、及Feer（1960）所校勘的《相應部》（*Saṃyuttanikāya*）第2冊第3頁。漢文見《大正藏》第2冊99經《雜阿含經》85頁中9及127頁上11。

②藏：nying mtshams sbyor ba，指從新入胎，本書中還翻作「反覆結生」。奘譯有「結生」、「結生相續」和「相續」。

③To. 3824，《中論》十八品第2頌的後二句，藏譯見德格版《丹珠爾》中觀部tsa函第10頁下6，梵文見de Jong（1977）校勘本24頁，漢譯見《大正藏》30冊1564號23頁下23。見葉少勇（2011）梵、藏、漢新校勘本300－301頁。

④To. 3824，《中論》十八品第4頌，藏譯見德格版《丹珠爾》中觀部tsa函第10頁下7，梵文見de Jong（1977）校勘本24頁，漢譯見《大正藏》30冊1564號23頁下26－27。見葉少勇（2011）梵、藏、漢新校勘本302－303頁。

⑤To. 3824，《中論》十八品第5頌的第一句，藏譯見德格版《丹珠爾》中觀部tsa函第11頁上1，梵文見de Jong（1977）校勘本24頁，漢譯見《大正藏》30冊1564號23頁下28。見葉少勇（2011）梵、藏、漢新校勘本302－303頁。

⑥To. 3824，《中論》十八品第5頌的後三句，藏譯見德格版《丹珠爾》中觀部tsa函第11頁上1，梵文見de Jong（1977）校勘本24頁，漢譯見《大正藏》30冊1564號23頁下29。見葉少勇（2011）梵、藏、漢新校勘本302－303頁。梵本後一句為「戲論在空性中止息」，藏譯本空性為具格。

⑦藏：'jig rten chos brgyad。

⑧To. 3860，出自對《中論》十八品第5頌的解釋。藏譯見德格版《丹珠爾》中觀部'a函113頁下7至114頁上3，梵文見La Vallée Poussin（1903–1913）校勘本350－351頁。

⑨青海版讀作chags pa can dang，應當依照Khangkar（2001）校勘本、《四家合註》及《明句論》梵文（rāgiṇaḥ）改作複數的chags pa can dag。

⑩To. 3860。藏譯見德格版《丹珠爾》中觀部'a函114頁上3－5，梵文見La Vallée Poussin（1903–1913）校勘本351

頁。

⑪藏：nye bar zhi ba。尊譯為「永滅」。

⑫藏：mthong spang。尊譯為「見惑」，奘譯有「見所斷」「見斷」「見道所斷」。

⑬藏：sgom spang。尊譯為「修惑」，奘譯有「修所斷」「修道所斷」。

⑭To. 3862，出自對第六品179頌的解釋。藏譯見德格版《丹珠爾》中觀部 'a函313頁上6–7及La Vallée Poussin（1907–1912）校勘本302頁，漢譯見法尊法師（1997）譯本160頁。

⑮「僅僅這個緣性」。這個詞在本書的前文中曾經出現過，見青海版694頁19及本冊479節及前面的註解。

⑯藏：chos kyi bdag 'dzin。

⑰藏：nyon mongs can gyi ma rig pa。

⑱藏：gnyis snang。

⑲To. 3862，藏譯見德格版《丹珠爾》中觀部 'a函255頁上1–4及La Vallée Poussin（1907–1912）校勘本107–108頁，漢譯見法尊法師（1997）譯本57–58頁。

⑳藏：'du byed。

㉑藏：mngon par rlom pa。《四家合註》：即實執（bden 'dzin）。

㉒藏：kun tu spyod pa。奘譯和尊譯為「現行」，奘譯還有「正行」、「行」等。

㉓見青海版655頁8–9及本冊367節。

㉔藏：mi skye ba'i chos la bzod pa。

㉕藏：rgyal sras，即菩薩。

㉖藏：bya rgod phung po，梵：gṛdhrakūṭa。「鷲峰」為玄奘、唐不空、宋施護等法師所採納，尊譯為「靈鷲峰」。

㉗藏：sa 'dzin，山的異名。

㉘藏：rgyal ba'i myu gu「勝者之苗」，《四家合註》說這和「佛子」等一樣，是「菩薩」的同義詞。

㉙To. 3842，《中論佛護釋》。

㉚《四家合註》認為這是指《明句論》。

【第五章】

觀的分類、修法和成就的標準

【第一節】觀的分類

〔卯二〕觀的分類

[770]《修次第中篇》說：⑴依止賢士、⑵尋求多聞以及⑶合理地思惟是觀的三種資糧①。在修習這些的基礎上，當獲得了通達二種無我的見時，則應當修觀。

[771]【問題】那麼，所修的觀有幾種？

【回答】在此姑且不側重開示賢聖之輩的觀，而是主要開示異生階段所修的觀。[772]這個〔階段〕的圓滿的觀即修習三種、四種和②六種觀。

[773]所謂四種，即《解深密經》中所說的正思擇等四種③。正思擇是觀察盡所有性；最極思擇是觀察如所有性。前者有周遍尋思和周遍伺察兩種，後者也有尋思和伺察兩種，即分辨粗略

和微細的境。《聲聞地》也說④：

【問題】此處⑤四種觀是什麼？

【回答】此處比丘這樣依靠內心的止⑥對諸法而作正思擇⑦、最極思擇⑧、周邊尋思⑨和周遍伺察⑩。

【問題】此處正思擇是怎麼作的？

【回答】是對淨化分析⑪的所緣、善巧所緣和淨除煩惱的所緣從盡所有性⑫的角度而作正思擇；從如所有性⑬的角度則作最極思擇；用具備慧、有分別的作意而執相時是周遍尋思；審諦推求⑭時則是周遍伺察。

[774]《集論》⑮對於毘鉢舍那之道也說這四種，《般若波羅蜜多教授論》⑯中對它們的確定也和《聲聞地》說法一致。

[775]至於三種，《解深密經》說⑰：

【慈氏菩薩問佛】世尊，觀有幾種？

【佛告慈氏】慈氏，有三種：從相而生⑱、從尋求而生⑲以及從伺察而生⑳。

什麼是從相而生？它是純粹作意〔作爲〕三摩地境界的有分別影像㉑的觀。什麼是從尋求而生？它是用智慧，爲了善爲通達尚未善爲通達的那些法，而對它們加以作意的觀。什麼是從伺察而生？它是用智慧，爲了對已經善爲通達的諸法以解脫的方式善爲觸受安樂，而對它們加以作意的觀。

[776] 對此，《聲聞地》說㉒：

對於所聽聞、受持的法或教授用等引地㉓的作意㉔加以作意，而不作思惟、分別、測度、觀察㉕，是唯隨相行㉖；作思惟乃至觀察時是隨尋求行㉗；按照所抉擇者如此加以分析，是對於所尋求的隨伺察行㉘。這三者是觀的三個門徑。

[777] 若總結以上意思，第一種是緣無我之類的意思而作意它的相，但不多加抉擇。第二種是爲了決定以前未能決定者而加以抉擇。第三種是對已經決定的意思像以前一樣加以分析。

[778] 所謂六種㉙是觀六種事，這也就是尋求觀的尋求方式——即尋求意思、事、相、品、時間和道理，尋求後又對他們加以分析。

[779] 其中，尋求意思是尋求：「這是這個話的意思」。

尋求事是尋求：「這是內事，那是外事」。

尋求相有兩種：「這是自相㉚，那是總相㉛」，或是尋求共通與獨有（的相）。

尋求品是從黑品過失、弊端方面來尋求，以及從白品功德、利益方面來尋求。

尋求時間是尋求：「過去的時候這樣發生，未來的時候將這樣發生，現在的時候是這樣。」

至於尋求道理，在四種道理中觀待道理㉜是指果的出現依賴於因和緣，此外，這是對世俗、勝義和它們的諸因緣㉝分別加以尋求。

作用道理㉞是指諸法各自作用㉟的發生，如火焚燒的作用的發生，此外，這是尋求：「這是法，那是作用，這個法發生那個作用。」

證成道理㊱是不違背量而成立意思，即尋求：「這裡有沒有現、比和可信的㊲聖教量㊳三者？」

至於法爾道理㊴，即對於火的熱（性）和水的濕（性）等是它們的法性，勝解世間所熟知的法性㊵、不可思議的法性㊶及安住法性㊷，對於之所以如此的原因不另作思惟，這樣加以探尋。

[780] 以這種方式而安立六種，就瑜伽師所要了解的對象而言不出三類：語義、盡所有和如所有的所知境。其中依照第一類為第一種尋求㊸；依照第二類為尋求事和尋求自相兩者；依照第三類可以安立其餘三者㊹及尋求總相㊺。

《聲聞地》說㊻：「這就是觀的三個門徑以及六類事的所緣。簡而言之，以此而涵蓋一切觀。」這是說此處所解釋的這些能夠涵蓋一切觀。

[781] 此外，最初所解釋的四種觀有三個門徑，這三者之中㊼隨尋求行的尋求方式則說有六種，所以三門和六種尋求看來都可以歸入前面的四種。[782]《聲聞地》又說前面所講的力勵運轉作意㊽等四者是止觀二者所共通的，所以觀也有四種作意。

[783] 因此，《般若波羅蜜多教授論》說㊾：

> 這樣四種觀的修習獲得圓滿便能解脫粗重㊿的繫縛，九種止的修習獲得圓滿便能解脫相的繫縛。

由於這是許多重要的教典所說，所以觀是由《解深密經》中所說的正思擇等四者的門徑而修，而止則是由毫不分別的九住心㉛的門徑而修。

註釋：

① To. 3916。藏文見德格版《甘珠爾》中觀部 ki 函 46 頁上 3－4。

② 青海版讀作 de'i，此處依照 Khangkar（2001）校勘本讀作 dang，《四家合註》本沒有 de'i 或 dang 字，但是意思和 Khangkar 校勘本一致。

③ 藏譯見德格版《甘珠爾》契經部 ca 函 26 頁下 4－5，漢譯見《大正藏》16 冊 676 經 698 頁上 9－14，本書前文曾經引過這段經文的藏譯，見青海版 471 頁 13－20。有關四種觀的解釋參見青海版 471－473 頁。

④ To. 4036，rnal 'byor spyod pa'i sa las nyan thos kyi sa。藏譯見德格版《丹珠爾》唯識部 dzi 函 134 頁上 1－4，梵文見 Shukla（1973）校勘本 367 頁，漢譯見《大正藏》30 冊 1579 號 451 頁中 13－23。

⑤ 梵本與漢譯沒有「此處」一詞，德格版《丹珠爾》中的藏譯為 de lhag mthong rnam pa bzhi「那四種觀」。

⑥ 藏：nang gang gi sems kyi zhi gnas，德格版《丹珠爾》的藏譯中沒有 gang 字。

⑦ 藏：rnam par 'byed pa，梵：vicinoti。此處「正思擇」等四個詞的漢譯都延用奘譯。

⑧ 藏：rab tu rnam par 'byed pa，動詞為 rab tu rnam par 'byed par byed pa，梵：pravicinoti。

⑨ 藏：yongs su rtog pa，動詞為 yongs su rtog par byed pa，梵：parivitarkayati。

⑩ 藏：yongs su dpyod pa，動詞為 yongs su dpyod par byed pa，梵：parimīmāṃsām āpadyate。

⑪ 藏：dpyod pa rnam par sbyong ba。我們所使用的《菩提道次第廣論》諸版本都作「分析／伺察」，但是梵文為 caritaviśodhana，玄奘法師譯本為「淨行」，《丹珠爾》中的藏譯為 spyad pa rnam par sbyong ba，與梵、漢本一致。

⑫ 藏：ji snyed yod pa nyid，梵：yāvadbhāvikatā，奘譯為「盡所有性」。

⑬ 藏：ji lta ba bzhin yod pa nyid，梵：yathāvadbhāvikatā，奘譯為「如所有性」。

⑭ 藏：yang dag par rtog par byed pa，梵：saṃtīrayati，奘譯為「審諦推求」，梵文 saṃtīraṇa 有判斷的意思，見 Edgerton（1953）《佛教混合梵文辭典》第 II 冊 556 頁。

⑮ To. 4049，（chos mngon pa）kun las btus（pa）。藏文見德格版《丹珠爾》唯識部 ri 函 99 頁上 5，漢譯見《大正藏》31 冊 1605 號 685 頁中 7－8。

⑯ To. 4079，shes rab kyi pha rol tu phyin pa'i man ngag。藏譯見德格版《丹珠爾》唯識部 hi 函 155 頁下 6 至 156 頁上 2。

⑰ To. 106。藏譯見德格版《甘珠爾》契經部 ca 函 27 頁下 6 至 28 頁上 2，漢譯見《大正藏》30 冊 676 經 698 頁中 27 至下 4。

⑱ 藏：mtshan ma las 'byung ba，奘譯為「有相毘鉢舍那」。

⑲ 藏：yongs su 'tshol ba las byung ba，奘譯為「尋求毘鉢舍那」。

⑳ 藏：so sor rtog pa las byung ba，奘譯為「伺察毘鉢舍那」。

㉑《四家合註》：有分別（rnam par rtog pa dang bcas pa）和無分別的影像（奘譯為「影像」，本書中也譯作「影子」）分別為觀和止的所緣。

㉒ 藏譯（To. 4036）見德格版《丹珠爾》唯識部 dzi 函 134 頁上 5 至下 1，梵文見 Shukla（1973）校勘本 367-368 頁，漢譯見《大正藏》30 冊 1579 號 451 頁中 24 至下 5。

㉓ 藏：mnyam par bzhag pa'i sa pa，梵：samāhitabhūmi。藏文 mnyam gzhag 和梵文 samāhita 除「等引」外也譯作「定」。

㉔ 藏：mnyam par bzhag pa'i sa pa'i yid la byed pa。《四家合註》：「即屬於上界（色界和無色界）諸地的專注一境的作意」。

㉕ 藏：nye bar rtog par（mi）byed pa，梵：（na）upaparīkṣate。

㉖ 藏：mtshan ma tsam gyi rjes su zhugs pa，梵：nimittamātrānucaritā「僅僅追隨相」。

㉗ 藏：yongs su btsal ba'i rjes su zhugs pa，梵：paryeṣaṇānucaritā「追隨尋求」，「隨尋思行」是奘譯，除「尋思」之外，梵文 paryeṣaṇā 和藏文 yongs su btsal ba 的奘譯也作「求」、「追求」及「思求」。

㉘ 藏：so sor rtog pa'i rjes su zhugs pa，梵：pratyavekṣaṇānucaritā。藏文 so sor rtog pa 和梵文 pratyavekṣaṇa 的奘譯除「伺察」外還有「觀察」、「思擇」、「觀」，本書中有時譯作「分析」。

㉙ 以下關於六種觀的解釋是依據《聲聞地》，原文的藏譯（To. 4036）見德格版《丹珠爾》唯識部 dzi 函 134 頁下 1 至 135 頁上 3，梵文見 Shukla（1973）校勘本 368-369 頁，漢譯見《大正藏》30 冊 1579 號 451 頁下 5 至 452 頁上 2。

㉚ 藏：rang gi mtshan nyid，或作 rang mtshan。梵：svalakṣaṇa。

㉛ 藏：spyi'i mtshan nyid，梵：sāmānyalakṣaṇa。

㉜ 藏：bstos pa'i rigs pa，梵：āpekṣāyukti。

㉝藏：gzhi，梵：nidāna。此處奘譯為「因緣」，尊譯為「事」。

㉞藏：bya ba byed pa'i rigs pa，梵：kāryakāraṇayukti「果和因的道理」。

㉟藏：bya ba，梵：kāritra。奘譯為「作用」。

㊱藏：'thad pas sgrub pa'i rigs pa。梵：upapattisādhanayukti。「證成道理」是奘譯。

㊲藏：yid ches pa，梵：āpta。

㊳藏：lung gi tshad ma，梵：āgamapramāṇa。除「聖教量」外，奘譯也作「至教量」及「正教量」。

㊴藏：chos nyid kyi rigs pa，梵：dharmatāyukti。法爾（藏：chos nyid，梵：dharmatā）也譯作法性。

㊵藏：'jig rten na grags pa'i chos nyid，尊譯為：「世間共許法性」，梵：prasiddhadharmatā（沒有「世間」一詞），奘譯為「成立法性」。

㊶藏：bsam gyis mi khyab pa'i chos nyid，梵：acintyadharmatā。

㊷藏：gnas pa'i chos nyid，梵：avasthitadharmatā。

㊸《四家合註》：尋求意思。

㊹《四家合註》：尋求品、時間和道理。

㊺這段解釋的依據為《聲聞地》，藏譯見德格版《丹珠爾》唯識部dzi函135頁上4－7，漢譯見《大正藏》30冊 1579號452頁上3－10，梵文見 Shukla（1973）校勘本370頁。

㊻藏譯（To. 4036）見德格版《丹珠爾》唯識部dzi函135頁上3－4，梵文見 Shukla（1973）校勘本370頁，漢譯見《大正藏》30冊 1579號452頁上2－4。

㊼青海版此處讀作 gyis，此處依照 Khangkar（2001）校勘本及《四家合註》本讀作 gyi。

㊽藏：bsgrims te 'jug pa'i yid（la）byed（pa），梵：balavāhana manaskāra。奘譯為「力勵運轉作意」。本書前文中有關四種作意的解釋見青海版535頁10至536頁18。

㊾To. 4079。藏譯見德格版《丹珠爾》唯識部hi函156頁上2。

㊿藏：gnas ngan len，梵：dauṣṭhulya。

51藏：'jog pa'i sems dgu。關於九住心的解釋見本書前文的解釋，青海版中從529頁18起。

【第二節】 修觀的方法

〔卯三〕 修觀的方式

分兩個部分：

辰一、破除別人的觀點

辰二、安立自宗

〔辰二〕破除別人的觀點

分四個部分：

巳一、破除別人的觀點之一
巳二、破除別人的觀點之二
巳三、破除別人的觀點之三
巳四、破除別人的觀點之四

〔巳一〕破除別人的觀點之一

[784]【有人說】即使沒有獲得任何通達無我的見，只要不加任何分別而持心，由此便成爲修習眞理的意思。其原因是：由於眞理空性遠離「是這」「不是那」的一切識別，所以這樣的安

住方式是與眞理相應而入，因爲境是絲毫都不成立，而心也是絲毫不執取。

[785] 【自方】對此我將加以說明。〔試問〕這樣修習的人(1)必須在認識絲毫不成立的諸境爲不成立之後，隨之心也與其相應而不作任何執取而安住，還是(2)雖然不①這樣了解，但是由於境的眞理在何處都不成立，心也不作任何執取而不加識別地安住②，由此便是修習〔境〕的本性？如果是第一種情形，〔聲稱〕此人沒有獲得〔正〕見則有矛盾，因爲你已承認這③是了義見。

[786] 照我們看，〔你的〕這種〔見〕未能確認正理所破的界限，所以看到不管承認什麼都會被正理所妨害，然後就沒有任何可確認之處，這樣就是損減的見，所以安住在此之上也並非修習不顚倒的空性，〔其中的道理〕前面已經多次作了解釋。

[787] 如果〔你們〕考慮到用分析本性的正理來分析這些法時，則對它們的實事和無實事等用這個正理不管是什麼都不能成立爲有，所以它們從勝義的角度是遠離一起戲論，然後，此人雖然沒有這樣通達，但是這樣安住的這個方式卻與此相應，於是承認這是修習空性。

【自方】這太爲荒謬，因爲有很多〔過失〕，例如：(1)一切根識對任何事都不作「這是這」、「這不是那」的執取，所以就與境的眞理相應，於是它們都會成爲修眞理的修習；(2)如上所述，所有外道的毫不分別的止也都成了修習空性。

[788] 此外，如果境的存在方式與心的安住方式二者之間的相應只要別人知道就已足夠，就

無法否定連外道等也都成了〔修習空性〕。

【反方】〔我的〕（修觀方式）與〔外道等〕有所不同，因爲在〔我的〕這個〔觀點〕中此人知道兩者相應之後才作安住。

【自方】由於知道這種相應的方式就已獲得（正）見，所以，（這）和〔你說的〕以下觀點是相互矛盾的：「即使沒有領會（正）見，只要不作任何執取而安住就是修習空性。」

[789]【反方】不管對什麼加以分別，所有的分別都（將有情）緊縛在生死之中，所以不加識別而安住的無分別安住是解脫道。

【自方】對此前面已多番破斥，並且這樣的話，對（支那）和尚的觀點勢必也無法舉出任何過失。如《修次第後篇》說④：

> 【反方】受心的分別所產生的善、不善業的主宰，諸有情嘗受生天等果報並在生死中流轉。那些不思惟任何事、不造任何〔業〕⑤的人能從生死圓滿解脫。因此，不應當思惟任何事，不應當作布施等善行。布施等行爲純粹是針對愚夫而開示的。
>
> 【自方】持這種想法和言論的人成了捨棄整個大乘。一切乘的根本是大乘，

所以捨棄它就成了捨棄一切乘。這是因爲這樣發表「不應當⑥思惟任何事」的言論，就會捨棄以觀察眞實爲特徵的慧，正智的根本是觀察眞實，因此一旦捨棄了它，由於斷了根本，出世間慧就會被捨棄。發表「不應當修行布施等」的言論，又徹底捨棄了布施等方便。

[790] 簡而言之是這樣的：智慧和方便就是大乘。如《伽耶山頂經》說：「諸菩薩之道簡而言之有兩種。哪兩種？即方便和智慧⑦。」[791]《如來秘密經》也說⑧：「方便與智慧這二者可以涵蓋一切菩薩之道。」

所以，毀謗大乘會造重大的業障。[792] 由此緣故，對於毀謗大乘、寡聞而將我見執爲最上、對於智者不作供奉、未能通達如來的聖言之理、既害自己又毀害他人並且與教典和正理相違背的與毒相混雜的言論，知道自愛的智者應當遠遠地拋棄，如同有毒的食物。

此處陳述了（支那）和尚的觀點後，明顯地講述了如果採取這種主張如何會捨棄整個大乘，對於此處所說的對手應當加以認識。

[793]【反方】因爲我們作布施等修行，所以和（支那）（和尙的觀點）有所不同。【自方】如果必須純粹從布施等修行的角度來區分與他之間的差別，則是表示：「我們和（支那）和尙二人在了義的見修上是相似的。」否則，在絲毫無分別的三摩地上也應該能分判差別。

[794]此外，如果任何分別都（將有情）束縛在輪迴之中，那麼，你難道不尋求從輪迴解脫？如果尋求的話，布施、持戒等也需要用分別心來修，所以做這些事又有何用⑨？這在前面已經講過多次。所以，認爲所有分別全都（將有情）束縛於輪迴之中還不如支那和尙的（主張），照你的說法則被矛盾的重擔所壓迫。

[795]【傾向於此說的某些人】先對二種我的相執的境多作分析，然後止息心的執著，就像狗尾隨於（拋出的）石頭之後，是由外而斷絕戲論；最初向何處都不散逸而持心，則如抓住投石之手，由這樣作而不在相執的境上散逸，是從內而截斷一切戲論。所以，練習抉擇正見的教典和正理只是在名言文辭上擴展而已。

[796]【自方】這是毀謗一切佛經和六莊嚴⑩等智者論典的最下劣的邪妄分別，因爲他們純粹是抉擇正理和教典的意思。

[797]此外，對於「執著二我之相的心所執著者是如何情形」善爲分析後，使用清淨的教典

和正理引發「它所執著者不存在」的決定，必須從這一途徑徹底推翻謬誤。如果絲毫不能獲得這種決定，而只是持心而已，這時雖然不在二我的境之上散逸，但是僅僅如此並非通達無我的意思，否則酣睡和昏迷時心也沒有在它們之上散逸，這樣，勢必出現那些都是通達無我的荒謬情形。這就好比夜間在不熟悉的山洞裡疑慮是否有羅剎而產生恐懼時，不舉起火炬善為探查〔洞〕中有還是沒有而消除這種恐懼，而是說：「不要散逸到分別羅剎的分別心之上，應當持心！」

[798]《修次第後篇》〔說〕這就如同沙場上見到強敵便閉目呆立的懦夫，而不是像勇士那樣睜眼看清敵人的所在而用兵器去攻擊⑪：

如《曼殊師利遊戲經》也說⑫：

【曼殊師利菩薩問】姑娘，菩薩如何在戰鬥中獲勝？

【金色女答道】曼殊師利，那就是正思擇⑬而不見諸法者。

所以，瑜伽師開啓智眼，用慧的武器來戰勝煩惱之敵，應當無所畏懼而安住，不應當像懦夫一般閉目。

[799] 把繩子錯認爲蛇而產生恐懼時，必須引發「盤曲者是繩子，而不是蛇」的決定，才能消除錯亂與畏懼的苦。同樣，執著有二種我之後，對於所發生的錯亂以及這種錯亂所產生的輪迴苦來說，也應該先對確定我執的境不存在的教典和正理引發決定，接著便能理解我執是錯亂，然後對這個意思加以串習就能消除〔我執〕，〔我執〕一旦止息，就能中止由它所產生的一切輪迴之苦。所以，中觀正理聚論等由分析各種境而加以破除的原因就是如此。

[800] 聖天說⑭：

如果對於境見到無我，
就會滅除生死的種子。

[801]《入中論》也說⑮：

如果有事物，分別才會產生，
對於事物如何不存在已作過徹底的分析。

也就是說，如果執著事物存在，這些邊執的分別才會產生，有關它們的境不存在已經講述由多種形式所作的分析。（此論）又說⑯：

通達我是它⑰的境之後，
瑜伽師就破除我。

[802]
正理主宰也說過很多⑱：

不破除它的境，
則不能斷除它。
與功德和過失
相關聯⑲的貪瞋等
是由不見它們的境而斷除，
不是由外在的方式。

[803]【反方】任何分別都（將有情）束縛在輪迴之中，所以修習空性時應當滅除一切分別。

【自方】對這個說法應當這樣加以分析。試問空性無我的意思對於修空性的異生來說是現見者還是隱晦者？

如果是第一種情形，那麼此人就成了聖者，因爲他已經現證無我的意思。

【如果你說】雖然現證無我的意思，但是和（是）異生并不矛盾。

【自方】那麼，我們也該說：「雖然是尚未現見無我義的人，但是和是聖者不矛盾。」因爲（這兩者）是完全相等的。

[804]再者，這種現證空性的人不知道自己的境就是眞實義，因而需要由別人使用教典的因來證明眞實而向他介紹，則是智者的笑柄，因爲是認爲對於弟子用現識所成立者，阿闍黎則是由比量的途徑來成立。[805]因此，在通曉正理的人面前不應當發表這種言論。

[806]【反方】雖然已經用現識成立眞實義，但是名言仍然用因來加以成立。

【自方】不能這樣說。正理主宰說⑳：

這是極爲愚蒙的意思，

因爲下至牧女都已熟知。

這是說，如果意思已經成立，則下至知道安立名言的牧童都已熟知，（只有）對於這樣的意思尚且愚昧的人才會舉出這個〔成立名字的〕因。所以，如果認爲愚笨至此者尚且能現證眞實，那麼不妨說出還有何等愚者不能證得眞實？[807]就如花白者雖然是牛，卻不是牛的定義，即使〔它〕就是眞實㉑，將僅僅這種現見（的）〔空性〕作爲安立眞實的定義是不合理的，〔如果把它安立爲眞實的（定義），則〕與自己的觀點也相矛盾，所以成立名言的說法顯然是理屈詞窮，不必再多加評論。

[808]【反方】對於修空性者來說，所修的對象無我空性的意思是隱晦的。

【自方】認爲隱義能被離分別的識所執取是可笑的。

[809]簡而言之，修習空性的異生如果心沒有朝向無我的境，則與修習空性相矛盾。如果朝向〔空性〕，則這個境必定是現見與隱晦兩者之一。如果對他來說無我是現見者，則〔這個異生〕會變成聖者。因此，如果必須承認無我的意思對於異生來說是隱晦者，那麼，這時無我的意思就是由總義㉒的方式來通達，所以和離分別是矛盾的。

[810]另外，獲得加行道世第一法上品的人㉓尚且是以總義的方式來通達無我意思，在承認這種情形的同時，主張現在初修業者修空性的心是離分別是極爲矛盾的。[811]如果〔這種異生的心〕對於無我的意思能夠遠離分別，那麼證明〔此心〕不錯亂就比這㉔更爲容易，因此，由於

它對於無我的意思是離分別、不錯亂的識，所以就成了瑜伽現識㉕。

[812] 因此，在尚未用正理破除我執的對象而獲得正見的情形下，認爲單是心不在兩種我等之上散逸即可修習無我義，或是認爲異生能用離分別的識來修習無我，都是遠遠地漂泊在教典和正理的軌道之外。

〔巳二〕破除別人的觀點之二

[813] 【有人說】我們也承認在沒有獲得無我空性見的情形下，僅僅毫無分別地安住應當不是修習空性，所以前面（的觀點）的確是不合理的。然而，獲得了無我的了義見之後，此人所有的不分別而安住都是修習空性。

[814] 【自方】這是不合理的。如果是因爲此人已獲得了義見，所以他一切無分別的修習都是修習了義見所抉擇的意思，那麼不妨說明這樣的人修菩提心不能算作修習了義見的原因是什麼。

[815]【反方】〔獲得（正）見的這種人〕修習菩提心雖然是已得了義見的人的修習，但是，那時卻不曾憶念這個（正）見並安住其上而修。

【自方】這樣說來，此人雖然已獲得了義見，然而在修習時，憶念此見之後安住在見上而修固然是修習空性，但是此人所作的所有安住無分別怎麼會全都成為修持（正）見？[816]所以，即使已經獲得（正）見，在修持時仍然必須回憶先前用（正）見所抉擇的意思而修習空性，僅由不作任何分別的不加識別而安住不能成為修習空性。

[817]這裡，在自宗之中前面奢摩他及此處多次出現的「毫不分別」是指執取某一所緣境而安住，而不作「此是此，而非彼」的眾多分析，而不認為是遠離分別。

〔巳三〕破除別人的觀點之三

[818]【有人說】〔我們〕既不承認第一種〔觀點〕——即不把未得（正）見以前的無分別安住算作修習空性——也不認為獲得正見後所有無分別安住都是修習空性。然而，每次修持無分

別，如果事先用觀察慧作一次分析，則後面所有的無分別安住都會成爲修習空性的意思。

[819]【自方】這也不合理，因爲這樣的話會出現以下的荒謬情形：臨睡前先作一次（正）見的分析，隨後進入沉睡的無分別也會變成修習空性。這是因爲對於兩者來說先作見的分析是類似的，而且在各自的情形中似乎都不必安住在見上而修。

[820]因此，作了（正）見的分析之後，即使安住在所抉擇的無自性的意思上，但是，如果隨之稍過一會就失去在見上的安住，只是籠統地心不分別而安住，則不是空性的修習。所以，應當練習分別心，必須不間斷地探察（自己）是否安住在（正）見之上而修持。

〔巳四〕破除別人的觀點之四

[821]【反方】（我們）不承認前面這樣三種（說法）。修空性時對空性引發決定，然後在這個意思上持心，除此以外不作其他的分析而安住，就是不顚倒地修習空性，因爲（這種修法）(1)既不像第一種觀點那樣心不朝向空性；(2)又不像第二種觀點那樣在無分別而修持時不憶念

空性見；⑶也不像第三種觀點那樣先分析正見，但是隨後卻不安住在見之上而不加分別。

[822]【自方】至於這個〔主張〕，所謂「見的分析」的意思是憶念（正）見後，將僅僅在見上作止住修㉖認作是修習空性，所以是不合理的，因爲這樣的話，這裡只有對空性作止住修的奢摩他，而沒有（作）分析修㉗的毘鉢舍那修持法，所以是沒有揉合止觀二者而修持的片面（修法）。

〔辰二〕

安立自宗

[823] 如果尚未獲得無我的了義見，則此人相續中一切修習心都不會朝向無我，所以獲得無我見是必須的。此外，僅有理解是不夠的，因而在修持的時候必須憶念（正）見而加以分析，並且必須修習所分析的意思本身。這又需要以下二者：⑴在無我的意思上不加分析而安住，⑵用觀察慧分析而修。

這一科分三個部分：

巳一、需要止住修和分析修二者的原因

巳二、消除對此的爭論

巳三、略說修持方法的要點

〔巳一〕需要止住修和分析修二者的原因

[824]對於決斷無我義之見如果還沒有獲得決定，觀的證悟就不能生起，這是因爲(1)（教典中）說這〔種決定〕是〔觀〕的因，(2)並且（教典中）說對講說（正）見的言論不聽聞是觀的障礙。如《解深密經》說：

【菩薩問】世尊，止和觀是從什麼因而產生？

【佛告慈氏】慈氏，是從清淨戒的因而生，是從來自聽聞和思惟的清淨見的因而生㉘。

又說：

有意不聽聞聖言是觀的障礙㉙。

就如前面引過很多，《那羅延（天）所問經》說㉚：

從聽聞而產生慧，由慧而斷煩惱……

[825] 至於如何由這個見而產生觀，首先在抉擇時，應當以教典和正理的眾多門徑加以分析，由此而加以抉擇。已作了抉擇時，並非不用觀察慧反覆分析而修持，而只作止住修，所以止成就後在修的時後必須用分析的方式來修持。

[826]【此處某些人執著】（我們）雖然不主張最初不作分析，但是由聽聞和思惟已作了抉擇之後，修的時候如果作分析修，則諸種分別都是相執。

【自方】不這樣修持是不合理的，因爲已經多次否定「任何分別都是相執」以及「異生能以離分別的識來修習無我」的主張。

[827] 此外，如果因爲所有這些分別都是實執，所以修習時才加以拋棄，那麼，由於抉擇時也需要用分別作這些〔抉擇〕，所以勢必應該捨棄。並且爲弟子講說、辯論、著述以及閱讀分析等一切你都必須用分別來作，所以那時勢必也都必須捨棄，因爲「修的時候必須斷除實執，而其他時候則沒有必要」的差別是完全不存在的。

[828] 【反方】〔我〕不作這種主張，但是用教典和正理由多種門徑來作分析是爲了通達尚未通達的無我的意思，然而正見已經獲得，所以修習時不需要。

【自方】如果是這樣，在見道㉛時已經現證無我，所以隨後修習已見到的無我勢必沒有意義。

[829] 【反方】那是必須修的，因爲修所斷是憑藉串習來斷除，僅由見〔無我〕是不能斷的。

【自方】〔道理〕是相等的：因爲此處也由聽聞思惟先作了抉擇後，由此雖然已經獲得了決定，但是對於抉擇必須反覆練習。其原因是：可以看到越是串習抉擇，則決定越是強烈、持久，並且形相明顯而堅固。

[830] 因此，如《釋量論》說㉜：

因爲決定和增益的意，
是所妨害的對象和妨害者的體性……

由於這兩者是所妨害的對象和妨害者，所以決定越是堅固、強烈，對於增益的損害越大，因此，在此也應當使㉝無我的決定逐漸增長，這又必須從能破和能立的多種途徑加以思惟。[831]否則，對於無常、業果、輪迴的弊端、菩提心以及慈悲等，產生這些理解後勢必也不必加以分析，而是應當僅僅秉持一個「我會死」的執取方式㉞而修持，因爲理由是完全相等的。

[832]因此，爲了引發清淨的決定，僅僅斷言「我會死」「爲了有情的利益應當成佛」、或是「有情可憐」等是不夠的，必須從多種途徑來思惟理由。同樣，爲了〔使〕無自性的決定堅固、強烈，僅下斷言也是不夠的，而是應當從能破和能立的多種途徑加以思惟，〔其中的理由〕在下士道時也已作了很多解釋。

[833]同樣，三篇《修次第》也說成就止之後，修習時是多作分析而修。《入中論》也用諸如以下的文字說明修習時〔應當〕作這些分析：

瑜伽師就破除我㉟。

由於瑜伽師是指已得到止觀二者之一的人，在沒有成就止之前又非不尋求對〔空性〕見的理解，並且在靜慮之後的智慧部分又講述了各種有關見的分析，所以根據這個次序可以推知在成就靜慮之後分析兩種無我是〔月稱論師的〕旨趣。

[834]《中觀心論》也說㊱：

> 智慧入定，然後
> 對於從名言的角度
> 而執取的這些諸法之體㊲
> 應當這樣用慧加以觀察。

[835]《入行論》也說成就靜慮品中的止之後，後面修慧時是使用正理的分析來修習。解釋中也說產生三摩地後應當作見的諸種分析㊳。

[836]因此，最後二度和後二學㊴的次序都是先成就三摩地後再修習智慧的次第。關於慧的修法，從分析如所有和盡所有性的途徑而作的一切解說都是修習的次第，所以不應當妄加分別。

[837]不止是〔以上〕這些〔說法〕，許多重大的教典都是這樣說的，所以修的時候作分析是毫無

疑問的。

[838] 這樣，止成就之後，修觀時如果單作分析修，則先前的止會退失，並且也無法重新修成，所以止會消失，由於這個緣故觀也不能產生，就如前面已經說過。所以，對於以前已成就安住〔於所緣境〕的止仍然應當維持，並且分析修也應當作，所以兩者都是必須的。[839] 此外在作毘鉢舍那分析修的末尾，由對此境作止住修，則能成就專注於無我的止觀雙運㊵。

[840] 《修次第中篇》說㊶：

> 《寶雲經》中也說㊷：「善於〔斷除〕過失的智者爲了離開一切戲論而這樣作修習空性的瑜伽。因爲他多修空性，對於哪些處所心有散逸、心有喜愛，對那些處所的自性作尋求時就通達爲空；對於『心是什麼』作尋求時，也通達爲空；對於通達之心尋求自性時，也通達爲空。由這樣通達就能進入無相瑜伽㊸。」
>
> [841] 這是顯示只有先作周遍尋思才能進入無相性。它非常明顯地指出僅僅捨棄作意，或是不用慧來分析事物的自性，則不可能進入無分別。

[842] 這段教典說尋思心散逸的對象以及散逸的心時能通達爲空，對於通達空㊹也作尋求或

分析時能通達爲空，並且這些是在修空性時作的，又說分析後通達爲空能夠進入無相瑜伽。因此，它清楚地顯示如果不使用以周遍伺察而尋求的正理先作分析，而是像（支那）和尚所主張的那樣，僅僅憑藉攝持心的散逸而捨棄作意，則不可能進入無相或無分別。

[843] 所以，就如前文所說，諸法二我的體性即使小如微塵都不成立，〔應當〕用正理的兵器加以摧毀，而對於無我引發決定。這樣，一旦二我之體不存在，則破了它之後的無事又有什麼眞有㊺？將「石女之子不存在」的無事執著爲有依賴於見到石女和兒子，當任何時候都見不到他們二者時，則誰都不會假立石女之子的不存在是諦實有的名言。同樣道理，如果在任何處所都見不到任何實事，則將它的無事執著爲諦實有的分別心也不會產生。

[844] 因此，一切相執的分別心都會止息，因爲《修次第》說凡是實執分別，則不是對事物便是對無事的實執分別，因此既然能遍已被排除，則所遍也被否定。

[845] 這樣對於無論有事無事都沒有小如微塵的諦實成就㊻發自心底地發生決定，在發起這種決定與安住於所決定的意思二者之間輪換則是修習無分別智，對於境不作任何分析，而是僅僅收攝作意，則是不能修習，這是因爲（這樣作）無法斷除實執。[846] 其中的原因是它㊼只是對諦實有不加分別，而不是通達無實；同樣，對於無我也沒有獲得通達，只是沒有分別我是有而已，因而修習它對於我執沒有任何妨害。

[847] 所以，必須區分不分別實有與二我的存在和通達無實和兩種無我之間的差別，應當視之爲要點。

〔巳二〕消除爭論

[848]【反方】分析無我的意思是分別心，所以從它而產生無分別智是矛盾的，因爲果和因二者必須隨順㊽。

[849]【自方】對此薄伽梵本人連同比喻作了說明。如《迦葉品》說從觀察能產生聖慧㊾：

迦葉，是這樣的：就如風使二樹摩擦，由此而產生火，生後便燒毀二樹。同樣道理，迦葉，如果有觀察眞實㊿就能產生聖慧根(51)，後者生起就會燒毀觀察眞實本身。

[850]《修次第中篇》也說52：

此人這樣用慧來作分析，當瑜伽師對任何事物的自性從勝義的角度都決定不加以執著，那時就進入無分別的三摩地，也能通達一切法的無自性性。凡是不以慧觀察事物的自性而修，而是修習僅僅捨棄作意者，他們的分別心無論何時都無法止息，並且無論何時都不會通達無自性性，這是因爲沒有智慧的光明。薄伽梵這樣說：如果如實了知眞實的火從觀察眞實而產生，如同摩擦燧木〔而產生〕的火，則能焚燒分別的樹木。

[851]如果不是這樣，由於無漏道從有漏道出生都不可能，所以沒有異生能獲得聖者〔的果位〕，因爲因果二者不相似。同樣，從白色的種子發出綠芽、從火生煙、從女生男等形相不相仿的因果顯然是沒有邊際的。

[852]聖者的無分別智是現證空去兩種我執的境之後的無我義，爲了它的產生，從現在起就應當分析我執的境，並由通達它不存在的途徑加以修習。所以，〔觀察分析〕雖然是分別心，卻是與無分別智極爲隨順的因，如前面所引的《三摩地王經》說：「如果對法觀察無我……」53

[853]所以，《修次第後篇》也說⑭：

這〔個觀察〕雖然是分別的自性，然而，由於是如理作意的自性，所以無分別智會出生，因此，求此智的人應當依靠它。

[854]【反方】《般若〔經〕》說分析「色等是空、無我」是行於相⑮，所以對空性作觀察是不合理的。

【自方】這種〔說法〕是指將空性執爲眞實，而不是僅僅想「空」而作執取，對此前面已經說了很多。[855]否則，與以下這類多次出現的「必須作觀察」的說法怎麼會不矛盾？如這些經中說修習般若波羅蜜多時應當分析⑯：

行般若波羅蜜多、修習般若波羅蜜多的菩薩摩訶薩應當這樣仔細觀察、審慮：這個般若波羅蜜多是什麼？這個般若波羅蜜多屬誰所有？不存在、不可見的法是般若波羅蜜多嗎？如果這樣仔細觀察，這樣審慮……

《般若心經》中（觀自在菩薩）在回答「如何修行甚深般若波羅蜜多」的問題時說57：

應當觀這些五蘊爲自性空。

《攝頌》也說58：

當慧剖析有爲、無爲及黑白法後
連微塵都不可得時，
則在世間中歸入般若波羅蜜多之列。

這是說，用慧分析諸法而見到連小至微塵都不可得時，就成爲般若波羅蜜多。

[856] 如果不這樣認爲，那麼（經等之中）「對諸法不應分別」的說法有什麼原因？如果像（支那）和尚那樣，主張所作的一切分別都（將有情）束縛在輪迴之中，則必須承認「應當請求無分別的要訣」及「應當修習它」等念頭全都能夠束縛，並且，對於這些前面已多次加以破除，所以，「不把它們執爲諦實」是教典的意思。

[857] 譬如，把繩子誤認爲蛇而產生苦時，如果能斷定心所執著的蛇不存在，則能糾正錯誤，（除此）沒有別的途徑。同樣，如果要消除實執的分別，則必須用正確的理由來肯定被執著爲諦實的對象——眞實者——不存在，隨後再對這個意思作串習，僅僅收攝實執的心是無法消除的。

[858] 此外，必須承認實執是錯亂，因爲如果不錯亂，則沒有必要加以破除。[859] 即使承認這個心是錯亂，如果不了解它所執的境不存在，則如何能知道是錯亂？因爲心錯不錯亂最終歸結於所執取的對象存不存在。[860] 僅憑主張並不能成立實執所執著的境不存在，必須依靠能證明它的各種無垢教典和正理。

[861] 以這種方式來抉擇無實後，如果不作諦實的分別而安住，則是我們所承認的，所以以觀察慧的分析爲先行的無分別是有必要的，單純的無分別是不夠的。[862]《修次第後篇》也說⑲：

> 因爲這個原因，應當把正法之中所說⑳的「無念」和「無作意」看作是以觀察眞實爲先，因爲由觀察眞實本身才能產生無念、無作意，並非由其他途徑……

又說⑥1：

《寶雲經》和《解深密經》等也說觀是觀察眞實的自性。《寶雲經》說⑥2：

用觀作觀察後通達爲無自性就是進入無相。

《入楞伽經》也說⑥3：

大慧，由於用心觀察時，自相和總相⑥4不能被確認⑥5，所以稱作一切法無自性。

[863] 如果觀察眞實不應當作⑥6，則與薄伽梵在那些經中以多種形式這樣宣說觀察眞實（的情形）相矛盾。所以，應當這樣說：「我（們⑥7）智慧低劣、精進力弱、未能廣求多聞。」由於薄伽梵讚歎多聞，所以無論何時捨棄它都不合理。

應當這樣了解。

[864]同樣，「心不安住於從色到一切相智的任何〔法〕」〔的意思〕是不應當把這些應被安住的境執著爲諦實，否則，由於對六波羅蜜多也這樣說，所以勢必也不應該安住於那些〔波羅蜜多〕。[865]至於「不應執著諦實而安住」〔的意思〕，就如前文所說，依賴於通達這些〔法〕爲無實，所以應該知道所有〔經中〕「無所住」和「不分別」這類說法，所講的純粹是〔指〕先用破除諸境自性成立或諦實的正觀察⑱之後〔的無所住和不分別〕。

[866]因此，應當知道經中「不可思議」及「超越心智」等說法是爲了折服僅由聽聞、思惟就能通達甚深義的憍慢，而開示說它們是聖者各自內證，他人不可思議等；另外，也是爲了阻止執甚深義爲諦實後作不如理的思惟而說，而不是否定用觀察慧作如理的分析。如《修次第後篇》說⑲：

這樣，凡是聽到不可思議等言詞的那些地方，都是爲了破除認爲「僅由聽聞、思惟就能通達眞實」的人所有的增上慢，而開示諸法的各自內證性⑳，應當知道是破除不如理的思㉑，而不是破除觀察眞實。[867]否則，就與極爲眾多的正理和教典相矛盾。

[868] 至於與眾多教典相矛盾的情形，是與以下《迦葉品》中的這一類說法相矛盾⑫：

迦葉，〔入〕中道〔的最上方便〕觀察諸法眞實是什麼？迦葉，是觀察無我以及觀察無有情、無命者、無養者、無士夫、無補特伽羅、無摩奴所生、無摩納婆的處所。迦葉，這稱作「中道觀察諸法眞實」。

[869]《修次第初篇》也說⑬：

至於《入無分別陀羅尼》⑭所說的「由不作意而斷除色等相」，那裡不作意的意趣所在也是⑮對於用慧作觀察時不可得者，不是純粹沒有作意，因爲就像無想定⑯那樣，僅由避免作意不能斷除無始以來對色等的執著。

〔蓮華戒〕阿闍黎在作這部陀羅尼（經）的疏⑰時（這種意思）也很清楚。

[870] 簡而言之，大乘之中除了龍樹、無著論中廣爲闡釋的兩種正見道理之外沒有別的見地，印藏的智者和成就者看來也決定都是依靠他們二人所解釋的兩種（正）見中的一種，所以

毫無疑問必須依照各自教典中所出現的（內容）來尋求這兩種（正）見中的一種。

[871] 此外，依靠聖者父子的教典而尋求的方式前面已作解釋。如果追隨聖者無著，雖然從眞實的角度所取和能取實物相異徹底是空，然而它們對凡愚之輩卻顯現爲實物相異，並且他們將這種顯現按照顯現的方式執著爲諦實。應當用正理和教典在依他起之上破除這種執著的境遍計所執，而對破除後的無二義——圓成實——獲得堅固的決定，然後必須⑴安住在這個見之上作止住修，並⑵用伺察觀察而修。即使具備這種認識，如果修習時不安住在此見之上，僅僅不分別不能成爲修習這個空性。

[872] 有關此宗極爲明瞭的抉擇見的方式以及對於所抉擇的意思如何分別修持止觀以及如何雙運而轉⑱，《般若波羅蜜多教授論》中非常清楚，所以應當從那裡閱讀（領會）。[873] 在善爲通達此宗後，如果能依照其教典的內容加以修習，也是極爲希有的。

[874] 諸大乘經中對甚深義或多或少予以開示者數量極多，然而不開示的也有很多，所以對於不作開示者，應當引用作開示的教典，對於不詳細者，則應當引用詳細者。同樣，對於廣大品也應當了解，對於不具備深廣二者之一的有局限者，不可依照它而執著。出於這個想法，〔經論中〕多次說過示道師長的圓滿德相⑲是善巧一切乘。

〔巳三〕略說修持方法的要點

[875] 如前所說，起「我」和「我的」（這種）念頭的執著產生的基礎⑳是我和我所，獲得了義見者抉擇它們爲無自性，與此相似，用觀察慧多番分析之後，對這個意思發起決定之力，然後應當交替運用不散逸而執持的止住修和使用觀察慧的分析〔二者〕。

[876] 這時，如果安住分因爲分析修過盛而衰弱，則應當多作止住修而恢復安住分。如果因爲多作止住修的力量而使安住分強盛，由此而不願意分析，因而不作分析，則對於眞實沒有堅固、強烈的決定，如果沒有它，與（無我的）決定相反的執著二種我存在的增益就不會受到相應程度的損害，所以應當多作分析修。應當以這個門徑而均衡地修習止觀二者。如《修次第後篇》說㉑：

此外，慧因爲修觀而極爲強盛時，由於止微弱的緣故內心動搖，猶如放置在風中的燈燭，因而不能明了地見到眞實，所以那時應當修止。止過盛時，則猶如入睡之人，不會極爲明顯地見到眞實，所以那時應當修慧。

[877]至於加行㉒、結行以及座間怎樣作，應當按照下士時的解釋加以了解。[878]關於這樣修習無我義時出現沉沒和掉舉（時如何）認識，修習斷除它們的正念和正知的方式，以及擺脫沉掉所造成的不均衡而獲得自然運轉的捨㉓時如何放鬆功用㉔等，應當知道與前面奢摩他時所說是類似的。

[879]《般若波羅蜜多教授論》說對於所修的境本身先作奢摩他的修持法而產生輕安㉕，又對它作毘鉢舍那的分析修而修成輕安後，它們分別成就時就是雙運㉖。這樣的話，觀察和安住二者看來不一定在同一相續中作，所以（此書的作者）認為可以在不同的座中作（止觀修習）。

[880]此處重要的破除自己的無明所增益的執取方式㉗，必須由這個途徑而在它的反面——自性空的空性——之上產生強烈的決定，隨之則必須修習空性。如果不破除我執和無明的執取方式，即使把另外一個空性作（爲修習的境）而加以修習，仍然不能對兩種我執造成任何損害。因此，諸古德反覆說「猶如東門鬧鬼，卻向西門送俑㉘」，這顯然非常眞實。

[881]這樣，以上所說的這些只是粗略的情形，至於修習時諸微細的得失，則必須依止諸（善）知識㉙智者，並且自己經過修習來加以了解，所以不再贅述。

[882]這些修法是以過去道次第的要訣作爲基礎而加以增廣，如博多瓦的《手冊》說㉚：

有人說「在聞思的時候
用正理抉擇無自性，
而修時則只修無分別」。
這樣的話是另修沒有關聯的空性，
因此不會成爲對治。
所以即使在修的時候也使用
「離一多」⑨¹、「緣起」等
〔自己〕所熟習的〔因〕加以觀察，
也應當唯獨略爲安住於無分別中，
如果這樣修習則是煩惱的對治。
這就是願意追隨唯一天尊⑨²
並修行波羅蜜多體系者
修習智慧的方式。
此外由串習人無我，
然後應當如此隨後進入。

[883]對此〔阿底峽〕尊者也說⑼：

誰通達了空性？
〔那〕就是如來所授記、
已見到法性諦的龍樹
的弟子月稱。
由從他傳來的要訣
將會通達法性諦。

至於〔用〕此〔宗要訣〕來引導的方式，則如《中觀要訣》⑼中所述，尊者說是交替使用分析修和安住於所分析的意思的〔安住〕修。[884]這和蓮華戒阿闍黎的體系沒有差別，又如前文所說，《入中論》、《中觀心論》以及寂天阿闍黎的旨趣也是如此，慈氏諸論以及聖者無著的諸教典中也多番作過解釋，並且，能不顛倒地住持此宗的智者寂靜論師⑼在《般若波羅蜜多教授論》中也明顯地作了解釋，所以從龍樹和無著兩位傳來的諸教典和要訣在修持毘鉢舍那的方式上看來是相符的。

註釋：

① 青海版此處的 na 字應當依照 Khangkar（2001）校勘本及《四家合註》本讀作 ma。

② 藏：tsom 'jog。

③《四家合註》說「這」指的是「境絲毫不成立」。

④ To. 3917。藏譯見德格版《丹珠爾》中觀部 ki 函 61 頁下 1 至 62 頁上 1，梵文見 Tucci（1971）校勘本 13–15 頁。

⑤ 梵本：karma，《四家合註》解釋中也有「業」一字。

⑥ 梵：na…cintayitavyam。

⑦ To. 109。藏譯見德格版《甘珠爾》契經部 ca 函 288 頁下 7 至 289 頁上 1。此經相應的漢譯有四種：《文殊師利問菩提經》（姚秦鳩摩羅什譯）、《伽耶山頂經》（元魏菩提流支譯）、《佛說象頭精舍經》（隋毘尼多流支譯）及《大乘伽耶山頂經》（唐菩提流志譯），相應的漢文見《大正藏》14 冊 464 經 482 頁下 10–12、同冊 465 經 485 頁中 14–17、同冊 466 經 488 頁中 7–10 及同冊 467 經 491 頁上 17–20。本論對這段經文的引用見青海版 344 頁 18–20。《修次第中篇》對它的引用見 Namdol（1997）127 頁，《修次第初篇》中所引的更完整經文的梵文見 Tucci（1958）194 頁。

⑧ To. 47，藏譯見德格版《甘珠爾》寶積部 kha 函 103 頁上 6–7，漢文見《大正藏》11 冊 312 經 705 頁下 26–27 及同冊 310 經（《大寶積經》密跡金剛力士會第三）43 頁中 19–20。

⑨《四家合註》解釋說：提出這個說法的理由是對方認為「用分別心來作的布施等（將有情）束縛在輪迴之中」。

⑩ 藏：rgyan drug。指龍樹、聖天、無著、世親、陳那和法稱六位論師。《四家合註》說下一句中的「他們」是指六莊嚴等智者。

⑪ To. 3917。藏譯見德格版《丹珠爾》中觀部 ki 函 63 頁上 3–5，梵文見 Tucci（1971）校勘本 17–18 頁。

⑫ To. 96，藏文經題為 'phags pa 'jam dpal rnam par rol pa zhes bya ba theg pa chen po'i mdo。藏譯見德格版《甘珠爾》契經部 kha 函 231 頁下 6–7，漢譯見《大正藏》17 冊 817 經（《佛說大淨法門經》）821 頁下 1–2 及同冊 818 經（《大莊嚴法門經》）830 頁上 16–19。本書前文曾經提到此經，見青海版 399 頁 18–19。

⑬ 藏：rnam par brtags，尊譯為「善觀察」。梵文 vicīya 與奘譯「正思擇」對應。

⑭ To. 3846。《四百論》十四品 25 頌的最後兩句。藏譯見德格版《丹珠爾》中觀部 tsha 函 15 頁上 5，漢譯見《大正藏》

30冊1570號185頁下11。

⑮ To. 3861，第六品116頌的前二句。藏文見 La Vallée Poussin（1907–1912）校勘本229頁及德格版《丹珠爾》中觀部 -'a函210頁上1，漢譯見法尊法師（1997）譯本120頁，梵文見李學竹的第六品校勘：Li（2014）。

⑯ To. 3861，《入中論》第六品120頌的後二句。藏文見 La Vallée Poussin（1907–1912）校勘本233頁及德格版《丹珠爾》中觀部 -'a函210頁上5，漢譯見法尊法師（1997）譯本122頁，梵文見李學竹的第六品校勘：Li（2014），梵文《明句論》中的引述見 La Vallée Poussin（1903–1913）校勘本340頁。

⑰「它」指薩迦耶見（根據本頌的前兩句）或無明（根據《四家合註》）。

⑱《四家合註》說這裡的「正理自在」是指「吉祥法稱」。以下頌文為《釋量論》成量品224及225頌前兩句，梵文見 Pandeya（1989）校勘本46頁，藏文見德格版《丹珠爾》因明部 ce函116頁上3，法尊法師的漢譯見中國佛教協會出版的（無出版日期）《釋量論》161頁。梵文：adūṣite 'sya viṣaye na śakyaṃ tasya vajanam / prahāṇir icchādveśāder guṇadoṣānubandhinaḥ / 225 / tayor adṛṣṭir viśaye na tu bāhyeṣu yaḥ kramaḥ/。

⑲ 藏：rjes 'brel，梵：anubandhin。

⑳《釋量論》現量品99頌後兩句。梵文見 Pandeya（1989）校勘本85頁：tad atyantavimūḍhārtham āgopālam asaṃvṛteḥ/ 99 /。藏文見德格版《丹珠爾》因明部 ce函122頁上5–6，法尊法師的漢譯見中國佛教協會出版的（無出版日期）《釋量論》189頁。

㉑《四家合註》說：「你所承認的『異生所現證的空』其實並非真實，但是即使按照你的觀點（假設）它是真實……」

㉒ 藏：don spyi。見《法尊法師佛學論文集》（1990）中「法稱因明學中『心明』差別略說」一文170–171頁。

㉓ 藏：sbyor lam chos mchog chen po ba。

㉔ 這是指此心離分別。

㉕ 藏：rnal 'byor mngon sum。擁增．普覺大師所作的攝類學著作《開量論理路幻鑰論》（*Yongs 'dzin Phur lcog pa*, 1982，265頁）給瑜伽現識下的定義為同時滿足以下兩個條件者：⑴ 依靠自身的不共增上緣——止觀雙運的三摩地——而產生；⑵ 是聖者相續中離分別、不錯亂的知他之識。

㉖ 藏：'jog sgom。法尊法師翻作「止住修」、「修安住」等。

㉗ 藏：dpyad sgom。法尊法師翻作「觀修」、「思擇修」，舊譯還有「修觀察」。

㉘ To. 106。藏譯見德格版《甘珠爾》契經部 ca 函 34 頁下 5–6，相應的漢譯見《大正藏》16 冊 676 經 701 頁中 21–23。

㉙ To. 106。藏譯見德格版《甘珠爾》契經部 ca 函 35 頁上 3，相應的漢譯見《大正藏》16 冊 676 經 701 頁中 3–4。

㉚ 本論本冊之前的般若波羅蜜多部分曾引用這段經文，見青海版 456 頁 15–18，經的出處參見本書前冊的註解。引文與《集學論》中的引文更為接近，《集學論》中引文的藏譯見德格版《丹珠爾》中觀部 khi 函（To. 3940）106 頁上 6–7，梵文見 Vaidya（1960b）校勘本 105 頁，漢譯見《大正藏》32 冊 1636 號 112 頁下 12–13。

㉛ 藏：mthong lam。

㉜ 藏：（tshad ma）rnam 'grel（tshig le'ur byas pa），To. 4210，漢譯為《釋量論》。以下頌文為自義比量品 49 頌的前兩句，梵文見 Pandeya（1989）校勘本 85 頁：niścayāropamanasor bādhyabādhakabhāvataḥ。藏文見德格版《丹珠爾》因明部 ce 函 98 頁下 3–4，法尊法師的漢譯見中國佛教協會出版的《釋量論》（無出版日期）72 頁。

㉝ 青海版讀作 brtan，此處依照 Khangkar（2001）校勘本及《四家合註》本讀作 btang。

㉞ 藏：'dzin stangs。

㉟ To. 3861，《入中論》第六品 120 頌的最後一句。藏文見 La Vallée Poussin（1907–1912）校勘本 233 頁及德格版《丹珠爾》中觀部 'a 函 210 頁上 5，梵文見李學竹的第六品校勘：Li（2014），梵文《明句論》中的引述見 La Vallée Poussin（1903–1913）校勘本 340 頁，漢譯見法尊法師（1997）譯本 122 頁。

㊱ To. 3855，此論藏譯全名為 dbu ma'i snying po'i tshig le'ur byas pa。所引頌文為第三品 21 頌，藏譯見德格版《丹珠爾》中觀部 dza 函第 4 頁下 1–2，梵文見 Lindtner（2001）校勘本第 9 頁。

㊲ 此處藏文 dngos po（「體」）翻梵文中的 svabhāva。

㊳ 這是《中觀心論》的註釋《思度熾燃論》（To. 3856），藏譯見德格版《丹珠爾》中觀部 dza 函 58 頁上 6 至下 1。見 Iida（1980）76–77 頁中的藏文和英譯。

㊴《四家合註》說這些分別是指六度中的「靜慮和智慧」以及三學中的「定和慧」二學。

㊵ 藏：zhi lhag zung 'brel。其中 zung 'brel 對應梵文 yuganaddha，詞義為以軛（將牛）並聯在一起。法尊法師譯作「雙運」，古譯尚有「二俱」（荻原雲來（2003）影印本 yuganaddha 條），古譯譯語範疇有待進一步研究。Richard Morris 等人（1955-1961）編輯的巴利《增支部》第二冊 156–157 頁有 yuganaddha 經，對應漢文《雜阿含經》中所收一經（《大正藏》第 2 冊 146 頁下 20 至 147 頁上 12），其中對應巴利語 samathavipassana yuganaddha 的漢譯為「止觀

和合俱行」。本書後文止觀雙運部分採取更為接近梵藏詞義的「雙合」。
㊶ To. 3916。藏譯見德格版《丹珠爾》中觀部 ki 函 49 頁下 6 至 50 頁上 2。
㊷ To. 231。藏譯見德格版《甘珠爾》契經部 wa 函 92 頁上 4－5，相應的譯文見《大正藏》14 冊 489 經（《佛說除蓋障菩薩所問經》）741 頁中 17－23 行、16 冊 658 經（《寶雲經》）233 頁中 20－23 及同冊 659 經（《大乘寶雲經》）270 頁上 8－14。
㊸ 藏：mtshan ma med pa'i rnal 'byor。
㊹《四家合註》說這是指通達空者——心。
㊺ 藏：yang dag par grub pa。
㊻ 藏：bden par grub pa。
㊼《四家合註》說「它」指的是「避免作意」。
㊽ 藏：rjes su mthun pa。
㊾ 藏：'od srungs kyi le'u（To. 87），藏譯見德格版《甘珠爾》契經部 cha 函 133 頁上 7 至下 1，此經漢譯有《大寶積經普明菩薩會》、《佛說遺日摩尼寶經》、《佛說摩訶衍寶嚴經》及《佛說大迦葉問大寶積正法經》四種，相應的譯文見《大正藏》11 冊 310（43）經 634 頁上 28 至中 1、12 冊 350 經 191 頁上 19－20、同冊 351 經 196 頁下 18－20、同冊 352 經 208 頁上 3－6。藏文與四種漢譯亦見 Staël-Holstein（1926）校勘本 102－103 頁。
㊿ 藏：yang dag par so sor rtog pa。這段經文及以下《修次第中篇》的復述都沒有梵文，但是後文所引的《修次第後篇》（青海版 791 頁 19 及 20 及本冊 862 節）中這個詞與梵文 bhūtapratyavekṣā「觀察真實」相對應。藏文 yang dag par so sor rtog pa 一詞本身也可譯作「正觀察」。
51 藏：'phags pa'i shes rab kyi dbang po。
52 To. 3916。藏譯見德格版《丹珠爾》中觀部 ki 函 49 頁下 4－6。
53 本論（前冊）奢摩他章曾經引用此頌，見青海版 479 頁 19 至 480 頁 1，毘鉢舍那章對此頌中這一句的再度引用見青海版 565 頁 8 及本冊第 6 節，出處見前文的注解。梵文（《三摩地王經》第九品 37 頌）為 nairātmyadharmān yadi pratyavekṣate「如果觀察諸無我法」。
54 To. 3917，藏文見德格版《丹珠爾》中觀部 ki 函 64 頁上 3－4，梵文見 Tucci（1971）校勘本 20 頁。
55 藏：mtshan ma la spyod pa。

㊱這是藏文《般若八千頌》（To. 12），藏譯見德格版《甘珠爾》般若部 ka 函（《甘珠爾》第33函）第5頁下4–5。梵文見 Vaidya（1960）梵文校勘本第5頁：bodhisattvena mahāsattvena prajñāpāramitāyāṃ caratā prajñāpāramitāṃ bhāvayatā evam upaparīkṣitavyam evam upanidhyātavyam katamaiṣā prajñāpāramitā kasya caiṣā prajñāpāramitā kiṃ yo dharmo na vidyate nopalabhyate sā prajñāpāramiteti saced evam upaparīkṣamāṇaḥ evam upanidhyāyan。相應的漢譯見《大正藏》第7冊220經（《大般若經》第538卷）764頁下12–18、第8冊224經（《道行般若經》）426頁中18–22、同冊225經（《大明度經》）479頁中23–25、同冊226經（《摩訶般若鈔經》）509頁中2–4、同冊227經（《小品般若波羅蜜經》）537頁下28至538頁上2及同冊228經（《佛說佛母出生三法藏般若波羅蜜多經》）588頁中1–5。參見 Conze（1975）102頁。

㊲藏文（To. 21）見德格版《甘珠爾》般若部 ka 函145頁上4–5，梵文見 Vaidya（2003）校勘本98頁，漢譯見《大正藏》第8冊253經849頁下2–6（《大正藏》250、251、252、254、255、256及257經為異譯本）。

㊳藏譯（To. 13）見德格版《甘珠爾》般若部 ka 函第6頁上6–7，梵文見 Vaidya（2003）校勘本363頁，漢譯本為《佛說佛母寶德藏般若波羅蜜經》，譯文見《大正藏》第8冊229經678頁下16–17。

㊴To. 3917，藏文見德格版《丹珠爾》中觀部 ki 函62頁下6–7，梵文見 Tucci（1971）校勘本17頁。

㊵梵：paṭhitau。

㊶To. 3917，藏文見德格版《丹珠爾》中觀部 ki 函63頁上6至下3，梵文見 Tucci（1971）校勘本18–19頁。

㊷To. 231，藏譯參見德格版《甘珠爾》契經部 wa 函92頁上4–5，此經漢譯有《佛說除蓋障菩薩所問經》、《寶雲經》、《大乘寶雲經》，相應的漢譯見《大正藏》14冊489經741頁中20–23、16冊658經223頁中21–24及同冊659經270頁上12–15，《大正藏》660經《佛說寶雨經》也是此經的異譯本。

㊸To. 107，藏譯見德格版《甘珠爾》契經部 ca 函101頁上5–6，梵文見 Nanjio（1923）校勘本115頁，此經漢譯有《楞伽阿跋多羅寶經》、《入楞伽經》及《大乘入楞伽經》三種，這句經文的漢譯見《大正藏》16冊670經494頁下1–3、同冊671經536頁下3–5及同冊672經604頁中26–28。

㊹藏文分別為 rang gi mtshan nyid 和 spyi'i mtshan nyid，後者奘譯和尊譯為「共相」。

㊺梵：avadhāryate，藏文為 rtogs pa「通達」。

㊻梵：yadi bhūtapratyavekṣā na kartavyā。

㊼ 梵：vayam alpaprajñā alpavīryāś ca na śaknumo

㊽ 藏：yang dag pa'i so sor rtog pa。

㊾ To. 3917，藏文見德格版《丹珠爾》中觀部 ki 函 63 頁下 7 至 64 頁上 2，梵文見 Tucci（1971）校勘本 19－20 頁。

㊿ 藏：so sor rang gis rig par bya ba，梵：pratyātmavedanīyatva。

71 藏：sems pa，梵文為 citta「心」。

72 To. 87，藏譯見德格版《丹珠爾》寶積部 cha 函 130 頁下 2－3，梵文見 Staël-Holstein（1926）校勘本 82 頁，相應的漢譯見《大正藏》11 冊 310（43）經 633 頁下 2－5、12 冊 350 經 190 頁下 14－18、同冊 351 經 196 頁上 17－20 及同冊 352 經 206 頁下 15－18。

73 To. 3915，藏譯見德格版《丹珠爾》中觀部 ki 函 34 頁上 2－4，梵文見 Tucci（1958）校勘本 212 頁，漢譯見《大正藏》32 冊 1664 號 568 頁上 29 至中 3。

74 To. 142，'phags pa rnam par mi rtog par 'jug pa'i gzungs。藏譯參見德格版《甘珠爾》契經部 pa 函第 2 頁下，漢譯參見《大正藏》15 冊 654 號 805 頁下 5－6 及同欄 16－17。

75 梵：tatrāpi。

76 藏：'du shes med pa'i snyoms 'jug。

77 To. 4000，'phags pa rnam par mi rtog par 'jug pa'i gzungs kyi rgya cher 'grel pa《入無分別陀羅尼廣疏》（德格版《丹珠爾》經疏部 ji 函 123 至 145 頁）。

78 藏：zung du 'brel du 'jug（另一種形式是 zung du 'bral bar 'jug pa）。其中 zung du 'bral ba 對應梵文 yuganaddha，詳見本冊 839 節裡的註解。zung du 'bral bar 'jug pa 對應梵文 yuganaddhavāhin，詞義為以軛（將牛）並聯而運載或駕馭。古譯「雙運」中的「運」字對應梵文 vāhin 貼切。zung du 'bral ba 尊譯為「雙運」。在維持 zung du 'bral ba 的尊譯「雙運」時，此處對 zung du 'brel du 'jug / zung du 'bral bar 'jug pa 採用奘譯曾用的譯例「雙運轉」，以別於前者。在本書後文止觀雙運部分，採用「雙運」作為 zung（du 'bral bar）'jug（pa）的譯語。

79 藏：mtshan nyid。

80 藏：gzhi。

81 To. 3917，藏譯見德格版《丹珠爾》中觀部 ki 函 59 頁下 2－4，梵文見 Tucci（1971）校勘本 9－10 頁。

㉜藏：sbyor ba。「加行」是奘譯，即準備工作。
㉝藏：btang snyoms，梵：upekṣā。尊翻譯也作「等捨」。
㉞藏：rtsol ba。
㉟藏：shin sbyangs。
㊱藏：zung du sbrel ba。
㊲藏：'dzin stangs。此處以及本段下面再次出現的這個詞似乎是指執取境（'dzin stangs kyi yul）。
㊳藏：glud，《藏漢大辭典》解釋為 lus tshab「替身物」。
㊴藏：bshes gnyen，詞義是朋友，奘譯有「知識」（如 dge ba'i bshes gnyen，奘譯「善知識」）、「善友」等，在《菩提道次第》中一般是指師長。
㊵藏：be'u bum，此處所指的是 be'u bum sngon po《藍色手冊》，即 dol pa shes rab rgya mtsho「堆巴喜繞嘉措」所編輯的有關噶當派道次第的博多瓦語錄。引語見中國藏語系高級佛學院所校勘的格西．博多瓦著述（1991）28頁。
㊶藏：gcig dang du bral。
㊷藏：lha gcig，《四家合註》：jo bo chen po「大尊者」，即阿底峽尊者。
㊸出自阿底峽尊者所著的 bden gnyis la 'jug pa《入二諦論》（To. 3902），藏文見德格版《丹珠爾》中觀部 a 函72頁下4–5。
㊹藏：dbu ma'i gdams ngag，可能是指阿底峽尊者的 dbu ma'i man ngag「中觀要訣」（To. 3929），見德格版《丹珠爾》中觀部 ki 函95頁下1至96頁上7（同 To. 4468，見德格版《丹珠爾》jo bo'i chos chung「阿底峽小部集」第6頁下至第7頁下）。
㊺青海版拼寫為 shAn+ti ba，應當依照 Khangkar（2001）校勘本與《四家合註》本改作 shAn+ti pa。這位論師的梵名為 Ratnākaraśānti「寶源寂」或「寶藏寂」，在藏文中似乎有只取其最後一部分 śānti（「寂靜」）再加上主詞 pa 的習慣。除了意譯「寂靜論師」之外，法尊法師更多是使用音譯「馨底巴」。

【第三節】成就觀的標準

〔卯四〕經過修習而成就觀的標準

[885] 這樣使用觀察慧以分析而修時，直到前面所說的輕安沒有產生之前是觀的隨順①，從產生輕安起則是眞正的觀。至於輕安的體性和生起的方式，則是如前文所說。

[886] 另外，以前所成就的止沒有退失，所以由它所引發的輕安也是有的，因此不只是總的來說具備輕安。

【問題】那麼，是什麼？

【回答】當所作的分析修由自己的力量能夠引發輕安時，從此以後就成爲觀。[887] 這對於專注於盡所有性和專注於如所有性的兩種觀是一致的。

[888]《解深密經》也這樣說②：

【慈氏菩薩問佛】薄伽梵，那位菩薩直到沒有獲得身心輕安之前，對於如其善爲思惟的那些法，向內作意三摩地的境界——影像——〔時〕的作意稱作什麼？

【佛回答道】慈氏，這不是觀，應當稱作爲與觀相隨順的與勝解相應③。

《般若波羅蜜多教授論》也說④：

此人安住於這個所獲得的身心輕安⑤，應當以勝解來觀察所思惟的眞實之義——內在三摩地影像的境界。直到沒有產生身心輕安之前是與觀相隨順的作意，一旦產生，那時就是觀。

[889]〔《般若波羅蜜多教授論》〕說專注於盡所有性而發生止、觀以及雙運的方式與專注於如所有性者是類似的。

[890] 如果憑藉自身的力量能夠引發輕安，則它也能引發專注一境，所以用作觀察的分析修由自身的力量而引發專注一境就是止成就的功德。[891] 這樣，由於善爲成就止的人作分析修也能成爲止的輔翼，所以不應當執著一旦使用作觀察的分析修，安住的成份⑥就會退減。

[892] 至於能不能成爲專注於如所有性作止住修與觀查修的毘鉢舍那，標準必須是由分判能否對兩種無我見中的任何一種獲得清淨無誤的理解，而後專注於此而修習，用任何別的方法則不能夠區分。

[893]【問題】用什麼不能判別？

【回答】由修習而使境和心呈現爲二者（相異）的粗的顯現消失後，猶如離垢的虛空，心具有了知、明、淨等特徵；又如不被風所搖動的火焰，能夠久住；內外之境的顯現在意中呈現如同彩虹或薄煙的相狀，並且能在這〔種顯現〕上長久地停留；如果將心注於意識面前所顯現的一切所取境⑦，則絲毫不能承受〔心的〕專注而消亡⑧隱沒；此外，最初色、聲等粗的外境是如此顯現，如果加以串習，最後甚至心的了別和體驗也如同脫離先前領知⑨的行相而消散，如果再注心於這個〔微細的了別和體驗〕，則也不能承受專注……。

雖然出現這些情形，然而以此不能安立獲得通達無二眞實的見，並且這些依稀恍惚的顯現也絲毫不能被安立爲中觀之中所說的通達如幻義，因爲即使心尚未轉向（正）見的人長期修持安住的成份時，這一類顯現也有許多。

[894] 這樣，就如前面已經說過，如幻義必須依靠以下二者才能顯現：(1) 確定自體有不存在的理智的決定；以及 (2) 由名言量成立顯現不容置疑。色等在意中顯現出彩虹般的稀薄和極爲澄淨⑩的相狀只是離開能阻礙的所觸和雖無阻礙卻有光耀的顯現這二者的組合，因而這種決定之中完全不包含無自性的決定，所以，是在混淆自性和能阻礙的所觸兩種所破之後而標以「無自性」的名字。

[895] 否則，如果認爲這樣就是中觀之中所說的幻化和虛妄的意思，則認知煙和薄煙作爲差別事⑪是存在之後，就不會產生執著它們是有自性的分別，因爲確定差別事存在的決定本身就是「雖然顯現卻沒有自性」的決定。[896] 此外，將能阻礙的所觸當作差別事後，對它（勢必）無法引發無自性的決定，因爲決定差別事本身就是自性有的執著。

[897] 因此，色等出現這種顯現時，這些境被執著爲（具有從）安住方式（一邊而成立）的眞理，對於（這個執著）的境⑫，稀薄、澄淨之相的顯現顯然沒有任何能破除的相狀，所以（這個顯現）並不是如幻的意思，而前先獲得清淨見後能不忘的人則可以使它們顯現爲如幻，（對此）前面已作了說明。

[898] 從善知識阿蘭若師⑬傳來的各種道次第之中（諸師長）認爲以下是空性證悟的產生方式：

先修人無我，然後結合正念、正知而修習法無我的意思。此外，如果上座時間過久，則不能以正念、正知來攝持，因此，時而沉沒時而掉舉而少有收益。所以，應該把上午、下午、傍晚、黎明四座各自劃分成四個部分，將一天分成十六座而修。〔所緣境〕明了或有感受時就應當中止。經過這樣修習，如果覺得修習時間不長，而觀看〔時間〕卻見日夜飛逝，則是能夠持心；如果覺得已修了很久，觀看時卻見沒過多久，則是尚未持心。持心之時則會覺得相續之中煩惱輕微，並且睡眠似乎都不會產生。

此後，每一座中能延長到上午等時，則能具備以下四種特徵：⑴無分別：住在定中時連出入息的流動都不能感覺，呼吸和分別逐漸變得微細；⑵明了：與秋日當空時虛空中央的明了沒有差別；⑶澄淨：如同將水注入乾淨的供杯後置在日下而見到的澄淨；⑷微細：從這三種特徵的狀態中觀看時，即使從毛髮的尖端剖割出來的小片都可以看見。

這種〔三摩地〕與無分別智的產生相隨順，如果與無分別智相比，自體則是分別，所以被稱作「顛倒」，如《辨中邊論》說：⑭「隨順而顛倒……」

[899] 如《辨中邊論》中所說，異生修習空性最上者也必須被安立爲「隨順而顛倒」。即使沒有別的特徵，如果依照前文所說而修習無誤之見的意思，就是修習無我義；如果不是修習無誤之見所抉擇的意思，則使有四種特徵，仍然不能安立爲修習了義。因此，是否修習如所有性的意思是依照前文所說，修習它之後顯現幻化的方式也應當按照前文所說而加以了解。⑮

註釋：

① 藏：rjes mthun pa，即近似者。

② To. 106，藏譯見德格版《甘珠爾》契經部 ca函26頁下7至27頁上1，漢譯見《大正藏》16冊676經（玄奘法師譯本）698頁上8－22及同冊675經（元魏菩提流支譯本）674頁下12－16，《大正藏》677和678經也是異譯本。

③ 藏：mtshungs par ldan pa。

④ To. 4079。藏譯見德格版《丹珠爾》唯識部hi函154頁下6－7。

⑤《四家合註》說這是「由止所引發」的輕安。

⑥ 藏：gnas cha，尊譯為「住分」。

⑦ 藏：gzung ba'i yul。

⑧ 此處青海版和《四家合註》本都讀作 zhi gnas，然而應當依照 Khangkar（2001）校勘本改作 zhig nas。

⑨ 原文為 rigs pa，《四家合註》在前面加了 myong rig 的註解。

⑩ 此處青海版讀作 drangs pa，應當依照 Khangkar（2001）校勘本和《四家合註》本改作 dwangs pa。
⑪ 藏：khyad par gyi gzhi，即具有性質的事。
⑫《四家合註》說這個境是「無明的所執境」（ma rig pa'i 'dzin stangs kyi yul）。
⑬ 藏：dge bshes dgon pa ba，此處遵循法尊法師的譯語。
⑭ 第四品12頌第一句。藏譯（To. 4021）見德格版《丹珠爾》唯識部 phi 函 43頁下1，梵文見 Pandeya（1971）校勘本139頁：anukūlā viparyastā。漢譯見《大正藏》31冊 1601 號 479頁中15及同冊 1599 號（真諦法師譯本）459頁中11。
⑮ 有關顯現幻化見青海版741頁17至750頁8及本冊671至705節。

【第二部】

止觀雙運與論的結尾

【第一節】止觀雙運

〔寅三〕止觀二者雙合①之法

如前面關於（止觀）二者成就的標準時所講，若尚未得到止觀二者，則沒有相互結合的可能，因此雙合要以實際得到此二者爲前提。而且，從初得勝觀，即得雙合。其過程就是：基於先得的寂止而作分析修，有勵力運轉等四種作意依次發生，教典在此也說，所以當第四作意（即無功用運轉）如前所說而生起時即成雙合。而且是在進行分析修的最後進行並維持止住修，成爲如同得到寂止那樣的止住修。

如《聲聞地》中所說②：

達到何種程度寂止與勝觀的間雜而且平等互入，怎樣就可以說是雙合運轉道了呢？

【答曰】如此從九相住心之中，得到第九相住心三摩呬多（平等住）並圓滿成就三摩地，在此基礎上，勤修以增上慧思擇諸法，那時當思擇諸法之道成爲自然任運、無功用運轉，如同寂止道那樣，沒有造作，勝觀成爲清淨鮮白，隨行於寂止，調柔攝持，以此之故，就說是寂止勝觀二者間雜且平等運轉，（即）寂止與勝觀雙合運轉道。

《修次第後篇》中也說③：

何時因遠離沉沒和掉舉而進入平等、自然運轉，此心對眞如性極爲明了，那時就應以放鬆用功而作等捨。應知那時即是成就寂止與勝觀雙運④之道。

那麼，爲什麼這樣才稱作雙合呢？因爲在未得到這樣的程度之前，靠觀察分析修本身的力量不能引生無分別的住分，而必須各別單獨地修習分析修與止住修；已獲得二者之後，以觀察分析修本身即可引生寂止時（就達到）雙合。而且，這一思擇就是勝觀，在思擇最後的安住就是具有以空性爲所緣的特殊寂止。

《般若波羅蜜多教授論》中也說⑤：

在其最後，攀緣有分別的影像，此心何時以持續不斷、無間的作意的相續獲得雙重體驗，那時就說爲寂止勝觀雙合之道。此處寂止與勝觀（二者）即「雙」，「合」即兼具，即相互繫縛運轉。

「無間」就是由分析修本身的停息，不須無分別止，其分析修本身即能引生無分別。「雙重體驗」就是體驗緣無分別影像的寂止與緣有分別影像的勝觀二者，但不是同時，而是那一修習的作意本身的不間斷相續體驗。

【若念】這會不會與所說由先令寂止成就再以觀察分析修來成就住分相違？

【回答】因爲那是開示：若在寂止未成就之前，反覆思擇最後加以止的間雜修不可能成就寂止，而若在已得到寂止之後以這樣的方式修習則可以成就寂止這一特殊性，所以沒有相違。另外也考慮到在勝觀即將成就之前以分析修的確有時能夠引生專注的（特例）。因此前面所說在勝觀未成就之前，在反覆思擇最後加以止住的間雜修不可能成就寂止、得到寂止後以分析修不會引生無分別，是排除這一例外，就其（勝觀）尚未成就之前而言。

總之，寂止未成就前以一段止在思擇最後（間雜）作止住修不能成就寂止；寂止成就後，勝觀未成就前以分析修又無法自力引生堅固專注的住分，因此以觀察慧多作思擇，以其思擇本身得到堅固住分要由獲得勝觀才會有，因而是由此建立（止觀）雙合。

因此，不要把像是在不動搖而靜止的水中小魚游動那樣，在堅固住分無分別閾值未破壞當中思擇無我義所達到的二合誤認爲就是止觀雙合。如是，止觀雙合的方法應按照那些權威論典中所說而獲知，而不可憑信其他那些增益之說。雖然從此諸方面對修持止觀的方法似應加以更多特別辨析，但恐文繁今此不贅。

註釋：

①「雙合」：藏文 zung du 'brel ba，對應梵文 yuga-naddha，詞義為以軛（將牛）並聯在一起。zung du 'brel bar 'jug pa，對應梵文 yuga-naddha-vāhin，vāhin 意為運（運作、運行、運轉等）。考量 zung du 'brel ba 與 zung du 'brel bar 'jug pa 的用詞不同，但在一些上下文二者又存在功能對等的情況，本書此節將 zung du 'brel ba 對譯為「雙合」，將 zung du 'brel bar 'jug pa（及簡略形式 zung 'jug）對譯作「雙運」。而在本書其他地方 zung du 'brel ba 也譯作「雙運」。亦見前勝觀部分的腳註。

②藏譯（To. 4036）見德格版《丹珠爾》唯識部 dzi 函148頁下4－7，梵文見 Shukla（1973）校勘本404－405頁，漢譯見《大正藏》30冊 1579 號458頁中4－13。

③To. 3917。藏譯見德格版《丹珠爾》中觀部 ki 函59頁下1－2，梵文見 Tucci（1971）校勘本第9頁。

④此處藏譯文作 zung du 'brel ba'i lam（字面：雙合之道），而梵文本作 yuganaddhavāhī mārgo（雙運之道）。藏譯有時以 zung du 'brel ba 對譯 yuganaddhavāhin（而非更完整的 zung du 'brel bar 'jug pa 形式）。此處 zung du 'brel ba 按「雙運」譯。

⑤To. 4079。藏譯見德格版《丹珠爾》唯識部 hi 函154頁下7－155頁上2。

【第二節】道總義

今當攝略而說道總義。起初，道的根本始於親近善知識之法，對此要得到決定。然後，若生起無僞的於有暇取心實的欲求，則即能以此從內心策勵於恆常修行，因此爲了生起這一（欲求）要修習暇滿諸課題。然後，若不反轉希求此世的心念，則對後世的猛利希求不能發生，因此要對所獲身體不會久住的無常以及死後漂轉惡趣的狀況作努力修習。那時要由眞實憶念怖畏之心發生，來決定生起對三歸依之功德的至心確定，住於歸依共通律儀，並學習其學處。然後，要以多方堅固生起對一切白法的廣大根基即業果的憑依之信，努力於十種善與不善的取捨，並當恆常入於四力之道。

如是對下士法類預備充分①時，要多思惟輪迴總體與個別的過患，一定要（產生）從輪迴總體上棄捨的心。然後，要由認清輪迴從何而起的因，即業與煩惱的本質而生起無僞的斷絕它們的希欲，並對從輪迴解脫之道即三學總體引生決定，應特別努力於自己所誓受的別解脫（律儀）。

如是對中士夫法類預備充分時，要作意思惟：正如自己怎樣墮入生死海中，諸母（有情）

也同樣如此，修習以慈與悲爲根本的菩提心，一定要努力使之生起。若沒有此（菩提心）則六度、二次第等就成了如同沒有基礎而搭建房頂。對此（菩提心）的覺受相若在相續中略微生起時，即以儀軌受持（發心），通過努力於其（發心的）學處而務令願心堅固。然後，要聽聞菩薩廣大行，了知應止與應行的界限並生起學習的猛利希欲。此心發生時，即以儀軌受持行律儀，學習成熟自相續的六度和成熟他相續的四攝等。特別是對根本墮犯以極大努力拼捨性命（而守護）。並且努力不被中下纏犯或惡作染污，若有染污，要努力還復。然後，必須特別學習最後二度，因此要善巧靜慮修法而成就三摩地。一定要令遠離常斷的清淨二種無我之見在相續中生起，獲得並建立在此見之上，了知清淨修持法而作修持。（應知）像這樣的靜慮與般若二者就安立以止觀之名，除了最後二度並無另外者，因此即是由受持菩薩律儀、學習其學處之內而來。

當在越修習下下（法類）時，就越希望獲得上上；越聽聞上上時，就越希望成就下下，（這種心態）發生時，就是（修習）掌握了關鍵的表現。如果完全沒有前面的那些（修習），即使致力於號稱專求心的住分或專求見上的領會，也很難達到對關鍵的把握，因此必須是對一個圓滿道體達到定解。

修習這些（法類）時，必須通過思惟分析使心（在）各方面保持均衡進展（不能偏頗），也就是說，（比如）當對在道上作引導的善知識僅生微少恭敬時，因為這會斷絕一切善聚的根本，所以必須努力於親近（善知識）之法；同樣，如果修行的熱忱微劣，就應當以修習暇滿法類，以及針對貪著此世而以修習無常與惡趣過患作為首要；如果慢緩於所受持的制限（戒律），則應思惟這是缺乏對業果發生定解的表現，而以修習業果作為首要；若對整個輪迴的厭患程度微劣，希求解脫僅僅成為空談時，則當思惟輪迴的各種過患；如果無論作任何事都要利益有情之心不夠強猛，因為這會斷絕大乘的根本，所以應多修願心及其因由；受持勝者子律儀之後學習其行時如果執相的纏縛力強猛，則應以正理心識破除一切執相之心所攀緣處，在如虛空或如幻的空性上修心；當心不能在善所緣上安住，成為散亂的奴僕時，則首要修專注的住分，（如）諸先輩大德所說，以此為代表，沒有說的，也應了知。總之，不應偏執，必須達到一種（自）相續能夠行使於一切善品（的程度）。出於上士夫道次第，學菩薩行中，如何學習般若本質的勝觀之法已講解完畢。

註釋：

①「預備充分」：藏文此處雖青海版（805頁17－18）與 Mar me mdzad ye shes 及 Tsong kha pa Blo bzang grags pa（2012）讀作 tshags su chud pa，但根據 Khangkar（2001）校訂版改作 tshags su tshud pa（下同）。

【第三節】修學金剛乘要略

〔辛二〕特別學習金剛乘之法

如是，已修契經與曼特羅①二者諸共通道之後，無疑應進入祕密曼特羅，因為此道比其他教法更極為珍貴，而且能速疾圓滿二種資糧。當進入此中時，依照《道燈論》所說，必須以比前面所講更加優勝的方式恭敬承事尊重及依教修行等令其歡喜②。這是說對一位如該處所講的具備最起碼性相者才應如是而行。然後，首先應以出於權威續部所講的能熟灌頂成熟相續，接下來應對那時所受持的諸三昧耶與律儀，由聽聞了知，加以護持。如果觸及根本墮犯，雖然可以重受，但會極大延遲道之功德在相續中的生起，因此應猛利致力於不被其染著。（也應）努力不染粗墮，假使有犯，應實施諸還出的方法。這些都是修道的根基，因為如果沒有這些的話，就如同牆基塌墜的朽屋一般。《曼殊根本續》中說③：

牟尼未說戒律敗壞
而能成就祕咒

此等（言辭）是說沒有上中下任何成就。無上瑜伽續中也說：若有不守護三昧耶、灌頂下劣、不知眞實三者，縱然修行也不可能成就。因此，如果沒有守護三昧耶與律儀卻說修道者，是完全迷失於曼特羅法之外。

如是守護三昧耶與律儀者所修習曼特羅道，首先必須修習權威續部所講生起次第的圓滿天曼荼羅，因爲曼特羅道的不共所斷就是這一執著蘊界處爲平常的庸常分別，而斷除（這一庸常分別）就是將住處、身體及受用轉爲殊勝顯現的生起次第。如是淨化庸常分別，一切時中得到勝者及子的加持並能順利容易地圓滿無邊福德資糧，因此成爲堪能（修習）圓滿次第之器，然後必須修習源自權威續部的圓滿次第諸法。而棄捨初次第，僅偏頗地修習屬於後面（法類）之中的道的一分，不是續部及其闡釋者諸智者們的主張。因此應當攝持無上瑜伽圓滿道體的二次第關鍵。

這些是僅以列舉其名的方式對進入曼特羅方面的內容略作開示，詳細的闡述應從曼特羅道次第等中了知。

若以如是方法學習，即成爲學習攝集一切契經與曼特羅關鍵的圓滿道體，使所獲有暇具足義利，並能令勝者教法珍寶在自他相續中增廣。

註釋：

① 「曼特羅」：藏 sngags，梵 mantra，在本書其他地方也譯作「咒」或「祕（密）咒」。

② To. 3947（另見 To. 4465），藏文見德格版《丹珠爾》中觀部 khi 函 240 頁下 6–7，漢譯見法尊譯本（1992）591 頁。

③ To. 543。藏譯見德格版《甘珠爾》十萬續部 na 函 157 頁上 4。梵本見 Vaidya（1964）第二冊 72 頁，對應漢譯本為《大正藏》1191 經《大方廣菩薩藏文殊師利根本儀軌經》。

【第四節】結尾

結語

以唯一觀見無邊牟尼語教的眼目
如實了知一切教典宗旨能令諸智者歡喜
親近對這樣的方法已善作修習的善知識
並以攝護者初佛妙音的力量在分析實理時
祈由此諸智者中最勝者恆常護持
由那所有贍部洲智者頂上的莊嚴
其美譽的旗幡輝映於諸趣的

龍樹與無著二尊
相繼傳來的菩提道次第
滿足眾生無餘的希欲
所以是教授寶王
匯集千部教典宗旨的水流
因此也是吉祥善說海

自從大班智達燃燈
將其開顯於雪山聚中
在此方域能見勝者妙道的眼目
在很長一段時間沒有瞑閉
此後如實知曉無餘聖教關鍵的
諸智者盡滅時
此妙道也長期破壞而衰微

見此情況爲增長聖教之故
乃將窮盡佛所說一切正法
攝集爲搭乘大乘而行的
一名有善福分者①的
道次第修持的方法
不過於冗長但所有教義關鍵悉皆具備
而且即使是小慧者也容易通達
此（論）即以教傳與正理
從如理思擇之道我作引述

勝者子之津梁極難通達
我乃愚中之愚者
因此此處如有任何錯誤
我於諸如實知見者前發露

願以於此長時努力所積集
二種資糧廣大如同虛空
我能成就一切慧目因無明而盲瞑的眾生的
導師勝者主

未至此前一切生世中
惟祈妙音悲愍攝受
由獲得並修行一切聖教次第圓滿的勝道
令諸勝者歡喜

願以自所如實通達的道的關鍵
由強烈的悲愍引發的方便善巧
淨除眾生之意暗
長久執持勝者的教法

在聖教最勝珍寶尚未普及
或雖曾普及但已衰微的地方
願我以大悲策動心意
開顯此利樂的寶藏

惟願由勝者及子的希有事業
善爲成就的菩提道次第
賜吉祥於諸欲解脫者之心意
並長久修持勝者事業

惟願能成辦編寫善道的順緣並清除違緣的
一切人或非人
一切生世中
不離勝者所讚之清淨道

惟願在勝乘中以十種法行
精進於如理修行任何時中
諸具力者恆常作助伴
吉祥大海遍滿於十方

此攝集勝者一切語教的關鍵、龍樹與無著二開宗大師的道軌、進趣一切相智之地的最勝士夫的法範、圓滿開示三種士夫一切修習次第的菩提道次第，乃是接受大勝者子俄．洛丹喜饒（具慧般若）的偉大紹繼者、善巧純熟內明藏並以修行其義而如理持受於心、由作廣多眾生引導而成爲聖教珍寶的最勝親屬的貢確楚辰（寶戒），爲往昔諸持律大德一致稱讚的勝士賈．度瓦森巴（持調伏）的紹繼者、智悲等諸多證教功德珍寶所莊嚴、在雪山聚內諸持律大德之中如勝幢之頂一般增上的大持律親教師素樸瓦．貢確貝桑布（寶吉祥賢），以及其他眾多有希求者先前所作請求，及後來由善巧純熟契經與曼特羅廣大教典而作爲教宗者之首、珍視三學珍寶、獨自擔荷聖教寶之擔無與倫比、能說雙語的圓滿善知識摩訶薩埵、傳稱爲嘉喬貝桑布（最勝歸依賢）的勝士所作的勸請囑託，（根據自己）在主尊勝士有南喀名號者（即南喀堅參／虛空勝幢）那裡聽聞的從阿蘭若師傳內鄔蘇巴與慬額瓦所傳的道次第，以及在主尊勝士名號後綴桑布者（確嘉桑布／法依賢）那裡聽聞的博多瓦傳夏惹瓦以及博多瓦傳鐸巴道次第的諸義理，從此教授之宗典《道燈》中，因考慮到開示三士夫的總相以外的（其餘）章句容易理解，所以（除此之外）未加引用，而主要依據大譯師（俄．洛丹喜饒）與卓隆巴（洛卓炯聶／慧源）父子的道次第的主體，並總結許多道次第（教法）中的關鍵。道的各分皆完整且易於付諸行持、無次序紊亂而加以安排，此（論）是頂戴雪山聚中開宗大師、對無邊語教具有無畏辯才、如理修行諸大教典義理、能令勝者及子歡喜的希有摩訶薩埵主尊仁達瓦等尊重勝士之足塵者、多聞苾芻修斷行者東宗喀巴．洛桑扎巴貝（善慧稱吉祥）作於北熱振勝者隱地仰貢獅子崖下之山聚中。繕寫者索南貝桑布（福德祥善）。惟願以此能令聖教珍寶由各種途徑於諸方增長。

註釋：

①「有善福分者」：藏 skal bzang（skal bzang skye bo 有善福分士夫）。

【附錄】《四家合註》觀品部分的科判

本附錄提供《菩提道次第廣論四家合註》中所包含的本冊第一部「空性見與修觀法」的詳細科判。在這部《廣論》權威解釋所集的四家註釋中，詳細科判的作者是嘉樣協貝多傑阿旺尊追①。這個科判揭示了《廣論》原文科判中每一節的詳細結構，指出論的每一小段文字的核心要旨，能夠令讀者更爲深入地領會論文，有時也幫助疏解疑難問題。

以下的翻譯依照新德里本《四家合註》的藏文②，其依據爲經修正的一八四二年策覺林寺雕版的一個印本。《菩提道次第廣論》原文科判的文字用粗的方頭括號（【】）標出，以別於《四家合註》新增的科判。當《四家合註》的科判偶爾改變《廣論》原文科判的結構時，我們採用以拉丁字母和阿拉伯數字構成的科名，以維持原文科判的組織結構。科文之後標以《廣論》觀品每一小節的序號，這些數字也被嵌入本冊《廣論》原文的翻譯，形成依照《四家和註》而對《廣論》觀品劃分的899小節。當科文兩次出現時，有前後文字不一致的情形，我們自動採取後者的科文，除非另加說明。

以下科判的層次爲：

◎A→B→C→D→E

例如：

A2的「分兩個部分」即指B1～B2；

B1的「分兩個部分」即指C1～C2；

C1的「分五個部分」即指D1～D5；

C2的「分三個部分」即指C2之下的D1～D3

D3（C2之下）的「分六個部分」即指E1～E6

並以此類推。

◎寅→卯→辰→巳→午→未→申→酉→戌→亥→金→木→水→火→土→天

例如：

寅二的「分兩個部分」即指卯一～卯二

卯一的「分兩個部分」即指辰一～辰二（526頁分爲A1～A2是特殊情形，爲了不讓《四家合註》的科判打亂《廣論》原文科判。）

辰一的「分兩個部分」即指巳一～巳二

巳二的「分四個部分」即指午一～午四

午二的「分四個部分」即指午二之下的未一～未四

午三的「分七個部分」即指午三之下的未一～未七

並以此類推。

A2 講述修觀法 分兩個部分

B1 即使獲得了具備四種特點的定，仍然需要修觀 分兩個部分

C1 僅僅依靠定不能獲得解脫的道理及比喻 分五個部分

D1 即便獲得具足明了、喜、樂、無分別四種特點的定，如果希求解脫仍然需要修習通達眞實的觀 [1]

D2《修次第》說：如果不通達眞實，就如外道的定不能獲得解脫 [2]

D3 引用了義經的依據 [3]

D4 世間的靜慮和無色定連現行的我執都不能滅除 [4]

D5 由於這個三摩地不能消除我執，煩惱會從我執生起，因而不能解脫 [5]

C2 解脫道及修習的方法 分三個部分

D1 確認解脫道 [6]

D2 修習的方法：如果分析眞實而修則能解脫 [7]

D3 用教典和正理來證明只有通達眞實才能獲得解脫，除此別無他途 分六個部分

E1 沒有甚深見則不能解脫 [8]

E2 如果對於無我缺乏多聞，憑藉定和戒則不能解脫 [9]

E3 不依止別的善知識或智者而尋求對無我的聽聞則無法通達空性 [10]

E4 一切聖言都是直接或間接地開示空性，所以必須聽聞、思惟聖言 [11]

E5 由於前五度如同盲人，所以在諸（度）之中只有慧波羅蜜多或慧才能通達眞實 [12]

E6 因此，如果不用聞、思來發起如同眼睛的慧則不能解脫 [13]

B2 即寅二（如何修觀）

寅二、【如何修觀】③ 分四個部分

卯一、【修習觀的資糧】 分兩個部分

A1 爲何必須聽聞、思惟無垢的聖言 分三個部分

B1 爲何必須聽聞、思惟聖言 [14]

B2 必須要追隨某一（開宗）大師 [15]

B3 「在（開宗大師）之中只要不通達龍樹的體系便會流轉而不解脫」，根據此說必須要依靠（龍樹的體系） [16]

A2 不應混淆了義和不了義 即辰一（確認了義和不了義經）

辰一、【確認了義和不了義經】 分兩個部分

巳一、必須依靠甚深的了義經 [17]

巳二、了義和不了義的意思 分四個部分

午一、從所詮的角度來安立了義和不了義 [18]

午二、《無盡慧經》的解釋方式 分四個部分

未一、略爲開示 [19]

未二、廣說正體 [20]

未三、解釋支分 [21]

未四、結論 [22]

午三、其他經論的解釋方式 分七個部分

未一、《三摩地王經》從所詮的角度來安立了義和不了義 [23]

未二、《中觀光明論》的解釋方式 [24]

未三、別的經如何解釋「勝義無生就是了義」[25]

未四、因此，理聚諸論的根本文及解釋是了義的教典 [26]

未五、結論及詞義 [27]

未六、了義是諦實者——（此處指的）不是（中觀正理）所要破的那種諦實——並且必須由量所成立 [28]

未七、因此，不單是不能如言取義者，即便可以如言取義，存在方式的意思必須引向別處者也是不了義 [29]

午四、消除別人對於了義和不了義的增益④ 分四個部分

未一、破除主張對所破不需要加勝義（簡別）的觀點 [30]

未二、否則否定（生等的）經也會被破除 [31]

未三、教典的部分雖然是不了義，但是對於此論是了義不妨礙 [32]

未四、即便可以如言取義，與（屬於）不了義也不矛盾 [33]

辰二、【解釋龍樹旨趣的模式是如何出現的】 分六個部分

巳一、過渡性的文字 [34]

巳二、確認根本中觀祖師 [35]

巳三、分析（西藏）古德所標立的名字 分兩個部分

午一、（敘述）主張 分三個部分

未一、（按照）安立名言的方式來立名 [36]

午二、宗喀巴大師本人是以佛護和月稱的兩個體系爲主，其次則重清辨 [51]

午三、對於解釋甚深義來說這兩位阿闍黎在一切時候都是極爲重要的 [52]

辰三、【抉擇空性見的方式】 分兩個部分

巳一、【進入眞實的次第】 分兩個部分

午一、解釋所要證得的眞實與進入的次第 分兩個部分

未一、正義 分兩個部分

申一、疑問 [53]

申二、回答 分兩個部分

酉一、解釋所要證得的眞實 [54]

酉二、解釋進入眞實的次第 分七個部分

戌一、必須看到輪迴的過失 [55]

戌二、必須確認集諦的根本 [56]

戌三、利根者應當通達集諦的根本薩迦耶見是能夠斷除的 [57]

戌四、依靠道來修習通達無我的見就能獲得法身 [58]

戌五、《明句論》的解釋 [59]

戌六、《入中論》對於進入的次第的說法 [60]

戌七、這個進入（眞實）的次第是這兩位阿闍黎及《根本慧論》的意趣 [61]

未二、決疑 分三個部分

申一、尋問所要證得的眞實以及無我中是否包括法無我 [62]
申二、回答之一：分別解釋兩種所要證得的眞實涅槃 [63]
申三、回答之二：通達二無我的方式與實事師（的說法）不同　分兩個部分
酉一、正義　分四個部分
戌一、如果通達我是無自性，就能通達安立「我所」的基礎——蘊——是無自性 [64]
戌二、至於探究我無自性的方式，必須隨著俱生薩迦耶見所作的執著來分析（我）是否具備蘊的特征 [65]
戌三、這樣探尋時無法用理智找到 [66]
戌四、說明非但《入中論》中是如此，這也是《寶鬘論》的意趣 [67]
酉二、決疑　分三個部分
戌一、疑問　分兩個部分
亥一、第一個疑問 [68]
亥二、第二個疑問 [69]
戌二、回答的正文　分兩個部分
亥一、略說 [70]
亥二、詳述　分三個部分
金一、此心雖然不通達蘊沒有自性，但是藉它的力量便能通達 [71]
金二、此心斷除增益時即被認作是通達 [72]

金三、在此宗之中由於具有性質的事[7]不是實有，所以對性質的實執也被破除 [73]

戌三、消除爭論 分四個部分

亥一、爭議 [74]

亥二、回答：（照這個說法實事師）也應當能通達粗顯之事不是實有 [75]

亥三、（對方的）認可 [76]

亥四、駁斥這種（觀點） 分四個部分

金一、（這種觀點）不僅與自己的主張相違背，並且就理由而言，《小疏》爲自部實事師解釋非實有也成了不合理 [77]

金二、不但上下宗派「勝義成立」和「世俗成立」的標準有所不同，而且在同一宗派中也應當有多種 [78]

金三、不同之處：（實事師）們不認爲補特伽羅僅僅是名言假立，而這位論師則認爲（補特伽羅僅是名言安立） [79]

金四、所以，只要尚未拋棄蘊是實物有——即不是僅由名言假立——的宗派，便會有補特伽羅是實物（有）的執著 [80]

午二、說明（大小）二乘雖然各自修習兩種無我，但是證悟的方式與實事師（的說法）不同 [81]

巳二、【抉擇眞實的正義】 分三個部分

午一、【確認正理的所破】 分三個部分

未一、【必須善爲認識所破的原因】 分五個部分

申一、不認識所破，則無法使破除它之後（才能顯現）的無遮⑧顯現 [82]

申二、如果將所破歸併爲粗細兩種或是人我與法我兩類，則較爲容易破除 [83]

申三、如果不破除微細的所破，則不能獲得解脫 [84]

申四、如果破得太過則會落在斷邊 [85]

申五、結論：如果不認識所破，則會落在常斷二者之一 [86]

未二、【批駁別人尚未確認所破就加以破除的主張】 分兩個部分

申一、【破除「認識所破範圍太廣」】 分兩個部分

酉一、【敘述（別人）的主張】 分十一個部分

戌一、主張將一切法歸入四邊 [87]

戌二、主張聖者的定見到生滅及繫縛、解脫等都不存在 [88]

戌三、主張分析勝義（的心）所找到的對象與經得起分析是同一個意思 [89]

戌四、主張生滅等不能以量來成立 [90]

戌五、主張生等即便在世俗中都不存在 [91]

戌六、不被四句所包括的情形 [92]

戌七、因爲四句中的他生不存在而主張生不存在 [93]

戌八、主張對於破生不需要加勝義的簡別 [94]

戌九、（持上述主張的人）有兩類：(1)在世俗中承認生者，(2)在世俗中不承認生者 [95]

戌十、在破除自性方面（他們）都是一致的 [96]

戌十一、主張如果沒有自性則必然不存在 [97]

酉二、【顯示〔上述觀點〕不合道理】 分兩個部分

戌一、【顯示這個觀點破壞了中觀宗與眾不同的特點】 分三個部分

亥一、【確認中觀宗的特法】 分四個部分

金一、中觀宗如何提出主張 分三個部分

木一、必須承認從二種資糧能夠出生果位二身 [98]

木二、這種因果是依靠二諦而安立的 [99]

木三、無自性的勝義諦與名言安立的世俗諦互不矛盾是中觀師獨有的主張 [100]

金二、實事師如何爭辯 [101]

金三、雖然沒有自性，輪迴與涅槃卻是合理的 分七個部分

木一、雖然沒有自性，輪迴與涅槃卻是適當的 [102]

木二、非但在無自性中輪迴和涅槃是適當的，而且如果有自性，輪迴與涅槃反而不適當 [103]

木三、在（無自性）中十二緣起等是合理的 [104]

木四、四諦等一切都合理 [105]

木五、按照聖者（龍樹）的體系，在緣起之中一切都是合理的 [106]

木六、聖者（龍樹）阿闍黎反復說明這樣是合理的 [107]

木七、對於無自性的宗派輪迴涅槃和作用全都是合理的 [108]

金四、空和緣起爲何是同一個意思 分兩個部分

木一、無自性如何顯現為緣起　分兩個部分
水一、用正理作簡略的開示[109]
水二、用教典而分別解說　分六個部分
火一、顯示無自性中一切都是適當的[110]
火二、在（無自性）中可以承認四諦[111]
火三、其中向和果都是合理的[112]
火四、三寶是合理的[113]
火五、其中法與非法等一切都是合理的[114]
火六、其中「合理」與「不合理」的含義[115]
木二、緣起如何顯現為無自性　分八個部分
水一、緣起的意思（對之）尚未顯現為空的實事師如何爭辯[116]
水二、因為是依仗而生，所以自立的能力或實物有是空的[117]
水三、用正反二遍來成立如果是緣起，實物有則是不合理的[118]
水四、顯示因為上述的原因認為緣起與空相互矛盾就像天神變成魔鬼[119]
水五、只要緣起和空各別地顯現，就還沒有通達甚深義[120]
水六、緣起和空在一個的輔助下（另）一個能顯現時，才算是通達（正）見的標準，這是很難的[121]
水七、用似是而非的「離一多」（的正理）作分析後，因為找不到便執著為完全不

存在是不適當的 [122]

水八、結論：教誡學人對於緣起顯現為空的意思要特別珍惜 [123]

亥二、【(上述)觀點如何破壞這(一特法)】　分七個部分

金一、這些主張如何破壞「無自性中繫縛解脫全都合理」的說法 [124]

金二、這樣一來繫縛解脫等即使在名言中都被破除 [125]

金三、認為繫縛、解脫與無自性相互矛盾的主張破壞了唯一的中觀特法 [126]

金四、如果(反方)不持這種主張，則沒有理由對所破不加簡別 [127]

金五、你(反方)的主張與實事師的爭論方式沒有差別 [128]

金六、如果因為有無自性二者都有過失，所以主張沒有宗，這也是不合理的 [129]

金七、憑藉對勝義的分析即使在名言中都能將輪迴涅槃全部破除的中觀師不可能存在 [130]

亥三、【中觀師如何予以答覆】　分六個部分

金一、如何向對方提出輪迴涅槃不合理等(責難)　分三個部分

木一、如何向對方說明輪迴涅槃(會變得)不合理 [131]

木二、對於所破不加簡別是未能區別沒有自性與不存在之間的差別 [132]

木三、這樣便不能超越兩(邊)的言論 [133]

金二、不能區分自性有無及有無四者之間的差別而墮入(二)邊的情形　分三個部分

木一、依據正理所作的解釋　分兩個部分

水一、墮入(二)邊的方式 [134]

水二、破除二邊的方式 [135]

木二、依據教典而作解釋　分兩個部分

水一、引述教典　分兩個部分

火一、教典中的爭論 [136]

火二、答復　分兩個部分

土一、略說：去除二邊而導入無餘涅槃 [137]

土二、詳細解說這個道理　分兩個部分

天一、雖然不破業等，卻破除自性 [138]

天二、如果有自性，作用的發生則不合理，沒有（自性）則是合理的 [139]

水二、解釋它的意思　分八個部分

火一、實事師的想法 [140]

火二、在（主張）「如果沒有因果，則墮入（斷）邊」上的一致性 [141]

火三、藏地雖然勝解中觀，主張卻和實事師相似 [142]

火四、回答：中觀師是驅除二邊而闡說中觀 [143]

火五、如果業等不存在，的確會有這種過失，但是我們是承認業果的 [144]

火六、消除常邊的方式 [145]

火七、無自性中因果不合理的爭論 [146]

火八、答覆——「如果是自性無⑨則是合理的，如果是（自性）有因果便不合

理」——及結論⑩ [147]

金三、通達中觀的意思如何依賴於破除二邊　分兩個部分

木一、通達緣起　分三個部分

水一、如何由緣起的門徑而消除二邊 [148]

水二、無自性、緣起和虛妄等是同一個意思 [149]

水三、消除二邊後顯示如幻的因果是存在的 [150]

木二、通達虛妄的情形　分六個部分

水一、消除無邊而承認如幻的緣起 [151]

水二、因爲境從自己一邊不成立⑪，由此而成立有境⑫是從自己一邊不成立的顛倒或虛妄（法） [152]

水三、虛妄有⑬、無自性和緣起意思相似，（它們）不是徹底不存在 [153]

水四、消除二邊的方式 [154]

水五、因此，除去二邊後的虛妄得到了承認 [155]

水六、二邊的言論與無自性說不相同 [156]

金四、如果拋除相互排斥的相違⑭中的直接相違⑮，則破除與成立都不合理　分十二個部分

木一、「非有非無」的主張是直接相違 [157]

木二、如果不是（直接）相違或是限定可能性，則破除和成立都不合理 [158]

木三、如果總的來說可能性不局限於存在與不存在兩種情形，那麼（限定可能性不出）自性有與自性無是不合理的[159]
木四、（這些人）不理解這樣限定可能性稱作直接相違的總義[160]
木五、如果不屬於排除第三種可能性的直接相違，那麼因爲懷有疑慮，所以無法成立（所要證明的事）[161]
木六、對於直接相違全都適用[162]
木七、顯示錯誤的根源：他們不能用正理來分辨教典的意思，只是對文字產生了誤解[163]
木八、別人不能確認常斷（兩邊）的情形[164]
木九、如果不破除二邊，空見的方式不正，因此而遭毀滅[165]
木十、別人不理解二邊而爭辯的情形[166]
木十一、破除這個（觀點）[167]
木十二、（《中論》的頌文）並非總地開示二邊之見，而是針對實事師（而說）[168]
金五、不知因果等（事）便不能通達「無自性」　分兩個部分
木一、因爲宗和因不同，所以（持斷見者）不能通達（無自性）　分十個部分
水一、中觀師與順世派在「主張前世無自性」之義是否存在之上是有差別的[169]
水二、雙方的理由或因差別也很大，所以意思不相同[170]
水三、實事師諍辯方式：（中觀師與無見者）是相同的[171]
水四、月（稱）也是從理由的角度來說明這兩個宗不相同[172]

水五、（對方）對此的爭辯：因雖然不同，宗是相同的 [173]
水六、答覆：兩人（所立）宗的言辭雖然相似，但是意思不相同 [174]
水七、「宗相等」之爭的教證⑯ [175]
水八、「宗也不相同」的教證 [176]
水九、（這段論文）證明月稱論師也這樣開示：如果不承認因果，則與順世派相似 [177]
水十、由此成立月稱論師也承認世俗 [178]
木二、如果不承認因果，「無自性」的宗雖然相似，卻不能通達空性，並且過失極大
分七個部分
水一、（反方的）爭辯：在文字上宗是相等的 [179]
水二、答覆：敘說不確認所破便不能通達（無自性）的譬喻和正義 [180]
水三、（反方）爭辯的教證 [181]
水四、「所說的對象雖然相同，領會者完全不同」的教證 [182]
水五、譬喻的教證 [183]
水六、「順世派非但沒有通達而且過失極大」的譬喻的教證 [184]
水七、因此，某些人「不承認業果也會通達空性」的主張是錯誤的 [185]
金六、教誡學人珍視對於自性有無等（四者間的）差別的區分　分三個部分
木一、月（稱）區分自性有無與有無之間的差別的情形 [186]
木二、佛護論師如何區分（這些差別）　分兩個部分

水一、爭論 [187]

水二、答覆——對於兩種情形加以區分 [188]

木三、由此而教誡（後學）應當區分自性有無和有無四者之間的差別 [189]

戌二、【顯示所提出的責難無法破除】 分四個部分

亥一、【依靠觀察（世俗法）能否經得起正理分析來作否定而無法破除】 分四個部分

金一、經不起分析眞理（的正理）所作的分析與被它損害不相同 分十四個部分

木一、色等不能經受分析勝義（的正理）所作的分析 [190]

木二、雖然經不起理智所作的分析，卻不被它損害 [191]

木三、經得起和經不起理智所作分析的意思 [192]

木四、它所尋找的是自性或諦實成立，而不是尋找生滅 [193]

木五、它找不到諦實成立時雖然破了（諦實成立），但是找不到生滅時卻不破（生滅） [194]

木六、即使（正理）無法找到仍然安立破和不破兩種情況 [195]

木七、眼識雖然不能聽到聲音卻不能破（它），同樣，勝義和名言的理智二者所得的對象不同，所以（色等的生滅）無法破除 [196]

木八、理智能破除自性有的生滅的理由 [197]

木九、道理和譬喻：由於這個（正理）是如實探尋（自性）者，所以找不到便是不存在 [198]

木十、自性生[17]如果存在會被破除的教證 [199]

木十一、（月稱）阿闍黎不承認分析自性（的正理）能破除世俗 [200]

木十二、認爲不能被理智找到就是被（理智）損害是非常錯誤的 [201]
木十三、同樣，對於「聖者的根本智看不到」持類似的主張也是錯誤的 [202]
木十四、不能被根本定等找到和它看到（它們）不存在等是不相同的 [203]

金二、名言量的力量大於理智　分六個部分

木一、（名言識）力量更大 [204]
木二、如果用理智來破名言，則會受到損害 [205]
木三、以上的教典顯示道的所破和正理的所破不同，所以無法用正理破除 [206]
木四、如果正理能夠破除道的所破，則將作助伴 [207]
木五、正理破得太過（名言識）能夠損害 [208]
木六、所以，實事師雖然想破外境，卻破不了 [209]

金三、認爲「在名言中安立色等」的意思是從牧童等人的角度（來安立）是不合理的分五個部分

木一、是針對具力者⑱而言，而不是牧童等人 [210]
木二、清楚地說明理智不能破一切生的依據 [211]
木三、解釋這（段釋論）的意思 [212]
木四、對於理智在眼等之上破此而不破其他的方式加以區分 [213]
木五、（理智）雖然破除自性，卻不破單是有 [214]

金四、中觀師對二諦和業果善巧的情形　分四個部分

火二、依照七部（量）論和《集（量）論》，對於思度者的現識來說怎樣才算是不錯亂的量 [227]

火三、這位應成派的阿闍黎完全不承認不錯亂的現識對於自相能作為量 [228]

水三、特別（說明）如何否定不欺誑　分六個部分

火一、（佛）說是虛妄，由此而否定不欺誑 [229]

火二、以此而否定不欺誑後，便否定了（根識）是量 [230]

火三、舉出過失：以欺誑方式為理由而否定（根識）是量 [231]

火四、對於實事師來說，如果對自相不成為量，根現識[20]就不能充當量 [232]

火五、闡述及教證——對應成派來說，安立自相雖然必須如此，但是虛妄的境可以由虛妄的心來安立 [233]

火六、所以，雖然否定對自相能充當量，但是對於僅僅是量卻不否定 [234]

金三、顯示應成派有四個量　分四個部分

木一、如果破除名言量，則違背《四百論》 [235]

木二、從境的角度而說四個（量） [236]

木三、雖然破除體性有的量和所量，但是不破相對而有者 [237]

木四、如何安立量和非量　分四個部分

水一、從名言識的角度分別安立顛倒和不顛倒 [238]

水二、根識因為有暫時的錯亂而成為顛倒識 [239]

水三、意邪識[240]

水四、無明的執取（境）雖然是顛倒的，但是心沒有轉向眞實的名言識㉑不能了達（它）是錯亂的[241]

金四、分別解說應成和自續派的根現識是否錯亂 分兩個部分

木一、陳述疑慮 分兩個部分

水一、如果根現識是不錯亂，則勢必要承認自相[242]

水二㉒、如果它是錯亂的，它們勢必不能成爲名言量[243]

木二、各宗的主張 分兩個部分

水一、自續師的主張 分兩個部分

火一、在是否承認自相成立上的差別 分六個部分

土一、清辨承認依他起的自相[244]

土二、（有關）這一點的教證[245]

土三、唯識師如何承認三相㉓[246]

土四、寂護父子（對於）三相（的看法）也和清辨相似[247]

土五、應成派的三自性有所不同[248]

土六、唯識師的主張雖然如此，但是佛護和月（稱）不承認自相有[249]

火二、中觀自續師有關根現識的主張 分三個部分

土一、清辨阿闍黎㉔承認實物有[250]

土二、（清辨論師）承認合集也是實物有 [251]

土三、清辨阿闍黎認爲根現識是不錯亂的 [252]

水二、應成師的主張 分兩個部分

火一、說明總的來說根現識是錯亂的 分五個部分

土一、因爲（具備）八個特法而與眾不同 [253]

土二、像清辨（論師）那樣是不合理的 [254]

土三、世俗和勝義的細節 [255]

土四、（月稱論師）不接受類似於清辨（所說）的實有的所緣緣 [256]

土五、（月稱論師）主張除佛之外的普通根現識唯獨是錯亂的 [257]

火二、這些根現識雖然錯亂，卻被安立爲量 分九個部分

土一、（根識對於）色等雖然是錯亂的，卻可以充當安立它們的量 [258]

土二、邪識不被安立爲量 [259]

土三、有關這兩者可否充當量的問題的辯論 [260]

土四、從世間識的角度正和倒是合理的 [261]

土五、相對於不同的「名言」而把根現識描述成正確或錯亂 [262]

土六、在名言中必須這樣解釋 [263]

土七、對於心和人兩者來說（根識）都不是一種 [264]

土八、心即使錯亂，仍然可以安立虛妄的境 [265]

土九、雖然被安立成虛妄卻能充當世俗諦，這並不矛盾[266]

金五、「在名言中存在」的意思及附言　分四個部分

木一、如果不知道這個（道理）就會損減一切　分四個部分

水一、中觀師在名言中建立一切生死涅槃，並且破除了實事師的增益，這是很難領悟的[267]

水二、顯示以理智破除一切後，自詡爲獲得甚深義是錯誤的[268]

水三、說明這是最壞的斷見[269]

水四、反覆修習此（見）則與甚深道背道而馳[270]

木二、在名言中存在的標準　分十一個部分

水一、引述說明他人的假立在名言中不存在的教典[271]

水二、（無標題）　分兩個部分

火一、「在名言中存在」的意思應當是不被兩種理智中的任何一個所違害，以及爲名言量所熟知[272]

火二、確定名言識[273]

水三、入不入宗派見的兩種人的相續中都有「世間所熟知」[274]

水四、「世間所熟知」在心不作分析而執取的方式上都是類似的[275]

水五、爲此識所熟知與對它顯現是同一個意思[276]

水六、雖然爲此識所熟知卻被其他量妨害的情形[277]

水七、名言中的事雖然不是理智所成立，卻不能被它妨害 [278]

水八、不能用正理成立與被正理違害是不同的 [279]

水九、佛教自部和他部分析後所作的增益如果不能用正理找到就被違害 [280]

水十、名言中的色、聲等不是由對境作分析後而安立的，所以理智即使找不到也不能違害 [281]

水十一、雖是無始以來就有卻被正理違害的（那些）心執（境）的方式 [282]

木三、破除別人安立「在名言中存在」的方式　分五個部分

水一、主張「爲一切世間所熟知者就是在名言中存在」是不合理的 [283]

水二、分別（心）的執取（境）不錯亂，所以可以把它立爲不錯亂 [284]

水三、根現識沒有任何不錯亂的成分，所以在此不顯現爲不錯亂 [285]

水四、在名言中能否破除不相同 [286]

水五、在勝義中就如常等四者不可能存在，無常等也不可能存在 [287]

木四、消除對此的爭論並教誡（學人）避免損減　分八個部分

水一、消除以下疑問——「色等是由無明之力而安立爲世俗諦，如果破除無明的執取（境）勢必會破除色等」 [288]

水二、色等在這（無明）的面前雖然是諦實，但是並不是由它所安立 [289]

水三、安立色等的名言量 [290]

水四、對於這個（無明）所安立的（事）即使在名言中都應該用正理加以破除 [291]

木三、月稱論師貶斥對於「自性不生」和「不生」不加分辨 [305]

木四、契經對於破生加勝義簡別的情形 [306]

木五、大師本人說過自性不生是所有「不生」之說的意趣所在 [307]

木六、雖然已經成立破它們的生時需要加勝義的簡別，但是對於教典的意思建議參見應成與自續（部分） [308]

金三、顯示西藏人由分析四句而作否定是似能破　分兩個部分

木一、（無標題） [309]

木二、說明認爲「（我們）沒有自宗，所以這些分析不適用」的想法是不合理的 [310]

亥四、【顯示破除有事、無事等四句不能成爲責難】　分三個部分

金一、顯示這不合道理　分三個部分

木一、雖然破除自性，但是在名言中不破事物 [311]

木二、破除四句的方法的細節 [312]

木三、不這樣理解而強行抵賴是不合理的 [313]

金二、顯示連確定無自性的心的境都加以破除是最爲下劣的　分十四個部分

木一、連中觀見都會被它毀壞 [314]

木二、無自性的能破不存在 [315]

木三、對方的爭辨 [316]

木四、這種爭辨方式是可笑的 [317]

木五、通達無自性的心對於無自性不執兩邊，這是能用體驗來成立的 [318]

木六、對於這個（空慧）的境——無自性——雖然否定自性有，但是所破除的是別的諦實執的境，這個（空慧）的境則不破除 [319]

木七、否定這個（空慧）的境——無自性——是諦實有時，也是破除對無自性所起的諦實執的境 [320]

木八、執著無自性為自性成立的情形 [321]

木九、（此處所說的）這種執取與教典相符 [322]

木十、破了無自性就會變成自性成立 [323]

木十一、貶斥將空性執為諦實成立者 [324]

木十二、如果不是這樣，譬喻和正義就不相符 [325]

木十三、依照我（們）的說法更妙 [326]

木十四、我（們）的說法為教典和正理所證實的情形 [327]

金三、這種心是唯一寂靜門，它沒有相執，連它都破則與（支那）和尚相類似　分三個部分

木一、它是唯一寂靜門　分兩個部分

水一、說明自性空是唯一寂靜門 [328]

水二、把自性空分成三解脫門的情形 [329]

木二、它沒有相執的情形 [330]

木三、如果連這個心的境都加以破除，則與支那和尚認爲一切分別心都是相執的主張沒有區別 [331]

申二、【破除「認識所破範圍太爲狹窄」】　分二個部分

酉一、破除「（所破）具有三種特徵」的主張　分七個部分

戌一、將具有三個特徵的真理和所破相混淆 [332]

戌二、這不是（被認作是）所破的（那個）自性 [333]

戌三、這些特徵對於聲聞部已經成立，所以不應當是所破 [334]

戌四、雖然舉出「如果是從自己一邊而成立，則必須具備三種特點」的過失，但是具有三種特點者並不是所破 [335]

戌五、如果是諦實成立，則必然不是由因緣所生等，然而這些並不是諦實成立的意思 [336]

戌六、俱生的執取方式不是這樣，所以即使破它也沒有益處 [337]

戌七、對此智者感到驚詫的情形 [338]

酉二、說明在自宗之中具有三種特徵的真理是空性　分十三個部分

戌一、如果此教典之義——具備三種特徵的真理——不存在，就沒有聞、思、修 [339]

戌二、前面所破的自性和真理的自性名字雖然相同，意思卻不一樣 [340]

戌三、消除爭論 [341]

戌四、它不僅存在，而且能令辯論的雙方都接受（它） [342]

戌五、如果它不存在，涅槃也不能成爲勝義諦，所以解脫勢必不存在 [343]

亥一、分類 [356]

亥二、主要應當破除境的所破 [357]

亥三、（破除不正確的執著的境）的方法 [358]

亥四、這（個境的所破）應當不存在 [359]

亥五、消除增益的方式 [360]

亥六、用正理來證明同樣是成立（某）事存在 [361]

亥七、有關用正理破除所破及成立事的方式的教典依據 [362]

亥八、如果不理解上述要點，認爲如果存在則無法破，如果不存在則不需要破，由此而不讚同破除和成立，則是相違的 [363]

亥九、解脫依賴於能夠辨析諸法的智慧，尤其是用正理抉擇甚深義 [364]

酉二、正理的所破的主要和普通之分　分四個部分

戌一、顯示我執是根本 [365]

戌二、貪等雖然是一種正理的所對治，卻不是主要的 [366]

戌三、與眾不同的安立無明的方式　分八個部分

亥一、雖然自續師等把諦實執認作所知障，但是在（應成派）之中則說諦實執是染污無明 [367]

亥二、無明雖然是諦實執，卻能充當輪迴的根本 [368]

亥三、諦實執雖然是煩惱障，但是不染污的無明與三毒的習氣則是所知障 [369]

亥四、諦實執是（十二）支中的第一個 [370]

亥五、雖然總的來說無明被立爲明的反面，但是此處是指通達諦實無的明的（反面）[371]

亥六、說明兩種微細我執是煩惱 [372]

亥七、雖然薩迦耶見和無明兩者都是輪迴的根本，但是不會成爲兩個（輪迴的根本）[373]

亥八、如果不懂得作這種解釋，寂靜門就成了不止一個，輪迴根本勢必會有多種 [374]

戌四、顯示這（種安立無明的方式）是聖者五父子[27]的觀點　分五個部分

亥一、顯示（這）是龍樹的觀點 [375]

亥二、聖天的觀點 [376]

亥三、顯示（這）是佛護與月稱的主張 [377]

亥四、小乘經中也說無我的情形 [378]

亥五、聲聞獨覺（乘）的契經的特別化機具有諦實無的證悟 [379]

酉三、對於一切分別心的所著境都加以破除是不合理的　分三個部分

戌一、正義　分六個部分

亥一、有的人認爲凡是心想「這是（某法）」的一切分別的所著境都應當破除，他們不了解比量等（分別）[380]

亥二、如果是這樣比量就不存在，因此異生勢必不能分別空性 [381]

亥三、這樣的話，由於沒有引向解脫的正見，勢必不能解脫 [382]

亥四、佛教內外的宗派以這個所著境爲基礎而作增益的情形 [383]

亥五、雖然破除增益分別的所著境，但是無分別的量的執取（境）則不能破 [384]

亥六、正理雖然破除兩種（心）的所著境——總的來說是屬於意識的增益分別，其中又以兩種我執為根本——卻不破一切的分別的（所著境）[385]

戌二、不破增益的所緣，而是破除所著境　分兩個部分

亥一、執著的方式[386]

亥二、這種所著境的異名及標準[387]

戌三、特別破除我執　分三個部分

亥一、說明我執有兩種　分兩個部分

金一、兩種我執的行相雖然相似，卻由所緣而加以區分[388]

金二、如此區分兩種我執的教證[389]

亥二、我執與薩迦耶見的差別　分三個部分

金一、人我執不被薩迦耶見所涵蓋[390]

金二、薩迦耶見的所緣被人所涵蓋[391]

金三、薩迦耶見的所緣境必須是自己的相續[392]

亥三、分辨薩迦耶見的所緣和行相後破除行相　分五個部分

金一、對於這種所緣以什麼行相加以執取[393]

金二、我執的境與微細無我應當是相違的[394]

金三、兩種薩迦耶見的行相的差別[395]

金四、起「我」的念頭的心不全是我執[396]

戌三、清辨㉙認為不加「勝義」而破自性則是損減 [424]

戌四、對於自性加勝義（簡別）的情形 [425]

戌五、對於「從勝義的角度不存在」的勝義，應成和自續是一致的 [426]

戌六、對於「從勝義的角度不存在」的勝義是指經得起理智的分析，應成和自續雖然一致，然而對於構成（經得起理智的分析）的標準則有分歧 [427]

午二、【破除所破應當使用應成還是自續】　分兩個部分

未一、【確認應成和自續的意思】　分兩個部分㉚

A1　引子　分三個部分

B1　佛護雖然沒有分辨應成和自續二者，卻是開應成派之先河者 [428]

B2　清辨論師破（佛護論師）而開創自續派的情形 [429]

B3　月稱論師的答覆：應成和自續有所不同，所以（這個）過失不適用 [430]

A2　【安立應成與自續的方式】　即未一【確認應成和自續的意思】　分兩個部分

申一、【破除別人的觀點】　分兩個部分

酉一、【陳述主張】　分兩個部分

戌一、略說 [431]

戌二、詳述（過渡句） [432]　分四個部分

亥一、《（入中論）疏》的觀點 [433]

亥二、師承這位班智達的庫譯師㉛等人不承認中觀師除了別人的主張之外有自己體系的宗 [434]

亥三、認爲無論是在勝義還是名言之中都沒有自宗就是應成師的觀點 [435]

亥四、古時追隨巴擦[32]的瑪嘉瓦[33]等人的觀點 [436]

酉二、【對這些二（主張）加以破除】 分四個部分

戌一、【破除第一種觀點】 分三個部分

亥一、如果是這樣，連採納主張都不合理 [437]

亥二、「遍」無法由量來成立是不合理的 [438]

亥三、因此僅僅憑（主觀）承認而加以成立也是不合道理的 [439]

戌二、【破除第二種觀點】 分三個部分

亥一、（認爲）沒有自續的宗的意思是在分析眞實時不承認無自性的宗是不合道理的 [440]

亥二、如果認爲在（分析眞實的）時候一旦有無自性的宗就會成爲自性有的宗，那麼就會出現不容有見相違因[34]等以及對於中觀來說不可能有分析眞實的時候等不合理的情形 [441]

亥三、「分析眞事時雖然沒有主張，但是在名言中卻有主張」是不適當的 [442]

戌三、【破除第三種觀點】 分三個部分

亥一、批駁的主體 分十五個部分

金一、（認爲）中觀師在名言中都沒有主張是大毀謗 [443]

金二、如果承認沒有主張，則是一種不知道如何接受宗派及分辨見解的低劣的觀察；（中觀宗）雖然有宗，卻是極爲清淨的 [444]

金三、應當巧妙掌握中觀宗遠離過失的道理 [445]

金四、有關上述說法的極為明顯的教證 [446]

金五、否則，對於任何言辭都不適合觀察過失 [447]

金六、如果對此都無法提出或指出過失，那麼勢必對任何言辭都無法舉出過失 [448]

金七、「沒有主張」的觀點與向無財者求財的說法不相等 [449]

金八、如果中觀師沒有自己的觀點和主張，那麼，你沒有主張是中觀的觀點（的看法）就會出現矛盾 [450]

金九、發生直接相違的情形 [451]

金十、（從別人的角度而承認）不能擺脫主張，而且有很大的矛盾 [452]

金十一、這個（說法）還會有損害 [453]

金十二、那樣則是希有的愚昧 [454]

金十三、如果是這樣，不管冒出什麼話都可以說 [455]

金十四、如果從自己的角度雖然不承認，卻從別人的角度承認此宗，則不應當安立為此宗 [456]

金十五、自己的話中表示「這樣則不是中觀師」的情形 [457]

亥二、駁斥似是而非的責難　分兩個部分

金一、《入中論》中「從世間的角度」（的說法）指的不是沒有自宗　分六個部分

木一、（《入中論》）說「雖然從勝義的角度不存在，卻是存在的」，這是在世間名言中加以承認的意思，不能作為「沒有自宗」的依據 [458]

木二、證明第二段教典的正確意思 [459]
木三、從世間的角度指的是在名言中，不應當是沒有自宗 [460]
木四、「雖然不存在」是指自性無 [461]
木五、不可以另作解釋 [462]
木六、所以是說：「雖然從勝義的角度不存在，但是在名言中卻是存在的」 [463]
金二、說明沒有宗和論點並不是《迴諍論》的意思　分十五個部分
木一、教典的意思並不是像你所說的「沒有自宗」，所以僅僅以此不能成立 [464]
木二、「一旦有無自性的論點和正因就會成爲自續派」的疑問是最究竟的難點，所以對於疑慮會另作解釋 [465]
木三、至於《迴諍論》的觀點，「沒有論點」是論點的言辭沒有自性的意思，不是論點不存在的意思 [466]
木四、現識等不能見到之說也是能見和所見沒有自性的意思，所以並不表示所量和量不存在 [467]
木五、《四百論釋》也說承認空性，所以並不是說沒有觀點 [468]
木六、《入中論釋》說（《四百論》的這個頌）是主張一切法是純粹名言的假有，所以不是沒有觀點 [469]
木七、因此，由於實物有不存在，所以說主張假有者不被持實事之說及持二（邊）言論者所損害，因此沒有觀點是不適當的 [470]

木八、（《正理六十頌》第五十頌）中見到無事而解脫的說法並非發生作用的能力不存在的斷見[471]

木九、如果承認諦實成立的事則會成爲常和斷，但是並非一切主張都會（如此）[472]

木十、結論：中觀師沒有觀點不是任何教典的意思[473]

木十一、（《迴諍論》第六十三頌）這段論文也（說）所破和能破都沒有自性，對此你則執著爲有，而毀謗說「將它破了」，（這）是將心增益爲自性（有）[474]

木十二、沒有自續的宗的說法[475]

木十三、爲什麼我沒有像你這種自性成立的宗[476]

木十四、說明不僅如此，用正因㉟能成立論點、宗或所立[477]

木十五、明顯地解釋雖然有觀點卻不是像自性成立的宗那樣[478]

亥三、不僅有關立宗和承認的意思很常見，並且在每位阿闍黎的體系中（有宗或承認的）言辭也非常多　分兩個部分

金一、正義[479]

金二、《明句論》和《入中論》中講到四㊱個宗等，在月稱個人的體系中（表示）立宗的詞是很多的[480]

戌四、【破除第四種觀點】　分兩個部分

亥一、破除自性成立且經得起分析的正理所破是不合理的[481]

亥二、主張中觀師對於對論者實事師成立無我的方式是由共同顯現而成立是極不合理的[482]

申二、【安立自己的觀點】　分兩個部分

酉一、【破除自續的正義】　分兩個部分

戌一、【顯示宗的過失：依托——有法——是不成立的】　分兩個部分

亥一、【敘述主張】　分兩個部分

金一、引述論典 [483]

金二、解釋意思　分四個部分

木一、有法必須共同成立 [484]

木二、共同成立的所立法 [485]

木三、成立勝義無時也必須這樣共同成立 [486]

木四、自續師的有法等共同顯現的意思是什麼 [487]

亥二、【對它加以破除】　分兩個部分

金一、【意思不合道理】　分兩個部分

木一、引述論典　分三個部分

水一、略說 [488]

水二、廣釋 [489]

水三、總結 [490]

木二、解釋意思　分兩個部分

水一、解釋意思　分五個部分

火十一、結論：被不錯亂識找到的自性成立的色等是不存在的 [506]

火十二、因爲沒有共同成立的有法，所以實事師與中觀師辯論時自續也不存在 [507]

火十三、有人認爲「無自性的宗雖然有這種自續的過失，但是由於在名言中自相是有的，所以沒有宗的過失」，這是極不合理的 [508]

金二、【與所舉的譬喻不相似】 分兩個部分

木一、引述論典 [509]

木二、解釋意思 分兩個部分

水一、說明用所作性來成立聲是無常時，因、法和所依三者不加特徵的總是存在的 分兩個部分

火一、如果不對文字或在內心中加上特徵，而認爲是總地來說用不用這些特徵則是不合理的 [510]

火二、不用文字或內心加以常或無常的特徵雖然是有的，但是至於中觀師向實事師證明諦實無，自相由錯亂和不錯亂共同成立絕不存在，所以不相似 [511]

水二、中觀師向實事師證明無自性時這三者不存在 分三個部分

火一、正義 分十二個部分

土一、由於對自相不錯亂純屬子虛烏有，所以把不錯亂所找到的境——色等——當作所諍事㊳是不適當的 [512]

土二、現量與比量兩者對於自相都是錯亂的 [513]

土三、這種自相中沒有名言所得[514]

土四、對此應當了解三種執取的方式[515]

土五、這三者在此較爲重要[516]

土六、在沒有獲得中觀見之前雖然不執取（諸法）爲虛妄，但是還有其他兩種，所以那時候執取有並非全都是諦實執[517]

土七、因此必須了解有無自性和有有無四者間的差別㊴[518]

土八、如果不這樣理解而認爲沒有通達（空性）見之前所有執取都是諦實執，則會成爲斷見[519]

土九、沒有這種認識時，（支那）和尚以及後來許多人都出現這種情形[520]

土十、在沒有獲得（空性）見之前不能分辨自性有無和有無四者間的差別[521]

土十一、獲得（空性）見者執取有必然是執爲虛妄[522]

土十二、雖然獲得了（空性）見實執仍會產生，從大乘聖者（階位）起就決定不忘失（如幻），但是小（乘）的聖者則隨其所應而有[523]

土一、清辯等中觀自續師及在其之下的宗派承認自續歸根結柢在於承認自體有的自相[524]

火二、各位阿闍黎在主張上的差別　分五個部分

土二、他們（所接受）的不錯亂現量是不同的[525]

土三、如果它是錯亂的，便成爲別人所承認，所以自續是不合理的[526]

土四、說明如果有法並非與實事師共同成立，那麼自續很顯然是不正確的 [527]

土五、寂護父子等人也認為（根識）對於自相成立是不錯亂的 [528]

火三、大家都認為能立的根本歸根結柢在於現識㊵　分三個部分

土一、由於比量如同盲人，所以依賴於現識 [529]

土二、它被認作是自證或知他的現識 [530]

土三、此處對於自相成就雖然沒有量，但是僅用別人所承認就已足夠㊶ [531]

戌二、【由這個過失而顯示因也不成立】　分三個部分

亥一、以「存在」的因來成立「眼等沒有自生」時因不成立的過失　分兩個部分

金一、引述論典 [532]

金二、解釋意思 [533]

亥二、清辯承認這個過失的情形　分兩個部分

金一、引述論典 [534]

金二、解釋意思　分兩個部分

木一、否定別人的誤解　分兩個部分

水一、陳述主張 [535]

水二、對它加以破除　分五個部分

火一、略示 [536]

火二、前面有法不成立的說法等得到（清辨論師）承認的情形 [537]

火三、對於自相成立錯亂或不錯亂——即對於所找到之境——不能共同顯現成立 [538]

火四、已被清辯承認的依據 [539]

火五、並非（分析）是從世俗的角度還是從勝義的角度而說 [540]

木二、講述自宗 分四個部分

水一、應該認作是詢問所說的意思是二諦中的哪一諦 [541]

水二、同樣，對於別的因也必須具備使用這種詢問方式的細節 [542]

水三、覺得這位（清辯阿闍黎）似乎已經直接承認的邪分別 [543]

水四、雖然不是直接承認，卻是被迫接受 [544]

亥三、顯示因此「我必定也有成立和破除」的因是完全不成立的 [545]

酉二、【自己不相同的情形】 分六個部分

戌一、「別人所承認」沒有過失的情形 分五個部分

亥一、「別人所承認」沒有自續的（過失） [546]

亥二、自續有這個過失的情形 [547]

亥三、對於「別人所承認」則沒有必要 [548]

亥四、聖者父子和契經中也說「別人所承認」 [549]

亥五、印度和西藏某些人提出「凡是安立論式都不是自續，而是別人所承認的論式」的依據 [550]

戌二、用教典來確認「別人所承認」㊷ 分兩個部分

亥一、引述論典 [551]

亥二、確定意思 [552]

戌三、消除有關「別人所承認」的意思與名字的爭論　分十個部分

亥一、消除對意思的誤解：教典中「對他成立」或「別人所承認」等意思並不是中觀師不承認有法和因等 [553]

亥二、從自相成立的角度假立「別人所承認」的名字的方式 [554]

亥三、消除誤解：「證明它[43]的有法等既然對中觀師來說也是由量所成立，「別人所承認」的名字有什麼用處？」[555]

亥四、否則，即使他可以承認，如果被量破除，則如何用它產生中觀見？[556]

亥五、因此，「別人所承認」的意思並非僅僅由他承認 [557]

亥六、因此，此處因不需要證明 [558]

亥七、如果自己明知而抵賴則不適合辯論 [559]

亥八、「別人所承認」的名字不合理的爭論 [560]

亥九、如果接受（主觀）承認的「別人所承認」，則太爲荒謬（，由此而）否認 [561]

亥十、回答　分兩個部分

金一、回答的正文 [562]

金二、消除這種爭論並（鼓勵人們）珍視月（稱）的體系 [563]

戌四、「別人所承認」的必要性及其依據　分七個部分

亥一、《佛護釋》在譬喻之上確定總的周遍的情形 [564]

戌六、結論：說明應成與自續的意思 [581]
未二、【應當追隨兩者之中的哪一種在相續中產生（正）見】 分三個部分
申一、說明是追隨應成派 [582]
申二、雖然不是從自己一邊而有，卻知道從名言的角度安立爲有 [583]
申三、爲何必須按照這位阿闍黎的體系來接受 [584]
午三、【依靠（破除所破）而在相續中產生正見的方式】 分三個部分
未一、【抉擇人無我】 分三個部分
申一、【抉擇我沒有自性的正義】 分兩個部分
酉一、【安置譬喻】 分兩個部分
A1 用過渡性的文字說明我和車相似 [585]
A2 廣釋（即根本文酉一【安置譬喻】一科） 分四個部分
戌一、【顯示車子是沒有自性的假有】 分三個部分
亥一、用教典來成立在七種情形中都不存在 分兩個部分
金一、引述教典 [586]
金二、解釋意思 [587]
亥二、在五種情形中都不存在 分五個部分
金一、不相同 [588]
金二、與組成部分並非體性不同 [589]

金三、不是自己的組成部分的依托 [590]

金四、不依靠自己的組成部分 [591]

金五、不是以自性的方式擁有 [592]

亥三、不是聚合或形狀[45] 分兩個部分

金一、引述教典 [593]

金二、解釋意思 分兩個部分

木一、略說 [594]

木二、廣釋 分兩個部分

水一、否定僅僅是聚合 分兩個部分

火一、略說 [595]

火二、廣釋 分兩個部分

土一、與正理相違背 [596]

土二、與自己的觀點相矛盾 分兩個部分

天一、（第一點） [597]

天二、對此不需要加簡別 [598]

水二、否定形狀是車 分七個部分

火一、與（自己的）觀點相矛盾 [599]

火二、單獨的形狀是（車）不合道理 [600]

火三、組裝後的特別形狀是車不合道理 [601]

火四、形狀和聚合不是實物有，所以有矛盾 [602]

火五、形狀不是車總地來說不需要加簡別 [603]

火六、顯示承認不是實有能夠成立，所以（這樣）主張是合理的 [604]

火七、其中的正理在瓶子等之上也是相似的 [605]

戌二、【消除爭論】 分兩個部分

亥一、爭議 [606]

亥二、答覆 分八個部分

金一、實事師從七個方面尋找後以此不能找到，而不作分析時找到的方式則不承認 [607]

金二、當今此方的中觀師與實事師說法相似 [608]

金三、這樣，一切名言都不合道理 [609]

金四、中觀師雖然從七個方面都不能找到，但是卻認為從名言識的角度能找到，所以沒有過失 [610]

金五、此外是唯獨名言的假立而有，而不是實物有 [611]

金六、「車子雖然沒有自性，但是組成部分卻有自性」（的觀點）是不合理的 [612]

金七、車子壞滅時車輪等與車失去關聯，所以就不是它的組成部分 [613]

金八、這時車子的組成部分與別的沒有關聯，所以這時這兩者都不合理 [614]

戌三、【從名字的差別的角度是成立的】 分三個部分

亥一、不止是與車子相關的具備組成部分者和組成部分，對於世間的所取和取者以及動作和作者的名言（也）加以承認 [615]

亥二、（佛法）內部的一些人認爲部分等是有的，但是具備部分者等則不存在，這是不合理的 [616]

亥三、因此，認爲從勝義的角度組成部分和具備組成部分者同樣不存在，從名言的角度同樣存在，則在二諦上沒有衰損 [617]

戌四、【依靠它而迅速獲得（空性）見的利益】 分八個部分

亥一、（從七個方面分析車子）被描述爲能洞達或測度無自性的淵底，所以是極爲重大的要點 [618]

亥二、周遍容易證明的情形 [619]

亥三、這樣宗法和周遍能夠成立，所以具備無自性的行相明顯和容易通達兩種（特徵） [620]

亥四、簡略說明從七個方面分析有容易破除斷常以及仔細觀察無自性三個特點 [621]

亥五、三個特點中的第一個：正理（廣略）恰當 [622]

亥六、三個（特點）中的第二個：容易破除斷見 [623]

亥七、在這個分析方法之中無自性依照《釋量論》的意思而顯現 [624]

亥八、由此而產生驚訝的方式 [625]

酉二、【配合正義】 分兩個部分

戌一、【將無自性的道理配合正義】 分四個部分

亥一、【否定我和蘊相同的可能性】 分兩個部分

金一、在七種可能性之初㊻總地顯示互相排除的相違㊼之中的直接相違㊽ 分四個部分

木一、有匹配和無匹配是直接相違 [626]

木二、由此而成立單一和眾多也是直接相違 [627]

木三、由於總地來說可能性不出單一和眾多，所以也能限定可能性不出自性相同和自性不同 [628]

木四、因此，如果人有自性，也不超出相同與不同（兩種）情形 [629]

金二、用六種責難來否定我和蘊自性相同 分二十一個部分

木一、說明瑜伽師對此用所有的責難來破除 [630]

木二、如果我和蘊相同，那麼承認我就沒有意義 [631]

木三、這兩者如果相同，勢必會有許多我 [632]

木四、「如果是這樣，我勢必會發生生滅」的依據 [633]

木五、對此簡略地顯示三種過失 [634]

木六、如果是這樣，回憶宿世就不合理 [635]

木七、如果是自性成立才會如此，這與僅僅先後不同不相等 [636]

木八、回憶宿世的經中雖然否定不同的相續，然而相同是不合理的 [637]

木九、有人認為佛與有情相同，這是邊見 [638]

木十、對它的責難是顯示一個有情勢必成為六個有情 [639]

木十一、常的過失 [640]

木十二、如果像（以下）這樣就有斷的過失 [641]

木十三、業消散的過失 [642]

木十四、那樣會有遭遇未造之業的過失 [643]

木十五、《入中論》顯示別的過失以及《根本慧論》解釋這些的情形 [644]

木十六、那樣的話後來的勢必不依賴於前者 [645]

木十七、前後如果都是自性成立，則不適合為同一相續 [646]

木十八、正理的要點適用於一切情形，對此應當加以珍惜 [647]

木十九、連同譬喻（說明）如果是自性成立，回憶宿世則不適當，然而依靠無自性的緣起之力，現在的人卻能回憶宿世 [648]

木二十、如果（我和五蘊相同）的話，所作和能作勢必成為相同 [649]

木二十一、結論 [650]

亥二、【否定（我和蘊）不同的可能性】 分兩個部分

金一、否定方式的正文　分八個部分

木一、顯示依據 [651]

木二、二者自性不同則勢必不具備蘊的特徵 [652]

木三、如果是這樣，則（舉出以下的）別人所承認（的比量），以無為的理由來成立不適合充當假立之處及執著為我 [653]

木四、佛護用正理排除其中的不確定 [654]

木五、說明（如果我具備與蘊不同的特徵，）不同於蘊的特徵者勢必被執著為我，然而卻不這樣執著 [655]

木六、顯示這（種解釋的）出處 [656]

木七、增益與蘊體性不同的我是憑藉宗派的力量，而不是憑藉那（些）人相續中的名言量 [657]

木八、對於這種正理獲得決定是非常重要的 [658]

金二、說明此時最究竟的責難歸結於立論者和對論者雙方的名言現識　分五個部分

木一、此時辯論雙方所獨有的宗派是不適合（充當責難）的，而是針對兩人相續中的名言量來顯示妨害 [659]

木二、用二人相續中的名言量顯示妨害的情形 [660]

木三、雖然如此，與《入中論》不矛盾 [661]

木四、中觀和因明的觀點都是這樣來證明，所以非常重要 [662]

木五、這個名言識對於自性成立雖然有妨害，但是由它來成立無自性的過失是不存在的 [663]

亥三、【由此也能否定其餘的可能性】　分七個部分

金一、如同車子，相互被依靠和依靠是自性無 [664]

金二、以自性的方式擁有不存在 [665]

金三、與車相類似，單是蘊的聚合是我不合理 [666]

金四、如果單是蘊的聚合是我，就會有所作和作者成為相同的過失 [667]

金五、與聚合一樣，相續（是我）也不合理 [668]

金六、如果形狀是我，勢必只有色才是我 [669]

金七、就如車子在七種情形中雖然不存在，卻可以依靠它的組成部分和假立之處而假立，我也同樣是如此，因此經中憑藉車子的譬喻來講述 [670]

亥四、【依靠這種（否定）後人顯現爲如幻的情形】 分四個部分

金一、正確無誤的如幻的意思 分七個部分

木一、在兩種如幻之中這是顯現如幻 [671]

木二、產生顯現如幻的方式 [672]

木三、其中理智和名言心二者的聚合同時現起的情形 [673]

木四、因此，除了理智和名言心，額外的抉擇如幻的正理是不需要的 [674]

木五、印藏的前代智者說空性無遮是如虛空，雖然沒有自性卻出現顯現是如幻 [675]

木六、在一切後得（階段）修行如幻的方式 [676]

木七、憑藉定中修習如虛空而在後得位現起如幻如虹的情形 [677]

金二、正確和似是而非的幻化的差別㊾ 分十個部分

木一、如果對於所破的標準發生錯誤而對一切都加以破除，則與兔角相似，不適合成爲幻化 [678]

木二、因此，在理智面前如果有有法雖然成爲過失，但是在正理破除的力量之下仍然有如幻的有法餘留則不是過失 [679]

木三、此見勢力不退之前現行的諦實執不會出現，但是，此時雖然破除對空的諦實執及對如幻的諦實執，然而執取僅僅幻化則不加以破除 [680]

木四、如果對此尚且加以破除，則成爲不能分辨如幻的有和實有 [681]

木五、由分析的對象和分析者不存在而出現一種難辨是非的恍惚迷離的顯現是斷見，而不是幻化的意思 [682]

木六、在分析的時候，出現與此相似的迷離顯現是常見的，但是這不是中觀的幻化 [683]

木七、正確的幻化的現起難在無自性和僅是名言的境的存在（這）兩者的聚合 [684]

木八、在沒有達到這一步之前顯現和空不能相輔相成 [685]

木九、顯現和空如果不能相輔相成，則必然墮入常和斷之中的一邊 [686]

木十、上述（意思）的教證 [687]

金三、有關尋求如幻決定的要訣　分十個部分

木一、由於對顯現和空兩者都必須引生決定，因此（開示）練習空的方式 [688]

木二、不忘空而現起有情的如幻顯現方式 [689]

木三、當顯現與空發生沖突時則需要鏡中影子的譬喻 [690]

木四、提出疑慮：確定影子所作顯現的空成了確定自性空 [691]

木五、否定錯誤的「現證影子無自性」的主張 [692]

木六、違背聖天的言教中現證一法的法性就能現證一切的法性的說法 [693]

木七、即使了知影子中臉是空的，對於影子仍然有諦實執 [694]

酉三、這樣，如果通達一個法的法性，其他的就容易通達 [710]
酉四、先修人無我的原因很重要，所以陳述教典的依據 [711]
未二、【抉擇法無我】　分五個部分
申一、所破雖然沒有粗細之分，依照有法卻可劃分兩種無我 [712]
申二、開示抉擇（法無我）的破四句生的正理　分三個部分
酉一、用它來解釋法無我 [713]
酉二、引述教典 [714]
酉三、顯示這雖然是論點，卻是用應成來否定相反的意思 [715]
申三、確定可能性不出四種的空前善說 [716]
申四、由應成和「別人所承認」而產生比量的方式　分兩個部分
酉一、由應成而產生（比量）的方式　分兩個部分
戌一、否定四種邊際的四個應成　分四個部分
亥一、（無標題，破除從自身而生的應成）　分三個部分
金一、從自身而生沒有意義的過失 [717]
金二、沒有盡頭的過失 [718]
金三、教證 [719]
亥二、破除從他而生的應成　分八個部分
金一、兩種嚴重的過失 [720]

金二、解釋成立它的周遍的兩個方面 [721]

金三、就如這種非因和稻苗二者顯現爲不依仗別的因素，稻種和它的苗芽也是如此，所以不應當有能生與不能生的差別 [722]

金四、（如果）分辨生與不生的差別，自性不同與顯現爲依仗別的（因素並如其顯現）而成立相矛盾 [723]

金五、作這種解釋的教典 [724]

金六、有人對於這些談論一個反體的推理⑤⓪，由上述能顯示此說是最爲低劣的 [725]

金七、《中論》和《入中論》如何解釋這個道理 [726]

金八、對於這種應成，實事師雖然作出答覆卻無法正中要害 [727]

亥三、破除從二者而生　分兩個部分

金一、陳述主張 [728]

金二、用前面的解釋對此加以破除 [729]

亥四、破除無因而生　分兩個部分

金一、陳述主張 [730]

金二、對它加以破除 [731]

戌二、使用這些應成而產生比量的方式　分三個部分

亥一、如何憑藉不從四種邊際而生的成立來證明自性無生 [732]

亥二、這樣成立時就產生事物沒有自性的比量 [733]

亥三、這種比量是通達事物沒有自性的比量，利根者使用應成就會產生，並沒有直接的因和論式[734]

酉二、由「別人所承認」而產生比量的方式　分兩個部分

戌一、顯示使用它的時間[735]

戌二、如果這樣確定諸事無實，則很容易通達一切法無實[736]

申五、解釋正理之王緣起　分四個部分

酉一、別人所承認（的論式）分九個部分

戌一、引用教典[737]

戌二、舉出別人所承認的緣起（因）[738]

戌三、在譬喻之上成立周遍的方式[739]

戌四、成立這種（說法）的教證[740]

戌五、成立周遍的方式[741]

戌六、講述這段教典的意思[742]

戌七、從自己一邊而有的意思是能夠自立，所以自性空的意思是指不能自立[743]

戌八、因此，事物不發生作用的空是不適當的[744]

戌九、離開常斷的緣起如幻是有的[745]

酉二、消除實事師的爭論　分兩個部分

戌一、陳述爭論的方式[746]

戌二、答覆　分兩個部分

亥一、你不了解中觀宗的緣起的意思，並且不知道如何闡述 [747]

亥二、上述（說法）的教證 [748]

酉三、（反方）雖然承認純粹的因果，卻沒有了解或講述獨有的緣起　分兩個部分

戌一、（反方）雖然承認因果，卻不了解獨有的緣起，因而不能消除眾多邪分別 [749]

戌二、這樣，對數論師成立聲是無常勢必會不適當 [750]

酉四、（緣起因）是斷除邊執的無上方便　分四個部分

戌一、（緣起因）斬斷一切常斷繫縛的情形 [751]

戌二、對此大師以「不放逸」等辭句讚嘆 [752]

戌三、如果自性成立是有的，一切相智則必然能見到它，然而佛等勢必不能見到 [753]

戌四、對於（空性）見必須精進，因此推薦（其他）教典 [754]

未三、【由串習這些正見而斷除障礙的方式】　分五個部分

申一、斷除煩惱的方式　分三個部分

酉一、我執斷盡便得到解脫 [755]

酉二、由它的止息而獲得解脫的方式 [756]

酉三、解脫的獲得依賴於空性的修證 [757]

申二、煩惱生起和止息的方式　分三個部分

酉一、從它而產生一切戲論的情形 [758]

酉二、證明流轉和還滅道理的教典 [759]

酉三、空性的通達是解脫之命，所以教誡（修行者）應當珍視 [760]

申三、斷除所知障的方式　分五個部分

酉一、修習資糧和空性的（時間）長短構成了對二障施行對治的（不同）方式 [761]

酉二、從修習空性的時間長短或圓不圓滿來區分兩種障的[51]對治方法 [762]

酉三、斷除所知障不僅憑藉長期的[52]空性的證悟，而且依賴於無邊的資糧 [763]

酉四、從所緣和時間兩方面圓滿修習法無我而對治所知障的方式 [764]

酉五、顯示被其他中觀師認作是所知障的諦實執是煩惱障 [765]

申四、確認所知障　分三個部分

酉一、所知障中包含習氣和無明二者 [766]

酉二、所知障中包含無明的情形 [767]

酉三、斷除這種習氣時就能成佛 [768]

申五、因爲（了義見）是三乘的生命，所以教誡（學人）加以珍惜 [769]

卯二、【觀的分類】分三個部分

辰一、觀的資糧 [770]

辰二、聖賢之輩出入觀的情形以及體性差別、所緣行相是不可思議的，所以最初不作開示，而是主要闡述異生所修的觀 [771]

辰三、正說（觀的）分類　分三個部分

巳一、略說 [772]

巳二、廣釋 分三個部分

午一、解釋四種（觀） 分兩個部分

未一、二諦各有四種 [773]

未二、《集論》也這樣說 [774]

午二、從入觀的門徑的角度解釋三種（觀） 分三個部分

未一、教典中解釋三種（觀）的情形 [775]

未二、解釋這三個（觀）的三種各自進入的方式 [776]

未三、對它們的53明顯確認 [777]

午三、解釋六種（觀） 分三個部分

未一、略示 [778]

未二、分別說明 [779]

未三、從所緣的角度將六者解釋爲三類 [780]

巳三、總結觀的分類 分三個部分

午一、四種尋求中包括三門與六類 [781]

午二、以這樣的方式而包含四種作意 [782]

午三、上述（解釋）的結論：說明止觀各自的必要性和所緣境 [783]

卯三、【修觀的方式】 分兩個部分

辰一、【破除別人的觀點】 分四個部分

巳一、【破除別人的觀點之一】 分兩個部分

午一、陳述（別人）的主張 [784]

午二、予以破除 分三個部分

未一、破除這種主張 分十個部分

申一、如果（反方）認為是在首先了解境絲毫不成立（的情形）之後才這樣修，則觀點有矛盾 [785]

申二、顯示不僅如此，而且這是一種斷見 [786]

申三、如果認為從勝義的角度遠離戲論，所以不作「是這」、「不是那」的任何執取就是修習空性，則會出現眼識也能修習（正）見的極大過失 [787]

申四、極端的荒謬以及與（自己）所承認者相矛盾 [788]

申五、《修次第》說明「一切分別都能[54]繫縛，所以不加識別而安住就是解脫道」的想法與（支那）和尚沒有差別 [789]

申六、《修次第》說明反方捨棄了方便和智慧二者 [790]

申七、《修次第》中說明反方捨棄一切道的方式 [791]

申八、《修次第》說明反方因為[55]寡聞而毀害雙方的情形 [792]

申九、（對方）如果以不否定布施等為由而認為（自己）與（支那和尚）不同，則是承認（兩人）見地相同 [793]

申十、如果認為一切分別都是束縛，則這比（支那）和尚更為低劣 [794]

未二、駁斥此說的追隨者 分八個部分

申一、顛倒的說法 [795]

申二、顯示這是毀謗一切經和論的斷見 [796]

申三、如果不用教典和正理來破除我執的執著方式，只要心不在境上散逸就已足夠，則會出現連酣睡都會變成無我見的荒謬情形 [797]

申四、貶斥捨棄分析的教證 [798]

申五、對於止息錯亂心來說破除錯亂的所依處是非常重要的 [799]

申六、教證 [800]

申七、月（稱論師）的教證 [801]

申八、正理與教證雙運㊻ [802]

未三、破除它們所共通的「一切分別都是相執」的主張㊼ 分十個部分

申一、只見眼前的人㊽修習空性勢必不合理 [803]

申二、異生如果能無分別地修，就會出現師徒混亂的笑話 [804]

申三、在大庭廣眾之中不適合發表這種言論 [805]

申四、按照此處這種說法，不通達眞實勢必是不存在的 [806]

申五、即使現證眞實仍然需要加以指點是極爲錯亂的 [807]

申六、此處「隱晦」和「被離分別的現識所執取」是矛盾的 [808]

申七、此處如果是顯了義，則不應當是異生 [809]

申八、認爲「對於加行道上的行者是隱晦，而對於初修業者是現見」是矛盾的 [810]

申九、如果這（種心）是不錯亂的，就會成爲通達空性的瑜伽現識 [811]

申十、由此看來，（這種觀點）違背了教典和正理，所以理應拋棄 [812]

巳二、【破除別人的觀點之二】 分兩個部分

午一、陳述（反方的）觀點 [813]

午二、予以破除 分四個部分

未一、如果獲得（正）見後一切無分別的修習全都是修空性，則太爲荒謬，所以是不合理的 [814]

未二、此人獲得正見後，在修習時憶念（正見）而修雖然是修習空性，但是並非一切無分別都是（修空） [815]

未三、雖然已得（正）見，但是不加識別地安住並非修習空性 [816]

未四、自宗認爲「不分別」是指不作「這是某某」的思惟 [817]

巳三、【破除別人的觀點之三】 分兩個部分

午一、陳述（反方的）觀點 [818]

午二、予以破除 分兩個部分

未一、不按照前面兩種來作，如果前面只作一次（正）見的分析而已，那麼也就像臨睡前作了分析而進入沉睡，是非常荒謬的 [819]

未二、如果不間或作分析，觀看是否持續安住，則會出現過失 [820]

巳四、【破除別人的觀點之四】 分兩個部分

午一、陳述（反方的）觀點[821]

午二、此處雖然有空性之上的奢摩他修法，但是卻沒有空性之上的修觀法，所以必須具備更強的時常對（正）見所作的分析[822]

辰二、【安立自宗】分兩個部分

A1 略說[823]

A2 廣釋 即辰二【安立自宗】分三個部分

巳一、【需要安住修和觀察修二者的原因】分四個部分

午一、有關（正）見的觀察和安住二種修法 分兩個部分

未一、必須獲得（正）見[824]

未二、在沒有觀察修的情形下，僅由安住修無法生起觀，所以觀是用分析的方式來修的[825]

午二、否定認為觀察修是分別因而不適當的執著 分七個部分

未一、前面已經反覆否定了（反方的觀點），所以（它）是不合理的[826]

未二、如果是這樣，善法勢必大部分都不適當[827]

未三、如果認為通達（正）見後不需要觀察修，則會出現獲得見道後不必修習的荒謬情形[828]

未四、如果對方認為必須斷除修所斷，那麼此處經過分析後也能以盡可能大的毘鉢舍那的決定來消除我執[829]

未五、有關這個（道理）的教證和清晰的正理[830]

未六、不僅如此，出離（心）等也需要（分析）[831]

未七、因此諸觀察修必須使用教典和正理來修⑲ [832]

午三、如同日月的眾多班智達及成就者說明在止之後分析而修的情形　分五個部分

未一、吉祥月（稱）如何說明 [833]

未二、大班智達清辨在《中觀心論》的根本頌和疏二者之中如何解釋 [834]

未三、吉祥寂天如何解釋 [835]

未四、這是開示六度的一切教典的意趣 [836]

未五、不僅是這些，經續及諸大釋論都是（這樣）解說的 [837]

午四、結論：自宗及附帶的說明　分十個部分

未一、結論：止成就之後，修觀時分析和安住二者必須輪換 [838]

未二、這樣修便能雙運 [839]

未三、有明顯的教典說明並非僅僅捨棄作意，用心識⑲對空性的境作探尋後，只要以通達爲空的觀察修就能進入無相 [840]

未四、智者如何解釋（經文）的意思 [841]

未五、如果像（支那）和尚那樣捨棄作意則不能證得無相的正理 [842]

未六、附帶說明如何用分析來根除相執 [843]

未七、一切相執全都止息的道理 [844]

未八、爲了斷除實執必須分析境不是實有，僅僅捨棄作意則無法斷除 [845]

未九、如果沒有觀察修，而是僅僅收攝作意，則只是不作實有和我存在的分別，除此之外並非通達

無實和無我，所以對於實執沒有妨害 [846]

未十、必須區分不分別諦實有及我和通達無實等之間的差別 [847]

巳二、【消除爭論】 分兩個部分

午一、爭議 [848]

午二、答覆 分五個部分

未一、正式的回答 分三個部分

申一、從觀察而產生無分別智的方式 [849]

申二、爲什麼這樣分析無分別智就能產生，而僅僅捨棄作意則不能產生 [850]

申三、只要隨順就已足夠，如果因和果在所有方面都必須類似則太爲荒謬 [851]

未二、（觀察無我）與無分別智隨順的方式 分兩個部分

申一、用《三摩地王經》的經文和正理來作解釋 [852]

申二、雖然是分別心，卻能發起無分別智，並能隨順 [853]

未三、解釋經中出現的「行於相」和「無所住」的意思 分三個部分

申一、「行於相」的說法的意趣在於諦實成就的相 [854]

申二、否則會和這些經中讚嘆用慧分析空性相矛盾 [855]

申三、所以經的意思是「不作諦實的增益」 [856]

未四、如何破除實執的所著境 分十三個部分

申一、僅僅收攝心是不夠的，必須分析它的對象而斷定爲不存在 [857]

申二、不可破除不錯亂者 [858]

申三、心的錯亂方式 [859]

申四、破除錯亂依賴於經和《聲聞地》所說的四種道理 [860]

申五、成立無實之後，對諦實不作分別則是應當承認的 [861]

申六、（說明）先成立無我然後不分別諦實的教典和正理非常多 [862]

申七、如果不是這樣則有矛盾 [863]

申八、同樣，般若經說對於從色直至一切相智不安住於諦實 [864]

申九、修習見時不安住的說法是（指）先作分析的無實 [865]

申十、爲了消除驕慢心而說空性是各自內證、不可思議 [866]

申十一、如果不是這樣，則有違背教典的妨害 [867]

申十二、與《迦葉品》相矛盾 [868]

申十三、妨害、違背《（入）無分別（陀羅尼）》的教典及正理 [869]

未五、必須遵循（開宗）大師的體系　分五個部分

申一、印藏的班智達和成就者說必須追隨二大（開宗）大師中的一位 [870]

申二、龍樹的體系前面已經講述，無著的體系也是先認識（正）見，然後在修習時修持見 [871]

申三、推薦《般若教授論》——其中包含無著阿闍黎體系的抉擇見的方式及其修法 [872]

申四、如果通達此見後加以修習，也是通達大師（佛）的密意——微細空性——的希有方便 [873]

申五、如果某經沒有廣（釋）甚深義，則應當引用詳盡者，所以師長的德相必須具備善巧一切乘

就是這個原因 [874]

巳三、【略說修持方法的要點】分三個部分

午一、正說修持方法 分兩個部分

未一、顯示分析和安住必須交替 [875]

未二、分析過盛後安住時如果安住的成份微弱，則需要安住修；如果因爲多作安住修而使安住分增強，由此而不願意分析，則需要多作分析 [876]

午二、其中加行、結行等事的特點 分五個部分

未一、需要前面所說的加行和結行 [877]

未二、去除沉沒、掉舉以及四種作意的情形與奢摩他的九種心相似——前文已經作了解釋 [878]

未三、在每一座中如何作觀察和安住 [879]

未四、必須避免像「東門鬧鬼，西門送俑」那樣而修習 [880]

未五、這些還需要憑藉修習來加以抉擇 [881]

午三、（這些）是大尊者（阿底峽）、班智達、成就者及師長所說 分三個部分

未一、噶當派古德說（這是）（阿底峽）尊者的旨趣 [882]

未二、（阿底峽）尊者讚嘆中觀唯識二者之中的聖者父子並解說後者的要訣 [883]

未三、許多班智達和成就者如何解說這個修法 [884]

卯四、【經過修習而成就觀的標準】 分三個部分

辰一、正說成就的標準 分七個部分

巳一、顯示觀察修的輕安產生時就是成就 [885]

巳二、奢摩他的輕安是不夠的 [886]

巳三、這個成就的標準對於如所有性和盡所有性兩者是一致的 [887]

巳四、觀的成就標準的教證——經和論兩種 [888]

巳五、針對盡所有性的成就標準和雙運的標準與如所有性的觀相似 [889]

巳六、由分析而引發輕安時能引生堅固的三摩地 [890]

巳七、所以邪分別是不適當的 [891]

辰二、對於似是而非的後得位如所有性毘鉢舍那產生錯亂　分六個部分

巳一、如所有性的觀需要通達一種無我以及隨後專注於此的觀察修，別的後得（心）無濟於事 [892]

巳二、無法用來判別的後得（心）——彩虹、澄淨等——不能（區分是否獲得如所有性的觀） [893]

巳三、這種（顯現）不一定具備中觀的如幻義 [894]

巳四、不然的話，則會出現荒謬的情形——見到彩虹勢必就會通達中觀的幻化 [895]

巳五、虛空的顯現中會有這種情形[60] [896]

巳六、必須回憶前面所說的幻化顯現的方式 [897]

辰三、古德的道次第中的具備四個特點的三摩地　分兩個部分

巳一、具備四個（特徵）的方式 [898]

巳二、如果以如此安住作爲基礎則是合適的，如果不安住於（正）見，即使具備四者仍然不是（修習了義） [899]

註釋：

①藏：'Jam dbyang bzhad pa'i rdo rje Ngag dbang brtson 'grub。有關《四家合註》的四位註釋者及他們各自註疏的特點，見 Napper（1989）219至228頁。《四家合註》的漢譯見宗峰與緣宗（2014）譯本。與本冊開始至『中觀師如何予以答復』一科（1－189節）部分相對應的英文節譯見 Napper（1989）229－400頁。

②Tsong kha pa Blo bzang grags pa（1972）。以下763節的科文參照了《四家合註》的另一個版本。

③用【】標出的科判是出自《菩提道次第廣論》原文，其餘的科判是出自《四家合註》。用英文字母單另地列出的科判（如A2、B1、C1等）表示：⑴出自《四家合註》，⑵如果加入總的科判則會改變《廣論》原文的分科。

④在《廣論》和《四家合註》中當同一科判多次出現時，如果前後的詞句不一致，本譯本一般採取後面的文字。

⑤在上一科的末尾《四家合註》引用《寶鬘論》來證明龍樹論師不承認外境。

⑥藏：stong thun（chen mo）。

⑦藏：khyad gzhi。

⑧藏：med dgag。

⑨藏：rang bzhin gyis med。

⑩上面金二〔不能區分自性有無及有無四者之間的差別而墮入（二）邊的情形〕一科的第三部分「結論」沒有相應的正文，似乎已被納入此科。

⑪藏：rang ngos nas ma grub pa。

⑫藏：yul can，即心。

⑬藏：rdzun grub。直譯為「虛妄地成立」。

⑭藏：phan tshun spang 'gal。

⑮藏：dngos 'gal。

⑯藏：shes byed。

⑰藏：rang bzhin gyis skye ba。

⑱藏：stobs ldan，應當是 rtog ldan（具備觀察（慧）的人）之誤。

⑲ 指聞、思、修。
⑳ 藏：dbang mngon。
㉑ 此處 tha snyad pa'i shes pa de kho na la blo kha ma phyogs pa'i 中的 pa'i 字應改作 pas。
㉒ 此處的《四家合註》的科文將這一節分為兩部分（gnyis pa gnyis las），但是後文卻沒有第二部分。
㉓ 與「三自性」同義。
㉔ 藏文 kyi 應改作 kyis。
㉕ 藏：dgag pa。
㉖ 藏：sgrub pa。
㉗ 藏：'phags pa yab sras lnga。《菩提道次第廣論》的原文只引證了龍樹、聖天及佛護三位阿闍黎的著述，《四家合註》說月稱論師的觀點也是如此，並引證了寂天阿闍黎的著述。
㉘ 藏：shing rta chen po。
㉙ 此處將原文中 legs ldan gyi 讀作第三囀聲 legs ldan gyis。
㉚ 以下以拉丁字母開頭的幾個科判均出自《四家合註》，在《菩提道次第廣論》之中本科所分的兩個小科分別為：〔申一〕破除別人的觀點，與〔申二〕安立自己的觀點。
㉛ 藏：khu lo。
㉜ 藏：pa tshab。
㉝ 藏：rma bya ba。
㉞ 藏：'gal dmigs kyi rtags。也作 'gal zla dmigs pa'i rtags。
㉟ 此處將 rtags yang dag gi 中的最後一字依照《菩提道次第廣論》的原文讀作 gis。
㊱ 此處的 gzhi 字應當改作 bzhi。
㊲ 藏：'gal dmigs kyi rtags。
㊳ 藏：rtsod gzhi，辯論的依托或基礎，與「有法」（chos can）是同義詞。
㊴ 此處 des ni 改作 des na，gzhi 改作 bzhi。
㊵ 此處採用此科初次出現時的科文。

㊶此處採用此科初次出現時的科文。
㊷此處採用此科初次出現時的科文。
㊸藏：de sgrub。
㊹此處的 don gyis 疑為 don gyi。
㊺此處採用此科初次出現時的科文。
㊻建議將原文 btags zur bdun gyis dang po 改作 brtags zur bdun gyi dang por。
㊼藏：phan tshun spangs 'gal。
㊽藏：dngos 'gal。
㊾此處採用此科初次出現時的科文。
㊿藏：ldog pa gcig pa'i dpung phul。
51 此處的 kyis 字應當改作 kyi。
52 此處 Tsong kha pa Blo bzang grags pa（1972）原文部分缺漏，依照 Tsong kha pa Blo bzang grags pa（無出版日期）kha（第二）函 360 頁下 1 讀作 rgyun ring bar。
53 此處的 gis 字似應讀作 gi。
54 此處的 gyi 字似應讀作 gyis。
55 此處的 gi 字似乎應當讀作 gis 字。
56《四家合註》科判的譯文中「雙運」都對應藏文 zung 'brel。
57 這句科文是採取《四家合註》中第一次出現時的文字。
58 藏：tshur mthong，與「異生」是同義詞。
59 原文為：des dpyod sgom rnams lung rigs kyi sgom dgos tshul，建議讀作：des na dpyod sgom rnams lung rigs kyis sgom dgos tshul。
60 藏：yul can shes pa。
61 藏：de 'dra nam mkha'i snang bar yod tshul。

縮略語

- 《大正藏》　見 Takakusu Junjirō 高楠順次郎與 Watanabe Kaikyoku 渡辺海旭（1924–1932）編輯的《大正新脩大藏經》
- 青海版　青海民族出版社出版的藏文《菩提道次第廣論》，見 Tsong kha pa（1985）
- To.　Hakuju Ui 等人（1934）等人編寫的《西藏大藏經總目錄》中所列的藏文德格版《甘珠爾》和《丹珠爾》中每一文本的序號
- 奘譯　玄奘法師譯語
- 尊譯　法尊法師譯語

引用書目

A kya yongs 'dzin Dbyangs can dga' ba'i blo gros. 1971. *Byang chub lam gyi rim pa chen po las byung ba'i brda bkrol nyer mkho bsdus pa* 菩提道次第廣論名詞解釋要略。In vol. *ka*, pp. 78-175 of *The Collected Works of A-kya Yongs-'dzin.* 2 vols. New Delhi: Lama Guru Deva.

Amano, H., ed. 1986. "Genkanshōgonronshaku no bonbun shahon." *Hijiyama Joshi Tankidaigaku Kiyō* 20: 67–86.

Bhattacharya, Kamaleswar, E. H. Johnston, and Arnold Kunst. 1978. *The Dialectical Method of Nāgārjuna (Vigrahavyāvartanī).* Translated from the original Sanskrit with introduction and notes by Kamaleswar Bhattacharya; text critically edited by E.H. Johnston and Arnold Kunst. Delhi: Motilal Banarsidass.

Bhattacharya, Kamaleswar, E. H. Johnston, and Arnold Kunst. 1998. *The Dialectical Method of Nāgārjuna(Vigrahavyāvartanī).* Translated from the original Sanskrit with introduction and notes by Kamaleswar Bhattacharya; text critically edited by E.H. Johnston and Arnold Kunst. Fourth revised and enlarged edition. Delhi: Motilal Banarsidass.

Bhattacharya, Vidhushekhara, ed. 1960. *Bodhicaryāvatāra.* Calcutta: The Asiatic Society.

Cabezón, Ignacio José. 1992. *A Dose of Emptiness: An Annotated Translation of the sTong thun chen mo of mKhas grub dGe legs dpal bzang.* Albany: State University of New York Press.

Conze, Edward, trans. 1975. *The Large Sūtra on Perfect Wisdom: With the Divisions of the Abhisamayālaṅkāra.* Berkeley: University of California Press.

Davids, T. W. Rhys, and J. Estlin Carpenter. 1975–1982. *The Dīgha-nikāya.* 3 Vols. London: Pali Text Society. Originally Published for the Pali Text Society by H. Frowde, London.

De Jong, J. W. 1962. "La Madhyamakaśāstrastuti de Candrakīrti." *Oriens Extremus* 9, no. 1: 47–56.

De Jong, J. W. 1977. *Nāgārjuna: Mūlamadhyamakakārikāḥ.* Madras: Adyar Library and Research Centre.

De Jong, J. W. 1978. "Textcritical Notes on the *Prasannapadā.*" *Indo-Iranian Journal* 20: 25–59, 217–252.

荻原雲來，編纂。2003。梵和大辭典。臺北：新文豐出版公司（影印）。

（釋）滇津顙摩，譯。2008。般若波羅蜜多要訣現觀莊嚴論釋心要莊嚴疏合集。臺北縣中和市：大千出版。

Don grub, Phun tshogs, ed. 2005. *dBu ma-la 'Jug pa'i rGya-cher-bShad-pa dGongs-pa Rab-tu gSal-ba (A Comprehensive Commentary on Mādhyamika).* Sarnath, India: Gelugpa Students' Welfare Committee, CIHTS.

Don grub, Phun tshogs, ed. 2006. *rNam-bShad sNying-Po'i rGyan. Abhisamayālankār of Maitri (along with its Clear-Meaning-Commentary of Hari Bhadrasuri followed by the Ornament of Essential Commentary by Gyaltsab Darma Rinchen).* 2 vols. Sarnath, India: Gelugpa Students' Welfare Committee, CIHTS.

Dubey, Yadunātha Prasād, ed. 2006. *The Saddharma Laṅkāvatārasūtra (Vaipulya Sūtra).* Varanasi, India: Bauddha Bharati.

Dutt, Nalinaksha. 1934. *The Pañcaviṁśatisāhasrikā Prajñāpāramitā.* London: Luzac & Co.

Eckel, Malcolm David. 2008. *Bhāviveka and His Buddhist Opponents*. Harvard Oriental Series 70. Cambridge, MA: Dept. of Sanskrit and Indian Studies, Harvard University.

Edgerton, Franklin. 1953. *Buddhist Hybrid Sanskrit Grammar and Dictionary*. 2 vols. Delhi: Motilal Banarsidass.

（釋）法尊，譯。無出版日期。釋量論。北京：中國佛教協會。

（釋）法尊，譯。1940。《七十空性論》《精研經釋》《緣起贊釋》合冊。北京：北京菩提學會。

（釋）法尊。1989。入中論善解密義疏。上海：上海佛教協會。

（釋）法尊。1990。法尊法師佛學論文集。呂鐵鋼與胡和平，編。北京：中國佛教文化研究所。

（釋）法尊，譯。1992。菩提道次第廣論。臺北：華藏教理學院。

（釋）法尊。1995。四宗要義入中論講記合刊。浙江三門：浙江省佛教協會。

（釋）法尊，譯。1997。入中論。Acadia, CA: 悲智學佛會。

（釋）法尊。2017。法尊法師全集。楊德能與胡繼歐，主編。北京：中國藏學出版社。

Feer, Léon. 1960. *Saṃyuttanikāya*. 6 vols. Part VI indexes, by Mrs. Rhys Davids. London: Published for the Pali Society by Luzac.

更登（Snyan bzang pa dge 'dun），主編。2019. *Rje yab sras gsum gyi gsung 'bum dpe bsdur ma*. 宗喀巴師徒三尊文集：對堪本。37卷（46冊）。北京：民族出版社。

郭諾・迅魯伯。2003。青史。郭和卿，譯。拉薩：西藏人民出版社。

Hahn, Michael. 1982. *Nāgārjuna's Ratnāvalī*. Vol. 1, the Basic Text (Sanskrit, Tibetan, Chinese). Bonn: Indica et Tibetica Verlag.

Harrison, Paul. 2010. "Experimented Core Samples of Chinese Translations of Two Buddhist Sūtras Analysed in the Light of Recent Sanskrit Manuscript Discoveries." *Journal of the International Association of Buddhist Studies* 31, no. 1–2: 205–249.

Hattori, Masaaki. 1968. *Dignāga, On Perception: Being the Pratyakṣapariccheda of Dignāga's Pramāṇasamuccaya from the Sanskrit Fragments and the Tibetan Versions.* Harvard Oriental Series Vol. 47. Cambridge, MA: Harvard University Press.

Hirakawa Akira, in collaboration with others. 1973–1978. 阿毘達磨俱舍論索引 *Index to the Abhidharmakośabhāṣya.* 3 vols. Tokyo: Daizo Shuppan.

Hopkins, Jeffrey. 1983. *Meditation on Emptiness.* London: Wisdom Publications.

Iida, Shotaro. 1980. *Reason and Emptiness: A Study in Logic and Mysticism.* Tokyo: The Hokuseido Press.

Jackson, David P. 1983. "Notes on Two Early Printed Editions of Sa-skya-pa Works." *The Tibet Journal* 8, no. 2: 3–24.

Jackson, David P. 1989. "More on the Old dGa'-ldan and Gong-dkar-ba Xylographic Editions." *Studies in Central and East Asian Religions* 2: 1–18.

Khangkar, Tsultrim Kelsang, ed. 2001. *Rje tsong kha pa'i lam rim chen mo'i lung khungs gsal byed nyi ma. The Great Treatise on the Stages of the Path to Enlightenment (Lam rim chen mo).* 2 vols. Japanese and Tibetan Buddhist Culture Series VI. Kyoto, Japan: Tibetan Buddhist Culture Association.

Khu byug 千木滾。2004. *Bod kyi dbu ma'i lta ba'i 'chad nyan dar tshul blo gsal mig 'byed* 佛教哲學思想史。北

京：中國藏學出版社（Krung go'i bod rig pa dpe skrun khang）。

Kuijp, Leonard W. J. van der. 2015. "May the 'Original' *Lam rim chen mo* Please Stand Up! A Note on Its Indigenous Textual Criticism." In *The Illuminating Mirror: Tibetan Studies in Honour of Per K. Srensen on the Occasion of his 65th Birthday,* edited by Olaf Czaja and Guntram Hazod, 253–268. Wiesbaden: Dr. Ludwig Reichert Verlag.

La Vallée Poussin, Louis de. 1903–1913. *Madhyamakavṛttiḥ: Mūlamadhyamakakārikā (Mādhyamikasūtras) de Nāgārjuna avec la Prasannapadā, Commentaire de Candrakīrti.* Bibliotheca Buddhica 4. St. Petersburg: Académie Impériale des Sciences. Reprint, Osnabrück: Biblio Verlag, 1970.

La Vallée Poussin, Louis de. (1907–1912) *Madhyamakāvatāra par Candrakīrti, Traduction Tibétaine.* Bibliotheca Buddhica 9. St. Petersburg: Académie Impériale des Sciences. Reprint, Osnabrück: Biblio Verlag, 1970.

Lang, Karen. 1986. *Āryadeva's Catuḥśataka: On the Bodhisattva's Cultivation of Merit and Knowledge.* Copenhagen: Akademisk Forlag.

Lang, Karen. 1990. "Spa-tshab Nyi-ma-grags and the Introduction of Prasaṅgika Madhyamaka into Tibet." In *Reflections on Tibetan Culture: Essays in Memory of Turrell V. Wylie,* edited by Lawrence Epstein and Richard F. Sherbourne, 127–141. Lewiston, NY: E. Mellon Press.

Li, Shenghai. 2012. "Candrakīrti's Āgama: A Study of the Concept and Uses of Scripture in Classical Indian Buddhism." PhD dissertation, University of Wisconsin-Madison.

Li, X（＝李學竹）。2014. "*Madhyamakāvatāra-kārikā* Chapter 6." Published with open access at Springerlink.

com, doi: 10.1007/s10781-014-9227-6.

李學竹與葉少勇。2014. *Yuktiṣaṣṭikākārikā: Rigs pa drug bu pa'i tshig le'ur byas pa.* 六十如理頌：梵藏漢合校・導讀・譯註。上海：中西書局。

Lindtner, Chr., ed. 2001. *Madhyamakahṛdaya of Bhavya.* Chennai: Adyar Library and Research Centre.

Lindtner, Christian. 1981. "Buddhapālita on Emptiness [Buddhapālita-mūla-madhyamakavṛtti XVIII]." *Indo-Iranian Journal* 23: 187–217.

Lindtner, Christian. 1982. *Nagarjuniana: Studies in the Writings and Philosophy of Nāgārjuna.* Indisker Studier 4. Copenhagen: Akademisk Forlag.

Loizzo, Joseph John. 2001. "Candrakīrti and the Moon-Flower of Nālandā: Objectivity and Self-Correction in India's Central Therapeutic Philosophy of Language." PhD dissertation, Columbia University.

Loizzo, Joseph John, and AIBS Translation Team, trans. Loizzo, Joseph John, and Paul G. Hackett, eds. 2007. *Nāgārjuna's Reason Sixty with Chandrakīrti's Reason Sixty Commentary.* New York: The Academic Institute of Buddhist Studies at Columbia University in New York.

Mabja Jangchub Tsöndrü. 2011. *Ornament of Reason: The Great Commentary to Nāgārjuna's Root of the Middle Way.* Translated by the Dharmachakra Translation Committee. Ithaca, NY: Snow Lion Publications.

MacDonald, Anne. 2015. *In Clear Words: The Prasannapadā, Chapter One.* 2 vols. Vienna: Verlag der Österreichischen Akademie der Wissenschaften.

Mar me mdzad ye shes, and Tsong kha pa Blo bzang grags pa. 2012. *Byang chub lam gyi sgron ma/ Byang chub lam rim che ba/ De'i sa bcad bcas.* Manipal, India: Manipal Technologies Ltd. https://www.jangchuplamrim.org/tibetan-lamrim-texts/.

Morris, Richard, Edmund Hardy, Mabel Hunt, and Caroline A F Rhys Davids, eds. 1955–1961. *The Aṅguttara-nikāya.* 6 vols. London: Published for the Pali Text Society by Luzac.

Namdol, Gyaltsen. 1997. *Bhāvanākrama of Ācārya Kamalaśīla: Tibetan Version, Sanskrit Restoration and Hindi Translation.* Sarnath, India: Central Institute of Higher Tibetan Studies.

Nanjio, Bunyiu. 1923. *The Laṅkāvatāra-sūtra.* Kyoto: Ōtani: Daigaku.

Napper, Elizabeth. 1989. *Dependent-Arising and Emptiness: A Tibetan Buddhist Interpretation of Mādhyamika Philosophy Emphasizing the Compatibility of Emptiness and Conventional Phenomena.* Boston: Wisdom Publications.

（釋）能海。2003。現證莊嚴論顯明義疏清涼記。台北：福智之聲出版社。

Pandeya, Janardan Shastri, ed. 1994. *Bauddhastotrasamgraha.* Delhi: Motilal Banarsidass.

Pandeya, Ram Chandra, ed. 1989. *Pramāṇavārttikam of Ācārya Dharmakīrti, With the Commentaries Svopajñavṛtti of the Author and Pramāṇavārttikavṛtti of Manorathanandin.* Delhi: Motilal Banarsidass.

Pandeya, Ramchandra, ed. 1971. *Madhyānta-vibhāga-śāstra: Containing the Kārikā-s of Maitreya, Bhāṣya of Vasubandhu and Ṭīkā by Sthiramati.* Delhi: Motilal Banarsidass.

Phur lcog pa Blo bzang tshul khrims byams pa rgya mtsho. n.d. *Tshad ma'i gzhung don 'byed pa'i bsdus grwa dang blo rtags kyi rnam gzhag rigs lam 'phrul gyi sde mig.* Delhi: Jayyed Press.

Po to ba, Dge bshes, et al（格西・博多瓦等著）。1991. *Gangs can rig brgya' sgo 'byed lde mig (deb bcu drug pa)—bka' gdams be'u bum sngon po'i rtsa 'grel* 藏文文選（十六）——藍色手冊本注。Krung go bod brgyud mtho rim nang bstan slob gling gi slob gzhi rtsom sgrig tsho chung gis bsgrigs 中國藏語系高級佛學院編。北京：民族出版社（mi rigs dpe skrun khang）。

Reat, N. Ross. 1993. *The Śālistamba Sūtra: Tibetan Original, Sanskrit Reconstruction, English Translation, Critical Notes (Including Pāli Parallels, Chinese Version and Ancient Tibetan Fragments)*. Delhi: Motilal Banarsidass.

Rma bya Byang chub brtson 'grus. 1975. *Dbu ma rtsa ba shes rab kyi 'grel pa 'thad pa'i rgyan.* Rumteg, Sikkim: Rgyal ba Karma pa.

Roerich, George N., trans. 1976. *The Blue Annals*. Delhi: Motital Barasidass.

Rotman, Andy. 2008. *Divine Stories: Divyāvadāna, Part 1*. Boston: Wisdom Publications.

Ruegg, David Seyfort. 2000. *Three Studies in the History of Indian and Tibetan Madhyamaka Philosophy: Studies in Indian and Tibetan Madhyamaka Thought, Part 1*. Vienna: Arbeitskreis für Tibetische und Buddhistische Studien, Universitat Wien.

Ruegg, David Seyfort. 2002. *Two Prolegomena to Madhyamaka Philosophy: Candrakīrti's Prasannapadā Madhyamakavṛttiḥ on Madhyamakakārikā I.1, and Tson kha pa Blo bzan grags pa/Rgyal tshab Dar ma rin chen's Dka' gnad/gnas brgyad kyi zin bris: Annotated Translations*. Vienna: Arbeitskreis für Tibetische und Buddhistische Studien, Universität Wien.

Saito, Akira. 1984. "A Study of the Buddhapālita-mūlamadhyamaka-vṛtti." PhD dissertation, Australian National University.

Śāstrī, Swāmī Dwārikādās, ed. 1998. *The Abhidharmakosha & Bhāṣya of Acārya Vasubandhu with Sphutārtha Commentary of Ācarya Yośomitra.* 2 vols. Varanasi, India: Bauddha Bharati.

Scherrer-Schaub, Cristina Anna. 1991. *Yuktiṣaṣṭikāvṛtti: Commentaire à la soixantaine sur le raisonnement ou Du vrai enseignement de la causalité par le Maître indien Candrakīrti.* Brussels: Institute Belge des Hautes Études Chinoises.

Shukla, Karunesha, ed. 1973. *Śrāvakabhūmi of Ācārya Asaṅga.* Tibetan Sanskrit Works Series Vol. XIV. Patna, India: K. P. Jayaswal Research Institute.

Staël-Holstein, Baron A. von, ed. 1926. *The Kāśyapaparivarta: A Mahāyānasūtra of the Ratnakūṭa Class* 大寶積經迦葉品梵藏漢六種合刊。Shanghai: Commercial Press（商務印書館）。

Steinkellner, Ernst. 2005. "Dignāga's Pramāṇasamuccaya, Chapter 1: A hypothetical reconstruction of the Sanskrit text with the help of the two Tibetan translations on the basis of the hitherto known Sanskrit fragments and the linguistic materials gained from Jinendrabuddhit's Ṭīkā." Last accessed at www.oeaw.ac.at/ias/Mat/dignaga_PS_1.pdf; file obtained in 2005 no longer available online.

Suzuki, Kōshin, ed. 1994. *Sanskrit Fragments and Tibetan Translation of Candrakīrti's Bodhisattvayogācāracatuḥśatakaṭīkā.* Tokyo: The Sankibo Press.

Takakusu Junjirō 高楠順次郎 and Watanabe Kaikyoku 渡辺海旭，eds. 1924–1932. 大正新脩大藏經 *Taishō shinshū Daizōkyō*. 85 vols. Tokyo: Taishō Issaikyō Kankōkai.

Tauscher, Helmut. 1981. *Madhyamakāvatāraḥ und Madhyamakāvatārabhāṣyam (Kapitel VI, Vers 166–266).* Vienna: Arbeitskreis für Tibetische und Buddhistische Studien, Universität Wien.

Thub bstan dpal bzang. 2005. *Lam rim chen mo'i sa bcad kyi zur rgyan mdo btus lam sgrig. Compilation of Sutras for Synthesizing the Path to Enlightenment with Reference to the Topics as Outlined in Lama Tsongkhapa's 'The Great Treatise on the Stages of the Path to Enlightenment.'* Dharamsala, India: Tse-Chok Ling Monastery.

Trenckner, V. and Robert Chalmers, eds. 1887–1925. *The Majjhima-nikāya.* 4 vols. Issued in 7 pts. London: Published for the Pali Text Society, by H. Frowde.

Tsong kha pa 宗喀巴。1985. *Mnyam med tsong kha pa chen pos mdzad pa'i byang chub lam rim che ba.* 西寧：青海民族出版社（Mtsho sngon mi rigs dpe skrun khang）。

Tsong kha pa Blo bzang grags pa. 1972. *Mnyam med rje btsun tsong kha pa chen pos mdzad pa'i byang chub lam rim chen mo'i dka' ba'i gnad rnams mchan bu bzhi'i sgo nas legs par bshad pa theg chen lam gyi gsal sgron. The Lam Rim Chen Mo of the Incomparable Tsong-kha-pa: With the Interlineal Notes of Ba-so Chos-kyi-rgyal-mtshan, Sde-drug Mkhan-chen Ngag-dbang-rab-brtan, 'Jam-dbyangs-bzhad-pa'i-rdo-rje, and Bra-sti Dge-bshes Rin-chen-don-grub.* 2 vols. Reproduced from a Print of the Corrected Tshe-mchog-gling Blocks of 1842. New Delhi: Chos-'phel-legs-ldan.

Tsong kha pa Blo bzang grags pa. n.d. *Mnyam med rje btsun tsong kha pa chen pos mdzad pa'i byang chub lam rim chen mo'i dka' ba'i gnad rnams mchan bu bzhi'i sgo nas legs par bshad pa theg chen lam gyi gsal sgron.* 2 vols.

Impressions from blocks carved in 1946 under the patronage of the regent Stag brag and preserved at the Lha sa zhol par khang chen mo. Lhasa: Zhol par khang gsar pa.

Tsong-kha-pa Blo-bzang-grags-pa. 2000–2004. *The Great Treatise on the Stages of the Path to Enlightenment.* 3 vols. Translated by the Lamrim Chenmo Translation Committee. Ithaca, NY: Snow Lion Publications.

Tucci, Giuseppe. 1958. *Minor Buddhist Texts, Part II: The First Bhāvanākrama of Kamalaśīla, Sanskrit and Tibetan Texts with Introduction and English Summary.* Rome: Istituto Italino per il Medio ed Estremo Oriente.

Tucci, Giuseppe, ed. 1971. *Minor Buddhist Texts, Part III: Third Bhāvanākrama.* Rome: Istituto Italino per il Medio ed Estremo Oriente.

Ui, Hakuju, Munetada Suzuki, Yenshô Kanakura, and Tôkan Tada. 1934. 西藏大藏經總目錄 *A complete Catalogue of the Tibetan Buddhist Canons.* Sendai: Tohoku Imperial University.

Vaidya, P.L., ed. 1960. *Aṣṭasāhasrikā Prajñāpāramitā: With Haribhadra's Commentary Called Āloka.* Darbhanga: Mithila Institute of Post-Graduate Studies and Research in Sanskrit Learning.

Vaidya, P. L., ed. 1960b. *Śikṣāsamuccaya of Śāntideva.* Darbhanga: Mithila Institute.

Vaidya, P. L., ed. 1961. *Samādhirājasūtra.* Darbhanga: Mithila Institute.

Vaidya, P. L., ed. 1964. *Mahāyānasūtrasaṃgraha.* 2 vols. Darbhanga: Mithila Institute.

Vaidya, P. L., ed. 1999. *Divyāvadāna.* Darbhanga: Mithila Institute of Post-Graduate Studies and Research in Sanskrit Learning.

Vaidya, P. L., ed. 2003. *Mahāyānasūtrasaṃgraha: Part I.* 2nd ed. Darbhanga: Mithila Institute.

Van der Kuijp, W. J. 1993. "Jayānanda. A Twelfth Century *Guoshi* from Kashmir Among the Tangut," *Central Asiatic Journal* 3–4: 188–197.

Vose, Kevin A. 2009. *Resurrecting Candrakīrti: Disputes in the Tibetan Creation of Prāsaṅgika.* Somerville, MA: Wisdom Publications.

Vose, Kevin Alan. 2005. "The Birth of Prāsaṅgika: A Buddhist Movement in India and Tibet." PhD dissertation, University of Virginia.

楊化群。1990。藏傳因明學。拉薩：西藏人民出版社。

Williams, Paul. 1985. "rMa bya pa Byang chub brtson 'grus on Madhyamaka Method." *Journal of Indian Philosophy* 13: 205–225.

葉少勇。2011. *Mūlamadhyamakakārikā: Dbu ma rtsa ba'i tshig le'ur byas pa shes rab ces bya ba.* 中論頌：梵藏漢合校・導讀・譯註。上海：中西書局。

葉少勇。2011b.《中論頌》與《佛護釋》——基於新發現梵文寫本的文獻學研究。*Mūlamadhyamakakārikā and Buddhapālita's Commentary: A Philological Study on the Basis of Newly Identified Sanskrit Manuscripts.* 上海：中西書局。

Yokoyama Kōitsu 橫山紘一，and Takayuki Hirosawa 廣澤隆之。1996。漢梵藏對照瑜伽師地論總索引 *Index to the Yogācārabhūmi, Chinese-Sanskrit-Tibetan.* Tokyo: Sankibō Busshorin 山喜房佛書林。

Yoshimizu, Chizuko. 1993. "The Madhyamaka Theories Regarded as False By the dGe lugs pas." *Wiener Zeitschrift für die Kunde Südasiens/Vienna Journal of South Asian Studies* 37: 201–227.

Yuyama, Akira. 1976. *Prajñā-pāramitā-ratna-guṇa-saṃcaya-gāthā (Sanskrit Recension A)*. Cambridge: Cambridge University Press.

Yongs 'dzin Phur lcog pa Blo bzang tshul khrims byams pa rgya mtsho 洋增普居巴・羅藏次成木仙巴嘉措。1982. Rigs lam 'phrul sde 因明學入門（Tshad ma'i gzhung don 'byed pa'i bsdus grwa dang blo rtags kyi rnam gzhag rigs lam 'phrul gyi sde mig.）蘭州：甘肅民族出版社（Kan su'u mi rigs dpe skrun khang）。（TBRC: W25093, http://tbrc.org/link?RID=W25093. 檢查日期二〇二〇年十一月六日）

張怡蓀，主編。1993。藏漢大辭典。北京：民族出版社（Mi rigs dpe skrun khang）。

周拉。2010。蓮花戒名著《修習次第論》研究。北京：宗教文化出版社。

（釋）宗峰與（釋）緣宗，譯。2014。菩提道次第廣論四家合註。全2冊。北京：中國社會科學出版社。

橡樹林文化 ❖❖ 善知識系列 ❖❖ 書目

JB0089	本智光照一功德寶藏論　密宗分講記	遍智　吉美林巴◎著	340 元
JB0090	三主要道論	堪布慈囊仁波切◎講解	280 元
JB0091	千手千眼觀音齋戒一紐涅的修持法	汪遷仁波切◎著	400 元
JB0092	回到家，我看見真心	一行禪師◎著	220 元
JB0093	愛對了	一行禪師◎著	260 元
JB0094	追求幸福的開始：薩迦法王教你如何修行	尊勝的薩迦法王◎著	300 元
JB0095	次第花開	希阿榮博堪布◎著	350 元
JB0096	楞嚴貫心	果煜法師◎著	380 元
JB0097	心安了，路就開了： 讓《佛說四十二章經》成為你人生的指引	釋悟因◎著	320 元
JB0098	修行不入迷宮	札丘傑仁波切◎著	320 元
JB0099	看自己的心，比看電影精彩	圖敦．耶喜喇嘛◎著	280 元
JB0100	自性光明──法界寶庫論	大遍智　龍欽巴尊者◎著	480 元
JB0101	穿透《心經》：原來，你以為的只是假象	柳道成法師◎著	380 元
JB0102	直顯心之奧秘：大圓滿無二性的殊勝口訣	祖古貝瑪．里沙仁波切◎著	500 元
JB0103	一行禪師講《金剛經》	一行禪師◎著	320 元
JB0104	金錢與權力能帶給你什麼？ 一行禪師談生命真正的快樂	一行禪師◎著	300 元
JB0105	一行禪師談正念工作的奇蹟	一行禪師◎著	280 元
JB0106	大圓滿如幻休息論	大遍智　龍欽巴尊者◎著	320 元
JB0107	覺悟者的臨終贈言：《定日百法》	帕當巴桑傑大師◎著 堪布慈囊仁波切◎講述	300 元
JB0108	放過自己：揭開我執的騙局，找回心的自在	圖敦．耶喜喇嘛◎著	280 元
JB0109	快樂來自心	喇嘛梭巴仁波切◎著	280 元
JB0110	正覺之道．佛子行廣釋	根讓仁波切◎著	550 元
JB0111	中觀勝義諦	果煜法師◎著	500 元
JB0112	觀修藥師佛──祈請藥師佛，能解決你的 困頓不安，感受身心療癒的奇蹟	堪千創古仁波切◎著	450 元
JB0113	與阿姜查共處的歲月	保羅．布里特◎著	300 元
JB0114	正念的四個練習	喜戒禪師◎著	300 元
JB0115	揭開身心的奧秘：阿毗達摩怎麼說？	善戒禪師◎著	420 元

JB0116	一行禪師講《阿彌陀經》	一行禪師◎著	260 元
JB0117	一生吉祥的三十八個祕訣	四明智廣◎著	350 元
JB0118	狂智	邱陽創巴仁波切◎著	380 元
JB0119	療癒身心的十種想——兼行「止禪」與「觀禪」的實用指引，醫治無明、洞見無常的妙方	德寶法師◎著	320 元
JB0120	覺醒的明光	堪祖蘇南給稱仁波切◎著	350 元
JB0121	大圓滿禪定休息論	大遍智　龍欽巴尊者◎著	320 元
JB0122	正念的奇蹟（電影封面紀念版）	一行禪師◎著	250 元
JB0123	一行禪師　心如一畝田：唯識 50 頌	一行禪師◎著	360 元
JB0124	一行禪師　你可以不生氣：佛陀的情緒處方	一行禪師◎著	250 元
JB0125	三句擊要： 以三句口訣直指大圓滿見地、觀修與行持	巴珠仁波切◎著	300 元
JB0126	六妙門：禪修入門與進階	果煜法師◎著	360 元
JB0127	生死的幻覺	白瑪桑格仁波切◎著	380 元
JB0128	狂野的覺醒	竹慶本樂仁波切◎著	400 元
JB0129	禪修心經——萬物顯現，卻不真實存在	堪祖蘇南給稱仁波切◎著	350 元
JB0130	頂果欽哲法王：《上師相應法》	頂果欽哲法王◎著	320 元
JB0131	大手印之心：噶舉傳承上師心要教授	堪千創古仁切波◎著	500 元
JB0132	平心靜氣：達賴喇嘛講《入菩薩行論》〈安忍品〉	達賴喇嘛◎著	380 元
JB0133	念住內觀：以直觀智解脫心	班迪達尊者◎著	380 元
JB0134	除障積福最強大之法——山淨煙供	堪祖蘇南給稱仁波切◎著	350 元
JB0135	撥雲見月：禪修與祖師悟道故事	確吉．尼瑪仁波切◎著	350 元
JB0136	醫者慈悲心：對醫護者的佛法指引	確吉．尼瑪仁波切 大衛．施林醫生◎著	350 元
JB0137	中陰指引——修習四中陰法教的訣竅	確吉．尼瑪仁波切◎著	350 元
JB0138	佛法的喜悅之道	確吉．尼瑪仁波切◎著	350 元
JB0139	當下了然智慧：無分別智禪修指南	確吉．尼瑪仁波切◎著	360 元
JB0140	生命的實相——以四法印契入金剛乘的本覺修持	確吉．尼瑪仁波切◎著	360 元
JB0141	邱陽創巴仁波切 當野馬遇見上師：修心與慈觀	邱陽創巴仁波切◎著	350 元
JB0142	在家居士修行之道——印光大師教言選講	四明智廣◎著	320 元
JB0143	光在，心自在 〈普門品〉陪您優雅穿渡生命窄門	釋悟因◎著	350 元
JB0144	剎那成佛口訣——三句擊要	堪祖蘇南給稱仁波切◎著	450 元

Published by agreement with Wisdom Publications through the Chinese Connection Agency, a division of The Yao Enterprises, LLC.

善知識系列　JB0146

（藏譯中）菩提道次第廣論：抉擇空性見與止觀雙運篇

Modern Chinese Translation of Lamrim Chenmo

作　　者／宗喀巴大師（Tsongkhapa）
譯　　者／李勝海（Shenghai Li）、陳智音（Sherab Chen）
責任編輯／游璧如
業　　務／顏宏紋

總 編 輯／張嘉芳
出　　版／橡樹林文化
城邦文化事業股份有限公司
104 台北市民生東路二段 141 號 5 樓
電話：(02)2500-7696　傳真：(02)2500-1951
發　　行／英屬蓋曼群島商家庭傳媒股份有限公司城邦分公司
104 台北市中山區民生東路二段 141 號 2 樓
客服服務專線：(02)25007718；25001991
24 小時傳眞專線：(02)25001990；25001991
服務時間：週一至週五上午 09:30 ～ 12:00；下午 13:30 ～ 17:00
劃撥帳號：19863813　戶名：書虫股份有限公司
讀者服務信箱：service@readingclub.com.tw
香港發行所／城邦（香港）出版集團有限公司
香港灣仔駱克道 193 號東超商業中心 1 樓
電話：(852)25086231　傳眞：(852)25789337
Email: hkcite@biznetvigator.com
馬新發行所／城邦（馬新）出版集團【Cité (M) Sdn.Bhd. (458372 U)】
41, Jalan Radin Anum, Bandar Baru Sri Petaling,
57000 Kuala Lumpur, Malaysia.
電話：(603) 90578822　傳眞：(603) 90576622
Email：cite@cite.com.my

內頁排版／歐陽碧智
封面設計／兩棵酸梅
印　　刷／韋懋實業有限公司

初版一刷／ 2021 年 1 月
ISBN ／ 978-986-99011-8-5
定價／ 800 元

城邦讀書花園
www.cite.com.tw

國家圖書館出版品預行編目（CIP）資料

（藏譯中）菩提道次第廣論：抉擇空性見與止觀雙運篇／宗喀巴大師（Tsongkhapa）著；李勝海（Shenghai Li）、陳智音（Sherab Chen）譯. -- 初版. -- 臺北市：橡樹林文化，城邦文化事業股份有限公司出版：英屬蓋曼群島商家庭傳媒股份有限公司城邦分公司發行，2021.01
面；　公分. --（善知識；JB0146）
ISBN 978-986-99011-8-5（平裝）

1. 藏傳佛教　2. 注釋　3. 佛教修持

226.962　　109017934

廣　告　回　函
北區郵政管理局登記證
北 台 字 第 10158 號

郵資已付　免貼郵票

104 台北市中山區民生東路二段 141 號 5 樓

城邦文化事業股分有限公司

橡樹林出版事業部　收

請沿虛線剪下對折裝訂寄回，謝謝！

|橡|樹|林|

書名：（藏譯中）菩提道次第廣論：抉擇空性見與止觀雙運篇
書號：JB0146

橡樹林文化
讀者回函卡

感謝您對橡樹林出版社之支持，請將您的建議提供給我們參考與改進；請別忘了給我們一些鼓勵，我們會更加努力，出版好書與您結緣。

姓名：________________ □女 □男 生日：西元__________年

Email：________________________________

● 您從何處知道此書？

□書店 □書訊 □書評 □報紙 □廣播 □網路 □廣告 DM □親友介紹

□橡樹林電子報 □其他__________

● 您以何種方式購買本書？

□誠品書店 □誠品網路書店 □金石堂書店 □金石堂網路書店

□博客來網路書店 □其他__________

● 您希望我們未來出版哪一種主題的書？（可複選）

□佛法生活應用 □教理 □實修法門介紹 □大師開示 □大師傳記

□佛教圖解百科 □其他__________

● 您對本書的建議：

____

____

____

____

____

非常感謝您提供基本資料，基於行銷及客戶管理或其他合於營業登記項目或章程所定業務需要之目的，家庭傳媒集團（即英屬蓋曼群商家庭傳媒股份有限公司城邦分公司、城邦文化事業股分有限公司、書虫股分有限公司、墨刻出版股分有限公司、城邦原創股分有限公司）於本集團之營運期間及地區內，將不定期以MAIL訊息發送方式，利用您的個人資料於提供讀者產品相關之消費與活動訊息，如您有依照個資法第三條或其他需服務之業務，得致電本公司客服。

我已經完全瞭解左述內容，並同意本人資料依上述範圍內使用。

________________________（簽名）

處理佛書的方式

佛書內含佛陀的法教，能令我們免於投生惡道，並且爲我們指出解脫之道。因此，我們應當對佛書恭敬，不將它放置於地上、座位或是走道上，也不應跨過。搬運佛書時，要妥善地包好、保護好。放置佛書時，應放在乾淨的高處，與其他一般的物品區分開來。

若是需要處理掉不用的佛書，就必須小心謹慎地將它們燒掉，而不是丟棄在垃圾堆當中。焚燒佛書前，最好先唸一段祈願文或是咒語，例如唵（OM）、啊（AH）、吽（HUNG），然後觀想被焚燒的佛書中的文字融入「啊」字，接著「啊」字融入你自身，之後才開始焚燒。

這些處理方式也同樣適用於佛教藝術品，以及其他宗教教法的文字記錄與藝術品。

ཡི་གེ་ཉི་ཤུ་རྩ་དྲུག་པ་འདི་དཔེ་ཆའི་ནང་དུ་བཞག་ན་དཔེ་ཆ་དེ་ཅི་འདྲར་

བགོམས་ཀྱང་ཉེས་པ་མི་འབྱུང་བར་འཇམ་དཔལ་རྩ་རྒྱུད་ལས་གསུངས་སོ། །

此咒置經書中　可滅誤跨之罪